Josef Rattner



# Gruppenpsychologie und Grossgruppentherapie

Neue Wege seelischer Heilung und Entwicklung

Königsfurt

*Die Deutsche Bibliothek – CIP-Einheitsaufnahme*

**Rattner, Josef:**
Gruppenpsychologie und Großgruppentherapie:
Neue Wege seelischer Heilung und Entwicklung / Josef Rattner. –
Krummwisch : Königsfurt, 2001
Frühere Ausg. u. d. T.: Rattner, Josef: Gruppentherapie
ISBN 3-933939-83-6

3. Auflage
Aktualisierte Neuausgabe
Königsförde 2001


D-24796 Krummwisch
www.koenigsfurt.com

Umschlaggestaltung: Stefan Hose, Eckernförde

Lektorat: Heike Neumann

Satz: Satzbüro Noch, Witten
Gesetzt aus der Sabon

Druck und Bindearbeiten: FVA, Fulda

Printed in Germany
ISBN: 3-933939-83-6

# Inhaltsverzeichnis

Inwendig lernt kein Mensch sein Innerstes erkennen;
Denn er mißt nach eignem Maß
Sich bald zu klein und leider oft zu groß.
Der Mensch erkennt sich nur im Menschen,
Nur das Leben lehret jedem, was er sei.

*Goethe, Tasso*

# Vorwort

Das vorliegende Buch zieht ein Fazit aus langjähriger gruppenpsychotherapeutischer Erfahrung und bringt die Überzeugung zum Ausdruck, daß die Gruppentherapie in Zukunft weitgehend die Einzeltherapie zu ersetzen imstande ist. In den Anfängen der Psychoanalyse beschäftigte sich der Therapeut mit dem einzelnen Analysanden während Tausenden von Stunden; angesichts der großen Zahl von Therapiebedürftigen und den immer noch so spärlich vorhandenen guten Analytikern müssen Methoden eingesetzt werden, die die Wirkungsmöglichkeit der Psychotherapie vervielfachen. Unseres Erachtens kann dies in der Gruppenbehandlung geschehen. Bei geeigneter Ausbildung ist der Gruppenpsychotherapeut in der Lage, seine seelenärztliche Tätigkeit immens auszuweiten, wobei durch die erhöhte Effizienz des Gruppenverfahrens der individuelle Patient keineswegs benachteiligt, sondern im Gegenteil besser gefördert wird. Es ist die Auffassung vieler Experten in der Gruppentherapie, daß fast alle seelisch erkrankten Menschen in der Gruppe schneller und gründlicher geheilt werden können als in der üblichen Arzt-Patienten-Beziehung der traditionellen Psychoanalyse. Die therapeutische Gruppe verhilft eben nicht nur zur Bewußtwerdung unbewußter Antriebe und Motivationen, sondern sie befriedigt auch soziale Bedürfnisse, vermehrt Selbst- und Menschenkenntnis und stellt ein Medium der charakterlichen Neuorientierung dar, das durch keine andere Therapieform überboten wird. Es hat sich auch bereits gezeigt, daß der Anwendungsbereich der Gruppenpsychotherapie außerordentlich weit gespannt ist – sozusagen alle psychohygienischen Aufgaben können damit bewältigt werden, weshalb wir in diesem Verfahren geradezu die »Zukunft der Psychohygiene« sehen.

# *Vorwort*

Das Buch aus dem Jahre 1970 erzählt von meinem kühnen Experiment der Großgruppentherapie, das 1968 begann und seither ohne große Schwankungen durchaus florierte. Die Fachwissenschaft sagte ein Scheitern voraus, was nicht eintraf. Einige Erläuterungen zu meiner innovativen Theorie und Praxis bringt das Kapitel »Individualpsychologische Großgruppentherapie« aus dem Jahr 2000, das dem Text vorangestellt ist.

*Berlin, Frühjahr 2001* *Josef Rattner*

# Individualpsychologische Grossgruppentherapie – Resumé im Jahre 2000

*Das psychische Massenelend.* – Es ist eine bekannte Tatsache, daß unzählige Menschen unserer Zeit einer psychotherapeutischen Behandlung bedürfen. Millionen Patienten leiden unter Angstzuständen, sexuellen Komplikationen, Charakterstörungen, Depressionen, Vereinsamung, generellem Sinnlosigkeitsgefühl, Neurosen, Psychosen, Perversionen, Suchtkrankheiten und anderen psychischen Anomalien. Nimmt man noch die tausendfältigen Beziehungsstörungen hinzu, dann sieht man, daß der Homo neuroticus eher die Regel als die Ausnahme darstellt.

Der Vielzahl nervöser und neurotischer Menschen steht eine eher beschränkte Zahl von Seelenärzten gegenüber, die kaum in der Lage sind, allen Bedürftigen psychologische Hilfe angedeihen zu lassen. Die Versorgung hinsichtlich der Psychotherapie ist schlechter als diejenige für die übrigen ärztlichen Hilfeleistungen. Zahlreiche Psychotherapeuten sind auf Jahre hinaus ausgebucht; der in seiner Notlage um Therapie bittende Patient wird nicht selten darauf vertröstet, daß er sich nach zwei bis drei Jahren zur Behandlung einfinden könne. Das sind unhaltbare Zustände, die man nicht länger akzeptieren kann. Denkt man daran, welche Schäden psychische Irritationen bei dem Betroffenen und seiner Umgebung anzurichten pflegen, dann ist es klar, daß eine Lösung für diese Problematik gefunden werden muß.

Aber wie sollen einige tausend qualifizierte Psychotherapeuten in Deutschland eine in Millionen zählende Neurotiker-Bevölkerung behandeln und heilen? Man steht vor einer schier unlösbaren Aufgabe. Denn eigentliche Psychotherapien sind aufwendig; sie erfordern viel Zeit, Kraft und Geld. Daher hat man seit Jahrzehnten nach Möglichkeiten gesucht, die psychotherapeutischen Verfahren effizienter und auf ganze Patientengruppen anwendbar zu machen. Diese Fragen haben uns seit den Anfängen unserer Psychotherapeutenkarriere eingehend beschäftigt. Sie okkupieren heute noch stark unser Interesse.

*Der Weg von der Einzelpsychotherapie zur Kleingruppentherapie.* – Wir haben bei anderer Gelegenheit bereits die Geschichte der Kleingruppentherapie in Kürze rekapituliert. Eine wichtige Rolle hierbei spielten Samuel Slavson und Jacob Moreno. Der erstere wandte Gruppenverfahren in der Jugendarbeit an; der letztere entwickelte das Psychodrama, mit dem man sich seine Komplexe und andere Anomalien von der Seele spielen konnte. Das geschah etwa um 1930, wo die Kleingruppentherapie einsetzte, wobei sie sich bald zu einer machtvollen Bewegung in der Psychotherapieszene entwickelte.

Es zeigte sich schnell, daß Gruppenbehandlungen große Vorteile bieten. Die Gruppe an sich bedeutet einen mächtigen Heilungsfaktor. Sie durchbricht die Einsamkeit und Isolierung des Patienten; er befindet sich nun nicht mehr mit dem Therapeuten allein, von dem ihn ein großes Autoritätsgefälle trennt. In der Gruppe hat er Leidensgenossen, mit denen er sich identifizieren kann. Er lernt, am Leben anderer Menschen teilzunehmen; so vertieft er seine Selbst-, Welt- und Menschenkenntnis. Es ist kaum zu übersehen, wie erleichternd die Gruppenerfahrung auf seelisch leidende Menschen wirkt.

Des weiteren sind Gruppentherapien billiger als Einzeltherapien. Man soll aber nicht meinen, daß jeder Psychotherapeut per se zur Gruppenführung geeignet ist. Es ist ziemlich schwer, eine gut funktionierende Gruppe herzustellen, die den Teilnehmern so etwas wie emotionale Heimat, seelisch-geistige Anregung, Solidarität und wechselseitige Bestätigung bietet.

In Gruppen gibt es außerordentlich mannigfaltige Übertragungssituationen, die zu überblicken eine eigene Kunst darstellt. Man hat es fast mit einer Wiederholung uralter Familiensituationen zu tun, mit Neid- und Eifersuchtsaffekten, Rivalitäten aller Art, Eitelkeiten, Dominanz- und Unterwürfigkeitsproblemen. Wenn der Therapeut nicht in dieser Beziehungsmannigfaltigkeit mehr oder minder weitreichende Kontrolle hat, kann eine Gruppe entarten; sie wird dann mehr Nöte als Nutzen bringen.

*Von der Kleingruppentherapie zur Großgruppentherapie.* – Die Hoffnung, daß ein Kleingruppentherapeut wesentlich mehr Patienten behandeln kann als ein Individual-Analytiker, hat sich als trügerisch erwiesen. Will man eine Gruppe genau und gründlich führen, dann muß man den einzelnen Teilnehmern viel Kraft und Geduld widmen. Aber der Patientenkreis weitet sich doch einigermaßen aus; nur nicht so sehr, wie man zunächst gemeint hatte.

Aus diesem Grunde haben wir selbst in den frühen fünfziger Jahren Schritte in Richtung Großgruppentherapie unternommen. Seit unserem Aufenthalt in Berlin (ab 1968) radikalisierten wir diese Unternehmung. Dies führte zum Aufbau des Berliner *Arbeitskreises für Tiefenpsychologie, Gruppendynamik und Gruppentherapie*, der auch als Berliner Großgruppe bekannt geworden ist.

Etwa gleichzeitig gab es ähnliche Versuche in der angelsächsischen Welt, worüber Lionel Kreeger in seinem Sammelband über *Die Großgruppe* (Stuttgart 1977) berichtet. Aber alle diese Experimente konnten sich nicht lange halten. Unsere Großgruppentherapie jedoch feiert derzeit ihr dreiunddreißigjähriges Jubiläum.

Wir haben die Großgruppe gewiß nicht aus dem Nichts geschaffen. Die Idee der Großgruppentherapie ist eigentlich den Erzvätern der Tiefenpsychologie zu verdanken. Unserer Meinung nach haben Freud, Adler und Jung bereits Großgruppen gegründet. Denn die erste Schülergeneration von Freud war selbst in keiner Weise analysiert; gleichwohl wurde sie mit Therapieaufgaben betraut. Wer Probleme irgendwelcher Art hatte, machte einen Spaziergang mit Meister Freud; das genügte angeblich. Charakter- und Lehranalysen für Psychoanalytiker kamen erst nach 1910 (durch Anregung von C. G. Jung) auf.

In dieser Situation schuf Freud 1902 die *Mittwochsgesellschaft* und später die Psychoanalytikervereinigung. Diese waren unseres Erachtens eine Großgruppe. Die Analytiker kamen regelmäßig zusammen, diskutierten ihre Fälle, trugen theoretische Arbeiten vor und bildeten eine Forscher-Gemeinschaft; diese hatte offensichtlich therapeutische Qualitäten, denn sie stützte alle Beteiligten angesichts ihres Berufes und auch der Schwierigkeiten ihres Privatlebens. Wer damals Analytiker war, hatte gewiß eine solche Unterstützung bitter nötig; man befand sich in einer feindseligen und verständnislosen Umwelt, setzte sich mit seelisch Kranken auseinander und wurde dabei unweigerlich mit den eigenen Schwächen und Gebrechen konfrontiert.

Auch Alfred Adler und C. G. Jung schufen ihre Therapeuten- und Anhängergruppen. Bei Adler kam etwas Neues hinzu: In seinem unerschütterlichen Demokratismus hob er die Schranke zwischen Therapeuten und Analysanden auf, indem er die These vertrat, seine Individualpsychologie sei eine Lebensanschauung für jeden vernünftigen und gut gesinnten Menschen. Im Adlerkreis verkehrten bald Fachleute und Patienten bunt gemischt miteinander. Man diskutierte oft so, daß jeder kluge Teilnehmer davon außerordentlich profitieren konnte.

Mit solchen Vorbildern vor Augen, initiierten Friedrich Liebling und ich schon in den 50er Jahren in Zürich eine ziemlich eigenständige Großgruppentherapie, die ich 1968 nach Berlin verpflanzte. Da diese Therapieform sehr eng mit meiner Person verknüpft ist, werde ich ein Stück meiner Biographie erzählen müssen, um alle Hintergründe dieser Innovation deutlich zu machen.

Aber zuvor will ich doch noch zwei historische Hinweise geben. Kritiker, die meine Arbeit nur vom Hörensagen (oder gar von übler Nachrede) kennen, haben mir vorgeworfen, daß ich durch die Berliner Großgruppe eine allzu stabile Gemeinschaft gegründet habe, welche die Analysanden über viele Jahre hinweg festhält und nicht losläßt. Das Faktum stimmt; aber ist es ein Fehler? Therapie, wie ich sie verstehe, ist Bildung und Reifung der Persönlichkeit.

Nun weiß man es aus dem Altertum: wenn lernwillige Menschen einen guten Lehrer fanden, dann bildeten sie mit ihm zusammen eine Akademie; die Philosophenschulen des Altertums von Plato und Aristoteles bis zu den Stoikern, Skeptikern, Zynikern und Epikuräern genießen heute noch einen legendären Ruf. Warum sollten sich solche Lehr- und Lerngemeinschaften nicht auch heute bilden können? Gewiß sind die Meister von heute oft nur Karikaturen jener Geistesriesen, die wir beim Studium der Antike bewundern. Aber das soll nicht heißen, daß es nicht auch derzeit möglich sein kann, kleine Akademien zu gründen, in denen Menschen zu Vernunft, Geistigkeit und Lebenstüchtigkeit herangebildet werden.

Auch die Salons im 18. Jahrhundert – vor allem in Frankreich, aber auch in Deutschland – erfüllten eine ähnliche Funktion. Dort trafen sich kluge und kenntnisreiche Leute, die alles und jedes zum Gegenstand ihrer Gespräche machten. Ich bin der Meinung, daß solche Gemeinschaften nicht nur eine psychohygienische Rolle spielten, sondern auch Motoren der Kulturentwicklung waren.

Eine ähnliche Aufgabe schreibe ich mutatis mutandis der Großgruppentherapie zu. Sie soll eine geistige Heimat für alle Beteiligten sein, ohne die einzelnen Mitglieder von der übrigen Umwelt abzuschirmen. Das Studienthema in solchen Großgruppen ist die Lebenskenntnis im umfassendsten Sinne des Wortes. Und das ist Psychotherapie, auch wenn man sich dabei nicht an die zwanghaften Rituale der orthodoxen Psychoanalyse und ähnlicher Schulmeinungen hält.

*Biographische Hintergründe.* – Um die Entstehung und die Gestalt der Berliner Großgruppentherapie verständlich zu machen, muß ich in der Folge von meinem eigenen Werdegang erzählen. Diese Ausschnitte aus meiner Biographie haben – wie ich hoffe – nichts mit Narzißmus zu tun; die Sache selbst erfordert den Blick auf meine Person, da diese sich unter anderem auch im Großgruppenkonzept verwirklicht hat.

Als ich 1967 nach Berlin kam, war ich 39 Jahre alt. Es gab einige Gründe für meinen Umzug von Zürich nach Berlin, die ich namhaft machen kann. Mit 23 Jahren holte ich mir meinen Doktor in Philosophie, Psychologie und deutscher Literatur an der Universität Zürich. Daneben studierte ich angewandte Psychologie und schloß dieses Studium mit dem Psychologendiplom ab. Dann absolvierte ich meine Charakter- und Lehranalyse auf individualpsychologischer Grundlage. Von 1957–1963 studierte ich Medizin und doktorierte mit einer Arbeit über Schizophrenieforschung.

Von 1960–67 war ich Co-Direktor der Psychologischen Lehr- und Beratungsstelle Zürich. Neben meiner Praxis ließ ich mich in Kleingruppentherapie ausbilden. Ich hielt zahlreiche öffentliche Vorträge über Tiefenpsychologie und die angrenzenden Wissenschaften. Bis 1967 publizierte ich etwa ein Dutzend Bücher über die genannten Wissensgebiete.

Ich liebäugelte damals mit einer akademischen Karriere. Aber eine Habilitation wäre in der Schweiz für einen Ausländer (Österreicher) nicht leicht gewesen. Auch wollte ich mir fremden Wind um die Ohren wehen lassen. Da traf es sich gut, daß mir Richard F. Behrendt, Ordinarius für Soziologie an der Freien Universität Berlin, ein zweijähriges Forschungsstipendium antrug, bei dem ich keine andere Verpflichtung haben sollte, als freie Forschungen durchzuführen.

Ich übersiedelte nach Berlin und war dort locker mit dem Lehrstuhl von Behrendt verbunden. Bald bekam ich auch Lehraufträge am Institut für Politische Psychologie an der FU und an der Pädagogischen Hochschule in Hannover. Ich hatte bedeutenden Lehrerfolg; in meine Vorlesungen und Übungen drängten sich hunderte Studenten.

Meinen Dank an die FU stattete ich auch dadurch ab, daß ich in Berlin um 1970 drei Bücher schrieb, in denen ich Psychoanalyse und Soziologie synthetisch anwandte. Es handelt sich um die Texte: *Aggression und menschliche Natur*; *Tiefenpsychologie und Politik* und *Psychologie des Vorurteils*.

Durch meine Lehrtätigkeit hatte ich in Berlin wieder zahlreiche Patienten bekommen, die meistens aus der Hochschulszene stammten. Ich behandelte diese mit einer Kombination von Einzel- und Gruppentherapie, die ungewöhnlich gut ankam. Damals gründete ich den *Arbeitskreis für Tiefenpsychologie, Gruppendynamik und Gruppentherapie*.

Unsere Therapiegemeinschaft umfaßte bald einige hundert Personen. Diese suchten bei mir nicht nur Heilung psychischer Störungen, sondern auch Information über Tiefenpsychologie und ihre Anwendungen auf die Kulturwissenschaften. Ich trat wieder in die Rolle des Therapeuten und Lehrers ein, die mir seit langem vertraut war.

Die Universität war so großzügig, mir einen der größten Hörsäle zur Verfügung zu stellen, wo ich dreimal in der Woche meine Veranstaltungen durchführte. Es ging dabei um Vorlesungen und Seminare, die allemal einen psychohygienischen Hintergrund hatten. Die Tiefenpsychologie wurde hierbei nicht als abstrakte Wissenschaft gelehrt, sondern als ein Faktor der Lebensgestaltung und Persönlichkeitsentwicklung.

Es war für mich eine besondere Genugtuung, daß auch viele Nichtakademiker von diesen Zusammenkünften angezogen wurden. Im Gegensatz zum übrigen Hochschulbetrieb herrschten in diesen Veranstaltungen fast immer Toleranz, Anstand und Sitte sowie auch echte Forschungsleidenschaft. Wer damals das Glück hatte, zu uns zu stoßen, wurde in eine Gemeinschaft aufgenommen, in der die Idee des Humanismus nicht eine Phrase, sondern eine lebendige Wirklichkeit war.

Mein Arbeitspensum wuchs ins Gigantische; aber das kannte ich bereits aus früheren Jahren. Ich mußte sehr viele Einzelfälle betreuen, Gruppensitzungen durchführen und Vorlesungen vorbereiten. Mich wundert heute, wie ich diese Belastungen durchstand. Damals hatte ich keine Zeit, danach zu fragen; ich war der Sache hingegeben, und sie forderte eben meinen Einsatz.

Ähnlich wie Alfred Adler sah ich in meinen Patienten Mitstreiter für die edle Aufgabe der allgemeinen Psychohygiene und Kulturförderung. Daher begeisterte ich sie für das tiefenpsychologische Denken, das mich selbst inspirierte. Die geistig wachen Analysanden hängten sich sozusagen an meinen eigenen Lerneifer an und wollten mit mir Bannerträger der Tiefenpsychologie werden. Viele sattelten auf Psychologie und Medizin um, damit sie auch die passenden Hochschuldiplome erwerben konnten. Aber Theorie und Praxis von Psychologie und Psychotherapie lernten sie nicht an der Universität, sondern hauptsächlich bei mir, in meiner privaten Akademie, deren Konturen sich im Laufe der Jahre abzuzeichnen begannen.

Schon 1970 erwarb ich eine großräumige Villa in Berlin-Westend, wo wir eine eigene Stätte der Therapie und Forschung schufen. 1975 gründeten wir unser *Institut für Tiefenpsychologie*. Dieses übernahm die Ausbildung von Psychologen, Ärzten, Lehrern, Sozialarbeitern und Kindergärtnern im Fach Tiefenpsychologie; aber – wie bereits erwähnt – auch gebildete oder bildungswillige Laien nahmen lebhaft und in großer Zahl an unserer Arbeit teil.

1976 gaben wir die erste Nummer unserer Zeitschrift *Miteinander leben lernen* heraus, die gegenwärtig ihren 26. Jahrgang erreicht hat. Dieses im zweimonatlichen Abstand erscheinende Heft publiziert Arbeiten aus allen Bereichen der Psychologie und der Kulturwissenschaften. Es wird dabei in einer allgemein verständlichen Sprache gesprochen, so daß die Zeitschrift weit über die Fachkreise hinaus gelesen wird.

Schon die ersten zehn Jahre meines Berlinaufenthaltes hatten ein ansehnliches Resultat gezeitigt. Ich hatte ein lebens- und leistungsfähiges Institut gegründet, mehrere Dutzend Schüler und Mitarbeiter sowie hunderte Patienten um mich geschart und etwa 15 Bücher veröffentlicht.

*Aufbau und Arbeitsweise der Großgruppentherapie.* – Seit 1980 arbeiten etwa 50 Therapeuten unter meiner Leitung im Arbeitskreis zusammen. Das Angebot an Therapie und Schulung ist aufgefächert in vielerlei Möglichkeiten, von denen jeder benützen kann, was immer er mag.

Bei allen Therapeuten kann man sich durch Einzelpsychotherapie betreuen lassen. Diese erfolgt auf analytisch fundierter Grundlage; das bedeutet, daß der Patient über Monate und Jahre hinweg im Gespräch unter vier Augen sich selbst und seine psychischen Komplikationen erforscht und eine Neuorientierung für das Leben gewinnt. Im Rahmen einer solchen Therapie werden alle möglichen Beziehungsstörungen, Charakteranomalien, Neurosen, Sexualkomplikationen, Soziopathien bis zu den Psychosen hin behandelt.

Alle meine Mitarbeiter sind aber auch als Kleingruppentherapeuten tätig. Wann immer es angeht, vereinigen sie geeignete Patienten zu Gruppen von sechs bis fünfzehn Teilnehmern, damit jeder lernt, an den Schwierigkeiten anderer zu partizipieren und ihnen auch behilflich zu sein, über ihre Leiden hinwegzukommen. Die Kleingruppe ist ein mächtiges Instrument der psychischen Hygiene und der persönlichen Weiterentwicklung. Sie muß jedoch durch gut geschulte Gruppentherapeuten geführt werden; denn sonst kann sie mitunter auch schaden. Wir haben jahrelange Forschungen und Trainingsveranstaltungen durchgeführt, um die besten Techniken der Kleingruppentherapie zu realisieren.

Aber einer der wirksamsten Therapiefaktoren ist bei uns die Großgruppentherapie. Sie tagt dreimal in der Woche in unserem Therapiezentrum in Berlin-Westend. Diese eigenartige Therapie-Veranstaltung hat meines Wissens kein Analogon in der Psychotherapieszene Deutschlands; vielleicht ist sie sogar ein Unikum in der Kulturwelt überhaupt.

Die Großgruppe umfaßt meistens 60 bis 80 Teilnehmer. Darunter sind in der Regel etwa zwanzig meiner Mitarbeiter; der Rest sind Patienten mit unterschiedlichem Therapiealter. Die Sitzungen dauern einundeinhalb Stunden; derzeit (2001) sind zwei Abende der Therapie gewidmet.

Wer immer schon den Mut dazu hat, darf in der Großgruppe vor dem ganzen Plenum irgendein Problem seines Lebens ansprechen. Gewöhnlich werden hierbei nicht die intimsten Fragen angeschnitten. Aber die Schamhaftigkeit der Patienten von heute ist längst nicht mehr so groß wie in den Anfängen der Psychoanalyse. Man getraut sich durchaus, auch sexuelle und andere Nöte vor Zuhörern auszubreiten, sofern man auf eine sachliche und humane Erörterung vertrauen kann.

In der Großgruppe lernen alle Beteiligten, wie man ein psychologisches Gespräch führt und die innere Struktur seelischer Fehlhaltungen herausarbeitet. Mitreden kann im Prinzip jeder; aber die Patienten sind dazu erzogen, nicht einfach daher zu plappern. Sie überlassen meinen erfahrenen Mitarbeitern weitgehend das Feld. Diese können fachmännisch fragen und auch Stellung beziehen. So waltet über diesen Gesprächen ein tiefer Ernst, der gelegentlichen Humor in keiner Weise ausschließt. Aber alle Äußerungen stehen unter dem Motto, daß verstanden und geholfen werden muß. Man erkennt in gemeinsamer Anstrengung, wie die innere und äußere Situation des Ratsuchenden beschaffen ist. Dann interveniert man behutsam, um Prozesse der Selbsterkenntnis und Persönlichkeitswandlung einzuleiten.

Schon das Zuhören bei solchen Gesprächen wirkt, wie nahezu alle Patienten bestätigen, ermutigend und hoffnungserweckend. Der Mensch ist eben doch ein Gemeinschaftswesen, und das Geborgensein in einer größeren Gruppe beschwichtigt viele Daseinsängste und produziert positive Emotionen. Therapie wird bei uns zu einem Lernprozeß, in welchem Identifikation mit anderen, gegenseitige Hilfe und soziales Lernen in eindrücklicher Weise zum Tragen kommen.

Die einundeinhalb Stunden der abendlichen Großgruppensitzungen erlauben an sich zwei Patienten (je halbstündig), ein Problem anzusprechen. Sofern sich nicht zwei Hilfsbedürftige an die Gruppe wenden, wird irgendein theoretisches oder therapeutisches Thema diskutiert. Die Fragen hierzu kommen aus dem Patientenbereich. Jeder darf fragen nach dem, was ihn interessiert und fördert. Ein gut geführtes Gespräch über Psychohygiene, Tiefenpsychologie, Menschenkenntnis oder Weltanschauung wirkt stets auch therapeutisch.

Mindestens einmal in der Woche gibt es bei uns eine eigentliche Theorie- oder Schulungsstunde. In ihr werden alle Themen des Kultur- und Gesellschaftslebens, der Psychologie, der Philosophie, der Erziehung, der Selbsterziehung und Persönlichkeitsgestaltung besprochen. Diese Studienveranstaltungen sind ein wichtiger Teil unserer Großgruppentherapie.

Bei der Schulung (für die es, wie bei allen Zusammenkünften, keine Verpflichtung der Teilnahme gibt – man kommt, wenn man kann und will) sind fast immer etwa 80 Personen anwesend. Der Lernwille der Patienten, die schon einige Zeit mit uns arbeiten, ist in der Regel stupend. Wir betrachten es als ein Zeichen kommender Genesung, wenn die Analysanden nicht nur um ihre Probleme kreisen, sondern Erkenntnisse und Einsichten allgemeiner Natur sammeln wollen und ihr Leben als einen unaufhörlichen Bildungsprozeß begreifen.

*Was heilt in der Psychotherapie?* – Um den Wert der Großgruppentherapie würdigen zu können, müßte man wissen, was denn in der Psychotherapie wirklich heilt und hilft. Jedermann weiß, daß sich hierüber die Autoren in keiner Weise einig sind. Trotz hundert Jahren Psychotherapie besteht immer noch Unklarheit darüber, was denn nun das therapeutische Agens ist. Nur so kann man erklären, daß es so zahlreiche Schulen und Methoden gibt, die ganz verschiedene Wege einschlagen. Gäbe es den richtigen Weg, dann müßte dieser so überzeugend sein, daß dem Streit der Schulmeinungen ein Ende gesetzt werden könnte.

Schon in der Einzeltherapie divergieren die Auffassungen in bemerkenswerter Weise. Heilt etwa das Aufdecken der Kindheitserlebnisse? Die Rekonstruktion der Biographie von den Anfängen bis zur Gegenwart? Die Deutung von Träumen, Fehlleistungen, Symptomen und Charakteranomalien? Das Bekennen von Schulderlebnissen und skurrilen Gedanken? Die Korrektur von Wahrnehmungsverfälschungen, von Selbst- und Fremdbildnis? Das Durcharbeiten der Übertragungsproblematik und das deutliche Ins-Auge-Fassen der Therapeutenpersönlichkeit? Die auf Wahrhaftigkeit gegründete Beziehung zum Analytiker? Seine Vorbildhaftigkeit als Mensch? Seine freie Gesinnung und Weltanschauung, die in seinen Reaktionen transparent wird? Emotional korrigierende Erfahrung in der Beziehung zu ihm? Konditionierung durch Lob und Tadel im Therapieprozeß? Ermutigung durch den ärztlichen Mentor? Konfrontation mit Archetypen und ähnlichen geheimnisvollen Wesenheiten? Erwecken der religiösen Gläubigkeit oder Erziehung zum Atheismus? Studium der Selbst-, Welt- und Menschenkenntnis? Einführung in die Tiefenpsychologie? Oder ist nicht schon der Entschluß, eine Therapie zu beginnen, die Ouvertüre zu einem

Wandlungsprozeß, zu dem der Analytiker gar nicht mehr viel hinzufügen muß? Oder ist das Liegen auf der Couch heilsam? Man sieht: Wo hundert Antworten gegeben werden, ist die Wahrheit noch weiterhin zu suchen.

Ist nun die Situation in der so gründlich erforschten Einzeltherapie noch völlig unübersichtlich, dann kann man nicht erwarten, daß es um die Großgruppentherapie besser bestellt sei. Ich werde etwa ein Dutzend Heilfaktoren dieser Therapieform auflisten, wobei ich teilweise sehr schlichte und einfache Gedankengänge äußern werde. Darüber mögen Liebhaber des Komplizierten den Kopf schütteln, soviel sie wollen. Ich bin weithin der Meinung des Spinoza, daß Einfachheit sehr oft das Siegel der Wahrheit ist.

Vor etwa 50 Jahren erregte der Marburger Theologe Rudolf Bultmann ziemlich viel Aufsehen mit seiner These, es sei an der Zeit, die christliche Religion zu entmythologisieren. In Bultmanns Verständnis gab es allzu viel Märchenhaftes in den biblischen Erzählungen, das man dem modernen Menschen einfach nicht mehr zumuten kann. Darum solle man die Botschaft der Bibel reinigen; vom Ballast des Phantastischen und Unglaubwürdigen befreit, könne sie eher ans menschliche Gemüt heran dringen.

In ähnlicher Weise möchte ich behaupten, daß auch die Psychotherapie eine gewisse Entmystifizierung nötig hat. Wohl ist die von Freud begründete Seelenheilkunde ein Produkt des Wissenschaftsgeistes, aber es hat sich in ihre Verfahren so manches eingeschlichen, was an Zauberglauben, Magie und mitunter sogar an Kurpfuscherei erinnert.

Jedem denkenden Betrachter der Psychotherapieszene drängen sich etwa folgende Fragen auf: Müssen die Patienten jahrelang in ihrer Kindheit herumwühlen, um ihre aktuellen Lebensprobleme und Charakterschwierigkeiten zu begreifen? Muß man hunderte oder gar tausende Träume deuten, um das Strukturbild einer Persönlichkeit sichtbar zu machen? Ist das Unbewußte eines Menschen nur (oder vor allem) über die Träume zu erreichen? Muß man sich in der Therapie so manches Jahr mit archetypischen, mythologischen und religiösen Phantastereien beschäftigen, um das Stadium der Reife zu gewinnen? Sollen Psychoanalysen so lange dauern, bis jeder seelische Quark besprochen und eingeordnet wurde?

Aus unseren Fragen hört man bereits unsere Antwort heraus. Wir bevorzugen Methoden, die schlicht und direkt sind. Unsere Großgruppentherapie will ein Verfahren sein, welches das Sozialinteresse und das Selbstwertstreben des Patienten festigt und ihn durch soziales Training, Selbsterkenntnis und Menschenkenntnis heilt.

*Wirkfaktoren in der Großgruppentherapie.* – Wir haben versprochen, etwa ein Dutzend Heilfaktoren der Großgruppentherapie ins Licht zu rücken. Das soll in der Folge in möglichst knapper Form geschehen:
1) Unsere Therapie baut auf dem Geselligkeitsbedürfnis der Menschen auf. Eine der schlimmsten psychopathologischen Kräfte ist die Vereinsamung; nur wenige Menschen können über längere Zeit hinweg Einsamkeit ertragen. Dem arbeiten wir nun entgegen, indem wir unsere meistens isoliert lebenden Analysanden in eine stabile Gemeinschaft einführen, deren Kontinuität über Jahre hinweg garantiert ist. In der Großgruppe lernt man viele Menschen kennen, ist aber in keiner Weise gezwungen, mit dem oder jenen Kontakt anzubahnen. Man wählt sich nach und nach einen Kreis von Bekannten oder gar Freunden, die man akzeptieren kann und von denen man sich akzeptiert fühlt.
2) In der Großgruppe kann man das ganze Panorama menschlicher Fehlhaltungen, aber auch seelische Tüchtigkeiten und wertorientierte Haltungen kennenlernen. Damit ist zweierlei gewonnen: Der Patient kann die relative Harmlosigkeit seiner eigenen Anomalien erkennen und findet auch Normen und Maßstäbe für sein Streben nach psychischer Gesundheit.
3) Die ruhige und relativ spannungsfreie Atmosphäre der Großgruppe wirkt heilsam. Die Patienten stammen aus einem Kindheitsmilieu, wo es meistens Streit, Disharmonien und Kampf aller gegen alle gab. Diese Ausgangsbasis ihres Lebens und Erlebens tragen sie innerlich mit sich herum, ohne sich dessen bewußt zu sein; sie zeigt sich lediglich in permanenten Verstimmungen, im Pessimismus und in der anhaltenden Lebensangst. Kann man aber hunderte Male in einer Gemeinschaft sein, die optimistisch, zukunftsgerichtet und antriebsfreundlich ist, dann bröckelt die ungute und unbewußte Vergangenheit langsam ab. Es findet eine Umstimmung statt, die ganz neue Gedanken und Hoffnungen am Horizont des Seelenlebens auftauchen läßt.

4) In der Großgruppe wird ein mehr oder minder kunstvoller Dialog praktiziert. Wache Besucher haben oft registriert, wie genau und sorgfältig sich unsere Therapieteilnehmer auszudrücken wissen. Das ist ein Ergebnis einer präzisen verbalen und emotionalen Schulung, das man nicht unterschätzen soll. Sprechend schlägt der Mensch die Brücke zum Mitmenschen; die Spracharmut des Neurotikers aber isoliert ihn und macht zumindest einen Teil seines Unglücks aus. Wer aber gut kommunizieren lernt, hat sich ein Fundament für seine psychische Gesundheit erobert.

5) Alle Gespräche in der Großgruppentherapie drehen sich um Selbst-, Menschen- und Weltkenntnis. Es wird darauf geachtet, daß eigentlich jede Sitzung ein gewisses Resultat in dieser Beziehung ergibt. Nun halten wir diese Trias von Einsichten fast für ein Propädeutikum (Vorschulung) jeder menschlichen Kulturtätigkeit. Wie will man die Kultur begreifen oder sich erarbeiten, wenn es am menschlichen Grundwissen fehlt?

Das wird so oft in mancher Entwicklung eines Intellektuellen übersehen und übersprungen, und die Folge ist, daß wir Menschen mit Kopfwissen haben, die der Entwicklung der Gemeinschaft und Gesellschaft in keiner Weise dienen können. Oft kehrt sich sogar das dem Leben entfremdete Wissen gegen das Leben selbst und wird destruktiv. Daher finden aggressive und haßorientierte Bestrebungen in Politik und Kultur so leicht intellektuelle Steigbügelhalter, die dann den Geist oder Pseudogeist verwenden, um Vernichtung zu ermöglichen oder zu rechtfertigen.

6) Viele Neurotiker können trotz Neurose noch arbeiten, weil sie eben ihren Lebensunterhalt bestreiten müssen. Aber in der Freizeit gähnt sie die innere und äußere Leere an; sie wissen nichts Rechtes mit sich anzufangen. Da springt nun die Großgruppentherapie ebenfalls ein: Sie ist eine ideale Freizeitbeschäftigung. Die Patienten haben nun in der Woche einige Termine, wo sie mit liebenswürdigen und beziehungswilligen Menschen zusammensein können, etwas Wichtiges lernen und mit deutlich angehobener Stimmung nach Hause gehen. Das bestärkt sie darin, die meistens vorhandenen Sinnlosigkeitsgefühle zu dämpfen und einen möglichen Sinn im Dasein zu sehen.

7) Ein menschliches Leben ist eigentlich nur lebenswert, wenn sich der Mensch andauernd entwickelt. Ohne Wachsen und Werden gibt es kein

inneres Leben der Persönlichkeit. Nun haben sich die meisten Menschen in ihrer Kindheit die Kunst der permanenten Selbstentfaltung nicht aneignen können; sie hatten keine Vorbilder dazu. Unter stagnierenden Lebensbedingungen verfällt man selbst der Stagnation. In der Großgruppe aber wird bewußt dafür gesorgt, daß andauernd Entwicklung stattfindet. Der Horizont dieser Gemeinschaft weitet sich ständig aus, neue Themen und Probleme werden ins Auge gefaßt und interessante Lösungen zumindest diskutiert. Die heftige Strömung dieser Gesamtevolution reißt auch dumpfe und widerstrebende Geister mit.

8) Tugenden sind nach Aristoteles nicht so sehr Triebkontrollen oder gar Triebunterdrückungen, sondern Tüchtigkeiten der Seele. Was ist nun die eigentliche Funktionstüchtigkeit der Seele? Sie soll den Kontakt mit der Umwelt herstellen, die Kommunikation bestreiten und die innere und äußere Ordnung aufrechterhalten. Des weiteren soll sie aber auch, poetisch ausgedrückt, die Blume des Geistes erblühen lassen. Eine Psyche ohne Geist ist ein kläglicher Anblick.

Nun ist es aber nur dem gesunden Seelenleben gegeben, Basis für Geistestätigkeit zu werden. Und da die meisten Menschen – wie Freud postulierte – mehr oder minder neurotisch sind, ist es mit ihrer Geistigkeit nicht weit her. Anstelle geistiger Interessen tritt beim Patienten das Interesse für sich selbst, für die Symptome und für die Dummheit und Böswilligkeit aller Mitmenschen. Fast jede Neurose präsentiert so eine Karikatur von Intellekt und Vernunft.

Daher haben wir stets darauf geachtet, daß die Patienten bei uns auch geistig trainiert und geschult werden. Sie lernen denken, und das ist zumindest ein Teil des Pensums von »leben lernen«. Für ansprechbare Gemüter war es nicht selten ein umwerfendes Erlebnis, bei uns in eine dichte geistige Atmosphäre einzutauchen, die unwillkürlich bei jedermann Vernunfttätigkeit auslöst und fördert.

9) Das zeigt sich darin, daß die Teilnehmer unserer Großgruppentherapie ihre Studien oder Ausbildungsgänge viel leichter absolvieren als Normalverbraucher. Es ist eine bekannte Tatsache, daß an den Universitäten ein beträchtlicher Prozentsatz der Studenten im Studium scheitert; oft werden Studien abgebrochen, obwohl es nicht eigentlich an Intelligenz fehlt. Aber der Mangel liegt am Charakter und am Durchhaltevermögen; wer von neurotischen und psychosomatischen Fehlhal-

tungen oder Störungen okkupiert ist, hat wenig freie Valenzen für das Lernen und Sich-Entwickeln. Die Gruppenleute bekommen bei uns so vielfältige Unterstützung, daß sie nicht selten ihre Hochschuldiplome mit einem Minimum an Zeit und Kraftaufwand erobern können.

10) Es wäre lückenhaft, wenn wir nicht auch das emotionale Training in der Großgruppe erwähnen würden. Nach unserer Ansicht stehen die Gefühle im Zentrum der Person und ihrer Lebensbetätigungen. Starke und anhaltende Emotionalität allein kann als die Grundlage der Persönlichkeitsentfaltung betrachtet werden.

Nun wissen wir seit Max Scheler, daß Gefühl und Wert in einer dialektischen Beziehung stehen. Mit unseren Gefühlen erblicken wir das Reich der Werte, das uns zur Entwicklung motiviert und antreibt. Andererseits wird jeder Wert, der in unser Leben hinein leuchtet, zur Stimulation für den Gefühlsreichtum.

Da nun die Großgruppe selbst einen hohen Wert darstellt und sich ständig mit den vitalen, psychischen und geistigen Wertregionen beschäftigt, wirkt sie ungemein belebend auf die Gefühlsbasis aller Teilnehmer ein. Es wird auch immer wieder betont, daß sich niemand durch unsere weit gespannten geistigen Interessen irreführen lassen soll. Intellektualismus ist nicht das Ziel unserer Therapie. Wir visieren Verstandes- und Vernunfteinsichten an, meinen aber damit die emotionale Wandlung und die Ausweitung des Gefühlslebens.

11) Die Großgruppe untersteht dem Postulat der gegenseitigen Hilfe. Die Analysanden werden dazu angeleitet, einander beizustehen, wo immer das möglich ist. Wer noch nicht helfen kann, darf abseits bleiben, wird aber nicht daran gehindert, selber Hilfe in Anspruch zu nehmen. Immerhin ist der Motivationsfaktor der Kooperationsbereitschaft im Menschen so stark, daß mit der Zeit jeder Freude daran empfindet, ein Geber zu werden.

Wer immer behauptet, daß der Mensch ein egoistisches und egozentrisches Lebewesen sei, ist gewiß im Irrtum; er läßt sich allzu sehr durch das derzeitige Menschentum beeinflussen, welches bei weitem nicht die Eigenschaften zeigt, die in den Möglichkeiten der menschlichen Natur liegen. Goethe war da anderer Meinung als unsere Misanthropen und sagte: »Es sucht der Bruder seine Brüder, und wenn er kann, dann hilft er gern.«

12) Wir könnten endlos weiterfahren im Geltendmachen der Heilfaktoren der Großgruppentherapie. Aber es hat keinen Sinn, unsere Argumentation ausufern zu lassen. Wer unsere Therapieform nicht kennt, wird durch deren Beschreibung oder gar Anpreisung sich nicht überzeugen lassen. Man muß schon zahlreiche Sitzungen der Großgruppentherapie erlebt haben, um deren Effizienz einigermaßen einschätzen zu können.

Wir haben bereits weiter oben den Idealismus angedeutet, der unserer Therapie-Innovation zugrunde liegt. So sei denn abschließend noch ein Umstand erwähnt, der unsere Analysanden froh und zukunftsgläubig macht. Das ist die weltanschauliche Ausrichtung unserer Therapie. Diese hat keine verbindliche Philosophie oder Weltanschauung anzubieten, aber sie sieht sich eingereiht in die Ideologien und Bestrebungen, die sich um die Verbesserung der menschlichen Zustände auf der Erde bemüht haben.

Das ist unserer Meinung nach eine tragfähige Sinnfindung für das Leben. Nur der Mensch, der – wie man oft spöttisch sagt – ein Weltverbesserer wird, ist auf dem Wege zur psychischen Gesundheit. Natürlich fordert man von niemandem mehr, als er hat und geben kann. Aber zumindest tendenziell soll in unserer Sicht jede Therapie in Kulturarbeit einmünden, die dem Leben Ziel und Richtung gibt.

*Einwände gegen die Großgruppentherapie.* – Unsere Methode hat auch kritische Einwände auf den Plan gerufen, die wir dem Leser nicht verschweigen wollen. Manche dieser Kritiken machten zwar den eindeutigen Eindruck von Vorurteil und Unvernunft; gleichwohl haben wir uns immer genau mit solchen Bedenken und Vorwürfen auseinandergesetzt, weil auch die unfreundlichste Kritik eventuell lehrreich sein kann.

Allerdings wollen wir nicht verhehlen, daß diese Kritiker an unserem Weltbild mächtig gerüttelt haben. Wir sind Skeptiker hinsichtlich jeglicher Spielart von Parapsychologie. Aber die Nörgler in bezug auf unsere Großgruppentherapie müssen über Fähigkeiten der außersinnlichen Wahrnehmung verfügen. Sie haben nie unsere Gruppensitzungen frequentiert und kaum etwas von uns gelesen. Aber sie haben eine feste und entschiedene Meinung über uns, deren Grundlage offenbar eine Form von Hellsehen ist. Leider fassen diese Hellseher nur das angeblich

Dunkle und Schummerige unserer Tätigkeit ins Auge. Aber das hat man dem Hellsehen auch in seinen sonstigen Wirkungsbereichen schon zum Vorwurf gemacht. – Wir geben in der Folge einen Überblick über polemische Äußerungen zu unserem Großgruppentherapiekonzept.

a) *Individualpsychologische Großgruppentherapie bildet eine Nische innerhalb der Gesellschaft; sie tendiert dazu, die Patienten vom übrigen Sozialleben fernzuhalten; die Großgruppe wird zum alleinigen Lebensraum und zum Selbstzweck.*

Zu keinem Zeitpunkt wurde unsere Großgruppentherapie als Gegengesellschaft betrachtet, welche die Integration in die übrige Sozietät aufhalten und vermeiden soll. Es blieb jedem Analysanden überlassen, wie weit er sich in die Großgruppe einlassen und wieviel Kontakte er außerhalb haben will und kann. Faktisch haben sehr viele Mitarbeiter des Arbeitskreises neben ihrer Großgruppenzugehörigkeit noch andere Umwelten, in die sie sich einfügen. Andererseits gibt es zahlreiche Leute, die sich darüber freuen, daß sie bei uns eine umfangreiche Gruppe von Freunden, Kollegen und Bekannten finden, von denen sie wissen, daß sie geistig und kulturell interessiert sind.

Nun hat der amerikanische Soziologe George Caspar Homans im Rahmen der Soziologie das Gruppengesetz formuliert, wonach Menschen, die oft in Interaktion stehen, dazu tendieren, Sympathie füreinander zu empfinden. Genau das konnten wir bei unserer Gruppenarbeit immer wieder beobachten. Es ist kaum zu vermeiden, daß eine funktionierende Großgruppe zur seelischen Heimat ihrer Mitglieder wird. Wir sehen nicht ein, wo da ein Fehler sein soll.

Zudem ist unsere Großgruppentherapie, wie bereits angedeutet, auch eine Lern- und Forschungsgemeinschaft, was ebenfalls den sozialen Zusammenhalt aller festigt. Auch wer viele Jahre an diesem Gruppenleben teilnimmt, findet es kaum je langweilig – es sei denn, daß er seine eigene trostlose Mentalität auf die Gruppe projiziert. Wir geben gerne zu, daß durch unsere geistige und psychohygienische Ausrichtung unser Arbeitskreis zu einer großen Familie wurde. Und ähnlich wie die Familie auf die Integration in umfassendere Gemeinschaften und Gesellschaften vorbereiten soll, sind auch wir eine Trainingsstätte, in der man so lange bleiben kann, wie man mag und will.

b) *Da die Großgruppentherapie einen einzigen und charismatischen Leiter hat, besteht die Gefahr der seelischen und geistigen Abhängigkeit von ihm; die Gruppenmitglieder können sich schwer ihm gegenüber behaupten und bringen eine spätere Ablösung nicht zustande.*

Die Berliner Großgruppentherapie wurde tatsächlich von einem einzelnen und für sich allein stehenden Therapeuten geschaffen, der keinen Rückhalt in Vereinigungen und Institutionen hatte oder suchte. Die Führung einer Großgruppe erforderte eine relativ seltene Kombination von wissenschaftlichen und menschlichen Qualifikationen; sie war in unserem Falle durch günstige Zufälle gegeben, und darum konnte unsere Unternehmung erfolgreich sein.

Gelingt eine Großgruppenbildung und bleibt eine solche Gemeinschaft arbeits- und entwicklungsfähig, dann bekommt deren Leiter eine starke autoritative Stellung, die er nicht mißbrauchen darf. Er erhält ein hohes Maß an Wertschätzung und gewinnt Einfluß auf die Gruppenmitglieder. Vielleicht spielen da auch jene Dynamismen mit, die Sigmund Freud in *Massenpsychologie und Ich-Analyse* (1921) beschrieben hat. Der Gruppenleiter wird zum Kollektiv-Überich oder Gewissen für alle Gruppenteilnehmer; diese setzen sich über die Verschiedenheiten ihrer Wert- und Normvorstellungen hinweg und erhalten ein gemeinsames Vorbild, das gemeinschaftsstiftend und -erhaltend wirkt. Ein guter Führender kann seinen Gefolgsleuten unendlich viel Hilfe geben. Ein schlechter Führender jedoch kann zur Gewissenlosigkeit und zum Ichverlust Anlaß geben, da die gläubige Menge ihre Kritikfähigkeit nicht selten an die Gruppe und ihren Leiter abgibt.

Diese Gefahren einer größeren Menschengruppe sind uns wohlbekannt. Wir haben sie in unserem Arbeitskreis dadurch zu bannen versucht, daß wir die Führungsposition des Leiters selbst begrenzten. Dieser ist ein geistiger Mentor für alle, maßt sich aber sonst nicht an, in das Leben der Gruppenmitglieder einzugreifen. Er lehrt und regt an; mehr will er gar nicht. Sofern infantile Gemüter ihm eine Allmachtsrolle zuschieben wollen, ironisiert er diese und akzeptiert sie nicht.

Die Zugehörigkeit zur Großgruppe ist freiwillig und kann jederzeit formlos beendet werden. Tatsächlich haben viele Menschen nach kürzerer oder längerer Mitgliedschaft im Arbeitskreis bei passender und unpassender Gelegenheit Abschied genommen; nicht immer kam es zu höflichen Trennungen. Das ist aber verständlich, und in allen Bereichen der Heilkunde weiß man, daß der geförderte oder geheilte Patient nicht unbedingt dankbar ist. Dankbarkeit ist unseres Erachtens der Ausdruck einer wohlgeratenen Seele, und diese muß man unter den Patienten der Psychotherapie nicht in großer Zahl suchen.

Wir haben es sogar mitunter erlebt, daß Patienten, die bei uns unverkennbare und bedeutsame Fortschritte machten, mit unguten Gefühlen und Affekten aus dem Gruppenleben ausstiegen. Es war uns klar, daß hierbei uralte Rechnungen beglichen wurden, die aus der Vorgeschichte dieser Affektcharaktere stammten. Niemand wurde zurückgehalten, und man trug auch keinem nach, daß er sich anderswo Entwicklungs- und Entfaltungsmöglichkeiten suchte.

Das Brockhaus-Lexikon schreibt unter dem Stichwort Charisma: »Eine nicht als alltäglich geltende Eigenart der Persönlichkeit, um deretwillen sie als übermenschlich, als gottgesendet, als vorbildlich und deshalb als Autorität und Führender gewertet wird.« Wenn das auf den Leiter der Berliner Großgruppentherapie zutreffen sollte, wäre er mindestens so erstaunt wie seine Schüler und Patienten. Er hat sich selbst stets als demokratischer Führer verstanden, der am stärksten die Ideale des Gruppenlebens verkörperte und auch die größte Erfahrung besitzt, welche für die Ermöglichung einer Zusammenarbeit vieler und schwieriger Menschen unentbehrlich ist.

Jede funktionierende Klinik und jedes florierende Unternehmen hat eine mehr oder minder zentralistische Leitung; die Empirie scheint zu lehren, daß das eine Conditio sine qua non von Erfolg und Leistung ist. Unser Arbeitskreis bestätigt wie so viele gesellschaftliche, ökonomische und andere Einrichtungen unserer Kultur diese Regel, deren Nichtbeachtung oft zu Chaos und Unproduktivität führt.

Es muß jedoch bemerkt werden, daß die Berliner Großgruppe einen starken Trend zum demokratischen Liberalismus im Auge behielt. Das lag ja auch schon in ihrem Bekenntnis zur Antiautorität, zur Wissenschaftsgesinnung und zur Toleranz. Als im Laufe der Jahre etwa 50 Kleingruppenleiter herangebildet wurden, durften diese ganz autonom arbeiten und blieben stets finanziell völlig unabhängig. Hätte man sie in ökonomische Abhängigkeit versetzt, dann wäre gewiß auch daraus eine bindende geistige Gefolgschaft entstanden.

c) *Gelegentlich hörten wir auch den Kritikpunkt, daß die Großgruppe eine* Sekte *sei. Die Begründung hierzu war eigentlich immer sehr lückenhaft; der Sektenvorwurf wurde in offenkundig feindseliger Absicht geäußert.*

Wir halten ihn für völlig verfehlt, haben uns aber oft Gedanken darüber gemacht, ob nicht doch ein Minimum an Wahrheit in diesem Vorwurf enthalten sei. Nach sorgfältigster Prüfung glauben wir doch, daß wir mit Sektiererei nichts im Sinn haben. Dieses Mäkeln aus der Ecke der Böswilligkeit und Banalität kann uns in keiner Weise treffen.

Der Sektenbegriff stammt bekanntlich aus der religiösen Welt. Sekten sind Abspaltungen vom jeweils gültigen Religionsbekenntnis, also Miniaturkirchen neben der Hauptkirche. Meistens greifen sie auf abgesunkenes und veraltetes Kulturgut zurück, d. h. sie geben sich noch dogmatischer, supernaturalistischer und mystischer als die herrschende Kirchengemeinschaft.

Auch in der Politik und im Weltanschauungsbereich gibt es Sekten, die durch geistige Enge, Führerkult und dogmatische Hypostasierung imponieren. Wie man das auf unseren Arbeitskreis übertragen will, ist und bleibt uns ein Rätsel. Wir haben uns durch Praxis, Wort und Schrift ganz eindeutig in die wissenschaftliche Tiefenpsychologie und die dazugehörige Therapie integriert. Auch haben wir uns nie auf ein Dogma versteift; wiewohl wir der individualpsychologischen Schule Alfred Adlers angehören, haben wir unendlich viel Arbeit geleistet, um die Erkenntnisse der anderen Schulmeinungen zu assimilieren. Wer unsere Schriften liest, wird nur bei erheblichem Begabungsmangel den Sektenvorwurf ventilieren können.

In unserer als Sekte verschrieenen Gemeinschaft wurden über 300 wissenschaftliche Diplomarbeiten verfaßt, die von den Universitäten als Studienabschluß akzeptiert wurden. Dazu kamen etwa 60 Dissertationen, aufgrund derer der Doktortitel zuerkannt wurde. Auch sieben Habilitationsschriften sind auf der Basis unserer angeblichen Sektenweisheit produziert worden. Wir werden uns demnächst bei Sachverständigen erkundigen, ob derlei in Sektenkreisen die übliche Praxis darstellt.

Wir sind uns wohl bewußt, daß die Menschen infolge ihrer kümmerlichen Erziehung und geistigen Verwahrlosung sehr gerne zur blinden Gläubigkeit neigen. Das ist übrigens auch in wissenschaftlichen Cliquen der Fall, und die Schulen der Tiefenpsychologie sind nicht immer der potentiellen Sektiererei entgangen. Darum haben wir unsere Schüler und Patienten stets auf die Notwendigkeit der allumfassenden Skepsis hingewiesen und den alten Michel de Montaigne zu einem Schutzheiligen erhoben, dessen Wahlspruch im Streit der sturen Dogmatiker war: »Was weiß denn ich?« Und wenn man ihn allzu sehr bedrängte, wies er darauf hin: »Was diesseits der Pyrenäen Wahrheit ist, gilt jenseits bereits als Irrtum.«

d) *In der Berliner Großgruppe werden die Aggressionen der Menschen unterdrückt; man schafft ein pseudoharmonisches Gruppenleben, aber die unausgelebten Aggressionen verhindern eine seelische Reifung und Entfaltung.*

Es ist nicht zu bestreiten, daß unsere Großgruppentherapie weitgehend affektfrei verläuft und vor allem die Aggressivität in den therapeutischen Sitzungen nicht manifest wird. Der Gesprächsstil, der seit vielen Jahren bei uns praktiziert wird, ist kommunikativ und kooperativ; man bemüht sich um ein Verstehen des andern, man hört zu und ist höflich, selbst wenn man die geäußerten Meinungen nicht teilt. Das widerspricht der üblichen Praxis in vielen Gruppenmeetings, wo darauf Wert gelegt wird, daß die Leute ihre Affekte ausagieren, damit sie diese angeblich loswerden können.

Die Theorie hinter dem acting out ist wohl folgende: Der Mensch hat von Natur oder durch Erziehung viele Affekte, die er nicht unterdrücken und hinunterschlucken soll. Er soll sich davon befreien, indem er sie in der therapeutischen Situation zum Vorschein bringt. Man soll sich eben geben, wie einem zumute ist. Nur so wird man innerlich frei.

Es ist fraglich, ob diese theoretische Annahme richtig ist. Aggression ist nach unserer Auffassung anerzogen und kann zur Gewohnheit werden; wer sich daran gewöhnt, seine Feindseligkeit abzureagieren, bekommt mit der Zeit ein Bedürfnis, feindselig zu sein und sich auch so zu verhalten.

Das Problem ist nur, wer das Opfer dieser Aggressivität sein soll. Gewiß gibt es in allen Gruppen ängstliche und masochistische Menschen, die sich den Attacken anderer aussetzen und sich derlei gefallen lassen. Aber das tut ihnen sicherlich nicht gut; sie können dabei manchen auch nicht reparierbaren Schaden erleiden. Wir haben daraus die Konsequenz gezogen, daß in unseren Therapiesitzungen Aggression ganz einfach nicht erlaubt ist. Um schwache und kleinmütige Analysanden zu schützen, halten wir überexpansive und feindselige Charaktere in Schach; sie müssen bei uns lernen, helfend, verstehend oder stillschweigend zu sein; können sie das nicht, dann müssen sie gehen.

Das scheint hart zu sein, ist aber für aggressive Charaktere sehr hilfreich. Wer sich selbst nicht beherrschen kann und dadurch anderen Schaden zufügt, muß Grenzsetzungen von außen bekommen, die ihn mit der Zeit derart konditionieren, daß er andere Menschen in Ruhe läßt. Es hat niemand das Recht, seine Aggressionsbedürfnisse (sofern er solche hat oder zu haben glaubt) an anderen auszulassen. Das machen Diktatoren und andere Unmenschen; aber derlei gehört nicht in die Psychotherapie.

Wir verlangen von Mitgliedern der Großgruppentherapie, daß sie sich an unsere Spielregeln halten. Schon die antike Medizin hat den Grundsatz nihil nocere (nie und durch nichts schaden) formuliert. In die psychotherapeutische Situation übersetzt heißt das: Es darf im Behandlungsgeschehen nichts vorkommen, was einen Patienten niederdrückt, verletzt oder sogar zur Verzweiflung bringt. Opfer von Aggression zu sein ist möglicherweise eines der schlimmsten psychischen Traumen, die wir kennen.

Daher fordern wir, daß die Stimmung in Gruppensitzungen freundlich, affektfrei und wohlwollend bleibt. Wer das nicht bieten kann, soll wenigstens stumm bleiben und darauf warten, daß sich bei ihm kooperative Stimmungen und Gefühle einstellen. Das gelingt in der Tat, wenn ein Affektmensch über Wochen und Monate hinweg an einer entspannten und kommunikativen Gruppe teilnehmen darf; ähnlich wie er in seinem Leben Aggressivität gelernt hat, kann er das wieder verlernen und anstelle dessen Mitmensch werden.

Im Namen der zu erlernenden Mitmenschlichkeit und Solidarität wird in unserem Arbeitskreis die Feindseligkeit ausgeklammert und stillgelegt. Nach kurzer Zeit begreifen auch menschliche Affektbomben, daß es schöner und produktiver ist, wohlwollend zusammenzuarbeiten. Das ist eine wichtige Schulung für Partnerschaft, Kindererziehung, Berufsleben und Umgang mit sich selbst.

Der Affekttyp ist überall aggressiv; auch in der Beziehung zu sich selbst. Wer andere tyrannisiert, ist auch unduldsam mit dem eigenen Ich; das kann bis zur Selbstverletzung und zum Suizid reichen. Die Menschheit hat seit Jahrtausenden das Ausleben von Feindseligkeit praktiziert; die Folgen waren und sind gräßlich. Eine Schulung in Friedfertigkeit und Menschenfreundlichkeit tut uns allen not.

e) *Die Individualpsychologie und die Berliner Großgruppe haben ein falsches Menschenbild; man nimmt an, daß der Mensch gut sei und leugnet den Sadomasochismus der Menschenpsyche.*

Es ist nicht zu bestreiten, daß die Lehre Alfred Adlers und die aus ihr entspringende Großgruppentherapie von der These ausgeht, daß der Mensch von Natur nicht schlecht ist; man muß ihn erst zur Unmenschlichkeit mühsam erziehen. Und selbst dann genügen die erworbenen Reflexe nicht, um ihn zu Krieg, Grausamkeit und Haß zu bewegen; sofern die Politiker und andere Menschengruppen an der Macht eine unmenschliche Bestie für ihre Zwecke benötigen, müssen sie Fehlinformation und Fanatisierung, Angst und Panik und oft sogar brutalen Zwang einsetzen. Seit Menschengedenken haben sie derlei erfolgreich praktiziert. Aber nur das verkrüppelte Menschenwesen war für solche Vergewaltigungen zugänglich und disponiert.

Es ist doch nicht zu übersehen, daß es dem Menschen in der bisherigen Geschichte versagt blieb, seine wahren Kräfte und Potentialitäten frei zu entfalten. Unsere These ist: Erst das verkümmerte Menschsein artet in Feindseligkeit und Masochismus aus. Allein schon die sinnlose Sexualunterdrückung durch die Religionen erzeugte und erzeugt auf dem Wege existentieller Frustration eine Aggressionsbereitschaft, die man als Naturfaktor völlig mißversteht.

Wer die Korruptheit der Menschennatur behauptet, hat zwar das Zeugnis der Geschichte für sich, begeht aber eine philosophische Unbesonnenheit, da er nicht bedenkt, wie ungünstig die bisherigen Bedingungen für die Selbstentfaltung des Menschentums waren. Man hat aus dem Menschen ein »krankes Tier« (Nietzsche) gemacht und wirft nun diesem meistens verkrüppelten Lebewesen vor, daß es der Krankheit unterliegt.

Die meisten Religionen sprechen von einem urtümlichen Sündenfall und leiten davon die Schlechtigkeit oder Schuldhaftigkeit des Menschen her. Aber das ist mythologisches Denken, von dem wir uns nicht beeindrucken lassen sollen. Leider hat auch die Philosophie im Schlepptau der Religionen dieses negative Vorurteil in sich aufgenommen. Allerdings erhoben freie und kühne Denker dagegen Einspruch, aber sie konnten sich kaum durchsetzen. Selbst der große Immanuel Kant in einer Spätschrift *(Religion innerhalb der Grenzen der bloßen Vernunft)* sprach vom unausrottbaren Hang zum Bösen in der Menschennatur, eine These, von der Goethe mißbilligend meinte, der Königsberger habe damit seinen Philosophenmantel beschlappert. Rousseau hingegen (im Gefolge Spinozas) verkündete suggestiv, daß der Mensch gut sei.

Im 19. Jahrhundert wurde diese Lehre aufgenommen und vielfältig abgewandelt. Vor allem die Ahnherren und Schöpfer der sozialistischen Weltanschauung plädierten dafür, das Böse am Menschen auf die Unzuträglichkeiten der materiellen und psychischen Lebenskonstellationen zurückzuführen. Würde man in Staat, Gesellschaft und Wirtschaft menschenwürdige Verhältnisse schaffen, dann könnte die Güte der menschlichen Natur zum Tragen kommen. Man müßte allerdings auch die Menschen gut erziehen und bilden; denn nur der aufgeklärte Mensch ist in der Lage, seine Situation in der Welt sinnvoll zu reflektieren.

Der Darwinismus schien dieser optimistischen Hoffnung zu widersprechen. Nicht Darwin selbst, aber seine Propagandisten übertrugen die Formel vom Kampf ums Dasein aus der Natur in die Menschenwelt; auch da sei das Überleben des Tüchtigsten das Gesetz, und wer schwach und hilflos sei, müsse aussterben. Das war gute Botschaft für den Manchester-Kapitalismus, der damals seine Weltmacht auszuüben begann.

Aber schon Darwin hatte auf die mächtige Solidaritätskomponente als Evolutionsfaktor im Menschen hingewiesen, und der große russische Edelanarchist Peter Kropotkin zeigte in seinem Buch *Gegenseitige Hilfe in der Tier- und Menschenwelt* (1904), daß die Menschen zu allen Zeiten einander geholfen hatten und damit einem Verhaltensmodell folgten, das bei allen in Gruppen lebenden Tieren unauslöschlich verankert ist.

Alfred Adler übernahm von Rousseau, den Sozialisten, Kropotkin und anderen die Meinung, daß der Mensch keine wilde Bestie sei. Was wir an Verhaltensanomalien beobachten, ist Kunstprodukt von Erziehung und Gesellschaft. Würden wir die Kinder vernunftgemäß erziehen (und selbst erzogen sein), dann gäbe es nur wenig Neurosen, Perversionen, Grausamkeiten und Verrücktheiten.

Sigmund Freud war bekanntlich anderer Auffassung. In *Das Unbehagen in der Kultur* (1931) zeichnet er ein abstoßendes Bild des Menschen, das seinem Alterspessimismus zu entspringen scheint.

Auch wenn die Lehre von der natürliche Güte des Menschen eine Illusion wäre: Als Arbeitshypothese nützt sie dem Psychotherapeuten viel. Man braucht sie, um in der Plage des Therapiealltags auch in schweren Fällen an Genesung und Fortschritt zu glauben. So möge man denn unsere Gesinnung zumindest als nützliche Fiktion dulden, selbst wenn man diesbezüglich ganz andere Konzepte vertritt.

f) *Die Großgruppentherapie ist allzu sehr kopflastig und kognitiv; da sie die Erziehung und Bildung der Patienten ins Auge faßt, erinnert sie an ein fast pädagogisches Verfahren – das Analytische kommt bei ihr zu kurz.*

Nicolai Hartmann spricht in seiner *Ethik* (1926) vom liebenden Blick. Dieser ist in der Lage, die Vorzüge des betrachteten Objekts zu sehen, und gerade dadurch ermutigt er dieses, seine Vorzüge zu verwirklichen oder auszugestalten. Das Gegenteil hiervon müßte der lieblose Blick sein, der unentwegt auf angebliche Mängel und Lücken seines Gegenstandes hinzielt. Wir haben den Eindruck, daß das obige Argument gewiß nicht aus der Ecke des liebenden Blicks stammt.

Aber ganz irreal ist diese Beobachtung nicht. Wir wollen tatsächlich die Analysanden erziehen und bilden. Aber was ist der Fehler daran? Wenn man Menschen über Monate und Jahre hinweg in einem recht intimen Gespräch hat, muß man doch dafür besorgt sein, daß dieser Dialog sinnvolle Inhalte hat. Oder soll man nur über die Triebromane und den infantilen Kleinkram sprechen?

Wir haben gefunden, daß es die Patienten ungemein ermutigt, wenn man ihnen zutraut, daß sie auch Erkenntnisse der Tiefenpsychologie und der angrenzenden Wissenschaften assimilieren können. Unserer Meinung nach ist tiefenpsychologische Einsicht per se therapeutisch wirksam. Warum sollte man diese dem willigen Analysanden vorenthalten?

Freud, Adler und Jung waren da gar nicht kleinlich. Sie informierten ihre Gesprächspartner über ihre wissenschaftlichen Interessen und Arbeiten, und solche Gesprächsthemen mögen nicht wenig dazu beigetragen haben, den Dialog mit den Erzvätern der Tiefenpsychologie zu einem bleibenden Erlebnis zu machen.

Wir überschätzen faktisch den Wert des Analytischen in keiner Weise. Gewiß soll man die Frühkindheit und die Triebschicksale des Patienten ans Licht heben und psychologisch einordnen. Aber besteht denn der Mensch nur aus Infantilismus und Triebhaftigkeit? Sind die späteren Phasen seiner Entwicklung, sind Fühlen, Denken und Wollen bedeutungslos? Sören Kierkegaard zitiert den Engländer Alexander Pope aus dem 18. Jahrhundert und sagt mit Emphase: »Ist denn Vernunft allein getauft, sind die Leidenschaften Heiden?« Ähnlich möchten wir fragen, ob der Trieb und die Frühkindheit allein geheiligt sind, indes die späteren Phasen der Entwicklung und der Überbau über dem Infantilen zur Bagatelle herabgewürdigt werden sollen?

Wir haben das nie getan. Unsere Analysanden durften teilnehmen an unseren geistigen Interessen und Neigungen. Die meisten empfanden das als einen Akt der Gleichstellung; sie fühlten sich dadurch als Persönlichkeit anerkannt. Viele Autoren weisen darauf hin, daß die Neurose nicht nur Hemmung und Triebanomalie bedeutet, sondern auch verqueres Denken, Vorurteil, archaische Weltanschauung und ein blockierter Bildungsprozeß (Jürgen Habermas). Die Therapie muß auch in diesem Bereich Korrekturen anbringen, und oft heilen solche Hinweise mehr als ein Übermaß an Kindheitsanalyse und Bewußtmachen von Traumen und Trieben.

Das Abrücken vom Rein-Analytischen hat eine alte Vorgeschichte. Schon ziemlich bald nach der Einführung des analytischen Verfahrens meldeten sich Kritiker zum Wort, die der Ansicht waren, auf jede Psychoanalyse müsse eine Psychosynthese folgen. Freud wehrte diesen Einwand ab; er meinte, wenn man gut analysiere, ergebe sich die Synthese von selbst. Das bezweifelten neben Alfred Adler z. B. C. G. Jung, Alphonse Maeder und Poul Bjerre.

Seither ist diese Debatte nicht zur Ruhe gekommen. Wir selbst werden bei manchen Nur-Analytikern an einen Chaplin-Film aus der Stummfilmzeit erinnert. Charlie ist Uhrmacher und wird von einem

Kunden mit einer defekten Uhr konsultiert. Er zerlegt den Mechanismus bis in seine kleinsten Teile, spritzt Öl hinein, schüttelt aber dann bedauernd den Kopf und gibt den ganzen analysierten Krempel dem sichtlich enttäuschten Kunden zurück. Ob nicht manche Analyse dieser Technik ähnelt? Wir wollen es nicht entscheiden.

Jedenfalls haben wir die Erfahrung gemacht, daß ein Ingredienz von Pädagogik und Bildungsarbeit den Analysanden in keiner Weise schadet. Die Gefahr des Intellektualisierens darf man dabei nicht übersehen. Aber auch hier spricht das Vorbild der Erzväter zugunsten unserer Einstellung. Die Psychotherapie ist eine so junge Disziplin, daß manches umstrittene Verfahren den Keim für günstige Zukunftsentwicklungen in sich bergen kann.

*Laßt hundert Blumen blühen!* – Wir haben nun ziemlich ausführlich einige Einwände und Kritiken gegen die Großgruppentherapie aufgelistet, die uns geläufig sind; natürlich haben wir keine Vollständigkeit angestrebt, und man könnte ohne weiteres noch andere Kritikpunkte auf den Tisch legen. Aber im großen und ganzen wird es sich um Abwandlungen dessen handeln, was wir selbst schon erwähnten.

Nun wäre es eine Illusion zu glauben, daß man solche Kritiken schlicht rational widerlegen kann. Jeder Kritiker hat seine Wissenschaftsgesinnung und Weltanschauung, die tief in seiner Charakterstruktur und in seinem geistigen Werdegang verankert sind. Damit sind aber schon Vorentscheidungen darüber getroffen, was der Kritiker als richtig und falsch, logisch und unlogisch, vernünftig und widersinnig betrachten wird. Auch ist man in Berufsverbände und Interessengruppen eingebunden, die gemeinsame Meinungen haben. Das gibt jedem Urteil und auch Vorurteil eine fast zwingende Macht in jenem, der urteilt. Man kann nicht über seinen Schatten springen; und man behält auch gerne Recht gegen andere, denn deren Unwissenheit oder Irrtum ist ein Beweis für unsere Kompetenz und angebliche Einsicht.

So verteidigt man sich gegen Einwürfe und Negativismen meistens ohne deutlich sichtbare Resultate. Der Hauptgewinn einer Auseinandersetzung mit Andersdenkenden ist eigentlich der, daß man sich über den eigenen Standpunkt klar wird. Andere zu überzeugen und umzustimmen ist ein seltener Erfolg von Debatten und Diskussionen.

So bleibt uns am Schluß unserer Ausführungen nur übrig, an die Worte des Vorsitzenden Mao (mehr oder minder unseligen Angedenkens) zu erinnern, der seinerzeit im Streit der verschiedenen Fraktionen des Weltkommunismus das weise Diktum prägte: »Laßt hundert Blumen blühen!« Auch für die Tiefenpsychologie und Psychotherapie gilt, daß eine Vielfalt von Schulen und Praktiken nichts Ungünstiges ist; die Wahrheit wird nur durch die Pluralität vielfältiger Bekenntnisse und Bestrebungen nach und nach zum Vorschein kommen.

Man möge daher den Andersdenkenden und Andershandelnden milde und tolerant beurteilen; die Geschichte lehrt, daß mitunter jene Recht hatten, die von aller Welt als Sünder und Ketzer eingestuft wurden. Der kluge Pilatus in der Bibel sagte schon den Eiferern und Dogmatikern: »Was ist Wahrheit?« Auch die Ringparabel aus Lessings *Nathan der Weise* kommt uns hier in den Sinn. Wer weiß schon, welches der wahre Ring ist? Bis dahin bleibt uns nur übrig, dem Rat des Dichters zu folgen: »Es eifre jeder seiner unbestochnen, von Vorurteilen freien Liebe nach!«

Wir arbeiten seit über 35 Jahren ziemlich erfolgreich mit Großgruppen, so daß wir wahrscheinlich abschätzen können, welche Chancen und Gefahren diese neuartige Therapiemethode bietet. Gerade unser Arbeitskreis hat gezeigt, daß man mit großen Menschengruppen zusammenarbeiten kann, ohne eine dumpfe Masse zu bilden, in welcher die Individuen ihre innere Selbständigkeit verlieren. Was uns vor Vermassung schützte, war wohl der unbedingte und klare Kulturwille, der alle unsere Unternehmungen inspirierte. Geist und Kultur sind Antithesen zum Massendasein; indem wir an den ersteren festhielten, konnten wir das letztere fernhalten. Wir bekämpften die Einsamkeit und Isolierung, ohne die Menschen zu nivellieren und gleichzuschalten.

Unsere Parole war und bleibt für immer: Gemeinschaft hat nur Sinn zwischen in sich selbst ruhenden Individualitäten; Menschen im Zustand der Vermassung bringen es nur zu einem primitiven Nebeneinander, das gegebenenfalls durch eine als feindlich empfundene Umwelt oder eine als Projektionsschirm für Ängste und Aggressionen gedachte Umgebung zusammengehalten wird. Es will uns scheinen, daß unsere Großgruppentherapie in ihrem Humanismus und Antiautoritarismus ein Beispiel dafür gegeben hat, daß eine freie Forschungs- und Therapiegemeinschaft nicht nur möglich, sondern auch wirklich sein kann.

# Die Psychologie der Gruppe

Als *Freud* um 1890 mit psychotherapeutischen Behandlungen begann, betrat er wissenschaftliches und ärztliches Neuland, auf dem noch wenig wesentliche Vorarbeit geleistet worden war. Entsprechend den bereits in Gebrauch stehenden Methoden versuchte er zunächst, die neurotische Symptomatik in der Hypnose »auszureden«; der Patient wurde in hypnotischen Schlaf versetzt, in welchem ihm der Arzt mit monotonen Suggestionen die Eliminierung seiner Krankheitserscheinungen ankündigte. Gelegentlich war dieses Suggerieren, zum Erstaunen des Therapeuten, sogar erfolgreich. Aber dieses Verfahren war launisch, und verschiedene Gründe bewogen Freud dazu, von ihm Abstand zu nehmen.

Auf die Hypnosetechnik folgte bald die Methode der »freien Assoziation«. Freud war zu der Auffassung gelangt, daß man sich den unbewußten Seeleninhalten auch im Wachen nähern konnte. Man mußte nur den Vorstellungsverläufen – den »Einfällen« – des Patienten folgen; erzählte dieser unbefangen und freimütig, was ihm gerade durch den Kopf ging, so wurde man auf die pathogenen Motivationen und Konflikte gelenkt, die dem Krankheitsgeschehen zugrundelagen. Freud ließ den Patienten auf einem Diwan liegen, damit er möglichst entspannt sei. Der Therapeut sollte unsichtbar hinter dem Patienten sitzen und mit »freischwebender Aufmerksamkeit« dessen Äußerungen zuhören. Das Auftauchen von Komplexen, Verdrängungen etc. sollte deutend registriert werden. Zum genaueren Studium des Seelenlebens der Kranken gehörte u. a. auch das Deuten ihrer Träume, das Rekonstruieren der Kindheit, das Beachten von Fehlleistungen, die Interpretation des Symptom-*Sinnes* usw. Freud nannte seine psychologische Tiefenforschung »Psychoanalyse« und legte damit den Grundstein zur Entwicklung der neuzeitlichen Seelenkunde und Seelenheilkunde.

In den ersten Jahren seiner psychotherapeutischen Arbeit war Freud noch der Meinung, eine rein rationale Technik zur Heilung der Neurosen in der Hand zu haben. Es kam ihm lediglich darauf an, das »Urtrauma«, die erste seelische Verletzung des Patienten in der Kindheit auszugraben und durch weiteres Aufdecken von vergessenem Erlebnismaterial den psychischen Zusammenhang zu rekonstruieren, dessen Ergebnis die Krankheit war. Erinnern und Wieder-Bewußtmachen erschienen somit als der Motor der psychoanalytischen Kur.

Bald mußte man jedoch gewahr werden, daß die Rekonstruktion der frühen und frühesten Kindheit wenig oder gar keinen Heilungseffekt hatte. Es mehrten sich die Kranken, denen »alles bewußt« war und die dennoch neurotisch blieben.

Freud tat den nächsten Schritt durch die Einführung seiner Lehre von *Übertragung* und *Widerstand*. Er mußte sich Rechenschaft darüber ablegen, daß die Analysanden weit davon entfernt waren, den Arzt emotional realistisch zu sehen; im Gegenteil, sie übertrugen offenbar stärkste Gefühlsregungen, die ehedem anderen Beziehungspersonen gegolten hatten, auf den Therapeuten, der u. U. gelegentlich dem Patienten als »Vater«, »Mutter«, »Lehrer« usw. erschien. Auch zeigte es sich, daß aus der gewöhnlichen Neurose des Kranken bald nach Behandlungsbeginn eine »Behandlungsneurose« wurde; der Analysand wandte alle seine Fehlhaltungen und -einstellungen, die sonst sein Leben erschwerten, auch auf die Therapie an, so daß man ihn in der Arzt-Patienten-Beziehung mit allen seinen Deformationen *erleben* konnte. Es war Freuds geniale Einsicht, daß die Übertragung durchaus nichts Böswilliges und Verächtliches sei; sie war ein notwendiges Naturphänomen, und er begann einzusehen, daß die Therapie an und in der Übertragung ihr Werk vollziehen müsse. Die inneren Abwehrinstanzen, die der Analysand gegen sein eigenes Innenleben (Triebe und *andere* Seelenkräfte) errichtet hatte, wirkten sich im therapeutischen Gespräch als Widerstände aus. Die positive Übertragung sollte zu Hilfe genommen werden, um diese Widerstände via Einsicht und Kooperationserweckung aus dem Wege zu räumen. Gelang dies, so wurde der Patient für eine psychische Umstrukturierung zugänglich, die demnach auf einer nicht nur rationalen, sondern auch emotionalen Ebene erfolgen mußte. Der Therapeut konnte hierbei feststellen, daß nicht nur sein Patient auf ihn

Gefühle übertrug, sondern daß die Übertragung auch in der Richtung vom Arzt auf den Patienten (Gegenübertragung) in Erscheinung trat; um einen Menschen zu heilen, muß man ihn auch gefühlsmäßig akzeptieren, was der Arzt bei sich daran erkennt, daß in seinem Seelenhaushalt der Analysand eine größere Rolle zu spielen beginnt, als dies bei den anderen medizinischen Heilverfahren der Fall ist.

Mit der Entdeckung von Übertragung, Gegenübertragung und Widerstand verlagerte sich das Interesse der Psychoanalytiker von der archäologischen Tendenz (Kindheit »ausgraben«) zur Erforschung von Motivation und Interaktion; nun sollte differenzierter und umfassender erkannt werden, wie der Patient *hier und jetzt* erlebt und handelt. Die Ganzheit, aus der alle seelischen Motivationen und Verhaltensweisen entspringen, nennen wir *Charakter*. Daher wurde die Tiefenpsychologie schon im zweiten Jahrzehnt unseres Jahrhunderts zur »Charakteranalyse«.

Der Pionier auf diesem Felde ist unzweifelhaft Alfred Adler, der in seinem Hauptwerk »Über den nervösen Charakter« (1912) die These aufstellte, daß der Neurotiker an seiner Charakterpathologie erkranke, und daß die Heilung nur durch eine Charakteränderung zustandegebracht werden könne. Damit war der Auftakt zur sog. »Ichpsychologie« gegeben, die in zunehmendem Maße in der psychoanalytischen Forschung an Gewicht gewann. Die Adlerschen Befunde können durchaus mit der Freudschen Lehre von Übertragung und Widerstand in Einklang gebracht werden; nur verlegte Adler seine therapeutische Aktivität von der Bewußtmachung des »Libidoschicksals« auf die Erkenntnis der sozialen Interaktion des Patienten von Kindheit an, die durch Minderwertigkeitsgefühle, Machtstreben und mangelhaft entfaltetes »Gemeinschaftsgefühl« von der Mitmenschlichkeit abgedrängt werden konnte. Die Psychotherapie sollte durch die Arzt-Patienten-Beziehung die fehlende Mitmenschlichkeit herstellen und damit den Genesungsprozeß einleiten.

»Charakteranalyse« als Heilungsverfahren war auch die Parole von Wilhelm Reich (1926), der allerdings darunter nur ein Auflockern und Zerbrechen der »Charakterpanzerungen« verstand, wodurch er an die »unbewußten Inhalte« herankommen wollte. Der weitere Ausbau des theoretischen und praktischen Konzepts von Reich verdient kaum wissenschaftliches Interesse; die hoffnungsvoll begonnene Lehre endete in dunkelstem Mystizismus, der die schizophrene Erkrankung ihres Urhebers ankündigte.

Ähnlich wie die Adlersche »Individualpsychologie« verlegte die »Neopsychoanalyse« (H. Schultz-Hencke, K. Horney, E. Fromm, H. S. Sullivan, Frieda Fromm-Reichmann usw.) ihre therapeutische Aktivität auf das soziale Bezogensein des Patienten, wobei die historische Erforschung des Lebenslaufs zugunsten der *Gegenwartsdynamik* (wie lebt, denkt, fühlt, handelt der Mensch?) zurücktrat. In den verschiedenen neopsychoanalytischen Richtungen wird das zwischenmenschliche Beziehungsnetz des Analysanden in den Mittelpunkt der Betrachtung gerückt. Die Arzt-Patienten-Beziehung erscheint hierbei als Prototyp eines solchen Bezogenseins, das auf Grund unglückseliger Kindheitserfahrungen enorme emotionale Fehlerquellen in sich bergen kann. Diese Fehler durch das Studium des Lebens und Erlebens in allen seinen Abschattungen aufzudecken und sie auch in der therapeutischen Situation sozusagen *leibhaftig* zu verifizieren, gilt derzeit als der Hebelarm des Heilungsprozesses.

Damit gewinnen die therapeutischen Auseinandersetzungen, die häufig vom »freien Assoziieren« abgehen und zu einem eigentlichen *Dialog* werden, sehr viel an Lebensnähe. Die Behandlungsdauer kann abgekürzt und der Heilungseffekt verstärkt werden. Die Konzentration auf die soziale Dimension des menschlichen Seins hat Inhalt und Gehalt der Psychotherapie revolutionär verändert. Damit war aber auch, von der Einzeltherapie her, der Weg zur Gruppenpsychotherapie geöffnet. Von den alten Freudschen Konzeptionen ausgehend wäre es unmöglich gewesen, die Gruppentherapie zu entwickeln. Manche Analytiker haben zwar versucht, einige Diwans in einem Raum zu vereinigen und mehrere Patienten gleichzeitig frei assoziieren zu lassen (z. B. Moreno) – es muß sich wie »folie à plusieurs« angehört haben! Die Geduld der Patienten, die sich bald jedem Heilungsverfahren unterwerfen, ist großartig, sollte aber nicht überstrapaziert werden.

Durch das Ernstnehmen der Patienten-Persönlichkeit von seiten der Neopsychoanalyse ergab sich ohne weiteres eine Überleitung zur Gruppentherapie, zu deren namhaftesten Pionieren Tiefenpsychologen oder doch tiefenpsychologisch inspirierte Praktiker zu zählen sind. Freuds kühle und distanzierte Haltung (der Analytiker soll einem Spiegel gleichen) gab hier wenig Ansatzpunkte; hier war noch das naturwissenschaftliche Modell wirksam, wonach der Therapeut auf den Patienten blickte wie auf ein anatomisches und histologisches Präparat, dessen Konturen man erkennen sollte. Erst als die Analytiker dazu übergingen, sich in eine lebendige Auseinandersetzung mit ihren Analysanden einzulassen, konnte die Bereitschaft entstehen, Behandlungen in Gruppen durchzuführen. Allerdings wurde diese Entwicklung nur langsam angebahnt; auch Psychoanalytiker sind autoritätsgläubig, und so hatten sie große Mühe, das von Freud eingeführte Konzept »ein Arzt – ein Patient« abzuändern. Es ist wohl nicht von ungefähr, daß amerikanische Therapeuten die ersten Vorstöße in diese Art von »Soziotherapie« machten (Adler nahm vieles durch seine Psychotherapie-Demonstrationen in der Öffentlichkeit vorweg, die aber noch nicht Gruppentherapie waren); in den USA gab es seit der Jahrhundertwende die ersten psychischen Kollektivbehandlungen, die jedoch durch eingewanderte Europäer in Niveau und Zielsetzung der Psychoanalyse integriert wurden.

## *Aus der Geschichte der Gruppenpsychotherapie*

Es wäre ein weitläufiges Unterfangen, die Geschichte der Gruppentherapie aufzuzeichnen; eine solche Unternehmung liegt nicht im Plan unserer Arbeit. Im übrigen haben amerikanische Autoren (Klapman, Slavson, Rosenbaum, Berger etc.) in ihren Werken historische Überblicke gegeben, die der Interessierte nachlesen kann. An dieser Stelle seien lediglich einige Stationen auf dem Weg zur derzeitigen gruppentherapeutischen Situation in Erinnerung gerufen.

Sieht man von Vorbildern in grauer Vorzeit ab, die man bei reichhaltiger Phantasie als Vorstufe zur Gruppentherapie bezeichnen kann (z. B. das griechische Theater der Antike, Massenheilungen an Wallfahrtsorten), so ist die Gruppentherapie unzweifelhaft eine Errungenschaft unseres Jahrhunderts. Die meisten Autoren stimmen darin überein, daß sie dem Bostoner Internisten Joseph Hersey Pratt die Entdeckung der gruppentherapeutischen Methode zuschreiben. Pratt führte erstmals 1905 ärztliche Behandlungen in Gruppen durch. Seine

Patienten waren zunächst Tuberkulosekranke, die er in Klassen bis zu hundert Personen vereinigte. Diese »Schulklassen« saßen dem »Lehrer« (Arzt) gegenüber; die »Schüler« (Patienten) referierten über ihre Genesungsfortschritte und konnten, wenn sie vorankamen, auch in der Sitzordnung vorrücken. Pratt hielt auch Vorträge für seine Patienten und berichtet, daß dieses System sich als sehr wirksam erwies. Er wollte damit die tiefe Resignation des chronisch Erkrankten beheben und seinen Gesundheitswillen stärken. Auf diese Weise sollte die passive Gewöhnung an die Krankheit durchbrochen werden. Weiß der Patient mehr über seine Erkrankung und ist er sich auch im klaren darüber, daß das Gesundwerden von seiner inneren Einstellung abhängt, so kann er aus seiner Lethargie gerissen und für eine aktive Beteiligung am Heilungsprozeß gewonnen werden. Pratt gibt an, daß er bei seiner Arbeit die fundamentalen Anstöße durch J. J. Dejerine empfing, welcher in seinem Werk »Les Manifestations Fonctionnelles des Psychonévroses; Leur Traitement par la Psychothérapie« bereits 1911 den schönen Satz formulierte: »Expliquer au malade, après lui avoir fait confesser sa vie, comment et pourquoi il est tombé malade, comment et pourquoi il arrivera à se guérir.« (Zuerst den Kranken sein Leben erzählen lassen und dann ihm erklären, wie und warum er erkrankte und auf welche Weise er sich gesund machen kann.)

Der zweite Pionier der Gruppentherapie ist Alfred Adler. Seit seiner Trennung von Freud (1912) bemühte er sich um den Aufbau einer Psychotherapie, die vor allem die sozialen Probleme des Analysanden in den Mittelpunkt rückte. Adlers Lehre vom Gemeinschaftsgefühl als der Urtatsache des Menschenlebens gab dazu Anlaß, anstelle des geheimnisvollen und auch geheimnistuerischen psychoanalytischen Verfahrens eine freie und lockere Erörterung der Lebensschwierigkeiten des Patienten zu setzen. Für ein derartiges therapeutisches Gespräch erwies sich bald die Intimität der Arzt-Analysanden-Beziehung als unnötig. Adler behandelte u. a. auch Jugendliche im Beisein von Lehrern, Fürsorgern, Psychologen und Ärzten. Obwohl es sich um keine therapeutischen Gruppen handelte, ist dieses Öffentlichkeitsprinzip (etwa seit 1919 praktiziert) eine Vorwegnahme der heutigen Gruppenpsychotherapie. Auf Grund seines humanistisch-sozialistischen Ethos wollte Adler dem Neurotiker im Beisein von wohlwollend-interessierten Zuhörern den »Weg in die Gemeinschaft« zeigen. Da die Neurose für ihn ein allgemeines Kulturproblem war, sollte deren Behandlung im »sozialen Raum« stattfinden, damit möglichst viele gleichzeitig von der Behandlung profitieren konnten.

Der amerikanische Psychoanalytiker Trigant L. Burrow führte im Jahre 1920 den Ausdruck »Gruppenanalyse« in die Fachliteratur ein. Burrow war Anhänger von Freud und Jung. Um 1920 herum begann er mit der sogenannten Gruppen- oder Phyloanalyse, von der Überzeugung ausgehend, daß alle Individuen dieser Kultur an gemeinsamen psychischen Deformationen leiden. Später gründete er die »Lifewynn Foundation«, die offenbar sektenmäßige Aspekte annahm. Leider schrieb Burrow einen schwerverständlichen, mühsamen Stil, so daß sich seine Gedanken auch in ihren maßvolleren Formulierungen nicht durchsetzen konnten. Immerhin greifen heute noch manche amerikanischen Autoren auf ihn als Vorläufer ihrer gruppentherapeutischen Bestrebungen zurück.

Eine nächste Etappe der Entwicklung knüpft an den österreichischen Psychiater Paul Schilder an. Dieser emigrierte in den dreißiger Jahren in die USA, wo er sich ebenfalls gruppentherapeutischer Methoden bediente. In seinen Publikationen vertritt Schilder eine Kombination von Einzel- und Gruppentherapie. In dieser Behandlungsform legt er nicht nur Wert auf analytische Zergliederung des Lebenslaufes und der gegenwärtigen psychischen Situation, sondern auch auf Aufklärung des Patienten über persönliche und kollektive Vorurteile, die er unter dem Begriff der »neurotischen Ideologie« zusammenfaßt. Bei Schilder ist offenbar auch normative Einwirkung auf den Patienten mit im Spiel; neben Bewußtmachung tritt auch Schulung und Belehrung des Analysanden, der eine »freie Persönlichkeit« werden soll.

Als die eigentlichen Vorkämpfer der Gruppenpsychotherapie gelten S. R. Slavson und J. L. Moreno. Slavson kommt nicht primär von der Psychoanalyse her, sondern hatte eine Ingenieursausbildung. Anfangs der dreißiger Jahre widmete er sich der Jugendarbeit, wobei er das Prinzip der »kleinen Aktivitätsgruppe« einführte. Mit großer Umsicht koordinierte Slavson solche Spiel- und Interaktionsgruppen, wobei er sich mehr und mehr davon überzeugen konnte, daß die Gruppe als Therapieinstrument unschätzbare Möglichkeiten bot. Seit 1934 hat Slavson zahlreiche Bücher über Gruppenpsychotherapie publiziert und ist zu einem der hervorragendsten Förderer dieser Methode geworden. Man merkt seinen Werken allerdings an, daß er sozusagen auf Umwegen in die Psychotherapie hineinkam und daher nicht gerade einen souveränen Überblick über die theoretischen und praktischen Entwicklungen der letzten Jahrzehnte besitzt. So ist er großenteils im Bereich der orthodoxen Psychoanalyse steckengeblieben, was manchen seiner Erörterungen den Hauch von Antiquiertheit beifügt. Grinberg, Langer und Rodrigué äußern in ihrem Buch »Psychoanalytische Gruppentherapie« über ihn nicht zu Unrecht folgende Bedenken:

»Der Gruppenleiter, der, wie Slavson, nicht über in einer Lehranalyse durch eigenes Erleben erworbene analytische Erfahrung verfügt, neigt dazu, den einzelnen Patienten und die Gruppe so viel wie möglich zu überwachen, wodurch die Handhabung der Übertragung erschwert und damit die Möglichkeiten spontaner Äußerung eingeschränkt werden. Schließlich vermuten wir, daß seine statische Auffassung und die Notwendigkeit, das Geschehen in der Gruppe zu überwachen, Slavson veranlassen, deren Zusammensetzung sorgfältig vorauszuplanen. Er bemüht sich, die künftigen Teilnehmer so weit wie möglich zu kennen, um eine einheitliche Gruppe bilden zu können; diese entspricht jedoch weder den Bedingungen unserer inneren noch unserer äußeren Welt, da ihre Äußerungen weitgehend vorauszusehen sind (S. 220).«

J. L. Moreno, der andere Protagonist der modernen Gruppenverfahren, ist als Begründer der Soziometrie und des »Psychodramas« berühmt geworden. Moreno ist ein gebürtiger Österreicher, der in den zwanziger Jahren nach den USA auswanderte. 1931 führte er in die Fachliteratur den Begriff »Gruppenpsychotherapie« ein. Über sein psychodramatisches Verfahren hat er eine umfangreiche Monographie veröffentlicht (»Gruppenpsychotherapie und Psychodrama«, dazu auch weitere Publikationen). Es fehlt diesem Autor, dessen Gedankengänge oft recht verworren anmuten, nicht an grandiosem Selbstbewußtsein und messianischem Sendungsgefühl; im bereits erwähnten Hauptwerk schreibt er:

»Ich habe immer die Idee gehabt, daß die schicksalsvolle Welt, in der wir geboren sind, eine *Welttherapie* braucht – und alle meine Bücher drehen sich um diesen Punkt – und daß ich *mit meiner eigenen Person* etwas dazu tun muß, um diese Therapie zu schaffen und zu verbreiten« (S. III).

Für Moreno ist die Gruppentherapie offenbar eine neue Art von Weltanschauung. Seiner Ansicht nach schafft sie ein »kosmisches Bewußtsein« und ermöglicht dem Menschen den Schritt in den Kosmos. Auch werde hier die Lösung im Streit zwischen Kommunismus und Kapitalismus gefunden (!). Es gelte nicht das ökonomische, sondern das therapeutische Proletariat zu befreien, nämlich all jene, die an psychischen Deformationen leiden.

Moreno datiert die Anfänge seiner Arbeit auf das Jahr 1910; die damaligen Bemühungen scheinen jedoch sehr begrenzt gewesen zu sein:

»Meine praktischen Bemühungen gehen auf das Jahr 1910 zurück. In den Gärten Wiens begann ich zwischen 1910 und 1914 Kindergruppen zu formen, mit ihnen aus dem Stegreif zu spielen und so den Keim für die Gruppenpsychotherapie und das Psychodrama zu pflanzen. Diskussionsgruppen mit Prostituierten am Spittelberg in den Jahren 1913 und 1914 setzten diese Experimente fort. Meine Beobachtungen und Studien in einem Flüchtlingslager in Mittendorf bei Wien krönten diese erste Periode« (loc. cit., S. 10).

Im Jahre 1921 gründete Moreno in Wien sein »Stegreiftheater«. Sozusagen als seinen Fall »Anna O.«, mit dem er das Psychodrama aus der Wiege hob, schildert er das Beispiel einer Schauspielerin, die ihren Gatten bösartig behandelte, auf der Bühne aber immer »verehrungswürdige Frauengestalten« spielte. Moreno ließ sie nun in seinem Therapie-Theater ein »Straßenmädchen« darstellen, was eine totale Charakterwandlung zum Guten einleitete. So begann, nach Moreno, die *dritte* psychiatrische Revolution – auf Pinel und Freud folgte Moreno!

Über die Details seiner Methode lassen wir wiederum Moreno selbst sprechen:

»Die psychodramatische Methode bedient sich hauptsächlich fünf verschiedener Mittel: der *Bühne* (Schauplatz), des *Protagonisten* (das griechische Wort für den ersten Schauspieler, den Hauptdarsteller in der griechischen Tragödie – im Psychodrama wird das Wort Protagonist auch für ein ›rollentragendes‹ Subjekt oder einen Patienten benützt), des *therapeutischen Leiters* (oder kurz Leiter, Therapeut, Arzt), des Stabes der therapeutischen Hilfskräfte, der ›*Hilfs-Iche*‹ (das gebräuchliche Wort in der amerikanischen Literatur ist ›auxiliary ego‹) und des Publikums« (S. 77).

Die Methode des Sich-Freispielens führe zu einer Katharsis und ermögliche tiefgreifende seelische Umstellungen. Spielend finde man eine neue Ich-Identität. Man könne neurotische Verhaltensmuster ab- und gesunde Verhaltensformen aufbauen. Als Varianten seiner Technik gibt Moreno an:

a) das therapeutische Psychodrama (eine Art Psychotherapie);
b) das existentielle Psychodrama (gespieltes Schicksal);
c) das analytische Psychodrama (Psychoanalyse als Leitmotiv);
d) das Hypnodrama (Patient in hypnotischer Trance);
e) das Sociodrama oder das Rollenspiel (Konflikte zwischen Gruppen);
f) das Ethnodrama (Rassenkonflikte gespielt);
g) das Axiodrama (Wertorientierungen als Thema);
h) das diagnostische Psychodrama;
i) das didaktische Psychodrama;
j) Psychotanz;
k) Psychomusik (improvisierte Musik).

Die Auswahl von Möglichkeiten der Spieltherapie ist offenkundig groß. Weniger sicher scheint es zu sein, ob man damit wirklich an die Probleme des Patienten herankommt. Bei der Lektüre von Morenos »Behandlungsprotokollen« wird auch der wohlwollendste Leser da und dort um eine massive Skepsis nicht herumkommen. Vielleicht ist das Psychodrama nur der »Mode-Gag«, der die ernsteren Gruppentherapiebestrebungen karikaturhaft abwandelt. Bei vielen Patienten kommt diese Methode ohnehin nicht in Frage, weil es nicht jedermanns Sache ist, seine Probleme »theatralisch« darzustellen. Unser Hinweis auf Moreno fiel ausführlich aus, weil seine Pionierleistung für die Gruppentherapie unbestritten ist, selbst dann, wenn von seiner Theorie und seiner Praxis kein Weg in die Zukunft führt.

Parallel zur Gruppentherapie entwickelte sich auch die psychologische Gruppenforschung. Schon Freud hatte 1921 seine wichtige Arbeit über »Massenpsychologie und Ich-Analyse« veröffentlicht, die wir im nächsten Kapitel in extenso referieren. Ebenfalls wertvolle Anstöße kamen von Kurt Lewin, der – nach seiner Emigration aus Nazi-Deutschland – in den USA der von ihm vertretenen »Gestaltpsychologie« eine neue Wendung gab. In seinem »Research Center for Group Dynamics«

an der Universität von Michigan untersuchte er, zusammen mit R. Lippitt und R. K. White, die Zusammenhänge zwischen Gruppenleben und Führerschaft. Dabei zeigte sich eine eindeutige Relation zwischen Führungsstil einer Gruppe und deren sozialem und produktivem Verhalten. Lewin und seine Mitarbeiter konnten zeigen, daß von den drei experimentell untersuchten Führungsstilen (»autoritär«, »demokratisch« und »laissez-faire«) nur das demokratische Führungsprinzip die Spontaneität und die Kooperationsfähigkeit der Versuchspersonen fördert. Daß sich hieraus Schlußfolgerungen für die gruppentherapeutische Arbeitsweise ergaben, versteht sich von selbst. Ähnlich anregend wie die Forschungen Lewins waren auch diejenigen von Muzafer Sherif, dessen Experimente über Gruppenkonflikte, über Urteilsangleichung in Gruppen, Verständigungsmöglichkeiten bei dissonanten Gruppen etc. in den Sozialwissenschaften viel diskutiert wurden.

Der Mensch benötigt Gruppen, um zu leben und sich emotional zu entfalten. Für den seelisch Kranken gilt dies noch mehr als für den seelisch annähernd Gesunden. Daher kam Joshua Bierer, ein nach England emigrierter Adler-Schüler, schon in den dreißiger Jahren auf die Idee, ehemalige Psychiatriepatienten in »Social Clubs« und »Therapeutic Communities« zu vereinigen. Der psychohygienische Effekt dieser Gruppen war hervorragend, so daß Bierers Tätigkeit in Großbritannien weite Kreise zog (später auch Einführung von »Day- und Night-Hospitals« für Neurotiker und borderline-Fälle usw.).

Nach dem Zweiten Weltkrieg gab es in den angelsächsischen Ländern einen großen Aufschwung gruppentherapeutischer Techniken. Diese Methode der Psychotherapie hatte sich nun endgültig durchgesetzt. Fast alle tiefenpsychologischen Schulen begannen, Gruppenverfahren anzuwenden. 1947 wurde in Maine (USA) ein Training-Laboratorium gegründet, wo man die psychischen Prozesse bei Gruppenteilnehmern aller Art eingehend zu studieren bemüht ist. Solche Forschungszentren werden derzeit an vielen Universitäten der USA und Europas in wachsender Zahl eingerichtet.

Auch die Ziffer der gruppentherapeutischen und gruppendynamischen Publikationen läßt erahnen, wie groß das Interesse an diesem Studiengebiet geworden ist. Bis zum Kriegsende gab es ca. 500 (vornehmlich englischsprachige) Veröffentlichungen über die Gruppenthematik;

1953 zählte man bereits 1200 Arbeiten über dieses Thema, 1955 schon 1700. Seit 1960 kommen pro Jahr mehr als 200 Bücher und Artikel hinzu, und in den letzten Jahren kann man geradezu von einer Flut gruppenpsychotherapeutischer Bücher und Abhandlungen sprechen. In den USA sind die bedeutendsten Fachzeitschriften »Group Psychotherapy« (herausgegeben von J. L. Moreno) und »International Journal of Group Psychotherapy« (herausgegeben von S. R. Slavson). Im deutschsprachigen Bereich gibt es erst seit 1967 das Publikationsorgan »Gruppenpsychotherapie und Gruppendynamik«, welches von deutschen, österreichischen und schweizerischen Arbeitskreisen der entsprechenden Fachleute ediert wird. Kürzlich haben sich die Repräsentanten dieser Therapie- und Forschungsrichtung in der *Deutschen Gesellschaft für Gruppenpsychotherapie und -dynamik* (DAGG) vereinigt, die auch schon einige Arbeitstagungen hinter sich gebracht hat.

Trotz dieser Bemühung im deutschsprachigen Bereich sind die angelsächsischen Länder hinsichtlich Gruppentherapie und -dynamik weitgehend in Führung. Die wichtigsten Publikationen dieses Gebietes erscheinen immer noch in erster Linie in den USA und Großbritannien.

Unter den amerikanischen Autoren sind die namhaftesten u. a. N. W. Ackerman, A. Wolf, L. Wender, M. Rosenbaum, M. Berger, J. D. Frank, S. Scheidlinger, A. Kadis, S. B. Hadden, W. C. Hulse, J. W. Klapman etc. Unter den englischen Gruppentherapeuten haben sich in jüngster Zeit vor allem die Psychoanalytiker Bion, Ezriel und Foulkes verdient gemacht. Sie alle stammen aus der Tavistock Clinic in London und wenden eine modifizierte Form der Psychoanalyse auf die Gruppenpsychotherapie an.

Weitreichende Wirkung geht u. a. von S. H. Foulkes aus, der schon 1949 seine erste systematische Einführung in die gruppenpsychotherapeutische Behandlungsmethode (»Introduction to Group-Analytic Psychotherapy«) veröffentlichte. Darin gibt er eine detaillierte Klarstellung analytischer Gruppenverfahren, wobei er vor allem Situation, Struktur und Prozeß des Gruppengeschehens feinsinnig interpretiert. Foulkes ist ein enthusiastischer Verfechter der Gruppentherapie – sein oben erwähntes Werk beschließt er mit einem Appell, der uns beherzigenswert erscheint:

»Gruppentherapie ist eine großartige Methode. Sie ermöglicht die Behandlung im Rahmen einer Gruppe von Menschen, die alle jene Typen repräsentieren, mit denen der Patient seine Lebensschwierigkeiten hat. An diesen Menschen kann der Patient leichter als im Leben draußen sein eigenes Selbst finden und kann seine eigenen Beiträge zu seinen Störungen erkennen. Er sieht, daß viele Nöte seines Daseins aus seinen eigenen Einstellungen stammen müssen. So nimmt man eine Schar von Menschen zusammen (die allesamt als ›gruppenkrank‹ bezeichnet werden können) und läßt sie gemeinsam an der Heilung aller arbeiten. Kollektiv können diese Patienten etwas leisten, was sie als Individuen nie zustandebringen würden. Jeder ist jedermanns Therapeut. Sie werden alle ›durch die Gruppe‹ geheilt. Je gesünder das Individuum wird, je freier und integrierter, um so mehr wird es zum echten Gruppenmitglied. Je gesünder die einzelnen werden, um so gesünder wird die Gruppe. Eine gute Gruppe entwickelt, schafft und fördert das kostbarste Produkt: *das menschliche Individuum*« (S.170).

W. R. Bion hat sich u. a. mit militärischen Gruppen befaßt und hierbei sozialpsychologische Beobachtungen machen können, die er für die Gruppentherapie auszuwerten versucht (*Experiences in Group*, 1961). Er unterscheidet bei Gruppenbildungen drei Grundeinstellungen, und zwar 1. Abhängigkeit; 2. Kampf und Flucht; 3. Paarbildung. Man muß die Bionschen Überlegungen im Originaltext nachlesen, um deren sozialpsychologische Tragweite genauer abschätzen zu können. U. E. bewegt sich der dritte englische Autor, H. Ezriel, um einiges näher an den therapeutischen Gruppenproblemen, wenn er – mit Recht – die Wichtigkeit von Deutungen des hic-et-nunc-Geschehens in der Gruppenpsychotherapie postuliert. In den deutschsprachigen Ländern haben in den letzten Jahren einige Autoren Publikationen herausgebracht, die die Gruppentherapie in den Mittelpunkt der Aufmerksamkeit zu rücken versuchten. Aus der Vielzahl dieser Forscher und Praktiker können nur einige wenige genannt werden; bedeutsam sind etwa die Bestrebungen von T. Brocher, R. Battegay, F. Heigl und A. Heigl-Evers, H. Enke, R. Schindler, H. Strotzka, A. M. Däumling etc.

Ein Großteil der europäischen Autoren kommt von der orthodoxen Psychoanalyse (teilweise auch von H. Schultz-Hencke) her, was sich naturgemäß in Praxis und Theorie deutlich manifestiert. Unsere eigenen

Bestrebungen knüpfen, was sich noch weiter unten klarer herausstellen wird, an die Individualpsychologie Alfred Adlers an, die wir durch einige neopsychoanalytische Gesichtspunkte erweitert und bereichert haben.

Die große Bedeutung, welche Freuds Lehren für die Entwicklung der Gruppenpsychotherapie haben, läßt es als angemessen erscheinen, Freuds Beiträge zur Sozialpsychologie der Gruppe ins Licht zu rücken. Darum sei in der Folge Freuds Arbeit über »Massenpsychologie und Ich-Analyse« dargestellt, gefolgt von der soziologischen Untersuchung G. C. Homans (»Theorie der sozialen Gruppe«, 1950), die u. E. die Gruppenprobleme scharfsinnig und enzyklopädisch abhandelt.

## *Freuds Massenpsychologie als Psychologie der Gruppe*

Im Jahre 1921 veröffentlichte Freud eine größere Abhandlung über »Massenpsychologie und Ich-Analyse«, die in unserem Zusammenhang einige Beachtung verdient und manches über die Psychologie der Gruppe lehren kann.

Leider verfällt Freud in denselben Fehler wie sein Vorläufer Le Bon (»Psychologie der Massen«, 1895), der größere Menschengruppen vor allem unter dem Gesichtspunkt der Herabminderung menschlicher Kritikfähigkeit und des entsprechenden Wertbewußtseins beschreibt. Für Le Bon kommt in den Massen die unterdrückte und schlecht überdeckte Rassen- und Urmenschen-Seele zum Vorschein – daher sei der Mensch in der Kollektivität primitiver, rücksichtsloser, brutaler. Der einzelne geht dann im Kollektiv unter; auf dem Wege der Gefühlsansteckung verbreiten sich dumpfe, aggressive, aber auch begeisternde Gefühle, die jeweils zur »Aktion« drängen. Le Bon schildert weitläufig die Triebhaftigkeit und Autoritätsgläubigkeit der Massen, für die er geschichtliche Beispiele gibt. Sein Buch ist eine Massenkritik, deren geistiger Hintergrund ein aristokratischer Individualismus ist, welcher das Heraufkommen des Demokratie-Zeitalters als Unglück empfindet. Auch für Freud ist der einzelne der »wirkliche Mensch«; in den Gruppen depotenziert sich das menschliche Sein auf geheimnisvolle Weise.

Freud will Gruppenbildungen mittels der Libidotheorie verständlich machen. Wenn Menschen sich in Gruppen oder Massen vereinigen, müssen libidinöse Bindekräfte im Spiele sein. Dies wird im Freudschen Text an zwei hochorganisierten, dauerhaften, künstlichen Massen erläutert, u. z. an der Kirche und am Heer. Welches ist die innere Struktur dieser stabilen Massen, die man auch Großgruppen nennen könnte?

Freud sieht die Ursache des Zusammenhaltes dieser beiden Massen in der Beziehung der Massenmitglieder zu ihren Führern. Für ihn gibt es keine primäre positive Bindung der Menschen untereinander; in ihrem gewöhnlichen Zustand stehen sie einander mit Neid, Rivalität, Aggression und Haß gegenüber. Wenn dieser (angeblich primäre) Antagonismus zum Verstummen kommen soll, müssen psychische Prozesse vorausgesetzt werden, die libidinöser Natur sind. Freud meint, daß die Massenangehörigen derart intensiv auf ihren Führer ausgerichtet sind, daß sie sein Gebot als unumstößliches Diktat annehmen. Durch ihre »Liebe« zum Führer sind sie sogar bereit, sich untereinander zu lieben.

Offenbar findet eine *Identifizierung* mit dem Führer statt. Dieser Vorgang hat seinen Ursprung z. B. in der Sohn-Vater-Beziehung. Der Bub möchte so werden wie sein Vater; letzterer ist sein Vorbild. Es erfolgen Angleichung, Imitation, Sich-Einsfühlen, wodurch starke Verbundenheiten hervorgerufen werden.

Die Psychoanalyse ist zur Annahme genötigt, daß im Ich jedes Menschen eine eigenartige Instanz vorhanden ist, welche die Selbstbeobachtung, die Gewissensfunktion, die Traumzensur und die Verdrängung ausübt, nämlich ein Ich-Ideal oder auch »Überich«. Dieses Überich enthält Niederschläge kindlicher Objektbeziehungen (Vater- und Mutter-Imago), ist aber auch Reaktionsbildung auf die kindlichen Triebschicksale und Trieb-Intensitäten. Jedenfalls hat das Ich-Ideal eine normative Bedeutung, indem alles Tun und Lassen, auch der Lebenserfolg, daran gemessen wird. Dem Individuum kann sein Überich zur argen Last werden; in der Melancholie, in der Suicidalität, in der Reue und in den Gewissensbissen, sozusagen in jeder autoaggressiven Regung wendet sich mitunter das Überich gegen das Ich, welches daher nicht selten froh ist, wenn es den bösen Mahner zum Schweigen bringen kann. Mit Alkohol z. B. läßt sich dies bewerkstelligen; daher die Euphorie, die dem Alkoholkonsum folgt. Seit jeher hat die Menschheit Feste und Ausschweifungen (Fasching) zugelassen, wo sittliche Normen vergessen werden dürfen.

Auch in der Masse scheint das Ich-Ideal unterzugehen; oder, anders ausgedrückt, man glaubt sich seiner Verwirklichung nahe, indem man die Macht aller Massenmitglieder auf sich selbst überträgt. Der Führende wird dann gewöhnlich zum Repräsentanten aller Ich-Ideale, die in ihm zu einer Einheit verschmelzen. Das Ich-Ideal aller ist dann sozusagen »konkretisiert« worden. Auch hier wieder führt dies zu Enthusiasmus, Kraftsteigerung, Über-sich-hinaus-Getragensein. Im Nationalsozialismus wurde dieser Status künstlich zum Dauerzustand, so daß ein führender Gefolgsmann Hitlers sagen konnte: »Ich habe kein Gewissen; mein Gewissen ist der Führer!«

Freud merkt an, daß Massenmitglieder in bezug auf ihren Führer in einem Zustand sind, der demjenigen der Hypnose oder der Verliebtheit ähnlich ist. In beiden (pathologischen) Zuständen wird ebenfalls das Überich oder Ich-Ideal »eingezogen« und entweder durch den Hypnotiseur oder durch den Liebespartner ersetzt. Das ergibt eine Verarmung des Ich, zugleich aber auch ein inneres Verschmelzen mit der nunmehr alle Wertattribute tragenden Person, was indirekt zu einer Steigerung des Wertbewußtseins führt. Freud resumiert diesen Vorgang folgendermaßen:

»Eine solche primäre Masse ist eine Anzahl von Individuen, die ein und dasselbe Objekt an die Stelle ihres Ich-Ideals gesetzt und sich infolgedessen in ihrem Ich miteinander identifiziert haben« (Bd. XIII, S. 128). Aus diesem Ereignis soll verständlich werden, warum Menschen in der Masse kindlicher, hilfloser, gleichgeschalteter, intellektual-gehemmter und emotional-enthemmter sind als im Einzeldasein. Nach Freud findet in der Masse eine psychische *Regression* statt.

Bedarf diese Regression der Massensituation oder ist sie schon im Alltagsleben da und dort gegeben? Wirft man einen kritischen Blick auf den durchschnittlichen Menschen, so erkennt man dessen Dauer-Regression, d. h. er ist immer infantil, einsichtslos, affektgeladen, primitiv; offenbar sorgt die Erziehung in unserer Gesellschaft dafür, daß jeder von vornherein ein potentielles Massenmitglied ist, so daß man ihn immer »führen« kann, ob nun ein konkreter Führer die Parolen ausgibt oder nicht. Oder ist der Mensch an sich zum Geführtwerden disponiert? Liegt ihm die Untertanenmentalität im Blut?

Freud würde die letztere Lösung bejahen, da er die These lanciert, daß die Urmenschen in Horden unter der Führung eines Hordenvaters zusammenlebten. Dieser beherrschte alle Hordenmitglieder tyrannisch, verweigerte ihnen den Zugang zu den Frauen, kastrierte und malträtierte sie, so daß er wohl oft von den aufständischen Söhnen getötet wurde (siehe Vatermordtheorie in »Totem und Tabu«, 1913). Da Freud (irrtümlich) vom psychologischen Lamarckismus ausgeht (Urerlebnisse der Menschheit gehören zur angeborenen psychischen Ausrüstung), kann er postulieren, daß die Masse nur eine Neuauflage urmenschlicher Verhältnisse sei:

»Die Masse erscheint uns so als ein Wiederaufleben der Urhorde. So wie der Urmensch in jedem einzelnen virtuell erhalten ist, so kann sich aus einem beliebigen Menschenhaufen die Urhorde wieder herstellen; soweit die Massenbildung die Menschen habituell beherrscht, erkennen wir den Fortbestand der Urhorde in ihr. Wir müssen schließen, die Psychologie der Masse sei die älteste Menschenpsychologie« (Bd. XIII, S. 137).

Was ist mit Freuds Auffassungen für die Psychologie der Gruppe gewonnen? Entsprechend seinem autoritären Welt- und Menschenbild zeichnete der Gründer der Psychoanalyse lediglich menschliche Kollektivzustände, in denen alle einzelnen auf einen Führenden oder »Führer«-Ersatz ausgerichtet sind. Solche Gruppen kann es in der Gruppentherapie durchaus auch geben – sie sind aber eine Entartung dessen, was eigentlich sein soll. In autoritär geführten Gruppen kommt es tatsächlich zur Abdankung der Ich-Ideale der Analysanden, wobei dann der Gruppenleiter zum kollektiven Ich-Ideal erhoben wird. Es fehlt hier auch nicht an wechselseitigen Rivalitäten, Neid, Haß und Aggression, die nur mühsam durch die Beziehung zum Therapeuten »vertuscht« werden. Solche Gruppen sind auch bereit, gegenüber der Außenwelt (aber auch innerhalb der Gruppe selbst) »Massengefühle« aufzubauen, wie Diskriminierung anderer, unbegründetes Elitärbewußtsein und andere Formen der kollektiven Dummheit.

Was Freud nicht sah und nicht sehen konnte, ist die »gesunde Gruppe«, die seinem Denken fremd war, weil er von der Annahme eines raubtierhaften, im Grunde asozialen und menschenfeindlichen Menschen ausgeht. Alle seine diesbezüglichen Hypothesen sind als voreilige Verallgemeinerungen entlarvt worden. Gehen wir vom entgegengesetzten Menschenbild aus, welches die soziale Natur des Menschen in den

Vordergrund rückt, so können wir Gruppenbildungen aus dem urtümlichen sozialen Bedürfnis des Menschen ableiten, ohne auf ein Führerdiktat zurückgreifen zu müssen. In gut strukturierten Gruppen wird der soziale Hunger des Menschen befriedigt; der Mensch findet Achtung und Wertschätzung, kann Sympathie geben und nehmen. Solche Gruppen haben auch »Führer«, aber dieser ist primus inter pares. Man nimmt ihn zum Vorbild, aber ohne das eigene Ich-Ideal wegzuwerfen. Man wächst an ihm zu sich selbst. Therapeutische Gruppen haben günstigenfalls ein derart mildes und humanes Klima, daß niemand in ihnen »tief regredieren« muß; im Gegenteil, wir gewannen oft den Eindruck, daß die gute Gruppe zur psychischen Progression stimuliert. In ihr benehmen sich die Gruppenmitglieder reifer und erwachsener als in der Einzeltherapie, und sie *benehmen* sich nicht nur so, sie *werden* es auch. Keine Spur von Verlust der Denkfähigkeit, vom Absinken des *niveau mental*; *in* der und *durch* die Gruppe kommt der Mensch zu sich selbst. Freuds überspitzt individualistisches und anti-kollektives Denken sah nur die Antithese Individuum-Masse; es sah nicht die fruchtbare Synthese, die in der *Gruppe* vorliegt.

## *G. C. Homans' »Theorie der sozialen Gruppe«*

»Seit Simmels bahnbrechenden Analysen vor fast einem halben Jahrhundert hat kein einzelnes Werk soviel zu einer soziologischen Theorie der Struktur, der Prozesse und der Funktionen kleiner Gruppen beigetragen wie George Homans ›Theorie der sozialen Gruppe‹« – mit diesen Worten leitet Robert K. Merton Homans' 1950 erstmals erschienenes Buch ein, das in den Sozialwissenschaften berühmt geworden ist. Es mag sich daher lohnen, einen Teil der Homansschen Erkenntnisse und Formulierungen auf die Probleme der Gruppenpsychotherapie anzuwenden.

Homans befaßt sich mit den sog. »kleinen Gruppen« und definiert sie:

»Unter einer Gruppe verstehen wir eine Reihe von Personen, die in einer bestimmten Zeitspanne häufig miteinander Umgang haben und deren Anzahl so gering ist, daß jede Person mit allen anderen Personen in Verbindung treten kann, und zwar nicht nur mittelbar über andere Menschen, sondern von Angesicht zu Angesicht« (S. 29). Das Studium solcher Gruppen ist ebenso wichtig wie vernachlässigt. Man darf nicht vergessen, daß der Mensch hauptsächlich in solchen Gruppen lebt und arbeitet. Zwischen den Individuen und den großen sozialen Gebilden (Staaten, Zivilisationen usw.) stehen die Kleingruppen, in denen sich das Schicksal der Menschen vornehmlich gestaltet.

Homans analysiert Beispiele aus der soziologischen und ethnologischen Literatur und entwickelt an ihnen die Gesetzmäßigkeiten der Kleingruppe. Für unsere Zwecke ist es nicht wesentlich, auf die Arbeiten einzugehen, an denen Homans seine theoretischen Folgerungen anknüpft. Hier sei lediglich bemerkt, daß er industriesoziologische Abhandlungen von Elton Mayo, F. J. Roethlisberger, W. J. Dickson, ein Werk über die Jugendlichen-Banden von W. F. Whyte, ein ethnologisches Buch von R. Firth u. a. benützt. Entscheidender als der Inhalt dieser Texte sind die soziologischen und sozialpsychologischen Deduktionen Homans, die u. E. ein tiefgreifendes Verständnis von Gruppenprozessen ermöglichen.

Mit Zustimmung zitiert Homans einen Satz von E. Mayo, der sich bei der Gruppenbeobachtung jedem unvoreingenommenen Betrachter aufdrängt: »Wenn eine Reihe von Einzelmenschen zur Erreichung eines gemeinsamen Zweckes zusammenarbeitet, so entwickelt sich unter ihnen eine Interessenharmonie, welcher der individuelle Eigennutz untergeordnet ist. Das ist aber etwas anderes als die Lehre, wonach der individuelle Eigennutz das einzige menschliche Motiv darstellt« (S. 112). Damit wird eine Erkenntnis bestätigt, die auch jedem erfahrenen Gruppenpsychotherapeuten geläufig ist oder sein sollte. Man ist in den therapeutischen Gruppen immer wieder verblüfft über das Ausmaß an Kooperationsfähigkeit und auch -willigkeit, das sich selbst in neurotischen, schwer gestörten Menschen vorfindet. Wenn irgendwo, kann man sich in den Therapiegruppen von der natürlichen Solidarität und den überragenden sozialen Bedürfnissen des Menschen überzeugen. Hätten frühere Epochen den Menschen in seinen Kleingruppen genauer studiert, so wäre die oberflächliche und irreführende Lehre von der ursprünglichen Bösartigkeit des Menschen nicht aufgekommen. Böse, aggressiv, destruktiv ist der Mensch u. U. als vereinzelter, isolierter, kontaktgestörter, aber auch in den Großgruppen wie Staat, Kirche, Partei usw. In beiden genannten Existenzformen ist er sich selbst oft genug entfremdet; in der Großgruppe manipuliert und geführt durch äußere Mächte, als isoliertes Individuum auch nicht ganz er selbst, weil Loslösung von der Gruppe ein pathologischer Zustand ist. Der »wahre Mensch« findet sich in den Kleingruppen, und dort ist er viel eher hilfreich, kooperativ und freundlich als negativistisch und asozial. Kleingruppen bestehen oft durch gegenseitige Hilfe und wechselseitige Schonung, indes Großgruppen durch Machtausübung und nicht selten auch Machtmißbrauch ins Leben gerufen und erhalten werden.

Wir gehen zunächst so vor, daß wir die Gesetze der Gruppen-Interaktion, die Homans formuliert, nur wiedergeben – in der Folge werden wir sie auf die psychotherapeutische Gruppe zu übertragen versuchen. Die Numerierung der Gesetzmäßigkeiten stammt von uns.

1. Personen, die häufig miteinander in Interaktion stehen, tendieren dazu, einander zu mögen (S. 125).
2. Wenn sich die Häufigkeit der Interaktion zwischen zwei oder mehr Personen erhöht, so wird auch das Ausmaß ihrer Neigung füreinander zunehmen, und umgekehrt (S. 126).
3. Je häufiger Personen miteinander in Interaktion stehen, desto mehr tendieren ihre Aktivitäten und Gefühle dazu, sich in mancher Hinsicht einander anzugleichen (S. 133).
4. Die in einer Gruppe anerkannten Normen variieren von Person zu Person, und doch stehen sich die Gruppenmitglieder häufig näher in den von ihnen vertretenen Normen als in ihrem offenkundigen Verhalten. Um es gröber auszudrücken, sie gleichen einander mehr in dem, was sie über ihr richtiges Verhalten sagen, als in dem, was sie wirklich tun (S. 139).
5. Personen, die Gefühle der Zuneigung füreinander hegen, werden diese Gefühle in Aktivitäten ausdrücken, welche über die des äußeren Systems (Organisation!) hinausgehen (S. 146).
6. Personen, die miteinander häufig in Interaktion stehen, ähneln in ihren Aktivitäten einander mehr als anderen Personen, mit denen sie nicht so häufig in Interaktion stehen (S. 146).
7. Je höher der Rang einer Person in einer Gruppe ist, um so mehr stimmen ihre Aktivitäten mit den Gruppennormen überein (S. 151).
8. Je höher der soziale Rang einer Person ist, um so größer wird der Bereich ihrer Interaktionen sein (S. 154).

9. Der Führende ist der Mann, der im großen und ganzen den von der Gruppe hochgehaltenen Verhaltensstandard am besten erfüllt. Wenn die Gruppe am Boxen oder am Kegeln interessiert ist, ... so muß der Führende ein entsprechend guter Boxer oder Kegler sein. Gleichzeitig fördert er jene Tätigkeiten, in denen er sich hervortut ... Er kommt auch den Forderungen gegenseitiger Hilfeleistung besser nach als die übrige Gruppe... Die Fähigkeit, seine Leute mit sich zu tragen, ist die Quelle der Autorität jedes Führenden (S. 175–177).

10. Je mehr sich ein einzelner in allen Aktivitäten der Erreichung der Normen der Gruppe als Ganzer annähert, um so höher wird der soziale Rang des einzelnen sein (S. 185).

11. Die Gefühle des Führenden einer Gruppe fallen für die Festlegung des sozialen Ranges mehr ins Gewicht als die Gefühle ihrer Anhänger (S. 185).

12. Je höher der soziale Rang eines Menschen ist, um so größer wird die Anzahl der Personen sein, welche direkt oder über einen Vermittler Interaktion mit ihm einleiten (S. 186).

13. Je mehr sich eine Anzahl von Menschen in ihrem sozialen Rang gleichen, um so häufiger werden sie miteinander in Interaktion stehen (S. 188).

14. Je höher der soziale Rang eines Menschen ist, um so häufiger steht er mit Personen außerhalb seiner eigenen Gruppe in Interaktion (S. 189).

15. Der Führende ist der Mann, welcher der Erfüllung der von der Gruppe am höchsten bewerteten Normen am nächsten kommt. Die Normen mögen uns merkwürdig anmuten, aber solange sie auf echte Weise von der Gruppe akzeptiert werden, muß sie der Gruppenführer in sich verkörpern, denn gerade dies verleiht ihm seinen hohen Rang, und der Rang zieht die Leute an: der Führender ist der Mann, zu dem sie kommen; in ihm hat das Interaktionsschema seinen Mittelpunkt. Gleichzeitig beinhaltet sein hoher Rang das Recht, die Kontrolle der Gruppe zu übernehmen, und die Ausübung der Kontrolle trägt ihrerseits wiederum dazu bei, das Prestige des Führenden aufrechtzuerhalten. Zur Handhabung der Kontrolle ist er besonders auf Grund seiner Stellung an der Spitze der Interaktionspyramide ausgerüstet. Er wird besser als andere informiert und verfügt über mehr Kanäle zur Erteilung von Hinweisen. Die Gruppe wird von ihm, er selbst aber in einem bestimmten Sinne auch

mehr von ihr als andere geleitet, denn es ist eine Bedingung seiner Führerschaft, daß seine Handlungen und Entscheidungen mehr als die der anderen mit einer abstrakten Norm übereinstimmen (S. 192).
16. Zur Psychologie des »Führenden« gibt Homans folgende Regeln u. a. an: Ein Führender muß seine Stellung aufrechterhalten. Ein Führender muß die Normen der Gruppe einhalten. – Ein Führender muß führen. – Ein Führender muß die Gesamtsituation in Betracht ziehen. – Ein Führender muß zuhören können. – Ein Führender muß Selbsterkenntnis besitzen (S. 402 ff.).
17. Alle Erkenntnisse der Psychiatrie deuten darauf hin, ... daß die Zugehörigkeit zu einer Gruppe den Menschen erst trägt, ihm die Aufrechterhaltung seines inneren Gleichgewichts unter den gewöhnlichen Lebensschlägen ermöglicht und ihm zur Aufzucht von Kindern verhilft, die ihrerseits glücklich und widerstandsfähig sind. Wenn aber die Gruppe um ihn zerstört ist, wenn er die Gruppe verläßt, deren geschätztes Mitglied er war, und wenn er vor allem keine neue Gruppe findet, der er sich anschließen kann, so wird er unter der seelischen Belastung in seinem Denken, Fühlen und Verhalten Störungen zeigen. Sein Denken wird von fixen Ideen heimgesucht, die ohne genügende Berücksichtigung der Realität entwickelt werden. Er ist voller Angst und Ärger, sich und anderen zum Verderben. Sein Verhalten ist zwanghaft, nicht beherrscht. Und wenn wir den Erziehungsprozeß, der einem Menschen den leichten Anschluß an andere ermöglicht, selbst als sozial ansehen dürfen, so wird er als einsamer Mensch auch Kinder aufziehen, die ihrerseits nur verminderte soziale Fähigkeiten besitzen. Der Kreislauf ist bösartig, und der Verlust der Gruppenmitgliedschaft in einer Generation kann die Menschen in der nächsten zur Gruppenzugehörigkeit noch weniger geeignet machen (S. 421).

## *Anwendung von Homans' Theorie auf die psychotherapeutische Gruppe*

Homans' Deduktionen von Gruppengesetzen, die keineswegs von Therapiegruppen abgeleitet wurden, decken sich weithin mit den Beobachtungen, die man in psychotherapeutischen Gruppen machen kann. Auch dort zeigt sich sehr bald die Verifikation des bereits zitierten Satzes von E. Mayo, daß in Gruppen Interessenharmonie zustandekommt und daß die Gruppenmitglieder durchaus auf Solidarität und gegenseitige Förderung ausgerichtet sind. Wenn man die soziale Natur des Menschen kennenlernen will, muß man menschliches Verhalten in gut strukturierten Gruppen studieren. Dort entfaltet sich erst wahre Menschlichkeit, und der Mensch zeigt sich so, wie er wirklich sein kann. Betrachten wir den Menschen in der unnatürlichen Situation der sozialen Isolierung, so kann begreiflicherweise pathologisches Verhalten als »Bekundung des natürlichen Menschen« mißverstanden werden.

Faktisch entsteht bei den Gruppenmitgliedern, die recht häufig und intensiv interagieren, ein hohes Maß von wechselseitiger Sympathie. Man gleicht sich aneinander an, ohne nivelliert zu werden. Es entstehen gemeinsame Interessen, man vergnügt sich miteinander, gewisse Grundbegriffe des Denkens und Sprechens werden zum fraglosen Gemeingut. Es mögen viele Unterschiede im Verhalten und Reagieren vorkommen, je nach der individuellen Lebensgeschichte; aber die Normen einer Therapiegruppe kristallisieren sich bald heraus und werden von nahezu allen anerkannt. Es entsteht die »Gruppenethik« oder das »Gruppengewissen«, deren wichtigster Repräsentant der Therapeut sein soll. Er zeigt gleichsam vor, wie man als Mensch handeln und leben soll. Ein bestimmtes Maß an Vorbildlichkeit muß ein Therapeut an den Tag legen, ansonsten wird er nicht überzeugend wirken. Für menschliche Schwächen bleibt dabei immer noch Raum, aber ohne ein sittliches Potential ist für uns therapeutische Führung und Einwirkung nicht denkbar. Die bloßen Fachkenntnisse reichen für Psychotherapie sicher nicht aus.

Im Therapeuten zentrieren sich zahlreiche Gruppenaktivitäten. Bei ihm laufen viele Fäden zusammen, da er die meisten Analysanden – oder alle – durch Einzelsitzungen kennt und deren persönliche Voraussetzungen vor der Aufnahme in die Gruppe klarstellt. Tatsächlich hat er zumeist den höchsten Grad an Information in der Gruppe, auch schon dadurch, daß er der einzig kompetente Fachmann ist und das Gruppenziel – die Heilung der Analysanden – am besten ins Auge fassen kann. Dadurch kommt für ihn ein sehr hohes Gruppen-Prestige zustande. Sein Wort gilt mehr als das aller anderen Gruppenmitglieder. Wie sehr darin auch die Gefahr der Hybris und der Willkürmanipulation enthalten ist, wird jeder erfahrene Gruppentherapeut bestätigen können. Nur eine ausgezeichnete psychotherapeutische Schulung, die die eigenen Schwächen bewußt gemacht hat und deren »Ausleben« für alle Zeiten mehr oder minder blockiert, kann den Therapeuten und seine Analysanden vor hybrider Gruppenführung bewahren.

Hier müssen die ethischen Qualitäten des Gruppenleiters in Erinnerung gerufen werden. Er soll regelrecht ein »guter«, umgänglicher, liebenswürdiger, wenn möglich sogar »weiser« Mensch sein. Seine Fachkenntnis muß durch deutlich spürbare »Menschlichkeit« gestützt werden. Eine Gruppe entartet rasch zum intellektualistischen Quasseln, zu wechselseitigen Aggressionen, zu dekompensierten Debatten, wenn der Therapeut nicht die hohe Kunst der Gesprächsführung und der menschlichen Kontaktnahme in allen Spezialitäten beherrscht. Darum ist es nicht unberechtigt, wenn man die Anforderungen an einen Gruppentherapeuten weit höher ansetzt als an einen üblichen Analytiker für Einzelbehandlung.

Wie alle Führungspersonen, soll auch der Gruppentherapeut richtig »führen«. Er soll die Gruppenaktivitäten leiten, aber es ist wichtig, daß er dabei nicht seine eigene Person in Szene setzt. Narzißtische, ichhafte, eitle, überexpansive Persönlichkeiten eignen sich nicht für die Leitung von Therapiegruppen. Die seltene Mitte von Bescheidenheit und Selbstachtung, Mut und Maßhalten, Kontaktfreude und Zurückhaltung, Beredsamkeit und Schweigenkönnen usw. muß dem Therapeuten eigen sein. Er muß als eine überzeugende Persönlichkeit in Erscheinung treten.

Ist die Gruppe in guter Funktion, so stellt sie einen psychischen Stabilisierungsfaktor für alle Beteiligten dar, der kaum hoch genug eingeschätzt werden kann. Ängstliche Analysanden teilen rasch mit, daß ihre Angst durch den Gruppenkontakt vermindert wird. Depressive erscheinen nach wenigen Sitzungen als lebenszugewandter, lebhafter und zuversichtlicher. Die erhöhte Zahl von Interaktionen stimuliert sowohl die physischen wie die psychischen Aktivitäten. Zwanghafte Charaktere werden innerlich freier, schizoide kontaktfreudiger und gefühlsbetonter. Alle Neurosenformen werden durch das Gruppenmilieu gebessert – dies allein schon durch die Teilhabe an Gruppensitzungen, ohne daß der Betreffende selbst zum Gegenstand der Gruppengespräche wird. Das Erleben der Problematik *anderer* mildert den Druck der eigenen psychischen Probleme und Schwierigkeiten. Man gewinnt durchaus den Eindruck, daß Gruppenzugehörigkeit die psychische Gesundheit in wesentlicher Hinsicht festigt und fördert.

Vielen einsamen Menschen wird durch die Gruppe eine Kontaktmöglichkeit angeboten, die von ihnen wohl ersehnt, aber kaum je realiter verwirklicht worden ist. Der isolierte Mensch wünscht Gruppenkontakt, aber er kann ihn oft von sich aus nicht herstellen. Die Teilnahme an den üblichen Vereinen, Gesellschaften, Parteien usw. läßt in vielen Belangen unbefriedigt. Die Therapiegruppe ermöglicht nun zwanglos intensiven, reichhaltigen und mannigfaltigen menschlichen Bezug, der den gefühlsmäßigen Erfahrungshorizont mühelos erweitert und das Gefühl der Geborgenheit vermittelt. Darum wird die Gruppe regelrecht zu einem Schwerpunkt im Leben der Analysanden. Viele bleiben länger in ihr, als es die eigentliche Therapie erfordern würde. Die Gruppe wird dabei zu einer Quelle von Bildung, Kontakt, Freizeitbeschäftigung, Vergnügen usw. Bei guter psychologischer Leitung ist ihre Effizienz derart, daß sich kaum ein Teilnehmer ihr je wieder leicht entziehen kann. Ist man gesund geworden, so frequentiert man die Gruppe, um anderen zu helfen, die noch gesund werden sollen. Aus den Patienten werden mit der Zeit Co-Therapeuten.

Wenn Homans die These aufstellt, daß die Kultur von kleinen Gruppen getragen wird und daß auch der Kulturfortschritt von kleinen Gruppen ausgehen muß, so kann man ihm vom Standpunkt der Gruppenpsychotherapie durchaus beipflichten. Therapiegruppen scheinen Zentren von kultureller Weiterentwicklung in dieser heillosen Zeit zu sein. In ihnen wird Humanität nicht nur gepredigt, sondern gelebt. Man lernt nicht nur vom Fortschritt zu reden, man praktiziert ihn auch. Man kann sich u. a. auch so ausdrücken, daß gutfunktionierende Therapiegruppen ein Modell für eine wahrhaft humanistische Menschengemeinschaft abgeben. In ihnen findet man alles, was der Humanismus für die Zukunft erhofft und erträumt: gegenseitige Hilfe, Gleichheit aller, antiautoritäre Führung, wechselseitige Kritik und Förderung zum Zwecke der »Menschwerdung des Menschen«, Fortschreiten im Bewußtsein der Freiheit. Der Mensch von heute, der durch gefühlsarme Erziehung und durch autoritäre Gesellschaftsformen geprägt wurde, ist für ein echtes Gemeinschaftsleben primär nicht tauglich. Er scheitert schon in seiner Liebe oder Ehe, in der Betreuung seiner Kinder, im Umgang mit Freunden, Mitarbeitern, Mitmenschen. Dieser asozial gewordene Mensch wird alle Bestrebungen sozialer Evolution oder Revolution mißbrauchen oder entarten lassen. Wohltönende Programme und Massenleidenschaften mögen begeisternde Aspekte darbieten, aber unmittelbar nach jeder progressiven oder revolutionären Tat fängt doch wieder der Alltag des Lebens an, wo die Charaktere der Menschen ins Gewicht fallen. Institutionen kann man u. U. im jähen Anlauf zerstören oder umbauen; aber der Charakter der Menschen muß durch sorgfältige und langwierige Erziehungsarbeit geformt und verbessert werden. Dazu ist die Therapiegruppe ein bestens geeignetes Instrument. Sie könnte allenfalls verhüten, daß institutioneller Fortschritt durch die Unzulänglichkeit des Menschen rasch wieder hohler Nichtigkeit verfällt. In bezug auf Humanität im wahren Sinne des Wortes kann man sich den Menschen der derzeitigen Kultur nicht desorientiert genug vorstellen!

Wir vertreten hier nicht den Anspruch, daß in der Gruppenpsychotherapie das »Heil der Welt« beschlossen liegt. Nichtsdestoweniger soll hiermit klargestellt werden, daß die in unserem Sinne durchgeführte therapeutische Gruppenarbeit eine schöne und notwendige »Vermittlung« zwischen der Einzelpsychotherapie und der politisch-sozialen Beeinflussung ganzer Massen darstellt. Die Einzeltherapie fällt als Faktor der Kulturbeeinflussung dahin, da die Lebensarbeit eines Therapeuten bei Einzelanalyse kaum mehr als 150 Patienten übersteigen kann. Hierbei wird jedoch nur dem klassischen Ideal gefrönt, daß ein Mensch einen anderen durch »Existenzmitteilung« zu den Höhen der Menschlichkeit emporführen soll – natürlich bleibt ein Großteil der Psychotherapie hinter diesem hohen Ziel weit zurück. Die politische Massenarbeit stellt zwar riesige Menschengruppen in den Dienst von allenfalls großartigen Ideen, aber wer in der Masse mitläuft, ist nicht immer vom Leitbild beseelt, das eventuell wahrhaft bedeutenden politischen Führern vorschwebt. Dieselbe Masse, die heute eine Befreiungsaktion startet, kann morgen dem Tyrannen zujubeln. Der Idealismus der Massen ist flüchtig. Es ist ein geringer Trost, daß auch die Aggressivität der Massen ephemerer Natur sein kann.

Zwischen dem Rousseauschen Konzept, wo ein Hofmeister für die Erziehung eines »Emil« verbraucht wird, und den politischen Massenbewegungen, wo unzählige ein gemeinsames Ziel ins Auge fassen, ohne innerlich auf dieses Ziel hin entwickelt sein zu müssen, steht nun die gruppentherapeutische Bewegung, die die Menschlichkeit des Menschen in Kleingruppen *erarbeiten* will. Von der Gruppe her ist der Weg zur intensiven Förderung des einzelnen, aber auch zur kollektiven sozialen oder kulturellen Aktion offen. Man muß hier keine Konkurrenz der Intentionen postulieren. Wir aber haben die Erfahrung gemacht, daß Reifung, Realitätsbewußtsein, Humanisierung des Menschen nicht durch politische Programme allein, auch nicht durch Einzelschulung gewonnen wird, wohl aber durch antiautoritäre, tiefenpsychologisch geführte Gruppen, die eventuell den Keim einer werdenden Menschheitskultur in sich tragen.

## *Sozialpsychologie der Gruppe*

Jeder Psychotherapeut, der sowohl mit Einzel- als auch Gruppenpsychotherapie arbeitet, wird bald die Beobachtung machen, daß die Mitarbeit der Analysanden in der Gruppe lebhafter und aktiver ist als in der Einzelbesprechung. Dieses Phänomen bedarf der Erklärung. Sie liegt wohl für manche Patienten darin, daß diese in der Arzt-Patienten-Beziehung eine Möglichkeit der Regression sehen; unwillkürlich machen sie sich zum »Kindchen«, das vom allmächtigen »Papa-Analytiker« jegliche Hilfe und Erleichterung erwartet. Eine Art »Empfängerhaltung« drosselt dann die Kooperation des Patienten. Man kann letztere gewiß durch geschickte analytische Gesprächsführung im Gang halten, aber der emotionale Spielraum ist, zumindest in einem Teil der Fälle, irgendwie beschränkt und erschöpft sich dann und wann. Anders in der Gruppentherapie. Die multidimensionale Übertragungsmöglichkeit, die Auseinandersetzung mit der Vielfalt von Charakteren und Problemen, welche durch die Gruppe gegeben sind, stimuliert den einzelnen gewaltig. Sofern er sich mit den anderen Gruppenteilnehmern identifiziert, verstärkt er seine eigenen Gruppenerlebnisse und gewinnt für seine Nöte, Empfindungen und Hoffnungen einen Resonanzboden, der unschätzbare Bedeutung besitzt.

Die Erhöhung der Leistungsfähigkeit im allgemeinsten Sinne des Wortes innerhalb von Gruppen hat frühzeitig die Aufmerksamkeit der

Forschung auf sich gezogen. Die Fachliteratur spricht vom sog. »sozialen Effekt«. F. H. Allport hat unmittelbar nach dem Ersten Weltkrieg in eindrücklichen Experimenten zeigen können, daß Versuchspersonen in Gruppen schneller und intensiver zu arbeiten pflegen als allein. Er sprach von der »sozialen Erleichterung« und meinte damit eine gewisse gefühlsmäßige Entlastung, die eintrete, wenn man sich in einer Gruppe geborgen fühle. Um es in einem Gemeinplatz auszudrücken: Einsamkeit dämpft die Grundstimmung des Menschen, (gute) Geselligkeit lockert und hellt sie auf.

Günstige Gruppeneffekte sind allerdings nur zu erzielen, wo sich eine Gruppenatmosphäre und Gruppengemeinsamkeiten herstellen. Offenbar liegt es in der Natur der Gruppe, daß sie zu einem Konsensus ihrer Mitglieder emotional, intellektuell und auch wahrnehmungsmäßig Anlaß gibt. M. Sherif hat in seinem Experiment mit dem sog. autokinetischen Phänomen (1935) dies überzeugend dargelegt. Ein ruhender Lichtpunkt wurde in einem abgedunkelten Raum einzelnen Versuchspersonen gezeigt. Infolge der unwillkürlichen Augenbewegungen (Nystagmus) erscheint ein solcher fixierter Lichtpunkt als beweglich. Die meisten Personen haben eine für sie charakteristische Einschätzung dieser angeblichen Bewegung. Wurden mehrere Personen gleichzeitig demselben Experiment unterworfen, wobei die »Ortsveränderung« des Lichtpunktes von allen den übrigen Teilnehmern mitgeteilt werden mußte, so pendelten sich die individuellen Schätzungen auf einen Mittelwert ein, mit dem die Gruppe konform ging. Gruppen, in denen keine emotionalen Antagonismen vorherrschen, neigen also dazu, auf Übereinstimmung zu tendieren, was wohl nicht nur belanglose Wahrnehmungen, sondern auch Normen, Haltungen und Anschauungen betreffen mag.

Auch diese Erfahrung macht man in der Gruppenpsychotherapie. Eine gut funktionierende Gruppe hat eine enorme »Standfestigkeit« gegenüber Attacken, Beunruhigungen, Dissonanzen. Will irgendein Schwerkranker die Gruppenharmonie stören oder zerbrechen, so steht die Gruppe, auch ohne Hinzutun des Therapeuten, »wie ein Mann« gegen ihn auf, wobei durchaus keine Feindseligkeit gegen den Störenfried aufkommen muß. Ihm wird in aller Freundlichkeit bedeutet, was die Gruppe vorhat und wie sie produktiv arbeiten will. Hinsichtlich dieser Zielsetzungen besteht zumeist weitgehende Übereinstimmung.

In bezug auf die Aktionsfähigkeit der Gruppe als Totalität sagt Philipp Lersch:

»Da der Satz gilt, das Ganze sei mehr als die Summe seiner Teile, besteht auch die Eigenart der Gruppenleistung darin, daß sie nicht die Summation von Einzelleistungen der Mitglieder, sondern deren *Koordination* und *Integration* ist. Natürlich geht vom Individuum her in die Gruppenleistung auch jene mögliche Steigerung der Aktivität und Produktivität mit ein, die sich in der Regel zeigt, sobald der einzelne nicht allein, sondern in Anwesenheit anderer tätig ist, und die unter das Phänomen des ›sozialen Effektes‹ fällt. Auch ist sicher, daß sich der soziale Effekt verstärkt, sobald der einzelne mit den Anwesenden etwas ›zu tun‹ hat, sich also nicht mehr nur in ihrer Gegenwart befindet, sondern sie als Gruppenpartner gegenüber hat. Es ist festgestellt worden, daß die Initiative und Produktivität des Kindes beim Gemeinschaftsspiel größer ist als beim Einzelspiel, und daß ganz allgemein sich die ›Produktivität eines Menschen als eines Mitgliedes einer Gruppe im Vergleich mit der Produktivität des einsamen Individuums‹ (Lewin, 1953) erhöht. Aber all das macht noch nicht jenes ›Mehr‹ aus, durch das die Gruppenleistung der Leistung des einzelnen überlegen ist; und zwar deshalb nicht, weil, wie gesagt, die Gruppenleistung nicht die Summation, sondern die Integration der Leistung von einzelnen ist ... Bei allen Leistungen, die nur durch eine raum-zeitliche Koordination der Bemühungen und Leistungen mehrerer Einzelpersonen vollbracht werden können, zeigt sich die Überlegenheit der Gruppe gegenüber den einzelnen Individuen, die – jedes auf sich gestellt und für sich arbeitend keine Aussicht auf Erfolg hätten. Schließlich ist es ja gerade auch die Überlegenheit der Gruppenleistung über die Arbeit des einzelnen, die die Menschen gezwungen hat, sich zu Gruppen zusammenzuschließen« (»Der Mensch als soziales Wesen«, S. 197).

Auch hier wiederum kann die Gruppenpsychotherapie die sozialpsychologische Beobachtung nur bestätigen. Wir haben oft die Erfahrung gemacht, daß Therapiegruppen, die sich aus psychologischen Laien, oft auch aus Nicht-Akademikern und sogenannten »einfachen Leuten« zusammensetzen, schon nach wenigen Monaten sorgfältiger »Führung« einen eminenten psychologischen Feinsinn entwickeln, der den geschulten Therapeuten mitunter in solchen Sitzungen »den Atem anhalten läßt«. Das Frage-und-Antwort-Spiel sowie das emotionale Reagieren derartiger Gruppen ist geradezu phänomenal und könnte auch vom Meister in der analytischen Technik nicht überboten werden. Darüber hinaus kann der einzelne Analytiker, auch wenn er mit vollendeter Einfühlung und Deutungskunst auf seinen Analysanden eingeht, nicht so eine Vielfalt von Gedanken, Einfällen, Gemütsbewegungen, Nuancen und Finessen zum Ausdruck bringen, wie dies die Gruppe mühelos tut. Ein Patient, der in seiner Therapiegruppe »verstanden« und »behandelt« wird, erlebt stärkste Impulse zum Gesundwerden, zur Selbstachtung und Selbstverwirklichung. Th. Newcomb äußert in seinem umfassenden Werk »Sozialpsychologie« (1959) u. a. den Hinweis, »daß eine Gruppe dann den stärksten Zusammenhalt hat, wenn sie den Mitgliedern die größte Möglichkeit zur Befriedigung persönlicher Motive bietet« (S. 572). Die Therapiegruppe ist hierin vermutlich gegenüber zahllosen anderen Gruppen im Vorrang. Sie bietet mehr als jeder Verein, jede Berufsgruppe, oft sogar mehr als die Familie. Denn wo kann das Individuum sich so frei aussprechen, wo wird es in seiner wirklichen Wesensart erkannt und angenommen, wo lernt es so viel Selbsterkenntnis und Menschenkenntnis, wo erlebt es eine derart konstante Atmosphäre der Lebens- und Antriebsfreundlichkeit, sofern die therapeutische Gruppe alle in ihr liegenden Möglichkeiten ausschöpft! Viele Gruppenanalysanden haben uns gesagt, daß »ihr Gruppenabend« eine Art Höhepunkt der Woche darstelle; nicht selten wird die eine Hälfte der Woche als Vor-, die andere als Nachfreude geschildert, jedenfalls beschäftigt das Gruppengeschehen die Teilnehmer intensivst, beglückt und begeistert nahezu alle.

Der Grad der Gruppenintegration kann durchaus mit Worten wie »Gruppenatmosphäre«, »Gruppengewissen«, »Gruppenvernunft«, »Gruppenanhänglichkeit« angedeutet werden. Der Analysand findet in seiner Therapiegruppe so etwas wie eine »emotionale Heimat«, was ihm ja bei sehr guter Übertragung auch der Einzeltherapeut teilweise zu bieten versucht. Es hat sich uns oft bei gut funktionierenden Gruppen das Gleichnis einer »großen Familie« aufgedrängt, wobei der Therapeut eine Art Vaterrolle erhält, und die Analysanden Geschwisterrollen einnehmen. Wer in seiner Kindheit an einem autoritären Vater gescheitert und erkrankt ist, kann am »Gruppenvater« neue Haltungen der Hingabe, Zuneigung und wechselseitigen Wertschätzung einüben. Wer als

Kind keine Geschwister hatte oder im Kampf mit Brüdern oder Schwestern Angst, Eifersucht, Rivalität, Neid, Minderwertigkeitsgefühle und andere Charakterdeformationen erwarb, kann diese an seinen Pseudo-Geschwistern in der Gruppe ab-bedingen, d. h. korrigieren. Und wem schließlich als Kind in den allerersten Jahren seiner Menschwerdung warmer, einfühlsamer, maßvoll-ausgewogener mütterlicher Kontakt fehlte, so daß er die emotionalen Voraussetzungen der Mitmenschlichkeit nicht zu entwickeln vermochte, dem kann die Gruppe als Ganzes wie eine Art »magna mater« jenes Urvertrauen und jene Ur-Geborgenheit vermitteln, die der Mensch benötigt, um die Kardinaltugenden der Hoffnung, der Selbstachtung, der Liebe und der Zuversicht zu entfalten.

Die oben angeführten Gedankengänge lassen erkennen, daß die Gruppenpsychotherapie viel von der Sozialpsychologie lernen kann und auch gelernt hat. Der umgekehrte Weg ist leider noch viel zu wenig beschritten worden. Eine psychoanalytische Therapiegruppe ist u. E. das hervorragendste sozialpsychologische Experimentierfeld, das man überhaupt herstellen kann. Man wird noch dahingelangen müssen, anstelle der künstlichen Laborversuche (die immerhin nicht unnütz sind) sich des lebendigen Erfahrungsbereichs der Gruppentherapie zu bedienen, um Natur und Reaktionsweise der menschlichen Psyche in ihrer sozialen Bezogenheit zu studieren.

## *Gruppenpsychotherapie als soziales Lernen*

Man kann die Psychotherapie u. a. auch als einen Lernprozeß betrachten, der Intellekt, Emotion, Verhalten, Motivationen usw. in sich einschließt. In unserem Zusammenhang interessiert uns die Frage, ob das Lernen allein oder in Gruppen die effektivere Methode sei. Im Grunde ist die klassische Form der Psychotherapie einem Einzelunterricht vergleichbar: Der Therapeut widmet sich *einem* Patienten, um mit ihm die Ursachen seiner Lebensschwierigkeiten herauszuarbeiten, neue Haltungen und Motive einzuüben. Die Gruppentherapie wäre demnach mit dem Unterricht »in Klassen« zu vergleichen. Natürlich ist sie nicht eine Schulsituation, und der Therapeut ist kein »Lehrer« im üblichen Sinne des Wortes.

Die Lernpsychologie scheint uns darauf hinzuweisen, daß das Lernen in Gruppen nützlicher und erfolgreicher ist als der Einzelunterricht. Die meisten Patienten haben sehr weitläufige Erfahrung im Gruppen-Lernen. Von der Volks- bis zur Berufsschule wird immer in Klassen gelernt. Die soziale Umwelt ist der gewöhnliche Hintergrund von Lernprozessen aller Art.

Der Vorteil einer Gruppe ist mannigfaltig. Der Schüler oder Patient sieht sich nicht nur einem überlegenen Lehrer oder Therapeuten gegenüber, sondern Gleichgestellten, die wie er selbst lernen müssen und wollen. Es kommt zu einem gemeinsamen Streben, das alle Beteiligten fördert. Wettbewerb, gegenseitige Hilfe, Aktivierung, Stimulierung etc. stellen sich mühelos und zwangsläufig ein. Die allgemeine Erfahrung zeigt, daß man in Gruppen leichter lernt.

Es kommt allerdings auf die Struktur der Gruppe an, ob diese alle ihr Zugehörigen fördert oder einige evtl. sogar hemmt. Ist die Gruppe stark konkurrenzorientiert (wie dies Schulklassen fast immer sind, wenn sie autoritär geführt werden), so werden die Leistungsschwächeren eher gedrückt als vorangetrieben. Das heutige Noten- und Auszeichnungssystem verfälscht die Lernmotivation der Schüler: Diese lernen dann nicht mehr um der Sache, sondern um des Vorranges gegenüber ihren Kollegen willen. Erfolg heißt dann immer auch »Erfolg über andere«. Derartige Motivationen sind natürlich innerhalb der Gruppenpsychotherapie nicht zu gebrauchen. Machen sie sich im Gruppengeschehen bemerkbar, muß der Therapeut sie eindämmen oder eliminieren.

Bei einem guten Gruppenklima stellt sich gewöhnlich bald ein gemeinsames Streben ein. Man lernt, damit alle profitieren. Wer es besser kann, leistet mehr zum Wohlbefinden aller. Für persönliche Überheblichkeit hat die Gruppe wenig Platz. Sie rebelliert, wenn jemand die Gruppensitzungen zur Befriedigung persönlicher Eitelkeit umfunktionieren will.

Wenn sich eine Gruppe auf gedeihliche Zusammenarbeit einspielt, setzt sie unwillkürlich eine Norm, der alle Beiträge zu genügen haben. Der einzelne Votant spürt, daß er nicht einfach »quatschen« darf: Auch wenn keine verbale Kritik erfolgt, zeigt sich schon am Unbeachtetlassen von Voten oder Stellungnahmen, daß sie dem Gruppenniveau nicht genügten. Oft ist allerdings auch eine mimische oder pantomimische

Reaktion zu beobachten, wenn ein Gruppenmitglied »dazwischenpfuscht«.

Der Therapeut wird allerdings sehr darauf achten müssen, daß weniger kluge oder geschickte Analysanden nicht von Ehrgeizigen oder Herrschsüchtigen »niedergehalten werden«. Man muß in der Gruppe auch Dummheiten sagen dürfen, ohne deswegen blamiert zu sein. Ein Gelächter ist mitunter bei drolligen und kauzigen Argumentationen nicht zu vermeiden. Es hat aber erzieherische Bedeutung und korrigiert eine drastische Abweichung vom »group mind«. Das Individuum kann es sich nicht leisten, allzu weit vom *common sense* abzuirren.

Werner Correll berichtet in seiner »Lernpsychologie« (Donauwörth 1961) von experimentellen Befunden hinsichtlich der »Überlegenheit der Gruppe und ihrer Einstellung gegenüber dem einzelnen beim Lernen« (S. 115 ff.). Wir folgen seinen Ausführungen:

»Eines der durchschlagendsten Experimente zu dieser Frage nach dem Verhältnis des Gruppenlernens zum individuellen Lernen wurde während des Zweiten Weltkrieges in den USA durchgeführt. Es ging darum, Hausfrauen zu überzeugen, auf ihren Speisezettel mehr Innereien statt nur Fleisch zu setzen. Drei Gruppen von Hausfrauen wurden von einem Spezialisten in einem wohldurchdachten, anschaulichen Vortrag über die Vorzüge dieser Speisen unterrichtet. Am Schluß erhielt jede Hausfrau dieser drei Gruppen die wichtigsten Ergebnisse des Vortrags in Form einer Vervielfältigung mit nach Hause. Drei andere Gruppen von Hausfrauen wurden nicht unterwiesen, sondern diskutierten in ihren Gruppen die Vorzüge dieser Nahrung und kamen zu dem Ergebnis, daß sie von nun an mehr Innereien verwenden wollten. Alle sechs Gruppen wurden nach fünf Tagen auf das eigentliche Ergebnis des Experiments hin untersucht. Es zeigte sich, daß 3 v. H. der Frauen, die an dem Vortrag teilgenommen hatten, tatsächlich ihren Speisezettel in der gewünschten Weise verändert hatten. Von den Diskussionsteilnehmern waren es jedoch nicht weniger als 32 v. H., die den Gruppenbeschluß praktizierten. Hieraus ergibt sich eine eindeutige Überlegenheit des Gruppenlernens über das individuelle Lernen.«

Will man dieses Experiment gruppenpsychotherapeutisch auswerten, so wird es klar, daß die Therapiegruppe gleichfalls ihre Resultate selbst erarbeiten muß, wenn diese wirksam werden sollen. Der Therapeut darf nicht den »allwissenden Lehrer« spielen, der fertige Resultate übermittelt, die man hernach vergißt. Das Selbst-Erarbeiten bleibt offenbar am besten haften, vor allem wenn Gruppenunterstützung dabei ist!

In einem weiteren Experiment ging es darum, die Frauen vom Wert der Milchnahrung zu überzeugen. Hier wurden Einzelunterweisungen dem Gruppenverfahren gegenübergestellt. Wiederum erwies sich das letztere als außerordentlich überlegen. Die Gruppe gibt offenbar der neuen Erfahrung kräftigere Resonanz. Man glaubt eher an das, woran andere mitglauben. Eine Erkenntnis, die eine Therapiegruppe durch vereinte Anstrengung erworben hat, bleibt tief im Gemüt der Teilnehmenden verankert.

Weitere Beobachtungen über das Erlernen von sinnlosen Silben bestätigten nochmals die Superiorität des Gruppenlernens. Lernten z. B. Kinder solchen Gedächtniskram allein, so behielten sie ihn schlecht. Waren Gruppen in den Lernprozeß involviert, so wurden viel mehr Silben im Gedächtnis behalten. Das Forscherteam Festinger, Pepitone und Newcomb hat daraus Schlußfolgerungen gezogen, die Correll folgendermaßen resumiert:

»Dabei wurde erkannt, daß die Gruppe das einzelne Gruppenmitglied freier sein läßt, weil sie gleichsam die Last der Verantwortung zu einem Teil von seinen Schultern abnimmt. Das Individuum in der Gruppe fühlt sich und handelt anders als wenn es außerhalb der Gruppe steht. Der einzelne geht mehr oder weniger in der Gruppe auf, indem er sein Tun und Denken auf die Gruppe bezieht; diesen Vorgang nennen die drei erwähnten Forscher »De-Individuation«. Durch ihn werden innere Hemmungssysteme abgebrochen, die bestehen, wenn der Mensch als einzelner handelt und erlebt. Infolgedessen ist die De-Individuation verbunden mit der Reduktion zahlreicher Spannungen und damit auch einer Steigerung der Lernfähigkeit. Hierin dürfte der psychologische Grund für die grundsätzlich wesentlich günstigeren Lernergebnisse in der Gruppensituation gegenüber dem Lernen in der Isolation zu suchen sein« (a.a.O., S. 121 ff.).

Lernpsychologische Befunde zeigen schließlich auch, daß die Gruppensituation die Aufmerksamkeit erhöht, die Einsatzbereitschaft vermehrt und so bessere Resultate zeitigt. Die Fortschritte der Tüchtigeren kommen den weniger Tüchtigen auch zugute, wenn man sie nicht durch ein Noten- oder Auszeichnungssystem entmutigt. Das Können der Gesamtheit setzt eine Norm, auf die jedermann hinstrebt. Der Ängstliche, Apathische oder Mutlose wird hier sehr oft zur Anstrengung angeregt. Er will mit den anderen Schritt halten und unter ihnen seinen Platz erobern.

Unsere Erfahrung hat uns gelehrt, die Gruppenpsychotherapie als die ideale Möglichkeit des emotionalen Lernens anzusehen. Im Grunde knüpft die Gruppe an die uralte und erste Situation der Sozialisierung, nämlich die Familie, an. Da die Familienerziehung meist sehr lückenhaft und unvollständig ist, entläßt sie kontaktgeschädigte Menschenkinder in den Lebensprozeß, dem diese infolge ihrer sozialen und emotionalen Verstümmelung nicht gewachsen sind. Die Gruppe bietet nun die Möglichkeit einer Nachreifung und Nacherziehung. Anders als die übrigen Bezugsgruppen, in die der Mensch eingeordnet ist, erlaubt sie auch die Äußerung und Erörterung unreifer und infantiler Verhaltensmuster, die einer Nachreifung und Nacherziehung unterzogen werden können. Erstaunlich ist die Identifikation, die hierbei zwischen den Gruppenmitgliedern herrscht. Die Schwierigkeiten des einzelnen werden als Schwierigkeiten der Gesamtheit empfunden. Man leistet Hilfe in einer schönen Selbstverständlichkeit, die für alle Beteiligten »tragend« wirkt. Wenn irgendwo, kann man in der Gruppe lernen, Mensch, d. h. Mitmensch zu sein. Man sprengt die engen Grenzen der eigenen Persönlichkeit, hat teil am Bewußtsein aller. Dies führt zu einer Ausweitung der Individualität, die als beglückend empfunden wird. Man lernt sich und die Mitmenschen besser verstehen und lieben.

## *Größe und Zusammensetzung einer Therapiegruppe*

Bei den meisten Autoren findet man eine seltsame Einstellung bezüglich der Größe und der Zusammensetzung der psychotherapeutischen Gruppe. In den USA (z. B. bei Slavson) wird ohne ersichtlichen Grund behauptet, daß die optimale Anzahl der Gruppenteilnehmer acht Personen sei. Durch nichts wird erläutert, warum gerade diese »heilige Zahl« gewählt werden soll. Kleineren Gruppen wird bescheinigt, daß in ihnen zu wenig Möglichkeiten der Interaktion bestehen. Bei größeren Gruppen befürchtet man offenbar »Massenbildung«. Man vergißt bei dieser Argumentation, daß es von der Geschicklichkeit und Souveränität des Therapeuten abhängt, wann gedeihliche Interaktion zustandekommt und wann die Gruppe zur Masse entartet. Diesbezüglich gibt es eventuell sogar schon »Massenbildung zu zweit«, wenn ein ungeübter Therapeut auch nur mit einem Patienten arbeitet. Andererseits können relativ große Gruppen befriedigend zusammenarbeiten, wenn der Therapeut zur Herstellung einer guten therapeutischen Situation befähigt ist.

Im Gegensatz zu fast allen Autoren empfehlen wir die nicht-limitierte Therapiegruppe. Unsere Therapiegruppen kennen keine zahlenmäßige Beschränkung. Die durchschnittliche Zahl der Teilnehmer liegt etwa bei zwanzig bis hundert Personen. Bei der von uns durchgeführten Technik sind hieraus gar keine Schwierigkeiten erwachsen. Die Teilnehmer solcher Großgruppen arbeiteten, bei entsprechender Anleitung, durchaus koordiniert und sinnvoll. Die Größe der Gruppe war kein Hindernis in bezug auf die Intensität der interindividuellen Kontakte. Oft gewinnt man auch den Eindruck, daß die größere Gruppe die notwendigen Lernprozesse emotionaler und intellektueller Art beschleunigen kann. Es wird ja auch ein reicheres und vielseitigeres »psychisches Material« angeboten.

Bei der allgemeinen »Liberalität« unserer Methode erscheint es auch unverständlich, warum man geschlechtsspezifische Gruppen bilden soll. In unseren Gruppen sind immer Männer *und* Frauen in beliebiger Zahl. Es ist nicht einzusehen, warum man hinter die Errungenschaft der Koedukation zurückgehen und Männer und Frauen getrennt behandeln soll. Allenfalls in Schizophrenengruppen wäre zu erwägen, ob die Anwesenheit des anderen Geschlechtes allzuviel Beunruhigung bei einzelnen Patienten auslöst.

Es hat sich uns auch nicht als vorteilhaft erwiesen, irgendwelche Neurotiker in spezifischen Neurosengruppen zu vereinigen. Für uns ist die Gruppe ein Spiegelbild der Welt. Sie soll demnach alle nur möglichen menschlichen Reaktionsformen zeigen und erkennen lassen. Darum ist es abzulehnen, etwa nur Zwangs- oder Angstneurotiker in einer sog. »homogenen Gruppe« zu behandeln. Der Zwangskranke soll am Angstpatienten, der letztere am Zwangscharakter lernen, wie jener die Welt sieht und erlebt. Eine Vielfalt von Neurosenformen und Charakterdeformationen innerhalb einer Gruppe erhöht die Mannigfaltigkeit derselben, macht sie interessanter und lehrreicher. Geht man davon aus, daß jeder Neurotiker an einigen urmenschlichen Problemen erkrankt, die für alle Menschen identisch sind, so ist eine Trennung in der Therapie nicht mehr haltbar.

Homogene Gruppen wären zulässig, wenn man z. B. im Gefängnis eine Kriminellengruppe behandelt. Da liegt es jedoch an den äußeren Umständen, daß man zur Homogenität sozusagen gezwungen ist. Eine weitere Möglichkeit sind eventuell die Alkoholikergruppen, da diese penetrant ähnliche Probleme haben. Hierbei kann im Sinne von *Alcoholics anonymous* auch gegenseitige Stützung hinsichtlich des Trinkverbots bestehen. Weiter Raum ist auch der didaktischen Beeinflussung geboten, die für Trinker eine spezielle Linie einhalten muß.

Es ist für uns sogar fraglich geworden, ob ein Patient nur einer Gruppe, d. h. »seiner« Gruppe angehören darf. Wir haben es seit Jahren so gehandhabt, daß jeder Patient nach Lust und Laune in alle von uns geführten Gruppentherapien einsteigen kann. Patienten, die Zeit und Interesse haben, dürfen demnach ohne weiteres in einer Woche vier bis acht Gruppentherapiesitzungen mitmachen. Sie lernen dadurch rascher und umfassender. Man kann sich hierbei überlegen, ob mit einer solchen »Gruppenfluktuation« nicht die Gefahr einer Indiskretion auftaucht. Patienten, die an einigen Gruppen teilnehmen, verfügen nach kurzer Zeit über relativ viel Information bezüglich aller Gruppenanalysanden. Dennoch wurde kein Mißbrauch irgendwelcher Art auffällig. Die Sachlichkeit der Gruppengespräche läßt »lüsterne Neugierde« gar nicht aufkommen. Jedermann, der etwa einige Intimitäten ausplaudern oder kolportieren würde, würde sich bei den Gruppenteilnehmern lächerlich machen. Sehr rasch kommt ein »Gruppengewissen« zustande. Man fühlt sich derart solidarisch mit den anderen Gruppenmitgliedern, daß unqualifiziertes »Herumreden« dahinfällt.

Wie kann man in solchen Großgruppen ein fades Geschwätz vermeiden? Fades, nutzloses Geplapper kann unseres Erachtens durchaus auch in Kleingruppen stattfinden, ja, sogar die Zweiergruppe der orthodoxen Therapiesituation ist davor keineswegs gefeit. Unser Vorgehen ist dadurch gekennzeichnet, daß wir die Führung durch den Therapeuten stark betonen, ohne dem Therapeuten eine »Führerrolle« zuzuschreiben.

Er muß durch seine Sachbezogenheit, durch sein geschicktes Eingreifen in das Gruppengespräch diesem eine gesundheitsfördernde Richtung geben, ohne sich dabei in den Mittelpunkt zu rücken. Die Analysanden lernen bei richtiger Anleitung verblüffend rasch, wie ein analytisches Gespräch produktiv durchgeführt werden kann.

Dies setzt allerdings voraus, daß man den Analysanden anfänglich demonstriert, wie eine Psychotherapie vor sich geht. Im Beginn einer Gruppentherapie übernimmt der Therapeut die Hauptarbeit in den Gruppensitzungen. Er macht Behandlungen sozusagen in Gegenwart der Gruppenmitglieder. Der einzelne Fall, der zur Sprache kommt, wird therapeutisch ähnlich wie in der Einzeltherapie angegangen. Die Gruppenteilnehmer schauen und hören anfänglich aus der Distanz der teilhabenden Betrachter zu, wie eine Psychotherapie gehandhabt wird.

Aus den obengenannten Gründen haben wir auch gar keinen Einwand dagegen, in eine bereits seit einiger Zeit bestehende und funktionierende Gruppe »Neuankömmlinge« zu integrieren. Sie wirken geradezu als Blutauffrischung, geben der Gruppe als Gesamtes Gelegenheit, ihr Wissen und Können an Neulingen zu beweisen. Der neue Teilnehmer hat dann den Vorteil, bereits gut zusammenarbeitende Partner vorzufinden, deren »Gruppengeist« auch ihn günstig beeinflußt. Wir haben keine negativen Erfahrungen machen müssen, in denen etwa Neulinge von der bereits integrierten Gruppe diskriminiert worden wären. Wären hierzu auch nur Andeutungen vorgekommen, so hätte dies schönes therapeutisches Material abgegeben.

Die Notwendigkeit eines Gruppenausschlusses ist für uns extrem selten. Einem Alkoholiker, der gelegentlich im angetrunkenen Zustand in die Gruppe kam und dort störend intervenierte, wurde bedeutet, daß er nicht mehr an der Gruppe teilnehmen könne, wenn sich solche Vorfälle wiederholen würden. Er unterließ in diesem Stadium der Behandlung das Trinken kurz vor den Sitzungen und beschränkte seine Räusche auf andere Wochentage.

Manche Zwangscharaktere zeigen die Neigung, die Gruppe zu beherrschen oder einzuschüchtern. Solche Fälle können zur argen Belastung werden. Allerdings kann die Gruppe, wie man bald erfährt, sehr viel mehr »verkraften« als ein einzelner Therapeut. Es ist oft bewundernswert, mit welchen Affektausbrüchen die Gruppe mühelos fertig wurde, wie man selbst extrem unangepaßtes Benehmen von Schwer- und Schwerstkranken von seiten der Gruppe zu tolerieren wußte.

Hat man eine gewisse Zahl von »Zugpferden«, d. h. Analysanden, die schon über ausreichende Gruppenerfahrung verfügen, so kann man die Gruppengröße bis zu hundert und mehr Personen steigern. Wer das nicht miterlebt hat, wird eine solche Aussage füglich bezweifeln müssen. Ich kann aber ohne weiteres versichern, daß wir mit solchen Riesengruppen sehr produktiv und für alle Beteiligten gewinnbringend gearbeitet haben. Hier wird deutlich, was eine Weiterentwicklung der Gruppenverfahren für die Zukunft der Psychohygiene bedeuten kann. Völlig unverständlich erscheint dann die Bemerkung von Hans G. Preuss (*Analytische Gruppentherapie*, 1966), man könne als Gruppentherapeut nicht mehr Patienten behandeln als in der Einzeltherapie. Unsere Erfahrung hat uns gelehrt, daß die Gruppenpsychotherapie die Effizienz eines adäquat geschulten Therapeuten um ein Vielfaches erhöht.

In manchen Fällen werden spezielle ärztliche Selbsterfahrungsgruppen konstelliert, die jungen Ärzten (oder solchen, die an Psychotherapie interessiert sind) Gelegenheit zur Kenntnisnahme der eigenen Persönlichkeitsdynamismen geben sollen. Solche Gruppen haben natürlich ihren Sinn. Es ist jedoch vorzuziehen, daß die Lehranalysanden (Ärzte, Psychologen etc.) in den üblichen Gruppen mitarbeiten und dort »ihre Sporen abverdienen«. Der fertige Mediziner oder Psychologe ist in keiner Weise für die therapeutische Situation begünstigter als der »gewöhnliche Patient«.

## *Freies Assoziieren, Agieren oder Gruppengespräch*

Ein Blick in die gruppenpsychotherapeutische Literatur läßt erkennen, daß in der Gruppentherapie ebenso viele Methoden und Richtungen bestehen wie in der Einzeltherapie. Dies ist weiter nicht verwunderlich, da die meisten Gruppentherapeuten von der Individualtherapie herkommen und eine tiefenpsychologische Ausbildung im Rahmen der üblichen »Schulen« (Freud, Adler, Jung, Neopsychoanalyse etc.) gehabt haben, welche sie durch Erlernen von Gruppenverfahren ergänzten. Hinsichtlich der letzteren gibt es noch keine Einigkeit unter den Autoren, was durchaus nicht als Nachteil zu betrachten ist: Die Wissenschaft bedarf keiner normierten Anschauungen, sondern sie wächst aus der Vielfalt der Meinungen, die in freiem Wettbewerb um die Wahrheit ringen.

Unsere Methode in der Gruppentherapie entstammt der Individualpsychologie Alfred Adlers und bezieht aus ihr die Leitmotive des therapeutischen Verhaltens. Man darf daran erinnern, daß Adler frühzeitig (um 1912) von der Freudschen Technik des »freien Assoziierens«, des Deutens von Träumen und Fehlleistungen usw. abrückte und an deren Stelle die Analyse der Auseinandersetzung des Patienten mit den grundlegenden und aktuellen »Lebensfragen« (Arbeit, Liebe, Gemeinschaft) setzte. Die Gegenwartssituation und das in ihr sichtbar werdende Verhalten wurde damit wichtiger als das Fahnden nach Kindheitstraumen, die deswegen nicht übergangen werden mußten. In freundschaftlichen, antiautoritären *Gesprächen mit dem Patienten* klärte Adler dessen unbewußte Lebenseinstellung auf, verwies ihn auf in der Kindheit erworbene »Einstellungsfehler«, die zu korrigieren er ihn ermutigte. Träume und Kindheitserinnerungen wurden lediglich zur Veranschaulichung des »Lebensstils« herangezogen. Diesen aufzudecken und in seiner Irrtümlichkeit bewußt zu machen, erschien für Adler als der Hauptinhalt der Psychotherapie. Hatte man den Patienten so weit, daß er seine Charakterfehler zu erkennen begann, so erfolgte ein Prozeß der Umerziehung, in dessen Verlauf Neuorientierung, Ermutigung und Förderung der sozialen Verbundenheit die Hauptrolle spielten. Adlers Methode bekennt sich demnach zur »Charakteranalyse«, d. h. zur unmittelbaren und direkten Deutung von Charakterzügen, die der persönlichen Entfaltung und Produktivität des Analysanden abträglich sind. Die Dynamik des »nervösen Charakters« soll für den Patienten im zunehmenden Maße durchsichtig werden, damit er sich charakterlich verändern kann. Auch in der Beziehung Arzt-Patient treten die charakterlichen Deformationen als »Widerstand« in Erscheinung und können so *in statu nascendi* beobachtet und korrigiert werden. Im Verhältnis zum Therapeuten soll der Analysand eine kooperativere, d. h. menschenfreundlichere Lebenseinstellung einüben, die es ihm gestattet, seine Persönlichkeit freier und weltoffener zu entwickeln.

Dieses Konzept läßt sich u. E. auch auf die Gruppenpsychotherapie ausweiten. So wie uns in der Individualtherapie das »freie Assoziieren«

oft als Zeitvergeudung erscheint, da der Patient mitunter monatelang um den heißen Brei seiner Probleme herumredet, wenn man ihn nicht konsequent zur »Stellungnahme« drängt, so möchten wir auch in der Gruppentherapie nicht einfach die Gruppe ihrem Schicksal überlassen, was in den meisten Fällen sinnloses »Aneinandervorbeiquasseln« bedeuten würde. Wir haben solche Gruppen beobachten können, in denen der Therapeut sich sehr zurückhielt und die Analysanden einfach ihre »Einfälle« produzieren ließ. Stellenweise entartete dann das Gruppen-»Gespräch« in beziehungsloses Sich-Artikulieren, das niemandem einen Gewinn einbringen konnte. Die Teilnehmer der Gruppenanalyse sind ja nicht gewöhnt, auf andere Menschen einzugehen – in unserer derzeitigen Kultur hat kaum jemand starke Gewöhnung an Einfühlung, Verstehen und sinnvolles Miteinandersprechen. Läßt man nun die Gruppe »frei assoziieren«, d. h. darf jeder geradewegs verlautbaren, was ihm einfach in den Sinn kommt, so hat man häufig Gruppensitzungen, die den Betrachter, mit Shakespeare zu reden, so anmuten wie »ein Lied, von einem Idioten in den Wind geheult«.

Ebenfalls scheint es uns problematisch, die Gruppe viel »agieren« zu lassen, um auf diese Weise eine seelische Katharsis zu erzeugen. Freud hat mit Recht darauf hingewiesen, daß das therapeutische Geschehen nicht in der Aktion, sondern in der Reflexion liegt. Darum scheinen uns auch Gruppensitzungen unnütz, in denen die Analysanden herumspazieren, einander anschreien, theatralisch Affekte aufeinander loslassen, womit sie offenbar »Psychodrama« zu spielen vermeinen. U. E. soll die Gruppenpsychotherapie ernste und besonnene Arbeit leisten, und die Analysanden müssen nach Möglichkeit dazu erzogen werden, daß sie diese *Arbeit* leisten können.

Es hat sich uns hierbei folgende Methodik ergeben: Wir lassen die Patienten nicht einfach »reden«, sondern am Anfang einer Sitzung wird gefragt, wer von den Anwesenden der Gruppe sein Problem vortragen will. Hat sich einer zu Wort gemeldet, so bedeutet das, daß er für zwei bis drei (oder auch mehr Sitzungen) im Mittelpunkt des Interesses steht. Die Gruppe hat nun die *Aufgabe*, den Analysanden genauestens über seine Lebenssituation zu befragen, seine Anamnese zu erheben, den Ursprung seiner Lebensschwierigkeiten zu erforschen und mit ihm einen Ausweg aus seiner Not zu suchen. Es ist erstaunlich, wie schnell unsere

Analysanden die therapeutische Frage- und Gesprächstechnik erlernen, so daß sie wirklich »analytisch« aufeinander eingehen können.

Man kann die Zielsicherheit solcher Gruppengespräche kaum schildern – sie muß erlebt und erfahren werden. Anfänglich wird der Therapeut sehr oft selbst eingreifen müssen, um den Gruppenteilnehmern bedeutsame Fragen und Probleme nahezubringen. Man muß sich klar darüber sein, daß eine wahrhaft verstehende Gesprächstechnik etwas sehr Seltenes ist; Psychotherapeuten sollten diese auf Grund ihrer Vorschulung und Kenntnis unbewußter Motivationen beherrschen, wobei bekannt ist, daß auch sie nicht selten hierin versagen. Vom Analysanden kann man zunächst den echten Dialog nicht erwarten; wäre er hierzu fähig, so wäre er auch psychisch gesund. Nun sollen die Gruppensitzungen u. a. die hohe Kunst der dialogischen Kontaktnahme lehren, damit der Analysand die neu erworbene Fähigkeit aus der Gruppe in sein reales Leben übertragen kann.

Das Gruppengespräch, wie wir es verstehen und unsere Analysanden lehren, mutet auf den außenstehenden Betrachter nicht selten wie eine sinfonische Komposition an. Bald sind die einzelnen Patienten so weit, daß sie mit bewundernswerter Koordination das Gespräch mit dem »Patienten« führen. Wer sich demnach der Gruppe anvertraut, hat das Erlebnis, daß zwanzig und mehr Personen sich ihm intensiv zuwenden und ihn zu verstehen suchen. Eine Frage schließt sich an die andere, wie sich Dominosteine sinngemäß aneinanderreihen. Die Gruppe arbeitet, wie wenn sie von einer Art »Gruppenvernunft« geleitet wäre. Der Feinsinn der Teilnehmer bei solchen Gesprächen ist offenkundig weit höher, als wenn sie Einzelgespräche führen würden. Nach einigen Monaten Zusammenarbeit gibt es kaum je »Entgleisungen« etwa in dem Sinne, daß jemand »dazwischenfunkt«, also völlig belanglose Kommentare oder Bemerkungen dazwischenwirft. Schwergestörte Patienten sind diesbezüglich etwas resistenter; sie werden vom »Gruppengeist« weniger ergriffen und liegen auch später noch »quer« zu den Gruppenbestrebungen, was aber die Aktivität der Gesamtheit kaum beeinträchtigt.

Man tut gut daran, die Gruppe explizit darüber zu belehren, wie ein psychotherapeutisches Gespräch geführt werden muß. Will man in das Gewebe der Gedanken, Gefühle, Motivationen und Verhaltensweisen eines Menschen einen einigermaßen faßbaren »Sinn« hineinbringen, so muß die Befragung des Analysanden einen gewissen »Instanzenzug« einhalten. Sie fängt damit an, daß die *aktuelle Situation* des Betreffenden sorgfältig unter die Lupe genommen wird. Dazu gehört sein Arbeitsverhalten, seine Einstellung zu Vorgesetzten, Gleichgestellten und Untergebenen. Das Korrelat zur Arbeit ist die Muße (Freizeit); auch sie muß im analytischen Dialog zur Sprache kommen. Hierauf folgt das Liebesleben des Patienten, als emotionale und sexuelle Beziehung verstanden. Man erfährt hierbei viel über die Beziehungs- und Kontaktfähigkeit des Analysanden. Diese kann allerdings auch veranschaulicht werden, indem die übrigen Sozialkontakte ans Licht gehoben werden, Umgang mit Freunden, Interessennahme an sozialen und mitmenschlichen Fragen usw.

Hat die Gruppe die Gegenwartssituation des Analysanden (wozu naturgemäß auch sein spezifisches »Krankheitsbild« gehört) erfaßt, so ist sie gehalten, die Lebensgeschichte aufzurollen. Psychoanalyse ist biographische Forschung: Sie soll lehren, wie ein Mensch wurde, was er ist. Wiederum ist es für den Gruppenpsychotherapeuten ein immer wieder erschütterndes Erlebnis, wie rasch psychologische Laien die psychische Entwicklung ihrer Gruppenpartner erfragen lernen. So entsteht vor allen Beteiligten der Lebensablauf des »Ratsuchenden«, was sowohl für ihn selbst wie für alle anderen einen heilsamen Erkenntniseffekt bedeutet. Schon in der vor-tiefenpsychologischen Ära wurden Biographien als ein wunderbares Mittel zum Verständnis der menschlichen Natur gedeutet. Mit Hilfe der Tiefenpsychologie gelingt uns dies noch besser als vordem, wobei wir nicht nur verstehen, sondern auch helfen und heilen wollen. Wie dies in unseren Gruppen geschieht, muß an Beispielen exemplifiziert werden.

## *Die Gruppe als Ganzes behandelt*

Manche Autoren werfen die Frage auf, ob man auch die Gruppe als Ganzes therapeutisch behandeln kann. Solcherlei gibt es in der Tat. Der Therapeut muß sich bewußt sein, daß er mit willentlichen und unwillkürlichen Äußerungen auf die Gesamtgruppe einwirkt. Beherrscht er sein Metier, so wird er dies von Zeit zu Zeit mit ganz spezifischen Intentionen tun. Kollektivtherapie kann manchmal mit hohem Effekt betrieben werden.

Jedes Gruppenmitglied ist mit allen seinen Erwartungen, Hoffnungen, Gefühlen usw. auf den Therapeuten, auf einzelne Gruppenteilnehmer, aber auch auf die Gruppe als Ganzes hin orientiert. Es entstehen auch Kollektivstimmungen und -reaktionen. Man darf diese nicht dem Zufall überlassen, sondern muß sie dem Heilungsprozeß entsprechend erzeugen und verwerten.

Ein Einwirkungsmittel auf die Gruppe z. B. ist, wenn der Therapeut *schweigt*. Dies darf nicht am Behandlungsbeginn stattfinden; derlei macht die Gruppe, die noch nichts »von Tuten und Blasen« weiß, ratlos und führt zu hilflosem Gestammel und Alltagsgewäsch, das man ja auch außerhalb der Gruppe haben kann. Wir gehen so vor, daß wir die Gruppen längere Zeit im psychotherapeutischen Denken und Behandeln schulen, dann aber gelegentlich in manchen Sitzungen schweigen, um die Gruppe auf sich selbst zu stellen. Dadurch müssen alle Teilnehmer ihre Kräfte mobilisieren; sie sollen zeigen, was sie gelernt haben. Gewöhnlich wird dadurch ein Großteil der Analysanden sehr stimuliert; sie sind stolz darauf, wenn sie ohne Therapeutenhilfe eine gut gelungene Sitzung zustandebringen. Nach Verlauf derselben soll und kann der Analytiker die Gruppe als Ganzes *loben* und die positive Leistung hervorheben. Der innere Zusammenhalt der therapeutischen Gemeinschaft wird dadurch gestärkt.

Ein anderes Hilfsmittel sind die sogenannten *Kollektivdeutungen*. Bei solchen Interpretationen meinen wir nicht nur den besprochenen Fall, sondern *alle* Fälle, die ähnlich gelagert sind; in Wirklichkeit sind alle Fälle ähnlich gelagert, da die neurotische Grundstruktur kaum je fehlt. Bespricht man z. B. einen zwangsneurotischen Analysanden, so kann und soll man bei der Auslegung seiner Lebensschwierigkeiten die allgemeinen Charakteristiken des Zwangstypus überhaupt (sein Lebensgefühl, seine Stimmungen, seine Denkvorgänge, seine sozialen Beziehungen etc.) eingehend schildern. Oft weiten wir solche Erläuterungen dahingehend aus, daß wir vom speziellen Neurosenfall zu den generellen Lebensproblemen des Neurotikers überhaupt überleiten und damit alle Gruppenmitglieder ansprechen. Jeder kann nachher die Meinung vertreten, der Therapeut habe besonders »ihn« gemeint. Die Teilnehmer identifizieren sich sehr bei solchen Kollektivhinweisen; es gibt auch ein »Wir-Gefühl«, dessen Erlebnishintergrund durchaus die Formulierung »Wir Neurotiker« sein kann.

Neben dem Kollektivlob kann aber auch ein Kollektiv-*Tadel* ausgesprochen werden. Dies kommt eher selten vor. In unserer Erfahrung war dies mitunter gegeben, wenn eine neugebildete und therapeutisch noch völlig unstrukturierte Gruppe einen Teilnehmer mit windigen Begründungen als unsympathisch ablehnte. Nach genauer Prüfung aller Einwände gegen den Diskriminierten warf der Therapeut seine ganze Sachautorität ins Gewicht, um die Gruppe vor solchen Vorurteilshaltungen zu bewahren. Ohne größere Mühe akzeptierte die Gruppe die Kritik, und es zeigte sich , daß »der Unerträgliche« sehr schön in die Therapiegemeinschaft integriert werden konnte.

Die Dynamik zwischen Therapeut und Gruppe verdient ein eingehendes Studium. Die Gruppe verehrt ihren Therapeuten, wenn dieser fähig ist, ein gedeihliches Klima der Zusammenarbeit und des wechselseitigen Verstehens zu initiieren. Wenn er Platz nimmt, empfinden die vorher noch etwas unsicher dasitzenden Gruppenteilnehmer, daß nun unter sicherer Kontrolle das Gruppengeschehen in Gang kommt. Auf Grund zahlreicher gemeinsamer Erlebnisse wird die Gruppe emotional zusammengeschweißt; da der Gruppenleiter Urheber, Schöpfer und Wegweiser des beglückenden Gruppenlebens ist, kann ihm günstigenfalls ein Höchstmaß an Wertschätzung entgegengebracht werden, wie es in der Einzeltherapie selten der Fall ist. Andererseits hat der Therapeut auch »Gegenübertragung« auf seine Gruppen – sie bedeuten einen Stützpfeiler seiner Selbstachtung (und seines materiellen Einkommens). Daher ist gegenseitige Abhängigkeit im Spiel, deren Fluktuationen und feinste Schwankungen bewußt verfolgt werden müssen.

Manche Gruppentherapeuten nennen ihre Gruppenanalysanden »ihre Kinder« und fühlen sich faktisch als Väter einer recht großen Familie. Sofern es sich um antiautoritäre, wohlmeinende und wohlwollende »Vaterschaft« handelt, ist gegen solche Gefühle nichts einzuwenden. Sie müssen aber jeweils kritisch durchleuchtet und überprüft werden.

Um die antiautoritäre »Vaterschaft« deutlich hervorzukehren, kann der Therapeut gelegentlich aus seiner Reserviertheit heraustreten und die Gruppe dazu animieren, ihr Verhältnis zu ihm zur Sprache zu bringen.

Es ist ja auch jedem Lehrer zu empfehlen, sich mitunter von seinen Schülern Zensuren austeilen zu lassen; er erfährt hierbei recht viel über sein Verhalten in der Klasse, das ihm sonst unbewußt geblieben wäre. Ähnlich kann der Gruppenleiter die Kollektivübertragung aufs Tapet bringen. Ist diese gut (was ein Spiegel für seine Leistung, aber nicht nur das, ist), so muß er eine derartige Klärung nicht fürchten. Für die Gruppe selbst ist das »den-Therapeut-unter-die-Lupe-Nehmen« sehr förderlich; man erlebt wirkliche Antiautorität und damit auch Befreiung und Bejahung des eigenen Selbstseins. Allfällige Exzesse in diesem Bereich sollen als Ausfluß von Widerstand, Parataxien (Wahrnehmungsverfälschungen) oder Übermaß von positiver und negativer Übertragung gedeutet werden, was der Gruppe zu vermehrtem Realitätsbewußtsein verhilft.

Jede Therapiegruppe hat mit der Zeit ihre eigene Geschichte, die allenfalls recht dramatisch, mit Höhe- und Tiefpunkten verlaufen ist. Als echte Lebens- und Erlebnisgemeinschaft soll die Gruppe dann und wann auf diese historische Dimension zurückkommen und sich ihrer vergewissern. Es soll ausdrücklich der geschichtliche Aspekt gewürdigt werden, indem – vom Gruppenleiter evtl. eingeleitet – die Sinnhaftigkeit der Anfangsschwierigkeiten, die passierten »Unfälle«, der gegenwärtige Status usw. durchdacht und ausgewertet werden. Damit erinnert sich die Gruppe »ihres Herkommens« und kann ihre Zukunft besser entwerfen. Auch in der Gruppentherapie soll Historie im Dienste der Zukunftsgestaltung stehen; sie soll, im Sinne Nietzsches, monumental und nicht antiquarisch sein.

Viele Einwirkungen des Gruppentherapeuten auf seine Gruppe als Gesamtes erfolgen präverbal und entsprechen seinem Lebensstil, seiner Haltung, seinen ethischen Wertungen, seinem Lebensgefühl und dessen Ausstrahlungen. In unserem Falle z. B. arbeiten alle Gruppen im erstaunlichen Maße diszipliniert, konsequent, koordiniert und sachbezogen. Selbst Kommentare zum Nachbarn hinüber, die nach unserem Gefühl das Gruppengeschehen ablenken und stören können, kommen fast nicht vor; wahrscheinlich hat es von unserer Seite an mißbilligenden Blicken nicht gefehlt, wenn in der Gruppe »geschwatzt« wurde. Das intensivste Mitgehen mit dem befragten Analysanden, die ernsthafteste Auseinandersetzung mit seinen Lebensschwierigkeiten, der sensible und doch humorvolle Ton der Besprechungen, das sorgfältige Abwägen aller Für und Wider etc. geht der Gruppe »in Fleisch und Blut über«; kein Zweifel, daß hier Einwirkung auf das Gruppenganze stattfand, wobei der Leiter als eine Art »Führerpersönlichkeit« (ohne jegliche Pose, wenn möglich) den mit ihm identifizierten Gruppenteilnehmern Normen gesetzt und eingepflanzt hat. Dies scheint uns nicht der Therapie zu widersprechen, die in unserem Sinne eine eminent ethisch-moralische Unternehmung ist.

Unsere obigen Darlegungen werden durch Grinberg, Langer und Rodrigué bestätigt, die in ihrem Buch »Psychoanalytische Gruppentherapie« u. a. schreiben:

»Wenn eine Gruppe erst einmal zu einer Einheit verschmolzen ist, dann gewinnt sie ein an Erlebnissen und Phantasien reiches Eigendasein, sie formt ihr eigenes Schicksal und schafft sich ihre eigene Sprache. Wollte man das im einzelnen beschreiben, so würde man viel Raum benötigen… Mit solcher Integration gewinnt die Gruppe ihre eigene ›Gestalt‹, ihre soziale Kontinuität. Ihre Teilnehmer haben ein allen bewußtes gemeinsames Ziel, nämlich die Heilung, und einen festgelegten Rahmen, der durch Ort und Zeit der Zusammenkunft und die Person des Therapeuten als des offiziellen Leiters bestimmt ist« (S. 129). An anderer Stelle fahren die argentinischen Autoren fort:

»Unserer Auffassung nach geht *alles*, was sich im Schoße der Gruppe äußert, über das Individuum hinaus; jegliche Äußerung enthält eine Anspielung oder Bezugnahme auf eine die Gruppe als Ganzes beschäftigende Problematik ... Die Gruppe besitzt besondere Dimensionen, die ihren ›Gestaltcharakter‹ ausmachen und die bei der Deutung berücksichtigt werden müssen. So werden wir z. B. häufig in die Deutung eine Bezugnahme auf die verschiedenen in der Gruppe gleichzeitig und als Folge einer gegebenen Situation in Erscheinung tretenden Tendenzen oder Reaktionen einschließen, die nur wirklich verstanden werden können, wenn wir von der ›Gestaltauffassung‹ ausgehen« (S. 167).

Der geübte Gruppentherapeut hat immer, auch wenn er sich für manche Sitzungen auf einen Analysanden konzentriert, die ganze Gruppe im Auge; er weiß aus den Schicksalen des besprochenen Gruppenteilnehmers exemplarische *Einsicht für alle* abzuleiten, lenkt mit oder ohne persönliches Eingreifen die Gruppe dahin, aus dem individuellen Fall Nutzanwendungen für die Allgemeinheit zu ziehen. Diese

Kunst der Gruppenführung gehört zum Schwierigsten, was es in der ohnehin komplizierten Psychotherapie geben kann.

## *Der Einzelne in der Gruppe behandelt*

Neben der Behandlung der Gruppen-Totalität steht bei uns im Vordergrund die Therapie des einzelnen *in* der Gruppe. Ihr wird im gewissen Sinn sogar eine Art Vorrang eingeräumt. Dies liegt an unserer Technik, die so sehr darauf aus ist, dem einzelnen Analysanden im möglichst direkten Zugriff seine unbewußte Charakterstruktur als Quelle seiner Lebensschwierigkeiten deutlich zu machen. In dieser Beziehung wird uns der individuelle Patient zum Paradigma menschlicher Verstrickungen, Fehlhaltungen, »Lebensirrtümer«. Am einzelnen sollen Selbst- und Menschenkenntnis gefördert werden. Seine Biographie wird einem Studium unterzogen, welches Rückschlüsse auf allgemeinmenschliche Motivationen, Antriebe, Bedürfnisse, Gestaltungen und Verunstaltungen ermöglicht.

Wir fangen konkret eine Gruppensitzung an, indem wir fragen, ob irgend jemand die Gruppe mit einem Problem in Anspruch nehmen möchte. Fast immer meldet sich einer der Teilnehmer freiwillig, sehr selten muß durch Namennennung (»Haben Sie etwa heute eine Problemstellung, Frl. X?«) nachgeholfen werden. Hat sich einer »zum Erzählen« entschlossen, so »gehört die ganze Sitzung ihm«, d. h. die anderthalb Stunden Gruppentherapie sind hauptsächlich ihm gewidmet. Meistens schließen sich dem noch ein bis zwei weitere Sitzungen an, damit die aufgeworfene Problematik mit Hilfe von Anamnese, Gegenwartssituation, Deuten von Verhaltensfragmenten, Träumen, Kindheitserinnerungen usw. amplifiziert (bereichert) werden kann. Ein Fall gilt als »vorläufig abgeschlossen«, wenn die Gesamtsituation des Analysanden ins Licht gerückt werden konnte, so daß er ins Auge fassen kann, in welchen Bereichen seiner Persönlichkeit er Erkenntnisarbeit leisten muß. Nach einem individuell verschiedenen Zeitraum wird dann diese Thematik von der Gruppe wieder aufgegriffen, wobei besonders auf die seitherigen Weiterentwicklungen, Gruppenbeobachtungen und Selbsterfahrungen großer Nachdruck gelegt wird.

Damit in den zwei bis drei Sitzungen sowohl für den Angesprochenen wie auch für die Teilnehmenden möglichst viel herausschaut, bleibt der Therapeut nicht passiv, sondern greift immer wieder ein, um dem Gespräch weiterzuhelfen. Mit der Zeit lernt die Gruppe auch allein und ohne Beihilfe zu explorieren, zu deuten und zu größeren Erkenntniszusammenhängen zusammenzufassen. Aber das muß vorgezeigt werden, weil auch der Therapeut das nur in Jahren und Jahrzehnten erlernt. Wollte man bei den Gruppenmitgliedern »ruhig zuwarten«, so würden Monate mit ereignislosem Geplätscher vergeudet. Wir haben auch nicht das gute Gewissen dazu, den Leuten viel Geld abzunehmen, ohne ihnen einen greifbaren Therapieeffekt zu vermitteln. Darum erscheint uns ein gewisses Maß von Therapeutenaktivität *(wohl dosiert)* immer wünschbar, damit wenn irgend möglich in jeder Sitzung *fruchtbare Anregungen für alle* gewonnen werden.

Der einzelne steht jedoch im Mittelpunkt der jeweiligen Sitzung. Schon dadurch wird sein Ich gestärkt, denn er erfährt während einigen Sitzungen eine Zuwendung und Beachtung, die sich auf seinen Selbstrespekt positiv auswirkt. Wie steht er im Leben? Was macht er? Welche Schwierigkeiten zeigen sich ihm in Arbeit, Liebe, Sexus und Gemeinschaft? Dies muß mit der größten Exaktheit herausgearbeitet werden. Würde hier der Therapeut nicht immer wieder eingreifen, so begnügten sich die Gruppenteilnehmer mit oberflächlichen Auskünften, die nirgendwohin führen. Auch in der Psychotherapie gilt der alte medizinische Satz, daß die unsterblichen Götter vor die Therapie die Diagnose gesetzt haben. Wie will man »therapieren«, wenn man den Patienten nicht durch sorgfältigste, genaueste Befragung über alle Einzelheiten seines Lebens kennengelernt hat? Ohne therapeutischen Beistand ist die Gruppe angesichts einer solchen Aufgabe total überfordert.

Es folgt sodann die Erarbeitung der Lebensgeschichte, die psychologische Anamnese. Auch diese ist hohe Kunst der Gesprächsführung und muß erlernt werden. Nur der tiefenpsychologische Fachmann weiß, was alles erfragt werden muß, um die Biographie eines Menschen zu *verstehen.* Leitet der Gruppenführer seine Gruppenmitglieder nicht hierzu (speziell im Anfang) an, so gibt es ein Chaos von Gesprächsfetzen, aus denen niemand Nutzen ziehen kann. Psychotherapie muß denselben Genauigkeitsgrad haben wie eine Operation, wo man keinen Millimeter daneben schneiden darf. So sollen die Gruppenanalysanden fragen, interpretieren, helfen lernen. In diesem Geiste sehen wir Menschwerdung und Menschenbildung, was wir noch weiter unten als Ziel aller psychotherapeutischen Unternehmungen definieren werden.

In der Gruppe erzählt der befragte Patient seine frühen Kindheitsumstände, Charakter von Vater und Mutter, Ehe, materielle Verhältnisse, Stimmung des Elternhauses, Geschwisterleben und -schicksale, Einflüsse von anderen Verwandten, Gesundheitszustand der Eltern, Erziehungsmethoden, eigene Frühkindheit, Auffälligkeiten im Kindesalter, allfällige Kinderfehler (Bettnässen, Stottern, Nägelbeißen, Eßkomplikationen), Kinderkrankheiten, Entwicklungsanomalien. Darauf folgen früheste Kindheitserinnerungen, soziale Eindrücke, Kontakte im Kindergarten und in der Schule, Leistungsfähigkeit, Intelligenz, Schulschicksale, Pubertät, Sexualfragen, erste Liebeserfahrungen, Einstellung zum eigenen und zum anderen Geschlecht, Berufswünsche, Berufswerdegang usw. Nach einigen Monaten korrigieren sich die Gruppenmitglieder bei solchen Befragungen mit höchster Präzision – wir haben oft erlebt, daß psychologische Laien bei einiger Förderung Anamnesen und Zustandsbilder erhoben (in gemeinsamer Gruppenarbeit), die an Mustergültigkeit vieles in Schatten stellten, was man anderswo von offiziellen Psychiatern zu sehen bekommt. Solche eingespielten Gruppengespräche erinnern bezüglich ihrer Harmonie und Virtuosität an hervorragende Orchesterdarbietungen, wobei der Dirigent (Therapeut) keine Stabführung nötig hat!

Der nächste Schritt nach solcher anamnestischer Klarstellung ist das Erkennen von Zusammenhängen. Hier ist Intuition erforderlich: es muß erahnt, erraten werden. Die Befähigung der Gruppenteilnehmer hierzu ist geradezu verblüffend. Haben sie vielfach am Therapeuten die Deutungstechnik »abgucken« können, so deuten sie Träume, Einfälle, Lebensschwierigkeiten mit einer Souveränität, die erschüttert. Die Freude am Erkenntniswerk ist bei allen Beteiligten spürbar. Was die Gruppe so begeistert, ist das Sichtbarwerden von Strukturen, Erlebnisgestalten und Sinnzusammenhängen, die sich nach und nach dem erkennenden Auge, Ohr oder Verstand aufdrängen. Man hat das Gefühl, einem gemeinsamen Puzzlespiel zuzuschauen, das laufend neue Figuren, Hintergründe und Ereignisse erfassen läßt. Viele Gruppenteilnehmer berichten, daß sie diese Gemeinschaftsarbeit als ein *geistiges Erlebnis* im eigentlichsten Sinne des Wortes empfinden. Auch nach unserer philosophischen Überzeugung manifestiert sich »Geist« vor allem dann, wenn ein Ich oder ein Wir ein Du versteht; in der Formulierung von Henri Bergson würde dies heißen: Intuition (Vernunft, Geist) ist, wenn Leben ein Lebendiges begreift. Und was wäre für den Menschen »lebendiger« als der Mitmensch! Wer die Freuden dieser Geistigkeit genossen hat, wird sie nie mehr missen wollen.

Die Deutungen, die die Gruppe vorträgt, werden wie in der Einzelanalyse der Beurteilung durch den im Rampenlicht stehenden Analysanden vorgelegt. Er muß durch neue Kommentare, Einfälle und frisch auftauchende Erinnerungen den Weg angeben, auf dem die Gruppe sich zu ihm vorarbeiten kann. Seine Kooperation ist erforderlich.

Wenn die Gruppe sehr gut eintrainiert ist, so bringt sie ihr schwieriges Unternehmen zu einem guten Ende, ohne daß der Therapeut viel dazutun muß. Aber sehr oft sind ihm die Gruppenmitglieder dafür dankbar, daß er gegen Ende der Sitzung in einem Schlußwort die Befunde, offenen Fragen und Richtungen der weiteren Untersuchung resümiert. In dieses Resümee kann der erfahrene Therapeut auch therapeutische Hinweise einflechten, die dem Hauptbeteiligten eine Art Richtlinie geben. Das Wort des Therapeuten hat eben doch mehr Gewicht; auch soll ja »der Nagel auf den Kopf getroffen werden«, was die Analysanden selbst oft noch nicht können. Ein Schlußvotum des Therapeuten stellt ungemein hohe Anforderungen an dessen Takt, Formulierungskunst und synthetisches Urteil. Er soll zusammenfassen, was alle gesagt haben, aber so, daß jeder seinen Beitrag gewürdigt fühlt. Daneben müssen in »intransitiver Form« (sozusagen ohne jegliche Ambition) Heilungsimpulse für den Patienten ausgesprochen werden, oft winzige Satzfragmente, die sich an das Unbewußte des Analysanden (und der Analysanden) wenden; wenn es gut geht, sind diese Botschaften an das Unbewußte aller Beteiligten nicht bewußt gewollt; auch sie kommen aus der Spontaneität, aus dem Unbewußten des Therapeuten. Hat die Sitzung so ihren Abschluß gefunden, so ist sie bei unseren Gruppen noch nicht zu Ende. Jeder Analysand, der »drankommt«, bringt ein Tonband mit, so daß er alle Aussagen von ihm und über ihn aufnehmen kann. Dieses Tonband bewahrt er auf, diskutiert es noch in privaten Sitzungen (bei sich zu Hause, ohne Beisein des Therapeuten) mit den ihm nahestehenden Gruppenteilnehmern, so daß auf die Initialzündung der Therapiesitzung noch weitere Erörterungen folgen. Der Sprecher hat sich vorgestellt; er hat, mit Hilfe der Gruppe, seine Probleme genannt: Nun vereinigen sich alle, die erwünscht oder interessiert sind, um ihm darüber hinwegzuhelfen. Diese Art von Therapie mag unkonventionell sein, aber ihr Wirkungsgrad ist unserer Erfahrung nach erstaunlich hoch.

## *Die »Theoriestunde«*

Da ein Großteil meiner Gruppenanalysanden sich aus der Studentenschaft rekrutiert, ergab sich frühzeitig auch ein weitläufiges Interesse an theoretischen Fragestellungen. Auch die nicht aus den Sozialwissenschaften stammenden Studenten haben heute – wenn auch nur oberflächliche – Kenntnisse über Psychoanalyse und Psychotherapie. Bei den »linken« Studenten ist eine gewisse Auseinandersetzung mit den Werken von Herbert Marcuse und Wilhelm Reich teilweise vorauszusetzen. Oft werden diese Autoren nicht wirklich assimiliert oder verarbeitet; ein paar Schlagworte bieten das intellektuelle Repertoire, mit dem Diskussionen bestritten werden. Auch Sigmund Freud figuriert unter den Autoren, die zumindest in den Aktenmappen herumgetragen werden. Naturgemäß ist das Verständnis für psychoanalytische Gedankengänge, die ohne entsprechende therapeutische Erfahrung meist fehlinterpretiert werden, nur gering. Aber die Studenten zeigen eine lebhafte Wißbegierde, wenn man ihnen diesen Wissensstoff eingängig nahebringt. Marx und Freud haben den Nimbus, die Probleme der Menschenwelt durchsichtiger und faßbarer gemacht zu haben. Von ihnen wird Aufschluß über die Fragen der Zeit und der Menschheit erwartet.

Ein Teil meiner Gruppenanalysanden war anläßlich der Vorlesungen über »Psychoanalyse und politische Psychologie«, die ich 1968 an der Freien Universität in Berlin hielt, zu mir gekommen. Als ich mich hierauf wieder der rein-therapeutischen Arbeit zuwandte und vorübergehend keine Vorlesungen mehr hielt, drangen meine Analysanden in mich, wenigstens im »Patientenkreise« theoretische Exkurse zu geben. So wurde im Laufe der Zeit eine wöchentliche Theoriesitzung eingeführt, bei der ich meine Gruppenanalysanden vereinigte. Hundertfünfzig Personen kamen hierbei zusammen. Die »Theoriestunde«, wie sie bald darauf heißen sollte, setzte sich zum Ziel, theoretische Einführung in Psychoanalyse und Psychotherapie zu bieten.

Das Interesse für diese Veranstaltung war von Anfang an immens groß. Im Gegensatz zu den Gruppenpsychotherapiesitzungen wurde die »Theoriestunde« gratis durchgeführt; man konnte auch ohne weiteres Freunde und Gäste mitbringen. Davon wurde reger Gebrauch gemacht. Allerdings zeigt sich immer wieder, daß hauptsächlich die Gruppenanalysanden von den Theoriestunden wirklich profitieren. Sie haben den Ernst und die Tragweite analytischer Auseinandersetzungen einigermaßen erahnt und sind bereit, zu lernen und sich informieren zu lassen. Neulinge oder Gäste halten solche Zusammenkünfte für die üblichen Diskussionsmeetings und machen sich vor allem durch Mißverständnisse bemerkbar. Ihr Interesse ist oft in ideologischen Eingleisigkeiten befangen. Sie prüfen die Aussagen, die gemacht werden, an dem einzigen Kriterium, ob sie zu der von ihnen akzeptierten »Ideologie« passen.

Die Theoriestunden sind als Ergänzung zur Therapiearbeit gedacht. Im Grunde werden bei diesem Verfahren für die Patienten »die Karten auf den Tisch gelegt«. Die Analysanden sollen erfahren, was für Mechanismen und Zusammenhänge in der Psychotherapie wesentlich sind. Sie sollen auch in die Gegensätze und Streitigkeiten der verschiedenen Schulen der Tiefenpsychologie eingeführt werden. Die Psychoanalyse ist eine allgemeine Kulturwissenschaft, nicht nur ein therapeutisches Verfahren. Sie hat wesentliche, revolutionäre Gesichtspunkte zu fast allen Bereichen des menschlichen Wissens und Handelns beigesteuert. Dies soll dem Analysanden möglichst umfassend zur Kenntnis gebracht werden.

Von der Überzeugung ausgehend, daß die Tiefenpsychologie wegleitend für eine Umgestaltung dieser kranken und verderbenbringenden Kultur ist, an welcher wir leiden und sogar zugrundegehen können, hat sich uns die Aufgabe ergeben, aus dem Analysanden nicht nur einen angepaßten, unauffälligen, oberflächlich-konfliktfreien Durchschnittsbürger zu machen, sondern ihn wirklich aus dieser pathologischen Kultur und Gesellschaft zu emanzipieren. Dies soll, neben der therapeutischen Zielsetzung, durch einen spezifischen Lern- und Schulungsvorgang erfolgen. Der Patient, der zumeist durch die verheerenden Erziehungs- und Schulungsvorgänge innerhalb seiner Vergangenheit zum Opfer von Vorurteilen und Fehlinformationen wurde, soll regelrecht denken lernen. Die Psychoanalyse wird hierbei zum Korrektiv altertümlicher Auffassungen und Dogmatismen, die den Intellekt des Durchschnittsmenschen verdunkeln. So aufgefaßt, wird die psychotherapeutische Kur zum Instrument einer »zweiten Aufklärung«. Diese ist nicht mehr naiv vernunftgläubig wie die Aufklärung des 18. Jahrhunderts. Sie geht von der tiefenpsychologischen Erfahrung aus, daß Emotionen und Triebe den Kern der Persönlichkeit ausmachen. Die wahren Motivationen der Menschen liegen »unterhalb« der Sphäre des Intellekts. Die Psychotherapie erfaßt diesen zentralen Motivationsursprung und ist in der Lage, den ganzen Menschen zu verwandeln, d. h. aber auch, in den Dienst der Freiheit, der Vernunft und des Fortschritts zu stellen.

Viele Psychotherapeuten werden eine solche Ideologiekorrektur als »selber ideologisch« abtun. Sie huldigen dem Ideal der Nicht-Beeinflussung des Patienten. Dies tönt vornehm, übersieht jedoch, daß der Patient bereits durch viele ideologische Zwänge hindurchging, bis er in die Kur kommt. Was ihm an dogmatischen, lebensfremden und verdrängenden Auffassungen eingepflanzt wurde, ist Bestandteil seiner Krankheit. Letztere wird nicht geheilt, wenn ihr ideologischer Überbau nicht mitzerstört wird. Dies ist allen psychotherapeutischen Kleinkrämern und Bastlern entgegenzuhalten, die sich »nur mit den Symptomen des Patienten befassen wollen«. Solche Pragmatiker bringen nicht einmal die Heilung des einzelnen zustande, von der sie als einziger Intention reden. Am einzelnen Patienten zeigt sich die Krankheit der Kultur. Man heilt den Patienten vom Kulturzwang, wenn man ihn auch zum Kämpfer gegen Verdrängungen und Verstümmelungen der Menschennatur erzieht. Die Psychotherapie muß »auch vom Geistigen her« erfolgen. Dies bedeutet in unserer Version keine theologische oder pseudo-theologische Indoktrination (wie bei C. G. Jung, Viktor Frankl etc.), sondern eine Konfrontation des Patienten mit den Fragen der Gesellschaft, Erziehung, Politik, Religion, des Strafvollzugs usw. Sicherlich ist dies ein großes und reichhaltiges Programm. Wir haben aber die Erfahrung gemacht, daß diese intellektuelle Auseinandersetzung der Therapie einen größeren Elan und eine entschiedenere Tiefenwirkung gibt.

Im Verlaufe unserer Theoriestunden wurden demnach zahlreiche Themen erörtert, die den ganzen Umkreis der Kulturwissenschaften in sich einschließen. Ich nenne hier nur eine Auswahl der Problemstellungen, die allgemein von den Zuhörern und Mitarbeitern ausgingen. Der Therapeut nahm diese Themen auf Anregung entgegen und erörterte sie zumeist aus dem Stegreif im Sinne eines einleitenden Diskussions-Statements. Hierauf wurde hierüber diskutiert. Die Themen waren im Zeitraum von einigen Monaten: Freuds Menschenbild – die Neopsychoanalyse – Neurosenlehre – Tiefenpsychologische Theorie der Psychosen – Entwicklung der analytischen Therapie – Angst – Übertragung – Eheprobleme – Traumdeutung – Psychologie der Religion – Psychoanalyse und Marxismus – Theorie der Aggression – Massenpsychologie – Kindererziehung – Die Lehre Erich Fromms, Karen Horneys u. a. – Homosexualität – Depressionen – Gruppendynamik und Gruppentherapie etc.

Man sieht an dieser Thematik, daß alle Analysanden fast wie Ausbildungskandidaten der Psychoanalyse und Psychotherapie behandelt werden. Dies entspricht durchaus unserer theoretischen Einstellung. Für uns ist Psychotherapie keine »Privatsache«. Die Analyse soll den Patienten nicht nur von seinem Leiden befreien. Sie soll ihn eben auch zum Kulturträger, zum potentiellen Träger des menschlichen und sozialen Fortschritts machen. Ein vertieftes Wissen über die menschlichen Belange wird teilweise zum Lebensinhalt des ehemaligen Patienten, der seinerseits als Wissender und Helfender von nun an durchs Leben gehen soll. Diesen revolutionären Elan hatte die Psychoanalyse an ihren Anfängen – in den Händen Freuds und vor allem seiner konservativen Anhänger wurde dieses kostbare Instrument zur kulturellen Wandlung bald zu einem Werkzeug der »Sozialanpassung« degradiert.

Unsere Theoriestunden befruchteten sehr das intellektuelle Leben der Analysanden. Die Sitzungen wurden auf zahlreichen Tonbandgeräten aufgenommen und dienten bald als Anknüpfungspunkt für »social meetings« außerhalb der Therapiegruppen, wo Theoriestunden im Kreise vieler Interessierter abgespielt und mehrfach diskutiert wurden.

Es wäre noch beizufügen, daß diese theoretische Schulung auch den Wissenshunger ganz allgemein stimuliert. Die Analysanden beginnen zu lesen, suchen in Büchern gegensätzliche oder konkordante Standpunkte, die sie zur Diskussion stellen. Auch akademisch Ungeschulte nehmen an dieser Problematik lebhaftesten Anteil. Es wird in ihnen eine Wißbegierde erweckt, die in Elternhaus und Schule gedrosselt oder erdrückt worden ist. So führt die Analyse zu einer Bildungsarbeit, die wir Menschenbildung im wahrsten Sinne des Wortes nennen.

## *Die freie Gruppendiskussion*

Neben der »Theoriestunde« hat es sich auch als günstig erwiesen, die Gruppenmitglieder zu freien Diskussionsgesprächen zu vereinigen. Theoretischer Unterricht in der Psychoanalyse wird allgemein – wenn er sachgemäß erfolgt und verständlich ist – als enorm spannend empfunden. Die Zuhörer folgen fasziniert derlei Ausführungen, die ja auch so gehalten werden können, daß sie einen therapeutischen Nebeneffekt haben. Dennoch ist in diesem Falle der Gruppenteilnehmer in einer Konsumentenhaltung, die seine schöpferischen Kräfte nicht zu aktivieren vermag. Daher ist hinsichtlich des Lernstimulans eine Diskussion einer »Vorlesung« vorzuziehen.

Solche Gruppengespräche müssen durch die Schulung der Gruppenmitglieder vorbereitet werden. Die üblichen Debatten ungeschulter Menschen sind in der Regel durch wechselseitiges Mißverstehen, Hervortreten exhibitionistischer Charaktere, Unlogik und Unsachlichkeit gekennzeichnet. Man macht die Beobachtung, daß gruppentherapeutisch trainierte Gesprächspartner nicht in derartige »Autismen« verfallen. Sie haben mit der Zeit in den Gruppen *zuhören* und *aufeinander eingehen* gelernt.

Die Gruppengespräche verlaufen ohne »Führung«, sind also durchaus antiautoritär. Es gibt keinen Präsidenten und Versammlungsleiter. Überraschenderweise herrscht dennoch ausgezeichnete Disziplin. Von der Gruppentherapie her kennen die Teilnehmer die Regel, daß jeder den anderen ausreden läßt und dann sein Votum abgibt. Auch in der Diskussion kommt eine ungezwungene, ruhige Erörterung zustande. Niemand spielt sich besonders auf, ganz selten kommt es zu Exzessen der Langatmigkeit, was leicht durch einen humorvollen Kommentar des Gruppenleiters oder eines Teilnehmers abgeschnitten werden kann. Zumeist jedoch geht der Fluß der Thesen und Antithesen in harmonischer Abfolge vor sich.

Als Themen drängen sich zumeist Fragen auf, die mit der Psychotherapie und dem psychoanalytischen Weltbild in einem gewissen Zusammenhang stehen. Die Gesprächsrunden unserer Analysanden befaßten sich z. B. mit den Problemen der Therapie, mit Kindererziehung, Aggression und menschliche Natur, Psychologie und Politik, verschiedene Schulen der Tiefenpsychologie etc. Diese Fragenbereiche wurden aus dem Publikum vorgebracht. Der Therapeut verhält sich in solchen Debatten wie ein anderes Mitglied. Er spricht zur Sache, wenn sein Einsatz dringend gefordert scheint. Er läßt aber auch die Gruppenmitglieder selbst nach den Lösungen der gestellten Probleme suchen. Da in unserer Praxis Studenten, Doktoranden und Doktoren verschiedener Wissenschaften dominieren, war es nicht schwer, lebhafte Gespräche führen zu lassen. Wir haben aber auch die Erfahrung gemacht, daß Nicht-Akademiker bei einigem Training im Gruppenverhalten ausgezeichnete Debatten über die obgenannten Themen zustandebrachten. Es kommt nicht auf den Grad der Bildung an, sondern auf das erweckte psychologische Interesse, auf die Haltung der Konzilianz und das Wissen um die eigene Lernbedürftigkeit. Wo letzteres zum Zuge kommt, verstummen die Eitelkeiten und Borniertheiten, die Diskussionen so oft steril machen.

Die Regelung, daß wir zu den Gruppendiskussionen – die ebenso wie die Theoriestunden gratis sind – auch Gäste und Unbekannte zulassen, hat noch den besonderen Vorteil, daß die Gruppenteilnehmer ihre Erkenntnisfortschritte am Denken und Verhalten der »psychologischen Laien« spiegeln können. Ein derartiger Unterschied ist nämlich eindeutig vorhanden; die Gruppenmitglieder haben dann gewöhnlich Stoff zu amüsanten Auslassungen, wie naiv »die anderen Neurotiker« sich noch benähmen und wie sie, ohne es zu wissen, ihre Neurose in ihrer Argumentation unterbringen.

Zudem ist aber auch der Kenntnislose, sofern er eine fragende Haltung einnimmt, sehr aktivierend für den »Bereits-Wissenden«, der durch ersteren gezwungen wird, sein Wissen zu formulieren und mitteilbar zu machen. Es bereitet den Gruppenmitgliedern sichtliche Freude, den »Gästen« vom Verlauf der Gruppentherapie zu berichten, theoretische

Fragen nach bestem Wissen und Gewissen zu beantworten, wobei der jeweils mitanwesende Therapeut als eine Art Garant dafür funktioniert, daß man sich wissenschaftlich nicht auf Irrwegen verliert. Da jeder die Früchte seines Nachdenkens, Erlebens und seiner Lektüre beisteuert, verfügen die Großgruppen über ein enormes Maß an Information. Bei sachlicher Gesprächsführung ergibt sich ein verblüffendes Niveau, das man sonst selbst bei gelehrten Gesellschaften sehr oft vermissen muß. Die Klarheit und Weitsichtigkeit solcher Erörterungen macht sie zu einem Hilfsmittel der *Erwachsenenbildung*, wie man es sich schöner nicht vorstellen kann. Diese Bildung wird nicht nur intellektuell aufgepfropft, sondern sucht immer auch einen emotionalen Hintergrund, mit dem sie sich verbinden kann. Im Gegensatz zu vielem, was man sonst Erwachsenen als Bildungsgut anbietet, bleibt dies nicht Kopfwissen, »angelerntes Zeug«, sondern Persönlichkeitswissen, das die Menschlichkeit aller Beteiligten vertieft. Geistig lahmgelegte Menschen gewinnen nach einiger Gruppenerfahrung lebhafte Wißbegierde, die bei geeigneter Nahrung zu echter *Kultiviertheit* führen kann.

Man erkennt hier ohne weiteres, daß wir bei der psychotherapeutischen Behandlung ein Ziel ins Auge fassen, das bei der »Gesundheitsnorm« gar nicht aktuell sein kann. Für uns ist der Patient noch lange nicht gesund, wenn er »symptomfrei« ist. Wir erstreben auch nicht einfach »soziale Anpassung«, so daß man so ist, wie die Mehrheit der wohlmeinenden Leute ist. Unauffälligkeit und Angepaßtsein verbergen oft mehr Neurose als der oberflächliche Betrachter meint. Darum formulieren wir unseren Gesundheitsbegriff positiv recht deutlich, indem wir von der Freudschen Formel (Gesundsein heißt im Psychischen: *arbeiten und lieben können*) zwar ausgehen, diese aber erheblich erweitern. Das Gesundwerden des Analysanden soll nicht nur Arbeitsfähigkeit und etwa gar nur Orgasmusfähigkeit einschließen; es gehört dazu des weiteren: Fähigkeit zur schöpferischen Muße, Freundschaft, entwickeltes Gemeinschaftsgefühl, Mut, Freisein von Vorurteilen, Non-Konformismus (aber nicht zwanghaft!), Frustrationstoleranz, Realitätsbewußtsein, Weltoffenheit, stabile Affektlage, Optimismus, Ichautonomie, Ichidentität, Vertrauen zu den Mitmenschen, Interesse für kulturelle Werte, freiheitliche Gesinnung, Anti-Dogmatismus, Zielstrebigkeit (»Willenskraft«), Geduld, Empathie (Ein- und Einsfühlung), Menschenkenntnis, Selbsterkenntnis etc. Hier wird deutlich, daß sich unsere Gesundheitsnorm mit den »Tugenden« der »humanistischen Ethik« deckt, wie sie etwa von Spinoza, Kant, Nietzsche, Nicolai Hartmann, in der Antike schon von Plato und Aristoteles vertreten wurden. Wir verschmähen es deshalb nicht, intellektuelle und ethische Beeinflussung der Gruppenanalysanden anzustreben, da wir der Meinung sind, daß unsere Patienten von der kranken Kultur, die uns umgibt und die die Patienten krank gemacht hat, mit falschen Informationen und Normen versehen wurden, welche im Rahmen der Krankheit eine erhebliche Rolle spielen. Der Neurotiker krankt nicht nur an seinen emotionalen Fehlhaltungen und Konflikten; gestört sind sein Denken, Fühlen, Wollen, Empfinden etc. Sein ganzes »Weltbild« zementiert die neurotische Lebensführung, resp. ist ein Bestandteil davon. Darum muß auch die Weltanschauung des psychisch Kranken abgeändert werden, wenn er wirklich gesund werden soll.

Die freien Gruppengespräche stehen also im Dienste einer *therapeutischen Lebensanschauung*, für die es natürlich keine eindeutige Formel gibt und geben kann. Allerdings kann man sagen, daß die Tiefenpsychologie auch in ihren auseinanderstrebenden Schulen und Richtungen eine ganze Menge von Grundeinsichten zutage gefördert hat, die psychohygienisch vertretbar sind und den Fundus einer humanistischen Philosophie und Weltorientierung ausmachen können. Wir jedenfalls lassen unsere Analysanden an diesem Philosophieren, mit dem wir unsere eigene Stellung innerhalb der Kultur reflektieren, teilhaben – wir vermitteln hierbei nicht unbedingt Gedanken, wollen aber *denken lehren.* Solches tut dem Neurotiker sicherlich not, denn er hat es von Kindheit an aufgegeben, sich und die Welt zu begreifen. Seine Verdrängungen, Projektionen und Rationalisierungen sind nicht nur Ausdruck einer unbewußten Kalamität, sondern auch Symptom eines Denkens, das sich von den Idealen der Redlichkeit, der Aufrichtigkeit gegen sich selbst und die anderen, der Realitätsempfindung entfernt hat. Darum soll die Psychotherapie intellektuelle Schulung einbeziehen, da dies die soziale und persönliche Effizienz des Patienten erhöht und somit auch sein Selbst- und Wertbewußtsein steigert. Es braucht kaum betont zu werden, daß wir mit »Intellektualität« nicht blutleeren Rationalismus meinen; wir meinen hierbei ein Denken, das aus dem richtig empfundenen Leben aufsteigt und in es zurückzuwirken vermag. In den Gruppengesprächen ist ein derartiger *ethischer Horizont* andauernd wegleitend, so daß wir auch diese Diskussionen als eine Form von Therapie betrachten dürfen.

## *Die Gruppenethik*

Manche Psychoanalytiker vertreten den Standpunkt, daß ihre Tätigkeit »wertfrei« und »neutral« sei und keine ethischen Ambitionen verfolge. Gelegentlich findet man diese Tendenz auch bei Freud ausgedrückt, der vom Therapeuten verlangte, er solle kühl und unbeteiligt »wie ein Spiegel« die Probleme des Patienten widerspiegeln. Die Aufdeckung unbewußter Motivationen, das Erarbeiten des »Urtraumas«, das rationalwissenschaftliche Zergliedern der Tricks, mit welchen das Unbewußte das Bewußtsein täuscht, schien ihm ausreichend für die Heilung des Gemütskranken. Als »Naturwissenschaftler« meinte Freud, die Ethik in seiner Arbeit entbehren zu können. In Wirklichkeit aber war sehr viel Ethos in seinen psychoanalytischen Kuren, worüber er sich selbst nur stellenweise in Andeutungen klar wird. So untersteht jede Psychoanalyse dem Ideal der Wahrhaftigkeit, der Ehrlichkeit mit sich selbst (und mit dem Analytiker), der echten Auseinandersetzung mit triebhaften Impulsen, der sozialen Beitragsleistung (sprich: Sublimierung) etc. Im Anspruch, aus dem Es solle Ich werden, liegt ein Bekenntnis zu Vernunft und Humanität. Die Forderung zur Realitätserziehung zielt unausgesprochen auf die »Tugenden« der Besonnenheit, des Maßes und des Mutes hin. Nur der tapfere Mensch kann und will die Realität ertragen; ein anderes Wort für Neurose oder Psychose wäre »Lebenslüge« oder »Lebensfeigheit« (Angst). Auch unterstreicht jede Psychotherapie die Bedeutung der Ich-Du-Beziehung, des Dialoges, der rückhaltlosen Kommunikation, der Bejahung des anderen und damit der Selbstbejahung. Der Sinn der Analyse ist, sich und einen anderen Menschen wirklich ernstzunehmen. Aufhebung von Projektionen, Rationalisierungen, Verdrängungen etc. ist im Grunde dasselbe wie jene *Redlichkeit*, die Nietzsche so teuer war.

Die Ethik der Psychoanalyse geht demnach von der Vorstellung eines eigentlichen, integralen Menschseins aus, welches erreichbar, aber auch verlierbar ist. Der *ganze Mensch*, den die analytische Kur herstellen soll, ist gekennzeichnet durch Integration seiner Triebhaftigkeit, durch Klarheit über seine eigenen Antriebe und Motivationen, durch Ich-Autonomie. Oft scheint bei Freud der ichstarke, in sich ruhende, über die Welt (und die »Liebesobjekte«) souverän »verfügende« Mensch als therapeutische Zielsetzung mitgedacht; aber irgendwo im Hintergrund dämmerte auch dem Schöpfer der Tiefenpsychologie, daß dieses Menschsein sich nur in der Dimension der Liebe und damit der Ich-Du-, wie auch Ich-Wir-Beziehung, verwirklichen läßt. Was man als genitalen Charakter in der psychoanalytischen Literatur zum Gesundheitsideal des Menschen erhoben hat, ist der arbeits- und vor allem auch liebesfähige Mensch. Ihn allein hat die analytische Behandlung als Leitvorstellung; sie will den Patienten aus seiner sadomasochistischen, lebensfeindlichen Verstrickung lösen und ihm den Weg zu einer sozialen Lebensform eröffnen, welche immer auch der beste Garant für die Selbstentfaltung seiner Persönlichkeit ist.

Wenn schon die Einzeltherapie weitgehend »ethische Praxis« ist, so gilt dies u. E. noch viel mehr für die Gruppenpsychotherapie. Diese hat durchwegs ethische Intentionen; sie will den Menschen nicht nur gesund, sondern regelrecht »besser«, weltoffener, humaner, kontaktfähiger machen. Derlei unter das Motto der ethischen »Neutralität« zu stellen, läßt lediglich auf einen philosophischen oder anthropologischen Bildungsmangel schließen. Wir halten dafür, daß es von Vorteil wäre, wenn sich die Psychotherapie auf die ihr immanente Ethik besinnen würde, damit sie diese in der psychischen Krankenbehandlung nachdrücklicher und gewinnbringender vertreten könnte. Mit Recht hat Erich Fromm eines seiner besten Bücher dem Thema »Psychoanalyse und Ethik« (Man for Himself, deutsche Übersetzung 1954) gewidmet.

In der Gruppe wird das ethische Leben und Erleben in aufschlußreichster Weise zum Problem. Die Gruppe beinhaltet ein Zusammenwirken einer Anzahl von Menschen im Hinblick auf gemeinsame Ziele. Da kommt es denn auf Fähigkeiten wie Zusammenarbeit, Sich-Verständigen-Können, Einfügung, Soziabilität, Aufgeschlossensein, Hilfsbereitschaft usw. an. Jedes Gruppenmitglied ist gehalten, seinen Beitrag zur Genesung der Gruppe zu leisten. In der Art, wie einer dies tut oder auch nicht tut, läßt sich seine Gesinnung, seine »Moral« erkennen. In der

Gruppe gibt unweigerlich jeder kund, was an ihm ist und wo er sich und die anderen verfehlt. Jedes ethische Manko kommt im Gruppengeschehen zum Vorschein.

Der Gruppenleiter ist teilweise Repräsentant der Gruppennormen und auch -ideale. Er soll diese leibhaftig manifestieren, u. z. nicht nur als Schauspielerei, sondern als echte und in allen Details überprüfbare Lebenseinstellung. Natürlich sind auch Gruppentherapeuten (glücklicherweise) keine Übermenschen. Sie müssen das gar nicht sein. Sie sollen aber doch an Erkenntnis und Kooperationsfähigkeit den Durchschnitt der Gruppenanalysanden überragen. Ohne »ethisches Gefälle« scheint uns eine psychotherapeutische Beeinflussung unmöglich. Der Analysand muß am Analytiker »wesentlicheres Menschsein« erleben als ihm bis jetzt bekannt und vertraut wurde; nur so bekommt er den Impuls, über seine neurotischen Verklemmungen und Begrenzungen hinauszuwachsen. Auch im »gewöhnlichen Leben« werden uns vorbildliche Menschen zum Maßstab der Weiterentwicklung, die für uns möglich und wünschbar ist. Nur das Ideal, das in einer Person verkörpert ist, stiftet wahrhaft sittlichen Elan. Würde man nicht am Mitmenschen erfahren, was »menschenmöglich« ist, so würde man es auch der ethischen Literatur nicht glauben. Auch in Sittlichkeit und Moral glaubt der Mensch gerne an das Sichtbare, welches wiederum auf Unsichtbares (Ideale, Werte etc.) hinweisen mag. Ein durch einen Menschen *verkörperter Wert* gewinnt an Glaubhaftigkeit.

Wir haben u. a. unseren Gruppenanalysanden regelrecht »beigebracht«, daß sie in der Gruppe keinen Menschen verurteilen dürfen. Jede pharisäische Selbstgerechtigkeit, die so leicht entsteht, wenn der andere eine *andere Krankheit* hat als wir selbst, wird damit ausgetrieben. Das Gruppenmitglied muß lernen, in den Schwierigkeiten jedes einzelnen seine eigenen Schwierigkeiten zu erblicken. Es wird somit eine weitgehende Identifikation verlangt. In der Gruppe sollen »Gleiche unter Gleichen« zusammenarbeiten. Hierarchien werden nicht ausgebildet, womit nicht ausgeschlossen ist, daß es aktivere und weniger einsatzfähige Gruppenmitglieder gibt. Aber es soll kein »oben« und »unten« geben. Es hängt offenbar von der Geschicklichkeit des Therapeuten ab, ob die Gruppe – wie das übrige Leben – hierarchische Formen ausbildet oder nicht. Wir haben dies nach Möglichkeit vermieden und kannten in unseren Gruppen keine alpha, beta, omega usw., wie sie R. Schindler in Anlehnung an die von Schjelderup-Ebbe gefundene Hackordnung der Hühner im Hühnerhof beschreibt. Wahrscheinlich kann es dem Therapeuten doch gelingen, seine Gruppen davor zu bewahren, wie ein Hühnerhof zu agieren ...

Das Ethos der Gruppe ist das der *gegenseitigen Hilfe* und der *Solidarität.* U. E. soll die Gruppentherapie eine Schule für diese beiden Tugenden sein, die in unserem Sozialleben so sehr fehlen, was die Antihumanität unserer Kultur und Gesellschaft ermöglicht. Der Gruppentherapeut kann seine Analysanden nur dann zu dieser sozialen und humanistischen Gesinnung hinführen, wenn er selbst davon durchdrungen ist. Am stärksten ist diese Einstellung im Humanismus verankert, der mutmaßlich die beste weltanschauliche Basis für gruppentherapeutische Aktivität bieten kann. Gruppentherapie bedarf einer fundierenden Weltanschauung, in der das Ideal einer einträchtigen, durch keine Schranken der Rasse, Religion, Nation etc. getrennten Menschheit lebendig ist. Das Gruppenethos ist *menschheitsumfassend, antiautoritär* und *lebensfreundlich.* Seine bewundernswürdigste Ausprägung fand es in Texten wie »Gegenseitige Hilfe in der Natur und Menschenwelt« von Peter Kropotkin, »Der Sinn des Lebens« von Alfred Adler, »Menschenkenntnis« von demselben Verfasser, in Schriften von Tolstoi, B. Russell, J.-P. Sartre.

Der letztere hat uns in dem berühmten Theaterstück »Hinter geschlossenen Türen« (Huis clos) das Bild einer dämonisch verzerrten Gruppenbeziehung gezeichnet, wo sozusagen alle wohlwollenden Regungen ausgemerzt sind und daher die Homo-homini-lupus-Welt in Erscheinung tritt – hierauf haben die Autoren Grinberg, Langer und Rodrigué in ihrem bereits zitierten Buch über »Psychoanalytische Gruppentherapie« hingewiesen. Sartres Gruppe tagt in der Hölle, wohin die drei Gruppenmitglieder als Strafe für ihr unglückseliges Leben geraten sind. In dieser modernen Hölle brennen keine Feuer, die Seelen werden durch keine physikalischen Kräfte oder Mächte gepeinigt. Peinigung durch Naturgewalten ist unnötig, wenn man nur ein paar Menschen zusammensperrt; diese werden als Menschen unserer Kultur sicher nicht verfehlen, das Geschäft der wechselseitigen Quälerei zu übernehmen. Sartre schildert vorzüglich die Situation des Hasses, in welchem jeder im anderen den Widersacher erblickt; kein Zweifel, daß er damit ein Bild der *gegenwärtigen Menschenwelt* geben wollte, in welcher tatsächlich der Satz gilt: »Die Hölle – das sind die andern!« Wenn man den großen Existentialisten richtig verstehen will, so bedeutet seine düstere Karikatur, daß Menschsein nur möglich wird, wenn Gruppen in einer radikal anders gearteten Beziehung leben, nämlich nicht auf der Ebene des »bösen Blicks«, der sadistischen Vergewaltigung und der Unterdrückung der Freiheit des anderen. Sartre lehrt (in diesem Stück und anderswo), daß Gruppen nur lebensfähig sind, wenn in ihnen auf das Wohlsein aller hingearbeitet wird, was durchaus auch dem Individuum zugutekommt. Man kann den Sartreschen Text als ein Beispiel für ungute Gruppenkooperation lesen, zugleich auch als negatives Vorbild, an welchem die Wichtigkeit von gegenseitiger Hilfe, Bejahung und Solidarität besonders deutlich wird.

## *Die Persönlichkeit des Gruppenpsychotherapeuten*

An den Gruppentherapeuten werden im allgemeinen höhere Anforderungen gestellt als an den Einzelanalytiker. Aus diesem Umstand geht schon hervor, daß eine erhebliche Erfahrung in der Individualanalyse die Voraussetzung für gruppentherapeutische Arbeit ist. Es ist uns völlig unerfindlich, wie manche Autoren behaupten können, eine psychoanalytische Ausbildung (Charakter-, Lehranalyse etc.) sei »nicht unbedingt« für die Gruppenleitung erforderlich. Diese Sorglosigkeit führt sicherlich zur Quacksalberei. Nur der in der individuellen Therapie kenntnisreiche Analytiker – aber nicht jeder Individual-Analytiker! – ist in der Lage, bei geeigneter Zusatzausbildung, therapeutische Gruppen zu übernehmen.

Die erhöhte Schwierigkeit der Gruppentherapie ist dadurch gegeben, daß viele neurotische Persönlichkeiten gleichzeitig erfaßt, verstanden und koordiniert werden müssen. Das benötigte Maß an Einfühlung wird dadurch sehr gesteigert. Emotionale Spannungen, die sich stets in der eindimensionalen Arzt-Patient-Beziehung einlinig entfalten, bekommen in der Gruppe einen vieldimensionalen Charakter. Es ist auch für den Geübten immer schwer überschaubar, wer gerade uralte Verhaltensmuster auf wen in der Gruppe überträgt.

Wohl muß die Gruppe geführt werden, aber der Gruppenleiter soll sich von autoritären Positionen fernhalten. Am besten versieht er seine Funktion, wenn er auch bereit ist, von seinen Gruppenanalysanden zu *lernen.* Die Gesamtheit seiner Patienten hat, trotz des Fehlens einer analytischen Schulung, mehr Einsicht, Takt, Hilfsbereitschaft und Einfühlungsvermögen als er; jedenfalls erweist sich dies in gut geführten Gruppen als Faktum. Der Therapeut kann nur Katalysator sein; seine Gruppenmitglieder »führen die Reaktionen aus«.

Zu Überheblichkeit von seiten des Therapeuten besteht also durchaus kein Anlaß. Er mag es sich oft als hohes Können anrechnen, wenn er die Gruppe in ihrer produktiven und heilenden Funktion nicht *stört.* Dies gelingt ihm am besten, wenn er sich selbst in die Gruppe einordnet und ihr keineswegs übergeordnet sein will. Er mag wertvolle und großartige Anstöße zur Gruppenintegration geben – aber dies soll nicht »auf eigene Rechnung« geschehen, sondern immer im Einklang mit dem Gruppengeschehen. Alexander Wolf schreibt in seiner ausgezeichneten Abhandlung über »The Psychoanalysis of Groups« (in: Group Psychotherapy and Group Function, ed. by Rosenbaum u. Berger, New York 1963):

»Der erfolgreiche Analytiker unterschätzt nicht die Bedeutung der Gruppenbeiträge zu wechselseitigem Selbstverstehen und sozialer Integration. Die Patienten stehen oft der unbewußten Wahrheit näher als ihr Arzt. Wenn dieser klug ist, konsultiert er sie oft und ergänzt seine Überlegungen durch die ihrigen. Man kann feststellen, daß neurotische Konflikte im Kinde durch widersprüchliche Einflüsse von seiten der Eltern zustandekamen, die sowohl diktatorisch, selbstsüchtig, ausbeutend als auch gleichzeitig kooperativ, demokratisch und entwicklungsfördernd waren. In der neuen, repressionsfreien ›Gruppenfamilie‹ wiederholt sich das destruktive Spiel der Eltern, wenn der Therapeut die Gruppe beherrscht und sich ihr nicht einfügt. Dadurch werden die Schwierigkeiten der Patienten nur verstärkt und ihre Genesung verzögert. Im Maße wie der Therapeut laufend auf die intuitiven Kräfte seiner verschiedenen Gruppenmitglieder aufmerkt, hilft er ihnen beim Aufbau der neuen ›Gruppenfamilie‹, in der jeder Teilnehmer höhere Grade der sozialen Einordnung erreichen kann.« (S. 313/314)

Dieses ständige Überwachen der feinsten Entwicklungen und Prozesse, die sich in jedem einzelnen Gruppenmitglied abspielen, fordert höchste Bewußtheit und die Fähigkeit, sich selbst in vielfältigen sozialen Wechselwirkungen genau zu kontrollieren. Ist der Therapeut so weit »analysiert«, so wird die Gruppe für ihn zu einer großartigen und unaufhörlichen »Kontrollanalyse«, da er im Verlauf der Gruppendynamik immer aufs Neue gefördert wird. Die Gruppe – wie wir zu sagen pflegen – heilt immer auch den Therapeuten!

Diese Heilung geht in die Richtung auf wahre Mitmenschlichkeit, welche z. B. in der Einzeltherapie weder so exzessiv gefordert noch so genau getestet wird. Soll ein echtes Gruppengeschehen in Gang kommen, so ist für Hervorhebung der Analytiker-Persönlichkeit kein Raum. Usurpiert die letztere irrationale Vorrangqualitäten, so drückt sie die Gruppe zur Masse herab. Die Masochisten unter den Patienten (und das sind viele) werden solche narzißtische Analytiker-Untugenden willkommen heißen, da dies ihnen erspart, sich von ihren Deformationen zu befreien. Wie in der Einzelanalyse dienen alle »blinden Flecke« im Gesichtsfeld auch des Gruppentherapeuten der Widerstandsversteifung und dem Wiederholungszwang der Analysanden.

Gerade diese aber sollen abgebaut werden. Indem der Therapeut die Gruppenereignisse zu deuten versteht, die Reaktionen jedes einzelnen mit seiner Vorgeschichte und den Verhaltensmustern und Werdegängen der übrigen Gruppenmitglieder überblickt, kann er wahrhaftige Erkenntnis über soziale Wechselwirkungen vermitteln und auch vorleben. Fern von jeder Einseitigkeit und jedem Dogmatismus muß er selbst ein Beispiel von Schlichtheit, Kooperation, Feinfühligkeit und Humanität sein. Sein Forschungseifer, sein Interesse für das Menschliche überträgt sich auf die Gruppenmitglieder und gibt ihnen Anstöße zur Selbstrealisierung.

Wiederum finden wir bei Wolf treffende Worte (loc. cit.):

»Wenn die Gruppe schwankt, muß der Therapeut fest und zuversichtlich bleiben. Er darf nicht zulassen, daß ein Patient einen anderen niederdrückt. Er muß in sich selbst und bei den anderen intellektuelle Klischees ausmerzen, die die elementaren Sinngehalte des Lebens verdunkeln. Spitzfindige Erörterungen stören das affektive Klima, das für die Heilung unabdingbar ist. Psychoanalytischer Berufsjargon muß vermieden werden; wirksam ist die klare und deutliche Sprechweise, die die

Geradlinigkeit in den Patienten erwecken soll, welche unverblümt ausspricht, was in den Köpfen umgeht. Der Therapeut betont nicht nur, was gesagt wurde, sondern auch wie es gesagt wurde. Er strebt hierbei nicht nach Beredsamkeit – Gehalt ist ihm wichtiger als Form. Wiewohl er in der Gruppe führend ist, läßt er die Gruppenmitglieder immer fühlen, daß er einer der ihren ist. Er darf nicht zuviel ›lehren‹. So würde er nämlich mehr regieren als befreien. Er muß darauf achten, was die Gruppe über ihn sagt. Er wird in ihr Verteidiger und Kritiker finden. Bei Auswertung dieser Kommentare kann die Selbstanalyse des Analytikers fortgeführt werden. Dabei soll er seine eigenen Gefühle in der Gruppe nicht verbergen. So gibt er ein Exempel von innerer Freiheit und Kontaktfähigkeit, was ansteckend wirkt. Wenn er selbst in seinen Emotionen zurückhält, macht dies die Gruppe gleichfalls. Seine Verstimmung oder seine Heiterkeit erzeugt Resonanz in den anderen, die förderlich ist. Aber wenn er gesund ist, wird er stets realistisch und zuversichtlich sein.« (S. 315/316)

Man sieht, wie viel von einem Gruppentherapeuten verlangt wird. Dabei ist dieser Katalog noch sehr unvollständig. Es wäre noch darauf hinzuweisen, daß sich zwischen den einzelnen Gruppenmitgliedern vielfältige Übertragungsverhältnisse herstellen, die teilweise positiv, teilweise negativ gefärbt sind. Hier muß der Analytiker von Fall zu Fall eingreifen, Gesundes von Ungesundem abgrenzen und jeweils (für alle direkt Beteiligten) den »Weg nach vorne« aufzeigen.

Hat er mit seinen Gruppenmitgliedern Fortschritte erzielt, so darf er sich nicht auf den Lorbeeren ausruhen – jede Gruppensitzung stellt ihn vor neue und unvorhersehbare Probleme. Für den Erfahrenen wird oft jede Sitzung zu einem »Kunstwerk«, für das es kein Vorbild und keine Wiederholung geben wird. Immer steht man vor einem Wagnis, das so wenig berechenbar ist wie das Leben selbst. Darum muß der Gruppentherapeut sich ständig weiterbilden, sowohl bezüglich seines menschlichen Formats als auch seiner beruflichen Kenntnisse und Fertigkeiten. Natürlich sollte man dies auch für den Einzelanalytiker als selbstverständlich voraussetzen. Aber die Gruppe ist hierin noch anspruchsvoller. Als bedeutsame Kulturarbeit verlangt die Gruppentherapie höchsten theoretischen und praktischen Wissensstand und engagiertesten sozialen Einsatz.

Diese gruppentherapeutische Kulturarbeit stößt an Grenzen, die durch unsere Kultur selbst gegeben sind. Isoliertheit, Eitelkeit, Überheblichkeit, Größenanspruch mit entsprechenden Versagerängsten, Gefühlsarmut etc. sind nicht nur Merkmale einzelner Menschen, sondern der ganzen Gesellschaftsform, in der wir leben. Diese krankt an überspitzter Glorifizierung des Individuums mit parallellaufender Vermassung und Gleichschaltung. Der Neurotiker, der nicht zu den anderen Menschen finden kann, ist nur ein Opfer einer Kultur, die programmatisch alle gegen alle aufhetzt und Feindseligkeit und Ichhaftigkeit in Wirtschaft und Sozialleben verewigt. Die Gruppentherapie soll ein Modell sein, an welchem die Überwindung dieser antihumanen Scheinwerte erstmals eingeübt werden kann. Hier kann der einzelne lernen, daß er frei werden und »er selbst« sein kann, ohne sich von anderen abzusondern oder sie zu bekämpfen. Gegenseitige Hilfe und Lebensfreundlichkeit sollen hierbei den Machtwahn ersetzen, der Neurotiker und andere psychisch kranke Menschen in die Distanz zur Realität bringt und sie um allen wahren Lebenserfolg betrügt.

## *Die Gruppenpsychotherapie im Lichte von Gruppenteilnehmer-Aussagen*

Jede Therapieart findet unter den Patienten leidenschaftliche Anhänger, Gleichgültige und Unzufriedene. Die Äußerungen der Analysanden dürfen natürlich nicht immer als Objektivitätsmaßstäbe genommen werden. Unwillkürlich spielt der Charakter, aber auch der Therapieverlauf und -erfolg für die Beurteilung seitens des Patienten eine erhebliche Rolle; nur darf nicht vergessen werden, daß sich alles, was geschieht, in der ganz spezifischen Psyche des Analysanden spiegelt und von daher seine eigentümliche Färbung erhält. So werden mitunter manche Schwerkranke ihren Therapeuten vergöttern und dennoch seine Deutungen und Hinweise nicht ernstnehmen. Andere wieder bewundern die Therapie gerade deshalb, weil sie in ihr keine Nötigung finden, sich zu ändern und sich umzustellen. Fragt man ein- und denselben Patienten über eine Therapie während einer Phase der positiven Übertragung und einer Phase harten Widerstandes, so können die Kommentare derart verschieden sein, daß man den Sprecher über zwei verschiedene Therapeuten oder Therapien zu reden hören meint. Wir möchten demnach Patientenaussagen nicht überbewerten, aber wir glauben dennoch, daß sie von Belang sind. Denn der Analysand mag noch so krank sein: Irgendwo in seinem Inneren hat er eine dunkelbewußte Genesungshoffnung, vermutlich auch eine vage Idee, was Gesundsein und Lebenstüchtigkeit bedeuten können. Fühlt er sich in dieser Richtung durch die Therapie gefördert, so werden unweigerlich sein Glück und seine Dankbarkeit groß sein, selbst wenn Schwankungen der Stimmung infolge von »Abwehrmanövern« und »Genesungsangst« vorkommen. Wir haben die Beobachtung gemacht, daß Gruppenteilnehmer über ihre Therapie fast immer viel begeisterter und hoffnungsfreudiger sprechen als Einzeltherapiepatienten. Das Gros der Aussagen ist bei guter Gruppenführung fast immer positiv; Negativismen, die kein Therapeut gänzlich ausschalten kann, stammen eindeutig von querulantischen, ängstlichen, zwangsneurotischen und anderen schwerstgestörten Patienten, die in jeder Therapie u. U. zunächst das Unangenehme unterstreichen und »ein Haar in der Suppe« zu finden suchen. Aber interessanterweise werden auch diese Anti-Typen relativ schnell für die Gruppe gewonnen und stellen ihren Widerstand dagegen ein – was man von der Einzeltherapie bei hartgesottenen Widerstands-Charakteren nicht immer behaupten kann.

Die Gruppe wird für die Patienten ziemlich bald zu einer *emotionalen Heimat*, wie es die Individualtherapie kaum je werden kann. Sie ist auch eine Stätte der sozialen Erfahrung, des Lernens, des Erprobens von Hingabe und Selbstbehauptung im annähernd »störfreien Raum«, Erlebnis und Bewegtsein in der Sphäre der Mitmenschlichkeit. Hier wird Einsamkeit durchbrochen, innere Starre aufgelockert, Lebenskälte in Nestwärme umgewandelt. Man fühlt sich animiert, gefordert, benötigt und stimuliert. Nur extrem-schizoide Patienten haben gegenteilige Gefühle: Das Teilnehmen an fremden Schicksalen strapaziere sie zu sehr, sie hätten mit ihren eigenen Nöten genug zu tun! Dies gilt jedoch nur von den emotional-kargsten Persönlichkeiten, die in jedes Gruppengespräch nur ihren »Krankes-Ich-Gesichtspunkt« hineintragen können.

Wie groß die Zustimmung der Patienten zur Gruppenpsychotherapie ist, kann man mit »Zitaten« kaum belegen. Man muß das *gehört* und *gesehen* haben – der tonale, mimische und gestische Ausdruck solcher

Äußerungen kann nicht wiedergegeben werden. Wir möchten nur betonen, daß unsere Gruppenteilnehmer die Therapie in der Gruppenform fast ausschließlich günstig aufnehmen; es gibt kaum je »Absprünge«. Selbst wer notwendigerweise verreisen muß, bleibt oft in Briefkontakt. Auch aus Briefen ließe sich viel belegen, was aber für unseren Zweck zu weit führen würde.

R. Battegay berichtet die eindrückliche Äußerung einer psychotischen Patientin über ihre Erfahrung mit der Gruppenpsychotherapie:

»Die Isolierung in den ersten fünf Jahren meiner Krankheit war furchtbar. Wäre ich da schon in einen solchen Kreis gekommen, wäre manches anders rausgekommen ... Wenn man diesen Symptomen allein gegenübersteht, ist man hilflos. In der Gruppe erfährt man, daß solche Zustände auch bei anderen auftreten, daß es ein Krankheitszustand ist ... Ich faßte es nicht als das auf und lernte niemanden kennen, der Ähnliches mitmachte. In der Gruppe machte jedesmal jemand eine Bemerkung in der oder jener Richtung; man erfährt dies und jenes und kann es auf sich anwenden.« (*Der Mensch in der Gruppe*, II. Bd., Bern 1967, S. 35)

Eine meiner Patientinnen, eine 21jährige Depressive, die schon einige Suicidversuche hinter sich hatte und nach mehrfacher Klinikeinweisung den Weg zur Gruppentherapie fand, sagte ihrer Mutter nach einigen Wochen Gruppenteilnahme, wo sie nur als stille Zuhörerin fungiert hatte:

»Die Gruppe gibt mir unendlich viel ... Das Anhören fremder Schicksale erlaubt mir, zu meinen eigenen Problemen Abstand zu bekommen. Ich fühle mich nach jeder Sitzung dem Leben näher. Meine Depressionen beeindrucken mich nicht mehr so sehr.«

Ein 30jähriger Zwangsneurotiker mit homosexuellen Neigungen erklärte in der Gruppe:

»Die Gruppenarbeit hat meinem Leben einen neuen Inhalt gegeben. Früher hat mich gar nichts richtig interessiert. Ich habe an nichts und niemand Anteil genommen. Aber nun geht mir dauernd das Gruppengeschehen im Kopf um. Ich höre mir Sitzungen auf Tonband immer wieder an. Nie hatte ich so viel lebendiges geistiges Interesse.«

Eine Akademikerin, 35jährig, die mit ihrem Gatten an der Gruppentherapie teilnahm, äußerte:

»Wenn ich in der Gruppe sitze, bin ich innerlich so bewegt und mitgerissen, daß ich alles vergesse, was sonst zu meinen Aufgaben und Pflichten gehört. Letzthin war mein Kind krank, und ich hatte Sorgen. Aber die Gruppentherapie wischte alles für anderthalb Stunden weg; ich konnte mit neuem Optimismus nach Hause gehen und mein Kind pflegen.«

Man kann ohne weiteres erkennen, daß die Anhänglichkeit an die Gruppe bei allen Beteiligten ungewöhnlich groß ist. Nach Erfahrungen mit Therapiegruppen während einigen Jahren können wir feststellen, daß es in dieser langen Zeit – von Krankheiten abgesehen – fast keine Absenzen gab. Man wird wenig andere Veranstaltungen namhaft machen können, bei denen die Teilnehmer ohne jeglichen Zwang und ohne materielles Interesse über lange Fristen hinweg kontinuierlich interessiert und aktiv bleiben. In der Regel erlischt die Anteilnahme der Menschen an irgendwelchen Bestrebungen recht bald, es sei denn, daß sie aus materiellen Motivationen (Geld, Macht, Prestige etc.) einer Sache zugetan bleiben.

Der Laie würde meinen, daß die Abklärung von zwischenmenschlichen Schwierigkeiten und Persönlichkeitsdeformationen mit der Zeit langweilen könnte. Eines Tages »müsse man doch davon genug haben«. Möglicherweise tritt dies bei manchen Gruppentherapien in der Tat ein – das wird aber unseres Erachtens sehr von der Persönlichkeit des Gruppentherapeuten abhängen. Wenn er ein eingeengter, schmalspuriger Charakter ist, dann werden die Fall-Darstellungen bald monoton und eingleisig werden. Dann wiederholt sich vieles, die »ewige Wiederkunft des Gleichen« tritt ein. Nicht so jedoch bei Gruppenleitern, die selbst dynamische, lebendige und entwicklungsfähige Menschen sind, was ja im Grunde definitionsgemäß zu einem guten Psychotherapeuten gehören soll. Eine innerlich reiche, vielschichtige und vielseitige Therapeutenpersönlichkeit wird jede Gruppensitzung zu einem Kunstwerk zu gestalten wissen, oft auch ohne speziell stark in Erscheinung zu treten. Und wenn wir Kunstwerk sagen, so meinen wir, daß eine Sitzung etwas Originelles, Einmaliges, Unwiederholbares, Zutiefst-Lebendiges sein muß, etwas, was im voraus weder geplant noch »gewollt« werden kann.

Gelingen solche *Kunstwerke* mehr oder minder häufig, so führen sie bei den Analysanden zu starken emotionalen Erschütterungen und

Impulsen, die als etwas Außergewöhnliches (»Unbezahlbares«) empfunden werden. Einer unserer Gruppenteilnehmer, ein 32jähriger Mathematiker, äußerte sich wie folgt:

»Ich könnte Jahre in den Gruppen mittun, ich würde mich nie langweilen. Ich möchte vom Therapeuten *alles* lernen, was zu lernen ist. Ich kann mir Kultiviertheit nicht mehr ohne Menschenkenntnis, Selbsterkenntnis und Gruppendynamik denken. Mein ganzes Suchen nach Erkenntnis, Wissen, Bildung, Menschlichkeit, das während meines Studiums und während der mehrjährigen Zugehörigkeit zu sozialen und auch revolutionären Gruppen frustriert blieb, hat nun seine Zielsetzung gefunden. Ich möchte mich im Rahmen unserer Gruppenarbeit entwickeln und entfalten.«

Die Gruppentherapie-Sitzungen nehmen im Emotionalleben der Beteiligten einen hohen Rang ein; man darf aber nicht meinen, daß sie zur Verarmung der übrigen menschlichen Beziehungen Anlaß geben. Nur die kontaktschwächsten Gruppenmitglieder beschränken sich auf Gruppenkontakte, weil sie sich anderen Kontakten nicht gewachsen glauben. Normalerweise jedoch stimuliert die »Gruppe« zur Aufnahme anderer sozialer Interaktionen, sofern diese Anregung und Förderung versprechen. Kontakt um des bloßen Kontaktes willen ist allerdings für die durch die Gruppentherapie »verwöhnten« Analysanden meist nicht sehr erwünscht.

## *Elemente und Zielsetzungen der Gruppenpsychotherapie*

Die Gruppentherapie hat wie die Einzeltherapie verschiedene Stadien, die sich jedoch nicht scharf gegeneinander abgrenzen lassen, sondern ineinander übergehen. Diese Elemente und Ziele sollen in der Folge knapp dargestellt werden, wobei jeder Therapiefaktor seine besondere Umschreibung erhält. Unnütz zu sagen, daß unsere Aufzählung nicht den Anspruch auf Vollständigkeit erheben kann oder will – es wäre ein Leichtes, die Liste der gruppentherapeutischen Zielsetzungen erheblich zu vermehren. Es soll lediglich angedeutet werden, welche spezifischen Gesichtspunkte der Therapeut im Auge behalten muß; für uns haben sich folgende Aspekte als wesentlich ergeben:

1. Katharsis
2. Das Erlebnis des Angenommenwerdens
3. Einsicht
4. Abbau von Abwehrmechanismen
5. Ichstärkung
6. Abbau von rigiden Überich-Forderungen
7. Aufklärung
8. Angstverminderung (Ermutigung)
9. Wir-Erlebnis
10. Wahrnehmungskorrekturen (Realitätsprinzip)
11. Menschenkenntnis
12. Korrektur des Selbstbildnisses (Selbsterkenntnis)
13. Wandlung
14. Schöpferisches Denken und Fühlen
15. Reife und Verantwortung

*Katharsis*

Ähnlich wie an den Anfängen der Psychoanalyse spielt die Katharsis (»Seelenreinigung« im Sinne des Aristoteles) immer noch eine entscheidende Rolle in der Psychotherapie. Wenn der Analysand sich erkennen soll, so muß er zuerst *bekennen*, d.h. er muß die Wahrheit über sein Leben aussagen. In diesem Akt der Mitteilung gewinnt er fruchtbare Distanz zu sich selbst. Mitgeteiltes Leid ist nur mehr halbes Leid. Mitgeteilte Deformationen des Wahrnehmens, Denkens, Fühlens, Phantasierens usw. verlieren zumindest einen Teil ihrer pathogenen Kraft. Man heilt sich, indem man sich der Gruppe eröffnet. Das im vagen Halbdunkel des Lebens und Erlebens flottierende krankhafte Empfinden »reinigt« sich, wenn es im Lichte der Kommunikation betrachtet werden kann. Im Kommunizieren wird vieles greif- und korrigierbar, was sonst kaum zu fassen wäre. Wird Seelisches auf die Ebene der syntaktischen Mitteilbarkeit gehoben, so klärt es sich von den Nebelschleiern autistischer Dumpfheit, die so oft die neurotischen Zustandsbilder völlig beherrscht.

In der Frühzeit der psychoanalytischen Forschung hat C. G. Jung mit Recht auf die pathologische Funktion des »Geheimnissehabens« hingewiesen. Wer ein Geheimnis in sich trägt, fühlt sich von der Mitwelt isoliert. Das Geheime kann ein (angeblich) schuldhaftes Erleben sein, eine (oft vermeintliche) Missetat, aber auch Gedanken und Strebungen, die man aus Angst vor sozialer Mißbilligung in sich verbarg. Es ist für den Analysanden unendlich heilsam, wenn er solchen »Seelenmüll« abladen kann. Er fühlt sich von Makel und Stigma befreit und erfährt neue und neuartige Zugehörigkeit zur Sozietät. Darum ist Katharsis auch in der Gruppentherapie unerläßlich; man muß sich vom Erlebten und Erlittenen *freisprechen*. Je sorgfältiger die Gruppe den Sprecher »aushört« (zu Ende hört), um so mehr kann sie ihn integrieren, ist er integrationsfähig.

*Das Erlebnis des Angenommenwerdens*

Das entscheidende auf die Katharsis folgende Erleben ist das Angenommenwerden durch die Gruppenmitglieder. Oft erwarten neurotische Patienten nach dem Bekennen ihrer Deformationen, Ängste und Unangepaßtheiten, daß man sich verurteilend über sie hermacht oder doch sich verächtlich von ihnen abwendet. Dies gilt nicht etwa nur für die sexuelle Pathologie, sondern auch für Charakteranomalien, Angst und schuldhaftes Verhalten. Auf Grund seiner meist unglückseligen Kindheitserlebnisse glaubt der Neurotiker nicht an Verständnis, Toleranz und Gutwilligkeit. Es ist einer der tiefgreifenden Eindrücke im gruppentherapeutischen Geschehen, daß der Analysand mit allen seinen Fehlern und Mängeln als Gruppenmitglied ohne Rückhalt akzeptiert wird. Man nimmt ihn so wie er ist – man beurteilt ihn, ohne ihn zu verurteilen. Die Haltung der Gruppenmitglieder ist ruhig-forschend; man will untersuchen, wie jemand wurde, was er ist, und schaltet zu diesem Zwecke jeglichen Moralismus aus. Niemandem ist in der Gruppe erlaubt, hochtrabende Kritiken anzubringen. Die Arbeit des Verstehens erfordert den ganzen Einsatz der Persönlichkeit; für selbstgefällige Kommentare über andere ist in der Therapie kein Platz!

Vom Gruppenleiter vor allem muß die Tendenz zur Großzügigkeit und Duldsamkeit ausgehen, indem er ständig der Gruppe vorzeigt, wie seelische Verstrickungen aus Ereignissen und Umständen abgeleitet werden können, für die niemand etwas kann. Die tiefenpsychologische Einsicht ist ja das wirksamste Agens gegen jede Selbstgerechtigkeit. So lernt jeder in der Gruppe jeden annehmen, und im Maße, wie er sich bei anderen des Pharisäertums entschlägt, entrinnt er auch in der Selbstbeurteilung dem Pharisäismus. Selbstannahme und Fremdannahme sind identisch; die Toleranz, die wir anderen schenken, wirkt auf uns selbst zurück. Therapeutische Gruppen sind Hochschulen für Toleranz!

*Einsicht*

Das Gewinnen von Einsicht erfolgt in der Gruppe durch die gemeinsame Deutungsarbeit aller Beteiligten. Der Analysand, dessen Leben und Lebensschwierigkeiten stets Gegenstand der Erörterung sind, soll seine unbewußte Charakterstruktur, seine neurotischen Motivationen, seine Verhaltensanomalien, seine Einstellungsfehler kennenlernen. Um einen Ausdruck A. Adlers zu gebrauchen: Sein »Lebensstil« soll ihm transparent werden. Überraschenderweise entwickelt die Gruppe innerhalb kurzer Zeit eine bewundernswerte Deutungsfähigkeit. Es ist, wie wenn ein »Gruppenwissen« entstünde, welches viel mehr ist als die Summe der Erkenntnisse, die die einzelnen haben. Eine gut geführte Gruppe arbeitet häufig wie ein geschulter Therapeut, mit einem Koordinationsgrad der Aussagen und Interpretationen, den man erlebt haben muß, um ihn bewerten zu können.

Der Analysand nimmt Einsichten, die ihm von den gleichgestellten Gruppenmitgliedern vermittelt werden, oft leichter an, als wenn diese vom Therapeuten kämen, der doch immer eine Autoritätsposition einnimmt. Gerade jene Patienten, die hartnäckigen Widerstand gegen Autoritätspersonen üben, lernen in der Gruppe schneller als in der Einzeltherapie. Auch Selbsterkenntnis ist im *Team* müheloser zu praktizieren als in der Vereinzelung oder in der »Paar-Bildung« der klassischen analytischen Situation.

Die Gruppe wird darauf geschult, in der Lebensgeschichte der einzelnen Teilnehmer zu lesen wie in einem offenen Buch. Sie wird weiterhin darauf trainiert, feinste unbewußte Äußerungen wahrzunehmen und zu verbalisieren. So kommt jeder, mit Hilfe der anderen, seinem Unbewußten »auf die Schliche«, durchschaut seine eigenen Arrangements und Manöver, mit denen er sich gegen seine Selbstentfaltung aus Gründen der Angst anstemmt. In der Einsicht über sich selbst (und die Mitmenschen) gewinnt der Analysand den Standort, von wo aus er seine Entwicklung und Reifung in die Hand nehmen kann.

*Abbau von Abwehrmechanismen*

Jegliche Psychotherapie hat u. a. die Aufgabe, die Abwehrmechanismen des Patienten zu lockern oder aufzuheben – anstelle des Abwehrmechanismus, der eine »archaische« Art von Ichreaktion darstellt, soll kritische Auseinandersetzung mit der Triebregung oder dem entsprechenden Umweltssektor treten. Abwehrmechanismen sind im hohen Grade affektgeladen. Freud beschrieb unter diesem Titel vor allem Scham, Ekel und Angst; man kann aber auch Rationalisierung, Projektion und Verdrängung in diesen Zusammenhang stellen.

Scham betrifft nicht nur die intimen Körperstellen und die Sexualität; sie kann auch eine Scheu vor Entblößung von Innerlichkeit sein. Auch Ekel ist mehr als Abscheu vor Kot, ungenießbaren Speisen usw.; er ist, wie Sartre meint, eine Revolte gegen das »Klebrige der Existenz«, gegen den Verlust der Freiheit und Freizügigkeit. Angst kennen wir als Gefühl vollendeter Ohnmacht gegenüber Welt und Mitmensch. Die Rationalisierung wird von der Psychoanalyse als das Angeben schlechter Gründe (seltener guter) für eine schlechte Sache charakterisiert. Die Projektion ist die Verlagerung eigener unannehmbarer Seeleninhalte auf Menschen und Menschengruppen, wodurch das Selbstbildnis retuschiert wird. Eigene Fehler lassen sich am anderen gut bekämpfen, wobei man sich über sich selbst Illusionen machen kann. Projektion und Rationalisierung haben mit Verdrängungen viel gemeinsam; die verdrängte Triebregung leitet zur systematischen Unehrlichkeit gegen sich selbst an, was Projizieren und Rationalisieren nötig macht.

Die Gruppe bekämpft *vielstimmig* diese Ausfluchtmanöver, gegen die der einzelne Therapeut mitunter machtlos ist. Rationalisierungen und Projektionen werden durchschaut, Verdrängungen durch gemeinsame Bewußtwerdung gegenstandslos gemacht; es mildert sich die affektgeladene Ich-Abwehr, indem Scham durch Offenheit, Ekel durch »Geschmack«, Angst durch Vertrauen, Selbsttäuschung durch Redlichkeit ersetzt wird.

*Ich-Stärkung*

Soll die Ich-Stärke des Analysanden erhöht werden, so kann dies nur auf vielfältigen Wegen geschehen, da Ich-Stärke ein Kompositum aus vielen einzelnen Faktoren ist. U. E. hat die Gruppe auf die Ichentfaltung des

Analysanden den stärkeren Effekt als die Einzeltherapie. Die Gründe sind leicht einzusehen, wenn man sich daran erinnert, welche psychischen Fähigkeiten und Fertigkeiten die Ich-Stärke ausmachen. Wir erinnern hier an einige Diagnostika, die das autonome, gefestigte Ich erkennen lassen:

a) Angstfreiheit
b) gute menschliche Beziehungen
c) »normale« Sexualität
d) ausgeglichenes Temperament
e) Menschenkenntnis
f) Selbsterkenntnis
g) Flexibilität
h) Arbeitsfähigkeit
i) Mußefähigkeit
j) produktiver, genitaler Charakter
k) Liebesfähigkeit
l) Dialogfähigkeit
m) antiautoritäre Gesinnung (Vorurteilsfreiheit)
n) Nonkonformismus
o) Mut
p) Solidarität usw.

Alle diese seelischen Eigenschaften können in Gruppen besser erworben werden als in der klassischen psychoanalytischen Situation, die meistens nur die Symptomfreiheit anvisierte, wenn sie ihre jahrelangen Therapien vollzog. Die Gruppentherapie hat von vornherein eine andere Zielsetzung; Sie will nicht nur den unauffälligen, reibungsfrei funktionierenden »Durchschnittsbürger« schaffen, sondern den Mitmenschen im eigentlichen Sinne des Wortes, also den verstehenden, hilfsbereiten, sozialen, aber auch ich-starken Menschen, der kräftig in der Realität verankert ist. Die Gruppenarbeit erhöht irgendwie den »Ichtonus«; sie stimuliert zu Aktivität und Weltassimilation, wobei wir der Meinung sind, daß das Ausmaß an echter Weltbeziehung ein Gradmesser für die Ich-Stärke ist.

*Abbau von rigiden Überich-Forderungen*

Aus seiner Kindheit hat fast jeder Analysand eine Reihe von »dressierten Haltungen« übernommen, die er nur schwer überwinden kann. Aus

Dressur und Selbstdressur erwachsen Überich-Diktate, die eine Vielzahl von »du sollst« und »du mußt« enthalten. Je nach individueller Vorgeschichte kann dies im Einzelfall heißen: Du mußt immer recht behalten; du mußt der schönste, klügste, schlagfertigste und gewandteste Mensch sein; dir darf nie etwas mißlingen; du sollst keine Schwächen haben und dir keine Blöße geben; du mußt souverän über deine Gefühle herrschen usw. Alle diese »Maximen« fließen in der Einheit des Überich zusammen, welches tatsächlich bei neurotischen Menschen eine Art von Tyrannei über das Ich errichtet, so daß K. Horney in einem ihrer Werke von »the tyranny of ›the should‹« spricht. Freud meinte diese krankhafte Abart von Gewissen, wenn er Gewissen als »nach innen gewendete Aggression« beschrieb.

Diese starren Regeln und Verhaltenskonzepte drosseln die Spontaneität und Entwicklungsfähigkeit des Individuums. Sie wirken wie ein schwerer Panzer, der die Beweglichkeit und Umstellungsfähigkeit einschränkt. Sie erzeugen auch Gewissensangst, da dieser lebensfremde Verhaltenskodex kaum je befriedigend »gelebt« werden kann. Ungezwungenheit ist in ihrem Rahmen unmöglich.

Die Gruppe heilt solche »Dressate« (Künkel), da sie ein Gruppen-Überich ausbildet, welches extrem milde und antriebsfreundlich ist. In der Gruppe darf und soll jeder Fehler machen; jeder kann sich blamieren, ohne an den Rand gespielt zu werden. Äußert ein Analysand die künstlichen und unrealisierbaren Forderungen, die er an sich selbst stellt, so erkennt er an den Reaktionen der anderen Gruppenteilnehmer, daß er irgendwo schief liegt. Das Gruppen-Überich entmutigt verstiegene Ehrgeizziele, Perfektionsanwandlungen etc.; es schraubt Normen und Maßstäbe auf die Ebene des gesunden Menschenverstandes zurück und kultiviert damit ein Überich, das der Vernunft nahekommt.

### *Aufklärung*

Ein wichtiges Element der gruppentherapeutischen Arbeit ist die Aufklärung des Patienten. Darunter verstehen wir eine auch verstandesmäßige Umorientierung, die allerdings emotionale Faktoren einbeziehen muß. Jeder Neurotiker hat nicht nur pathologische Gefühlskonstellationen; über dem kranken Gefühl errichtet sich immer auch ein »ideologischer Überbau«, nämlich eine Fülle von verschrobenen, eigenwilligen, schiefen und verworrenen Gedankengängen, die ihrerseits auf das Gefühlsleben irritierend zurückwirken. Daher scheint es uns angebracht, im Verlaufe der psychotherapeutischen Behandlung auch die Ideologien des Kranken anzuvisieren und sie kritisch zu zersetzen. Wenn sich auch dieser Teil der Therapie wesentlich auf der Ebene der Rationalität abspielt, kann man doch feststellen, daß er große emotionale Wirkungen hat.

Viele neurotische Patienten z. B. haben sich ein System aufgebaut, wonach ihre Eltern an ihrem Unglück schuld seien. Hier kann der Therapeut einsetzen und in allgemeinen Darlegungen die pädagogische Verstrickung aufzeigen, die von der Neurose der Eltern zu derjenigen der Kinder reicht; so führt man die Analysanden über das Schulddenken hinaus. In anderen Fällen wieder bestehen – z. B. bei Störungen des Sexuallebens – grundfalsche Meinungen über die Wesensart von Mann und Frau und deren Einstellungen und Bedürfnisse in der Erotik. Bei fast allen schwereren Neurosen ist auch die Konzeption über den *Menschen an sich* sehr subjektiv gefärbt; fast immer liegt ein düster-pessimistisches Menschenbild vor, das jene Erfahrungen »herbeizieht«, die es von vornherein postuliert. Man muß hier regelrecht die Gruppe mit den philosophischen Fragen nach der Natur des Menschen konfrontieren und zumindest in Andeutungen Einsicht und Erkenntnis vermitteln.

*Angstverminderung*

Die Gruppe wirkt angstvermindernd, da sie das Erlebnis der sozialen Zugehörigkeit vermittelt. Sie wirkt der inneren Vereinsamung entgegen. Durch die Möglichkeit der Kommunikation und Kooperation werden die psychischen Spannungen deutlich vermindert. Man fühlt sich geborgen, anerkannt, bestätigt. Manche Analysanden sprechen geradezu von der »Gruppenheimat«, die sie gefunden haben. Wenn »Heimatlosigkeit« ein Synonym für Angst ist, so bedeutet die Einfügung in die therapeutische Gruppe ein Abschwächen aller Ängste, die aus der sozialen Isolierung stammen.

Diese Angstreduktion findet allerdings nur statt, wenn es dem Therapeuten gelingt, ein aggressionsfreies und entspanntes Klima in der Gruppe zu konstellieren. Wechselseitiges Beschimpfen, zudringliches Befragen und im Dienste der Selbstidolatrie stehendes Pseudo-Psychologisieren kommt in gut geführten Gruppen nicht vor. Der Gruppenleiter lebt mit derartigem Ernst und überzeugender Entschlossenheit vor, was wahrhafte Kontaktnahme und Eingehen auf eine Persönlichkeit beinhaltet, daß auch beziehungsarme Neurotiker den kooperativen Dialog erlernen. Dieser ist es dann auch, der als Waffe gegen die Verängstigung eingesetzt wird, welche aus der »Kindheitsprägung« hervorgeht.

Das Kennenlernen der Gruppenteilnehmer wird ebenfalls ein Hilfsmittel der Angstkorrektur. Man lernt verstehen, was man alles in die Mitmenschen hineinprojiziert; die Zurücknahme der Projektionen stärkt das Ich. Dazu kommt das Gefühl der Beitragsleistung, das Mut und Zuversicht zur produktiven Lebensführung erzeugt. Wer sich als Person angenommen fühlt, gewinnt Selbstachtung und erscheint sich selbst nicht mehr so hilflos. Lediglich schwer schizoide Menschen können vom Gruppenkontakt nicht den in ihm liegenden Nutzen ziehen; für sie mag am Anfang der Behandlung die Gruppe eher eine Angstquelle als ein Angstquietiv sein.

*WIR-Erlebnis*

Eine berühmte Freudsche Formel für das Ziel der analytischen Therapie lautete: »Wo Es war, soll Ich werden!« Damit wurde angedeutet, daß Bewußtwerdung der eigentliche Motor des Heilungsprozesses sei. Inzwischen haben wir jedoch gelernt, daß die Bewußtmachung wohl ein Ansatz zur Genesung, aber nicht die Genesung selbst ist. Ihre Zaubermacht ist geringer, als Freud meinte. Heute würden wir, vom gruppentherapeutischen Standpunkt, die Freudsche Formulierung abändern und sagen: *Wo Ich war, soll Wir werden!* Als Arbeitsmaxime mag diese Fassung sinnvoller sein als Freuds Schmalspurformel, die die soziale Lebensform des Menschen viel zu wenig begreift.

Jeder seelisch kranke Mensch ist durch unglückselige Erlebnisse von Kindheit an auf sich selbst zurückgeworfen. Er sieht sich nicht genügend im Schnittpunkt sozialer Beziehungen. Entweder er verfolgt seine neurotischen Ziele des Ehrgeizes, der Macht und der Aggression, oder er verkriecht sich in Angst und Trauer in irgendwelche Schlupfwinkel, wo er Schutz vor der bedrohlichen Lebensrealität zu finden meint. Aber in beiden Fällen kreisen seine Gedanken und Gefühle um sein Ich; er ist in sich eingesperrt und kann nicht nach außen gelangen. Daher seine seelische

Verarmung, sein glückloses Leben, sein Hin- und Hergerissensein zwischen Isolierung und falscher Expansion.

Die Gruppe soll im Verlaufe der Therapie diese Vereinsamung und Abkapselung sprengen. Sie vollzieht dies durch Akte der Teilhabe, der Kommunikation und Kooperation. Der Analysand erfährt günstigenfalls den hohen Befriedigungsgehalt sozialer Interaktionen und trägt nunmehr ins alltägliche Dasein ein vermehrtes Maß von Kontaktwilligkeit hinein. Dies wird ihm möglich, weil er aus dem Wir-Erlebnis in der Gruppe mehr Lebendigkeit, Spontaneität, Lebensfreude, Sicherheit und Selbstachtung gewinnt, als er je vorher hatte. Wer sein Ich im Wir erleben lernt, findet Kontakt zur Welt.

*Wahrnehmungskorrekturen*

In keiner therapeutischen Methode läßt sich das Realitätsprinzip so gründlich und umfassend erlernen wie in der Gruppentherapie. Die »Diwanmethode« ist hier sehr im Nachteil; sie lädt dauernd zu einer psychischen Regression ein (zum Dösen, autistischen Sprechen, Äußern von Gedankenfetzen), bei der viele Patienten auch nach Jahren nicht zur Progression übergehen. Überhaupt ist die Beziehung Analytiker-Patient, die so oft einen Zug zur »Verwöhnung« annimmt, nicht immer geeignet, den Patienten an die Realität zu adaptieren. Die Gruppe kann diesbezüglich mehr korrigierende Erfahrungen vermitteln, damit der Patient von seinen »Parataxien« (Wahrnehmungsverfälschungen im Sinne von H. S. Sullivan) loskommt.

Eine zwangsneurotische Patientin z. B., die von Kindheit an mit ihrer Mutter im Streit lebte, fühlte sich immer von der Gruppe mißgünstig beobachtet und »abgewertet«. Als sie dies äußerte, erfuhr sie von allen Gruppenmitgliedern so lebhafte und freundliche Zustimmung, daß ihre paranoide Abwehrhaltung dahinschmolz. – Ein schwer schizoider Patient (24 Jahre), der in seiner Pubertät einen schizophrenen Schub erlitten hatte, fühlte sich dauernd durch die Gruppe abgelehnt. Auch er konnte dies mehrfach zum Ausdruck bringen und »durch Beweise belegen«; als diese in ihrer Hinfälligkeit klar wurden, wurde er kontaktfähiger.

Wir regen mitunter die Gruppenmitglieder an, ihre Eindrücke zu Beginn und im weiteren Verlauf der Therapie mitzuteilen und hierbei auch die Korrekturen zu erwähnen, die sie in bezug auf die Einschätzung der Gruppenteilnehmer machen mußten. Durch die Vielfalt der Charaktere, die in einer Gruppe zusammenkommen, ist der »Realitäts-Pegel« im Gruppengeschehen sehr hoch; man versteigt sich weniger in Phantasmen, Illusionen oder wahnhafte Verkennungen. Durch das Zusammenwirken aller entsteht eine gemeinsame »Gruppenrealität«, die eine Vorschule für die »Lebensrealität« darstellt.

*Menschenkenntnis*

Eine der wertvollsten Chancen in der Gruppentherapie ist die Möglichkeit für den Analysanden, Menschenkenntnis zu erlangen. Jeder Neurotiker hat sich schon in seiner Kindheit von seiner Umgebung mehr oder minder isoliert. Dadurch findet er wenig Anschluß an die Mitmenschen, erfährt zu wenig über deren Verhalten und Motivationen, so daß er oft recht weltfremd wird. Da er Menschen nicht einschätzen kann, ist er ihnen gegenüber sehr unsicher. Unsicherheit hinwiederum führt zu weiteren Fehleinschätzungen, so daß ein circulus vitiosus entsteht. Der Patient kann an andere nicht herankommen, und weil er an sie nicht herankommen kann, erwirbt er nicht die notwendigen Kenntnisse und Geschicklichkeiten, mittels derer er menschliche Nähe verwirklichen könnte. Darum bleiben Fehleinstellungen und -haltungen stabil, denn es kommt kein neuer Faktor hinzu, der sie verändern kann.

In der Gruppe ist nun die Gelegenheit geboten, alle menschlichen Reaktionen, Gedanken, Gefühle, Lebenskonstellationen umfassend zu studieren. Ein interessierter Teilnehmer kann mit der Zeit ein geschulter Menschenkenner werden. Er lernt hierbei alle Spielarten des Menschseins kennen, von der Neurose und den Perversionen bis zu den kleineren Charakteranomalien. Gleichzeitig wird ihm vorgezeigt, wie man mit schwierigen Menschen umgehen kann und soll. Der Therapeut demonstriert hier die hohe Schule der Menschenbehandlung, in der er selbst ein Meister sein muß, wenn er seinem Beruf gewachsen sein will. Wir achten auch besonders darauf, daß aus jedem behandelten Einzelfall in der Gruppe die Nutzanwendung zum Studium der menschlichen Natur gezogen wird. Der Analysand soll regelrecht seine Intuition, aber auch sein rationales Wissen über den Menschen vermehren. Gelingt dies, so wird mit der entfachten Wißbegierde auch die Kontaktfähigkeit gestärkt.

Dazu kommt, daß derjenige, der die Menschen besser versteht, sie auch besser lieben kann.

*Korrektur des Selbstbildnisses (Selbsterkenntnis)*
Das Selbstbildnis des Analysanden wird naturgemäß in erster Linie korrigiert anläßlich jener Sitzungen, die ihm persönlich gewidmet sind. Meistens werden einige aufeinanderfolgende Gruppensitzungen einem einzigen Teilnehmer eingeräumt, der hierbei seine Probleme, seinen Werdegang, seine Lebenseinstellung und -schwierigkeiten schildern kann. Immer wird bei diesem Anlaß auch Wert darauf gelegt, das Selbstbildnis des Analysanden explizit zu erfragen und zu beurteilen. Zu seinem eigenen Erstaunen erfährt dieser dann, daß seine Selbstwahrnehmung sehr lückenhaft und verfälscht ist. Es läßt sich ohne Mühe nachweisen, daß die Fehler in der Selbstbeurteilung bis auf die Beurteilung durch Eltern und andere Beziehungspersonen der Kindheit zurückgehen. Aber letztlich kommt auch in der Selbsteinschätzung der Charakter zum Vorschein; jede Charakteranomalie wird zu einem Mangel in der Optik, aus der man sich selbst und andere Menschen betrachtet. Nur aus den Charakterzügen eines Menschen läßt sich verstehen, warum er in bezug auf seine Selbsterfahrung so erstaunlich in die Irre gehen kann.

Patienten, die sich als häßlich schildern, erfahren durch die Gruppe, daß sie anders aussehen, als sie meinen; angeblich »Dumme« entdecken ihre Klugheit; vermeintlich »Gute« müssen zugeben, daß sie auch mitunter unerträglich sein können etc. Es ist ein großer Gewinn, wenn der Gruppenteilnehmer Illusionen über sich selbst (seien diese positiv oder negativ) aufgeben lernt. In der realistischen Beurteilung seiner selbst, der Schwächen wie der Vorzüge, liegt eine große Stärke. Die Gruppe erzieht diesbezüglich zur Redlichkeit gegen sich selbst, zu maßvollem Denken und Urteilen. Wer sich nicht gut kennt, hat keine Proportionen für andere Menschen. Alle seine Maße geraten ins Willkürliche und werden von Furcht und Hoffnung verzerrt. Hier setzt die Gruppe an und macht, wie jede Psychotherapie, mit dem »Nosce te ipsum« (Erkenne dich selbst!) ernst, womit sie faktisch den Grundstein zur »Weisheit« legt.

*Wandlung*

»Wenn ein Kind mit einer verbalen Welt in seinem Kopf heranwächst, die einigermaßen genau der extensionalen (d. h. realen – J. R.) Welt entspricht, die es bei seiner erweiterten Erfahrung um sich herum vorfindet, dann ist es in verhältnismäßig geringer Gefahr, durch das, was es vorfindet, schockiert oder verletzt zu werden, weil seine verbale Welt ihm gesagt hat, was es mehr oder weniger erwarten kann. Es ist auf das Leben vorbereitet. Wenn es dagegen mit einer falschen Landkarte in seinem Kopf heranwächst – das heißt mit einem Kopf, der mit Irrtümern und Aberglauben vollgestopft ist –, dann wird es ständig in Schwierigkeiten geraten, sich vergeblich anstrengen und sich wie ein Narr benehmen. Es wird nicht der Welt, wie sie ist, angepaßt sein; vielleicht wird es, wenn der Mangel an Anpassung ernst ist, in einer Irrenanstalt landen.« (S. I. Hayakawa: *Semantik*, Darmstadt 1967, Seite 35)

Der obige semantische Text umschreibt recht deutlich die Aufgabe der Psychotherapie, die das *Denken und Fühlen* des Analysanden in Übereinstimmung mit der Wirklichkeit bringen soll. Natürlich ist dies ein Prozeß, der nicht mit einem Ruck, sondern in tausend Schritten erfolgt. Nach und nach vollzieht der Patient seine unzähligen Einstellungskorrekturen, er »lernt um«. Es kommt zu vielfältigen Erfahrungen der inneren Wandlung, die das eigene Lebendigkeitsgefühl steigern. Wo ein harter, eingefrorener, verfestigter Ichkern empfunden wurde, erlebt der Analysand nun ein inneres »Flüssigwerden«, ein »warming up«. Daraus strömt neue Spontaneität, die das Wagnis der Haltungs- und Verhaltensänderung auf sich nimmt. Entsprechend dem abgeänderten Lebensstil kommt es auch zu neuen Erfahrungen, die den verbesserten Realitätsbezug bekräftigen. Auch das Gesundwerden hat eine Dynamik, nicht nur das Kranksein und -bleiben. Bei Wandlung in der Gruppe kommt es jeweils zu »Gruppenprämien«, indem Fortschritte von allen gelobt und anerkannt werden.

*Schöpferisches Denken und Fühlen*

Hat die Therapie unter Abbau von Gehemmtheiten und Verdrängungen, Korrektur von Selbst- und Fremdbildnis, durch Ichstärkung und Ichexpansion einige der grundlegenden Ziele erreicht, so muß sich dies auch darin zeigen, daß der Analysand in seinem ganzen Tun und Lassen produktiver und autonomer wird. Dies erscheint nicht selten als eine Art »Verbesserung der Intelligenzleistung«; da Angst dumm macht, wird es nicht verwundern, daß der weniger verängstigte Patient zugänglicher, verständiger, »origineller« ist. Man erlebt in den Gruppen häufig ein Maß von Überlegungen, Einfällen, kühnen Gedankengängen, die man im Alltagsleben in solcher Konzentration kaum je vorfindet. Um es lakonisch auszudrücken: Gut geführte Gruppen sind »enorm gescheit« und »emotional differenziert«. Fast jede Sitzung bei trainierten Therapiegruppen kennt ihre »Aha-Erlebnisse«, ihre Offenbarungen und neuartigen Aspekte. Der Therapeut muß allerdings selbst ein schöpferischer Mensch sein, damit er in seinem Vorgehen keine Routine demonstriert. Jede Zusammenkunft der Gruppenteilnehmer soll im Medium der Freiheit und Unvorhersehbarkeit stattfinden. Das gibt der Gruppenarbeit ein »prickelndes«, belebendes Element, das den schöpferischen Elan in allen Beteiligten stimuliert.

Wir haben als Gesundheitsziel der Psychotherapie bereits weiter oben den sogenannten »genitalen Charakter« ins Auge gefaßt, der »arbeiten und lieben kann«. In beiden Zielsetzungen ist nicht nur das durchschnittlich-alltägliche »Können« gemeint; wir streben in der Therapie ein größeres Maß von Befreiung an, ein Erwecken der Spontaneität, des Staunens, der Weltzuwendung, wie man dies etwa bei psychisch gesunden Kindern antrifft.

*Reife und Verantwortung*

Die im vorigen Abschnitt genannte Geistigkeit ist nicht intellektualistisch gemeint; sie beschränkt sich nicht auf Verstandesklugheit, sondern will den *ganzen Menschen* »durchgeisten« (um einen Goetheschen Ausdruck zu verwenden). Damit mündet gruppentherapeutisches Geschehen in ethische Praxis ein – u. E. ist die Psychotherapie in keiner Weise »ethisch neutral«. Wir meinen (siehe das Kapitel über die Gruppenethik), daß alle therapeutische Einwirkung eine ethische Basis besitzt und auch besitzen muß. Der Analysand wird aus einem Zustand der Selbstentfremdung zu sich selbst zurückgeholt; Selbsttäuschungen sollen durch Redlichkeit und Wahrhaftigkeit behoben werden; autistisch-kurzsichtiges Streben, das nur Selbstschutz und Angstvermeidung im Auge hat, soll durch weltoffenes, soziales Tun ersetzt werden. Man darf es ruhig so ausdrükken, daß jeder Psychotherapie ein Bild vom integrierten, autonomen, sozialen und humanen Menschen vorschwebt, wenn sie neurotische Deformationen bearbeitet; in den Stürmen von Übertragung und Gegenübertragung wird dieses Heilungs- und Bildungsziel als Wegweisung dienen, wobei appellative, stützende und ermutigende Einwirkungen auf den Analysanden unentbehrlich sind.

Die Gruppe erahnt sehr bald diese ethische Grundorientierung und macht sie sich zu eigen. Jeder bekräftigt jeden in der Bestrebung, menschlich reifer und verantwortungsbewußter zu werden. Sind Ansätze zu solchen humanen Impulsen vorhanden, so bietet die Gruppentherapie sogleich die Chance, sie aus dem bloßen Gefühl in die Tat umzusetzen. In unserem Sinne ist Gruppenpsychotherapie Einübung in echtes Menschsein, wozu u. E. Mitdenken und Mitfühlen, Kooperation, Hilfsbereitschaft, Lebens- und Menschenfreundlichkeit gehört. Wir betrachten einen Patienten erst dann als gesund, wenn ihm seine Beziehungspersonen merkliche Reife und Verantwortung bescheinigen können.

## *Einleitung zum Gruppengespräch I*

Es ist von größter Tragweite für den Verlauf der gruppenpsychotherapeutischen Sitzungen, wie sie eingeleitet, strukturiert und gelenkt werden. Ein Überblick über die bisherige Fachliteratur scheint darauf hinzuweisen, daß die meisten Therapeuten sich die passive Technik der orthodoxen Psychoanalyse zu eigen gemacht haben. Ähnlich wie der Einzeltherapeut im traditionellen psychoanalytischen Verfahren zum Schweigen und zur größtmöglichen Zurückhaltung tendiert, so wird auch im Gruppenverfahren die Initiative weitgehend den Analysanden überlassen. Oft gilt dies bereits für die ersten Sitzungen der Gruppentherapie, wo die Patienten noch gar keine Ahnung haben, was man von ihnen erwartet und was in der therapeutischen Interaktion überhaupt geschehen soll. Daher die tiefe Ratlosigkeit anläßlich der beginnenden Therapie; mitunter reicht dieses Tasten und Suchen über Wochen und Monate hinweg, wenn der Gruppenleiter nicht aus seiner abwartenden Einstellung herausgeht und regelrecht darüber instruiert, wie Gruppengespräche vor sich gehen sollen. Unseres Erachtens handelt es sich hier um eine unabweisliche Notwendigkeit, die am besten schon in der ersten Zusammenkunft gründlich geklärt werden soll. Man verliert als Therapeut Zeit, die Analysanden vergeuden ungenützt ihr Geld, wenn nicht von vornherein der Gruppenarbeit die produktive und sinnvolle Richtung gewiesen wird. Wie kann man von Laien, die Psychoanalyse und Psychotherapie nur vom Hörensagen (und vom Lesen unverständlicher Bücher) kennen, erwarten, daß sie »von selbst« den Weg zum analytisch-klärenden Gespräch finden!

Wir legen großen Wert darauf, unsere Gruppenanalysanden möglichst sofort zu instruieren, wie die Gruppenarbeit vor sich gehen soll. Zu diesem Zwecke wird bei der Eröffnungssitzung ein summarischer Überblick über die Technik und Problemstellung der Psychotherapie gegeben. Dies soll nicht allzu theoretisch sein. Es muß ein farbiger, konkreter Entwurf für die Interessensrichtung sein, die in psychotherapeutischen Gesprächen vorwaltet. Mit einem einmaligen Einführungsvotum jedoch hat der Therapeut seine Aufgabe bei weitem nicht gelöst. Die Patienten stehen ja dem tiefenpsychologischen Denken fern. Darum muß, wie bei jedem Lernen, das Lernmaterial wiederholt werden: repetitio est mater studiorum (Die Wiederholung ist die Mutter des Lernens!).

Wir pflegen es so durchzuführen, daß wir in den Anfängen der Gruppentherapie *einige Male* zur Einleitung von Sitzungen theoretische Anleitung geben. Dies kann unter mehreren Titeln erfolgen; uns hat sich als zweckmäßig etwa folgende Themenreihe erwiesen: Technik der Psychoanalyse – Die Kunst, eine Lebensgeschichte zu lesen – Vom Werden des Charakters – Charakter, Lebensführung und Neurose – Übertragung, Gegenübertragung und psychotherapeutische Kooperation – Einzeltherapie und Gruppentherapie – Die neurotische Symptomatik und die Gesamtpersönlichkeit – Was heilt in der Psychotherapie?

Solche Themen könnten wir noch in großer Zahl aneinanderreihen. Für die Konstellation der Gruppenarbeit zeigte es sich uns als sehr gewinnbringend, wenn mit derartigen Betrachtungen für die Gespräche der Analysanden ein Rahmen geschaffen wurde. Damit wird das Sicherheitsgefühl des Analysanden erhöht. Hat man anfänglich eine solche »zurückhaltende Führung« durch den Therapeuten angebahnt, kann man später zur »gruppenzentrierten Gruppe« übergehen. In der Folge geben wir drei Beispiele therapeutischer Einführungssitzungen, die man als Muster auffassen mag.

## *Einleitung zum Gruppengespräch II*

Der Therapeut eröffnet eine Gruppe mit folgenden Worten: Manche von uns werden sich fragen, was ihnen die Teilnahme an den Gruppengesprächen nützen soll. Vielleicht hat dieser oder jener das Gefühl, er werde sich hier, sozusagen vor fremden Leuten, nur schwer äußern können. Wir haben aber die Erfahrung gemacht, daß nach kurzer Zeit in den Gruppen ein wohltuendes Klima entsteht, welches allgemein Vertrauen erweckt. So kommt es, daß sich kaum jemand geniert, seine privaten und privatesten Probleme zu berichten. Jeder hat hierzu die Möglichkeit. Wenn irgendeiner zu uns sprechen will, so kann er versichert sein, daß er aufmerksame, wohlwollende und hilfsbereite Zuhörer finden wird.

In den Gruppensitzungen wollen wir alle lernen, wie man einen Mitmenschen versteht. Ich möchte betonen, daß dies eine hohe und schwer zu erlernende Kunst ist. Wenn jemand zu uns sagt, daß er Sorgen und Nöte hat, fängt der Prozeß des Verstehens erst an. Erzählen und Plaudern kann man ja überall. Aber meistens reden die Menschen aneinander vorbei. Was wir hier erlernen wollen, ist eine besondere Technik der Menschenkenntnis, nämlich die tiefenpsychologische. Wir wollen die Probleme eines Menschen aus seiner Lebensgeschichte, aus seinem inneren Werdegang von früher Kindheit an verstehen und deuten lernen. Dabei ist ein wichtiger Grundsatz der Psychoanalyse und Psychotherapie, daß Kindheit und Jugend eines Menschen den Schlüssel zu den Eigentümlichkeiten seiner Persönlichkeit beinhalten. Diesen Gesichtspunkt müssen wir immer fest im Auge behalten. Die Menschen reagieren oft seltsam, unbegreiflich, komisch, skurril, pathologisch; warum das so ist, soll von uns ursächlich erfaßt werden. Denken wir an irgendwelche Vorfälle des alltäglichen Lebens: Der eine nimmt sie ruhig, gelassen, vernünftig und besonnen, indes der andere wegen Bagatellen aus dem Häuschen gerät, schwermütig, depressiv oder verängstigt wird und unter Umständen an sich selbst und der Menschheit verzweifelt. Es ist also sehr verschieden, wie die Menschen auf bestimmte Umstände reagieren. Dies kann man nach tiefenpsychologischer Überzeugung nur dadurch einfühlbar machen, daß man sich stets klarmacht, wie sehr wir alle Vorfälle des Lebens durch eine ganz persönliche »Brille« sehen, eine »Brille«, die uns durch die Bedingungen unserer Kindheit »aufgesetzt« worden ist. Es gibt keine gleiche Optik für alle Menschen; jeder hat seine besondere Sicht und Sehweise, die man auch den gefühlsmäßigen Persönlichkeitshintergrund nennen kann. Derselbe Vorfall auf dem *einen* Resonanzboden emotionaler Art erzeugt furchtbare Verängstigung, indes in einem anderen Fall dasselbe Ereignis durch fruchtbare und mutige Auseinandersetzung leicht bewältigt wird.

Die Kindheit ist also Quelle und Ursprung der Charakterstruktur eines Menschen. Das läßt sich ziemlich leicht so sagen; um es aber wirklich zu verstehen, muß man das tausendfach anschaulich erlebt haben und an praktischen Fällen belegen können. Es ist immer wieder erstaunlich, wie sehr die Eindrücke und Erfahrungen der Kindheit im Menschen lebendig bleiben und weiterwirken. Viele Laien wollen das dem Therapeuten nicht glauben und pflegen zu sagen: Gut, ich bin als Kind verzogen worden. Ich weiß, daß meine Eltern bei mir Fehler machten. Ich erinnere mich auch, wie ich als Kind unglücklich, traurig, eifersüchtig, neidisch, verbittert oder verzweifelt war. Aber inzwischen bin ich doch erwachsen und klüger geworden. Man kann doch wohl nicht behaupten, daß ich mich immer noch wie das Kind benehme, das ich einst war!

Tatsache ist jedoch, daß wir uns unbeschadet unserer rationalen Intelligenz sehr oft so wie Kinder benehmen. Dies gilt vor allem für affektgeladene, emotionale Situationen. Jeder ist, zumindest ein Stück weit, immer noch das Kind, das er einmal war. Es ist eine *lebenslängliche* Aufgabe, die harte und unermüdliche Arbeit der Selbsterkenntnis erfordert, mit den durch die Ungunst der Kindheitsverhältnisse entstandenen Persönlichkeitsproblemen innerlich fertig zu werden.

Wenn wir die Bedeutung der Erziehung für die Charakterbildung hervorheben, sagen manche Laien auch folgendes: Gibt es nicht angeborene Charaktereigenschaften? Sind wir nicht alle durch die Vererbung ein für allemal fixiert?

Oft ist die Übereinstimmung zwischen Kindern und Eltern in der Tat verblüffend. Jähzornige Väter haben jähzornige Kinder, schwermütige Mütter haben depressive Kinder usw. Mitunter sind spezielle psychische

Erkrankungen geradezu in bestimmten Familien sehr gehäuft. Dadurch entstand der Eindruck, es gäbe eine psychische Erbsubstanz, wie es dies unzweifelhaft für körperliche Eigenschaften gibt.

Die tiefenpsychologische Forschung hat uns jedoch gezeigt, daß es oberflächlich ist, von angeborenen psychischen Merkmalen zu sprechen. Wir kommen weiter und verstehen mehr, wenn wir Kindheit und Erziehung für die Gestaltung der Persönlichkeit verantwortlich machen. Vom ersten Tag an wird der Charakter des Kindes durch Erziehungseinflüsse geformt und modelliert. Die Gefühlslage z. B. einer Mutter stellt das dauernde Klima dar, in dem das Kind aufwächst. Man stelle sich etwa eine traurig-verstimmte Mutter vor. Das Kind wendet sich ihr, mit dem Erwachen seines Bewußtseins, spontan und munter und lebensfreudig zu. Wenn es nun immer auf depressive Abweisungen stößt, so ist es doch kein Wunder, wenn Mutter und Kind nach kurzer Zeit ähnliche Gefühlsdeformationen haben. Hierbei spielt auch die Imitation eine wesentliche Rolle. Wenn ein Vater mit Wutanfällen die Familie in Schach hält, wie sollte da ein Kind nicht dazu verlockt werden, mit ähnlichen Mitteln nach Macht und Überlegenheit zu streben! Das Kind lauscht der Umgebung seine Verhaltensweisen ab. Es baut seinen Charakter in der stetigen Auseinandersetzung mit seinen bedeutsamen Beziehungspersonen auf. Das übersah man in jener Epoche, in der man alles der Vererbung und Konstitution zuschrieb. Wir glauben in der Psychoanalyse nicht mehr an die psychische Vererbung, sondern an Erziehung und Nachahmung. Die Lehre von den psychischen Erkrankungen hat dies durch riesiges kasuistisches Material bestätigt.

Wir wollen nun lernen, durch das gruppentherapeutische Verfahren in der Lebensgeschichte eines Menschen zu lesen wie in einem offenen Buch. Zu diesem Zweck muß man bestimmte Regeln befolgen, die man erst nach einiger Bemühung erlernt. Einiges soll aber bereits knapp angedeutet werden.

Zunächst berichten uns die Analysanden über ihre Symptome, d. h. wo sie der Schuh drückt; davon wollen wir immer ausgehen. So werden wir etwa zu hören bekommen, daß jemand sagt: Ich kann nicht arbeiten; ich habe Angstzustände; ich kann nicht schlafen; ich habe nervöse Magenbeschwerden; mein Blutdruck ist zu hoch, ohne daß eine organische Ursache dafür gefunden werden kann etc. Um derartige Symptome (von denen es tausende gibt) zu verstehen, muß man immer den *gesamten psychischen Kontext* erarbeiten, in den sie hineingehören. Man muß gleichsam aufdecken, wie der betreffende Mensch auch sonst lebt, fühlt, denkt usw. Das Symptom ist also für uns nicht entscheidend – es ist nur der Ausgangspunkt unserer Forschungsarbeit. Wir fragen uns demnach, wie das Symptom in der *Gesamtpersönlichkeit* verankert ist; letztere muß man sichtbar machen, um ein Symptom verständlich werden zu lassen.

Bei der psychologischen Befragung muß man bestimmte Techniken anwenden. Zielloses Fragen ist Zeitverlust und nützt niemandem. Befragung muß immer von einem theoretischen »Vorwissen« ausgehen. Auch muß man sich Rechenschaft darüber geben, was man sucht; sonst findet man nichts. Wir wollen ermitteln, wie ein Mensch sich in der mitmenschlichen Welt bewegt und wie er sich zu den Aufgaben des Lebens (Arbeit, Liebe, Gemeinschaft) stellt. Alle Lebensbereiche und -bezüge sollen transparent gemacht werden.

Ich gebe hier einen Überblick über all das, was einen Psychotherapeuten interessieren muß, wenn er sich einem Analysanden zuwendet. Wie geht es dem Patienten in der Arbeit? Kann er arbeiten oder nicht? Ist er ehrgeizig, kooperativ, sachorientiert, oder gehemmt, unsicher, leistungsschwach? Hat man hierüber Details erfahren, so kann man seine Vorgeschichte ans Licht heben: Wie ging es in der Schule? Wie waren die Schulleistungen? Das Verhältnis zu Lehrern und Mitschülern? Gab es Rückschläge und Mißerfolge in der Schule? All dies ist wichtig, um die Arbeitsfähigkeit eines Erwachsenen beurteilen zu können. Oft gehen wir sogar bis zum »Spielschicksal« eines Analysanden zurück. Wer als Kind richtig spielen gelernt hat (vor allem auch Gemeinschaftsspiele), der hat allenfalls gute Voraussetzungen für späteres Arbeiten. Man sieht, daß auch der *Arbeitscharakter* eines Menschen seine Wurzeln und Ursprünge im Kindheitserlebnis hat und von daher interpretierbar wird.

Nun sollen wir aber beim Arbeitsproblem nicht stehenbleiben. Wir haben die Erfahrung gemacht, daß die Arbeitsfähigkeit von der Beziehungsfähigkeit abhängt. Alle menschlichen Probleme sind Beziehungs- und Kontaktprobleme. Übertrieben ehrgeizige, eitle, verwöhnte, unkooperative und asoziale Menschen haben es immer schwer, zu arbeiten. Deshalb wollen wir die Arbeitssituation eines Analysanden immer auf dem ganzen Hintergrund seiner zwischenmenschlichen Situation sehen. Wir fragen daher nach der Beziehung zu Eltern, Geschwistern, Freunden, Liebespartnern, Kollegen, Chefs, Untergebenen, zu den Mitmenschen überhaupt. Auch hier müssen wir die ganze Vorgeschichte mit einbeziehen, wenn wir den gegenwärtigen Stand der Dinge profiliert begreifen möchten. Denn die psychische Gegenwart eines Menschen ist so oft eine *Neuauflage* seiner Vergangenheit, und leider keine verbesserte und korrigierte Neuauflage. Letzteres soll und kann allerdings durch die Psychotherapie zustandekommen und ist auch eines der Ziele unserer Arbeit.

Wir versuchen also, Lebensgeschichten zu interpretieren, aber wir machen das nicht aus Neugier oder weil wir sonst nichts Besseres zu tun haben. In erster Linie wollen wir verstehen, *um einander helfen zu können.* Ohne Erwecken der Hilfsbereitschaft wären gruppentherapeutische Gespräche nur ein kompliziertes Gesellschaftsspiel oder ein Zeitvertreib. Nun ist aber das Helfen eine sehr komplexe und schwierige Aufgabe, die man sich nicht zu leicht vorstellen soll. Helfen besteht z. B. nicht darin, daß man dem angehörten Analysanden »gute Ratschläge« gibt. Das ist für uns zu oberflächlich – das kann eine Tante und ein wohlmeinender Onkel auch. Unsere erste Hilfeleistung in der Gruppentherapie bedeutet zunächst, daß wir innerlich mit dem Ratsuchenden mitgehen, uns in ihn einfühlen, uns mit ihm solidarisieren. Wer unbeteiligt in unserer Mitte sitzt und im Stillen denkt, was gehen mich denn alle die anderen an, wird wenig von unseren Gesprächen profitieren. Andererseits ist es schon ein Stück Heilung für alle an der Gruppe Mitwirkenden, wenn wir eine Atmosphäre zu erzeugen vermögen, in der jeder an jedem echtes Interesse nimmt.

Bevor wir zu den Nöten eines Analysanden Stellung nehmen, wollen wir jeweils *sehr gründlich* verstehen. Vorzeitiges Ratgeben artet oft in Geschwätz aus, das wirkungslos bleibt. Unsere Ambition geht auf Höheres. Wir wollen jeweils unbewußte Motivationen bewußt machen, Selbsterkenntnis fördern. Ein Mensch, der sich selbst kennt, braucht nicht mehr viel Ratschläge; er findet dann die Lösung seiner Probleme selbst.

Wir arbeiten am Charakter des einzelnen, um so sein Leben zu ändern. Gewiß kommt ein Teil des menschlichen Leidens immer auch aus den äußeren Lebensbedingungen. Diese können wir in der Gruppentherapie in der Regel nicht ändern. Wir haben – leider – innerhalb der Gruppe wenig Einfluß auf die Gesellschaft und verschiedene Kulturmißstände. Wir übersehen diese nicht und wollen sie auch nicht verschweigen. Aber was wir in der Therapie beeinflussen können, ist in erster Linie der subjektive Faktor. Ein Großteil unserer Lebensnöte entsteht nicht aus der objektiven Konstellation, sondern aus deren *subjektiver Verarbeitung*. Letztere hängt von unseren unbewußten Motivationen und Einstellungen ab. Die Psychotherapie kann hier Änderung anbahnen. Indem sie innere Zwänge und Fehlorientierungen bewußt macht, vermehrt sie die innere Freiheit und die Fähigkeit, sich mit dem Leben produktiv auseinanderzusetzen. Selbsterkenntnis ist immer auch Selbstbefreiung. Das »Erkenne dich selbst« ist der Vorläufer zum »Werde der du bist!«

Unsere Gruppenarbeit ist nicht nur ein Erkenntnisprozeß, sondern auch eine Umerziehung, ein Neubeginn der Lebensführung, ein neuer Anfang. Wir achten besonders darauf, daß wir jeden aus seiner selbst- und umweltgeschaffenen »Ummauerung« herausführen können und ihm den Weg zu den Mitmenschen eröffnen. Die Gruppe ist ein Übungsfeld für soziale Beziehungen. Was wir hier lernen, können wir im Leben draußen sehr gut gebrauchen. Es ist ja fast immer das Unglück, daß die Menschen nicht zueinanderkommen können. In der Ehe, im Beruf, in der Familie, in der Gemeinschaft: Überall ist man vereinzelt und isoliert, man versteht nicht und wird nicht verstanden. Die Gruppentherapie soll ermöglichen, neue und bessere zwischenmenschliche Erfahrungen zu sammeln. Darum pflegen die Gruppenmitglieder auch Kontakte, die über die eigentlichen Therapiesitzungen hinausreichen. Immer wieder erleben wir, daß sich im Gruppenmilieu Bekanntschaften anbahnen, daß sich Gruppenmitglieder außerhalb der Sitzungen noch treffen, miteinander diskutieren, ausgehen, oder sonst etwas gemeinsam unternehmen. Dabei werden durch die stimulierende Gruppenerfahrung sozial-adäquatere Verhaltensweisen eingeübt. Wir sind darum auch nicht dafür, daß z.B. nach einer Therapiestunde jeder gleich für sich nach Hause geht – wenn sich die Gelegenheit bietet, gehen noch manche zu einem weiterführenden Gespräch dahin oder dorthin, was unseres Erachtens eine wichtige Ergänzung für die Therapie bedeutet. Es soll auch hier erwähnt werden, daß einmal in der

Woche alle Analysanden gemeinsam eine »Theoriestunde« haben, die natürlich fakultativ ist. In solchen Theorie-Sitzungen wird in die Erkenntnisse der Tiefenpsychologie eingeführt, u. z. aus dem Grunde, daß wir tiefenpsychologische Einsichten als für jeden kultivierten Menschen unentbehrlich ansehen. Vorträge oder Diskussionen in den Theoriestunden kreisen um die Vielfalt psychoanalytischer Gesichtspunkte bezüglich des Menschen, seiner individuellen und sozialen Probleme, seines Schicksals in der kranken, neurotischen Kultur. Wir machen ernst mit dem Programm, Psychotherapie als umfassende *Menschenkunde* jedem Interessierten zugänglich zu machen.

## *Einleitung zum Gruppengespräch III*

Eine andere Möglichkeit der Gruppeneröffnung ist folgende: Wir konstituieren uns heute als therapeutische Gruppe und werden von nun an regelmäßig unsere Gruppengespräche führen. Zu diesem Anlaß möchte ich ein paar Worte sagen über den Sinn unserer Arbeit und wie diese vor sich gehen soll. Wir treiben hier Gruppenanalyse, d. h. Gruppenpsychotherapie. Hierzu sind gewisse Andeutungen nötig, damit jedermann weiß, was das ist, welche Methoden angewendet werden und vor welche Anforderungen wir gestellt sind.

Gruppentherapie ist eine Weiterentwicklung der ursprünglich allein angewendeten Einzeltherapie. Man kann daher von der letzteren ausgehen, wenn man die erstere zumindest grundsätzlich beschreiben will. Was für eine Aufgabe hat die Psychotherapie? Ein Psychotherapeut wird von verschiedenen Menschen konsultiert, die irgendwelche Lebensprobleme nicht bewältigen können. Diese Probleme können sehr mannigfaltig sein. Es sollen diesbezüglich nur knappe Hinweise gegeben werden.

Häufig führen z. B. *Arbeitsstörungen* in die Psychotherapie. Arbeitsgestörten Menschen fehlt es oft nicht an Intelligenz. So wäre etwa jemand potentiell durchaus in der Lage, sein Studium oder seine Berufsarbeit zu meistern, und dennoch kommt er nirgendwo voran. Wir kennen hierbei z. B. Konzentrationsstörungen, Prüfungsängste, mangelndes Durchhaltevermögen, Sprunghaftigkeit, fehlenden Überblick. Wo liegen die Ursachen solcher Arbeitshemmungen? Vor diese Frage sieht sich der Psychotherapeut oft gestellt.

In anderen Fällen kommen Patienten mit *Depressionen.* Jedermann kennt dieses Zustandsbild. Plötzlich werden solche Menschen von traurigen Stimmungen und Verstimmungen befallen. Hat man einen großen Verlust erlitten, so ist Trauer eine normale Gefühlsregung. Die pathologische Trauer des Depressiven jedoch läßt keine einfühlbaren »Gründe« erkennen. Oft sind es nur Bagatellen, die die Melancholie auslösen. Steckt der Patient in seiner Depression drin, so hat er das Gefühl, wertlos zu sein, nichts zu können, ein aussichtsloses Leben zu führen, der letzte, häßlichste und dümmste Mensch zu sein. Oft treten irrationale Schuldgefühle auf, die sich auf harmlose Vorfälle des alltäglichen Lebens beziehen. Begriffe wie Sünde, Delinquenz etc. werden hartnäckig für Verhaltensfehler gebraucht, die jedermann passieren können. Suicid-Tendenzen liegen in der Linie dieser Selbstverneinung, die in der Depression gefährliche Ausmaße annehmen kann. Im Erscheinungsbild der Depression zeigt sich eine Verlangsamung der Körperfunktionen; solche Menschen fühlen sich schwer und schwerfällig. Sie möchten sich am liebsten in einen Winkel verkriechen; faktisch findet man sie oft im Bett oder düster vor sich hindösend. Wir alle wissen, wie schwierig es ist, depressive Menschen aufzumuntern. Rationaler Zuspruch hilft wenig oder gar nicht. Alle Argumente prallen an der umfassenden Kleinmuts-Haltung ab. Man steht vor einem Rätsel, wieso auch sehr kluge und feinsinnige Menschen dieser unverkennbar phantastischen negativen Fehleinschätzung ihrer Persönlichkeit zum Opfer fallen können.

Des weiteren wird der Therapeut von Patienten konsultiert, die ganz einfach *Angst* haben. Auch hier wieder sucht man vergeblich nach rational faßbaren »Ursachen«. Angstattacken überfallen den Menschen »aus heiterem Himmel«. Hervortretend ist hierbei das Gefühl der Ohnmacht und Hilflosigkeit, des Abgeschnittenseins von menschlicher Geborgenheit und Solidarität. Der Ängstliche ist für sich allein. Seine Angst kann demnach Isolierungsangst sein, oft ganz vage und unbestimmt. Mitunter jedoch konkretisiert sie sich als Autoritätsangst, Prüfungsangst, Kontaktangst usw. Sehr häufig sind es auch spezifisch sexuelle Ängste. In der Phobie läßt sich der Angstaffekt auf irgendeinem Objekt nieder, das nun ängstlich gemieden wird. Wenn wir den Patienten fragen, warum er

Angst hat, so weiß er kaum eine Antwort. Es ist zu bemerken, daß ein großer Teil der psychopathologischen Probleme um die Angst zentriert ist. Die Angst kann als der Schlüssel zu allen seelischen Fehlentwicklungen angesehen werden. Hierüber werden wir in der gruppentherapeutischen Arbeit viel Anschauungsmaterial zur Kenntnis nehmen können.

Sodann gibt es die sogenannten *psychosomatischen Störungen*, also Krankheiten auf rein seelischer Grundlage, die sich jedoch körperlich manifestieren. Hier ist etwa der hohe Blutdruck, Kopfschmerz, Magenverstimmung, Magengeschwür, Obstipation, Asthma, der Herzanfall, das Ekzem, die Fett- und die Magersucht und vieles andere zu erwähnen. Man findet bei diesen Erkrankungen keine körperlichen Ursachen, wie genau man auch diese Patienten untersucht. Bei der tiefenpsychologischen Exploration aber wird klar, daß solche Irritationen ihren Ursprung im Gemüt haben. Die psychosomatische Krankheit hat regelrecht einen »Sinn«; sie »bedeutet« etwas in der Lebensgeschichte des Kranken, nämlich ein angsterfülltes Ausweichen vor Krisensituationen, die mittels des vorhandenen Persönlichkeitsinstrumentariums nicht überwunden werden können. Darum spricht man von der »Flucht in die Krankheit« oder von »menschlichen Krankheiten« (A. Jores), d. h. solchen, die aus spezifisch menschlichen Schicksalen erwachsen. Auch hier ist die Angst der Motor der pathologischen Entwicklung. Sie stört das vegetative Nervensystem und bringt Funktionen zum Entgleisen, wodurch das psychosomatische Krankheitsbild hervorgerufen wird. Es braucht nicht betont zu werden, daß der psychosomatische Patient mit Medikamenten allein kaum je geheilt werden kann.

Weiterhin hat der Psychotherapeut mit *gestörten menschlichen Beziehungen* zu tun. Das ist offenkundig ein weites Feld. Es kann sich um den Bereich der Arbeit, aber auch um Ehe, Familie, Eltern-Kind-Verhältnis, Geschlechtsbeziehungen usw. handeln. Viele Menschen leiden unter Kontaktschwierigkeiten. Sie empfinden eine Barriere zwischen sich und den Mitmenschen. Auch Ehepartner in langdauernder Ehe können sich im Grunde sehr fremd sein. Der Dialog scheitert so oft, ohne daß man ermitteln kann, wer schuld daran ist. Überhaupt fehlt es in unserem sozialen Leben am Verstehen und Verstandenwerden. Wir haben zu wenig Selbsterkenntnis und Menschenkenntnis, um einander richtig begegnen zu können. Gute menschliche Beziehungen sind dem Dialog recht ähnlich; auch da muß man einander hören, über sich selbst und den anderen Bescheid wissen. Alles Glück und Unglück des Menschenlebens entstammt der Problematik der zwischenmenschlichen Beziehungen. Sind diese gut und tragend, so fühlt sich der Mensch in der Welt wohl und geborgen. Lockert sich das mitmenschliche Bezogensein, so kommt es zu Angst, Lebensverleider, Unstimmigkeit jeglicher Art.

Ein anderes Wort für gestörte menschliche Beziehungen ist durch den Begriff der *Charakterdeformation* gegeben. Damit hat man in der Psychotherapie besonders viel zu tun. Alle Lebensschwierigkeiten hängen auch mit Charakterunzulänglichkeiten zusammen. Die Therapie versucht, solche neurotische Charakterzüge in Richtung auf psychische Gesundheit und Normalität zu beeinflussen. Man denke etwa an die Lebens- und Beziehungsprobleme, die durch Charaktereigenschaften wie Geiz, Neid, Habgier, Eitelkeit, Ehrgeiz, Mißtrauen, Schüchternheit, Hypochondrie, Pedanterie, Eigensinn, Streitsucht, Aggressivität etc. entstehen! In der psychologischen Analyse wollen wir immer den Charakter des Analysanden durchsichtig machen, da sich aus dem Charakter und seinen Engen und Einseitigkeiten alles Verhalten ableiten läßt. Hat man den Charakter eines Menschen verstanden, so kann man mehr oder minder abschätzen, wie er sich in dieser oder jener Situation einstellen und betragen wird. Der Charakter des Menschen ist auch der Schlüssel zu seinem Lebensschicksal, u. a. die Grundlage der neurotischen Erkrankung. Daher kann man durchaus, im Sinne von Alfred Adler, die Psychotherapie als eine Form von »Charakteranalyse« beschreiben. Die Dynamik charakterlicher Eigentümlichkeiten ist für den Psychologen von höchstem Interesse und soll auch uns in der Gruppenpsychotherapie noch sehr weitläufig beschäftigen. Wir heben hierbei unbewußte Charakterzüge ins Bewußtsein, damit sie einer Änderung zugänglich werden.

Wenn der Psychotherapeut in solchen und ähnlichen Fällen konsultiert wird, so ist es seine Aufgabe, möglichst rasch zu ermitteln, wo den Ratsuchenden der Schuh drückt. Hierbei ist das Anhören das erste. Auch wir werden in der Gruppentherapie lernen müssen, gut zuzuhören. Das scheint einfach zu sein, ist aber eine der größten Künste. Im übrigen dürfen wir nicht hoffen, daß ein Analysand uns auf unmittelbares Befragen mitteilen kann, was wirklich die Quelle seiner Lebensnöte ist. Meistens erhält der Frager nur fragmentarische Auskünfte, oft sogar falsche und irreführende Hinweise, die natürlich nichts mit bewußter Lüge zu tun haben. Aber der Analysand kennt sich selbst schlecht und erzählt seine Lebenssituation so, *wie er sie sieht*. Darin können viele Irrtümer enthalten sein, die man nicht leichtgläubig hinnehmen darf. Ein Psychologe muß *erraten* lernen. Er muß Unausgesprochenes vernehmen und Aussagen jeweils in bezug auf den Sprechenden relativieren können. Wenn er den Charakter des Sprechenden erahnt hat, kann er jeweils die notwendigen »Abstriche« machen, die so oft bei gutgläubigen Meinungsverlautbarungen notwendig sind.

Wir üben in der Gruppentherapie die Kunst des Menschenverstehens. Je weiter wir in diesem Studium kommen, um so mehr werden uns feinste Andeutungen genügen, um uns in die Situation eines anderen versetzen zu können. Psychologisches Verstehen heißt: mit den Augen eines anderen sehen, mit den Ohren eines anderen hören, mit den Gefühlen eines anderen fühlen können. Wir wollen uns gleichsam an den Platz des Betreffenden setzen, so daß wir etwa voraussagen können: in dieser oder jener Lebenslage wird er so oder so empfinden, fühlen, handeln. Nur aus dieser Identifizierung heraus werden wir wissen, wie unserem Mitmenschen zumute ist. Haben wir ihn so erfaßt, so können wir ihn auf eine Weise ansprechen, die ihm zu Gemüte geht. Aus dem Gut-Zuhören-Können erwächst die richtige Gesprächsfähigkeit. Gespräch und Geschwätz sind sehr verschieden und dürfen nicht verwechselt werden.

Ein weiterer Schulungspunkt in der Gruppentherapie ist die Kunst des psychologischen Fragens. Auch hier muß viel gelernt werden. Wenn sich jemand mit seinen Problemen an die Gruppe wendet, dann muß diese ihn über sein Leben, seine Gefühle und Gedanken, seine Schicksale usw. befragen. Hier ist zu erwähnen, daß nur derjenige klug fragen kann, der schon etwas weiß. Was man haben muß, ist vor allem ein Grundbestand an psychologischem Wissen, welches wir uns nach und nach erarbeiten wollen. Der Frager muß ein Denkgerüst, ein Konzept, eine Vorahnung vom Thema haben, wenn er die Antworten des Befragten einordnen will. Wenn die Fragen ziellos sind, sind auch die Antworten meistens entsprechend. So reden die Menschen aneinander vorbei, man vergeudet Zeit, ohne daß sich etwas klärt. Wir werden in der Gruppentherapie eine Fragetechnik einüben, die sehr zielsicher zu den Problemen des Ratsuchenden vorstößt. Je mehr wir die Tiefenpsychologie begreifen, um so feinfühliger, zarter und gescheiter werden wir fragen. Es gibt in diesem Bereich wichtige Nuancen. Man kann z. B. so plump fragen, daß man den Befragten vor den Kopf stößt; man kann aber auch so sensibel fragen, daß er große Freude am Gespräch hat. Alle Menschen haben Freude an Gesprächen, bei denen sie Klarheit über sich selbst gewinnen.

Wir gehen bei unserer Arbeit von gewissen theoretischen Überzeugungen aus, die sich uns aus der tiefenpsychologischen Forschung ergeben haben. Hier möchte ich einen entscheidenden Grundsatz der Psychotherapie ins Licht rücken: Wir Psychotherapeuten sind der Meinung, daß die Lebens-Schwierigkeiten, die ein erwachsener Mensch hat, allgemein nie allein aus seiner Gegenwart stammen. Die meisten Lebensprobleme sind kontinuierlich durch das ganze Leben hindurch; sie ziehen sich wie ein roter Faden von der Kindheit bis zum »hier und jetzt«. Depressionen, Ängste, Kontaktschwierigkeiten etc.: Das alles hat seine Vorgeschichte, und die gegenwärtige Not hat sich lange im Vorleben von Jugend an angebahnt und vorbereitet.

Diese Kontinuität im Lebensablauf und in den neurotischen Komplikationen gibt unserer gruppentherapeutischen Arbeit eine bestimmte Richtung. Wenn uns jemand von seiner jetzigen Problematik erzählt, dürfen wir dabei nicht stehenbleiben. Wir müssen mit ihm in seine Kindheit und Jugend zurückgehen. Wir fragen: Wie war es denn früher? Wie haben Sie Ihre Eltern und Geschwister erlebt? Wie war die Erziehung? Wie ging es im Kindergarten, in der Schule, in der Spielgemeinschaft mit Gleichaltrigen? Wenn wir auf diese Weise biographische Forschung betreiben, sozusagen einen Längsschnitt durch das Leben des Befragten vor uns hinstellen, so werden wir oft verblüfft darüber sein, wie ähnliche Ereignisse und Erlebnisse im Schicksal des Exploranden auftauchen. Dieser Eindruck ist so stark, daß sich die Menschen vor der Tiefenpsychologie fragten, ob nicht im Lebensablauf das Wirken unveränderlicher Anlagen oder Konstitutionen festzustellen sei. Man dachte sich die Persönlichkeit des Menschen durch ein Erbschicksal determiniert; alle wesentlichen Eigenschaften seien angeboren und darum nicht merklich zu beeinflussen.

Die Tiefenpsychologie mußte dieser Auffassung energisch widersprechen. Wir sind heute auf Grund unserer Forschungsresultate davon überzeugt, daß die psychischen Grundstrukturen eines Menschen nicht angeboren, sondern anerzogen sind. In der Auseinandersetzung mit dem Milieu der frühen Kindheit erwirbt der Mensch die Keimform seines Charakters, die seine unbewußte Gemütsverfassung konstelliert. Da diese Motivationen im Unbewußten bleiben, lassen sie sich vom Betreffenden schwer erkennen und kaum verändern. Die Psychotherapie gibt uns aber ein Mittel in die Hand, diese frühen Formungs- und Deformationsprozesse durchsichtig und einer Beeinflussung zugänglich zu machen.

Der Zusammenhang zwischen Kindheit und Charakterbildung ist derart sichergestellt, daß wir die Kindheitsbedingungen eines Menschen rekonstruieren können, bevor er sie uns erzählt hat, vorausgesetzt, daß wir seinen Charakter erkennen. Wir können aber auch aus dem Bericht über seine Kindheit seine gegenwärtigen Schwierigkeiten ableiten. Dies erwächst uns aus der unumstößlichen Einsicht, daß die ersten Lebensjahre dem Charakter in seiner Entwicklung die entscheidenden Anstöße geben. In der Auseinandersetzung mit seiner frühkindlichen Umgebung lernt jedermann, wie er später das Leben nimmt; er erwirbt seine Anpassungsmanöver, seine Gefühle, seine Empfindungen, seine Motivationen. Alles Psychische, was wir am Menschen vorfinden, ist erworben und nicht angeboren. Wenn es nicht so wäre, hätte die Psychotherapie einen schweren Stand. Würden Ängste, Depressionen, Aggression, Kontaktunfähigkeit etc. konstitutionell begründet sein, so wäre der Einflußbereich jeder Therapie recht gering. Das Gegenteil ist jedoch der Fall.

Der Mensch kann sich durch die Psychotherapie ändern, er kann neue Konzepte und Haltungen aufbauen, wenn er die in der Kindheit erworbenen Einstellungsfehler durchschaut. Zu diesem Zwecke muß jedoch sehr genau ermittelt werden, was in den Kinderjahren erlebt und erlitten wurde. In den gruppentherapeutischen Sitzungen haben wir oft die Gelegenheit, bei der Analyse der Kindheit in die Werkstatt Einblick zu nehmen, in der jedermanns Charakter geschmiedet wird.

Wie gehen wir bei der Heilung des seelisch kranken Menschen vor? Zunächst berichtet man uns von Symptomen. Diese dürfen nicht unser Hauptinteresse beanspruchen. Das Symptom wird immer von der Gesamtpersönlichkeit getragen. *Ihr* müssen wir uns voll zuwenden. Wir versuchen zu erfassen, welche Rolle die Symptomatik im Lebensganzen des Analysanden spielt.

Besonders achten wir auf die Einstellungs- und Haltungsfehler des Analysanden. Vergessen wir nicht, daß solche Dauer-Motivationen in sehr chaotischen Umständen in den Jugendjahren konstelliert wurden. Wie leicht nimmt ein irritiertes Kind eine feindliche Meinung über den Mitmenschen, über das andere Geschlecht, über Autoritätspersonen, über die Liebe und Ehe, über die Menschen überhaupt auf! Hier setzen wir mit *Aufklärung und Umerziehung* an. Das ist jedoch nur ein winziger Teil unserer Arbeit.

Es hat sich in der Psychoanalyse gezeigt, daß die rationale Korrektur des Verhaltens nur ein Teilstück der Psychotherapie ist. Rationale Prozesse spielen sich an der Oberfläche der Persönlichkeit ab; was uns interessiert, sind die Vorgänge in den emotionalen Tiefenschichten. Diese müssen umstrukturiert werden.

Zu dieser Umstrukturierung müssen die Prozesse der sog. »Übertragung« beachtet werden. Wir haben beobachtet, daß jeder Analysand auf seinen Therapeuten Einstellungen überträgt, die auf Beziehungspersonen seines früheren Lebens passen, also auf Vater, Mutter usw. Im Grunde baut er hierbei seine Neurose auch im Rahmen der Behandlung auf. Dies ist durchaus kein Nachteil für die Therapie. Wir haben so Gelegenheit, die neurotischen Dynamismen sozusagen in eigenem Betroffensein zu erfassen. Auch in der Gruppentherapie kommen solche Übertragungen zustande. Der Ängstliche wird etwa die Gruppe als bedrohlich, der Mißtrauische als hinterhältig, der Feindselige als feindselig etc. empfinden.

Das gibt uns kostbares Material zur Charakteranalyse. Wir fassen die neurotische Struktur geradezu beim Schopf, sie enthüllt sich uns mit einer Deutlichkeit, die beim bloßen Erzählen von Lebensvorfällen nie herauskommen kann. Es gilt der Grundsatz in der Psychoanalyse, daß die Therapie auf dem Felde der Übertragung kämpfen und siegen muß. Hier werden unter Umständen größere Gefühlsstürme anzutreffen sein, Erschütterungen, die jedoch bei sorgsamer Überwachung heilsam wirken können.

Es muß sowohl in der Einzel- wie in der Gruppentherapie gelingen, eine gute Übertragung herzustellen. Sonst ist die Therapie auf dem Holzweg. Eine psychoanalytische Behandlung ist ein emotionales Geschehen; je besser und tragfähiger das Verhältnis der Beteiligten zueinander, um so schneller kommt man voran. Die neue, vertrauensvollere Beziehung zu den Mitmenschen muß in der Behandlungssituation eingeübt werden können.

Hierzu ist nun die Gruppe erfahrungsgemäß fast besser geeignet als die Einzeltherapie. Sie bietet nicht nur eine »eindimensionale«, sondern geradezu eine mehrdimensionale Übertragungsmöglichkeit. Dadurch können auch mehr Erfahrungsbereiche im Inneren des Analysanden mobilisiert werden. Er findet in der Gruppentherapie ein Modell, das Ähnlichkeit mit der Familiensituation besitzt. Auch Erfahrungen im Kindergarten, in der Schule und am Arbeitsplatz haben ihre Analogien zum Gruppenleben und -erleben. In der Einzeltherapie ist oft die Gefahr einer Verzärtelungsposition; man steht immer im Mittelpunkt des therapeutischen Gespräches. In der Gruppe muß man auch lernen, sich einzuordnen, sich zurückzuhalten. Die Aufforderung an die sog. »Regression« ist geringer. Im übrigen kann man unendlich viel mehr Kenntnis und Erkenntnis gewinnen, wenn die Erörterung nicht ständig um das Ich des Analysanden kreist. In der Gruppe kann Sozialisation nachgeholt werden, die in der Kindheit versäumt wurde.

Wie helfen wir einander in der Gruppe? Die Hilfeleistung besteht u. a. darin, daß wir jedem die Möglichkeit geben, voll und ganz akzeptiert zu werden. Wir sind eine Arbeitsgemeinschaft mit dem Ziel der gegenseitigen Förderung zur persönlichen Entfaltung. Dieses Solidaritätsmoment ist von hoher Bedeutung. Wer zu uns kommt, um lediglich verstandesmäßige Einsichten zu gewinnen, wird nur zur Hälfte profitieren. Unsere Intention ist da anspruchsvoller. Über die Verstandeserkenntnis hinaus wollen wir ein kollegiales, freundschaftliches Klima schaffen, in welchem uralte Zwänge abfallen und langtrainierte Ängste unnötig werden; jeder soll das Gefühl bekommen, daß er sich bei den Mitmenschen frei geben kann. Damit korrigieren wir die Mängel, die in der Familienatmosphäre von annodazumal vorherrschten. Wir schaffen eine ideale »Pseudo-Familie«, in der man sich nicht verstellen, nicht kämpfen, nicht fürchten usw. muß. Die Gruppe holt ein Stück Familienleben nach, das in der Kindheit bei uns allen gefehlt hat.

Im Maße, wie uns letzteres gelingt, werden wir erleben, daß viele von uns diese freundlich-kooperative Gruppenstimmung ins Leben hinaustragen. Wer z. B. Prüfungsangst hat, wird in der Gruppe lernen, frei zu sprechen. Wenn er dann seinem Professor gegenübersitzt in der Prüfung, wird er nicht mehr durch diffuse Autoritätsängste blockiert werden; er wird sagen, was er weiß, und auch sein Nichtwissen wird ihn nicht total blockieren. Oder der depressive Patient, der sich in der Welt völlig alleingelassen fühlt, den Eindruck hat, daß ihn niemand mag, wird mit der Zeit Gefühle des Vertrauens und der Lebensfreude aufbauen. Manche Patienten erklären dann, daß sie von Woche zu Woche auf die Gruppensitzung hinleben, daß sie von der Gruppe her ihr positives Lebensgefühl beziehen. Die Gruppe wird zum Probierfeld für neue Formen der Lebensführung.

Wir erforschen hier aber nicht nur das einzelne Individuum. Gruppentherapie ist für uns auch *Studium der menschlichen Natur*. Es gibt nichts Interessanteres als diese Aufgabe. Es gibt wohl auch nichts Nützlicheres. Denn je mehr wir vom Menschen und seinen Reaktionsweisen wissen, um so mehr können wir aus unserem Leben machen. Wahrscheinlich ist gruppentherapeutische Zusammenarbeit eine der besten Chancen, das ganze Spektrum menschlichen Verhaltens tiefgründig zu studieren. Die Lektüre psychologischer Bücher ist dagegen nicht in Anschlag zu bringen. Die meisten Menschen lesen aus den Büchern nur heraus, was sie schon wissen. Man kann ganze Bibliotheken über Psychologie konsumieren und doch menschlich keinen Schritt vorankommen.

Um den Menschen zu verstehen, muß man an konkreten Individuen und Gruppen lernen. Wir bilden hier eine Arbeits- und Forschungsgemeinschaft, der nichts Menschliches fremd bleiben soll – auch soziale und kulturelle Probleme bilden den Rahmen unserer Erörterungen, die allerdings in erster Linie unter dem Leitstern der *Therapie* stehen. Der Wert unserer Bemühungen steht und fällt mit den Fortschritten, die wir alle in Richtung auf psychische Gesundheit machen.

## *Einleitung zum Gruppengespräch IV*

Nach einigen Monaten gruppentherapeutischer Arbeit ergab sich folgendes Gespräch zur Information von neuen Gruppenmitgliedern[1]:

1 In den folgenden Gruppengesprächen wurden die Patienten jeweils mit ihrem Vornamen gekennzeichnet; die Beiträge des Verfassers wurden mit dem Initial »R.« gekennzeichnet.

*R.:* Es sind so viele Neulinge hier, daß wir rekapitulieren sollten, was wir eigentlich hier betreiben und wie das zugeht. Man sollte den Anfängern klarmachen, was Gruppentherapie ist und wie hier gearbeitet wird. Ein Bridge-Club ist das hier jedenfalls nicht. Was machen wir hier? Wer möchte das den Neulingen erklären? Klaus, machen Sie den ersten Anlauf!

*Klaus:* Was wir hier machen, nennt sich Gruppen-Psychotherapie. Wir versuchen hier, Leute, die Probleme haben, anzuhören. Wir wollen zunächst deren aktuelle Situation verstehen. Haben wir das erarbeitet, so gehen wir dazu über, eine Anamnese zu gewinnen, d. h. wir wollen den Entwicklungsgang des Analysanden erfassen, indem wir ihn zielgerecht befragen. Dabei wollen wir u. a. Details über Kindheit, Jugend, Berufsentwicklung, Sexualerlebnisse usw. in Erfahrung bringen, um daraus ein Gesamtbild der betreffenden Persönlichkeit abzuleiten. Hernach deuten wir die aktuellen Schwierigkeiten im Lichte der Persönlichkeitsstruktur und Persönlichkeitsentwicklung. Wir lassen jeden mehrere Male sprechen. Dann gibt es einen vorläufigen Abschluß, aber jeder kann später wieder zu Wort kommen. Unsere Deutungen sollen dem Analysanden zum Selbstverständnis verhelfen. Damit hat es aber nicht sein Bewenden. Wir wollen nicht nur interpretieren, sondern auch einander umerziehen. Wir vermitteln Einsicht in den Werdegang aller Analysanden, aber wir ermutigen auch zur inneren Umstellung. In der Gruppe lernt man auch die Schwierigkeiten anderer zu verstehen. Indem man sich mit anderen identifiziert, lernt man Menschenkenntnis und erwirbt soziale Gefühle. Dies soll zur Entfaltung unserer Möglichkeiten beitragen.

*R.:* Wer möchte an diesem Punkte weiterfahren? Die Neulinge dürfen natürlich Fragen stellen, auch Zweifel und Bedenken äußern! Wir stehen zur Information bereit.

*Fritzi:* Eine wichtige Hilfe ist auch die Gruppe an sich. Man findet hier viele gleichgesinnte, obzwar unterschiedliche Menschen vereinigt. Dadurch sind viele Kontaktmöglichkeiten geboten. Die meisten Menschen haben ja Kontaktschwierigkeiten. Nun war es für uns alle ein großes Erlebnis, von der Gruppe menschlich angenommen zu werden. Hier findet man Verständnis, Toleranz und gleichbleibende

Zuwendung. Man wird wegen seiner Verhaltensfehler oder -störungen nicht abgelehnt. Jeder versucht auf jeden einzugehen. Diese Erfahrung ist für uns alle sehr eindrücklich. Im gewissen Sinne findet man hier eine Ersatzfamilie, und zum Therapeuten kann man eine Art »Vater-Verhältnis« herstellen.

*Werner:* Man sollte den Akzent nicht auf den »Therapeuten-Vater« legen! Die Gruppe selbst ist das heilende Moment. Mich dünkt, daß Gruppentherapie jeder Einzeltherapie überlegen ist. Da ist man nicht so sehr auf den Therapeuten fixiert.

*Hanna:* Ich möchte nochmals am Begriff des Erlebnisses anknüpfen. Die Psychotherapie muß ein Prozeß sein, der unsere Erlebnisweisen, d. h. unsere Gefühle verändert. Wir machen hier Erfahrungen, die uns innerlich umstrukturieren. Rationale Einsichten allein nützen bekanntlich nichts.

*Ursula:* Was ich persönlich als entscheidend empfinde, ist der Umstand, daß die Gruppen nach den Sitzungen nicht einfach auseinanderlaufen. Es bleiben Verbindungen privater Natur bestehen. Man sitzt noch zusammen und erörtert weiterhin die Probleme, die man besprochen hat. Die Kontakte in der Gruppe helfen einem viel. Wenn man depressiv ist, kann man zu so vielen Leuten gehen, die einem Unterstützung geben. Man muß sich nicht immer nur an den Therapeuten wenden.

*Falk:* Man kann auch vielleicht noch erwähnen, daß wir hier nicht nur auf die seelische Gesundheit Wert legen, sondern auch die körperliche Seite einbeziehen. Schon seit längerer Zeit hat sich bei uns eine Art »Schwimm-Club« gebildet, dem auch der Therapeut angehört. Wir treffen uns jeden Morgen zum Schwimmen. Natürlich ist man ganz frei, zu kommen. Der Sinn dieser sportlichen Unternehmung ist nicht nur das körperliche Training, sondern auch das Zusammensein mit Gruppenmitgliedern. Die Beteiligten schätzen diese Möglichkeit hoch ein. Wer Lust dazu hat, kann auch mittun!

*Christiane:* Ich möchte bemerken, daß Herr Rattner auch auf das Sprechen des Analysanden großen Wert legt. Fast jeder kontaktgestörte Mensch hat gewisse Mängel in seiner Diktion, Aussprache etc. Daher haben wir einen Sprechkursus eingeführt, der von ehemaligen Schauspielern geleitet wird. Man kann da in kleinen Gruppen deutlich und präzise sprechen lernen.

*Jürgen:* Ich will auf die Probleme zurückkommen, die den Analysanden in die Gruppentherapie führen. Es sind Probleme, die jedermann in dieser Kultur hat oder haben kann. Der eine hat z. B. Arbeitsschwierigkeiten oder sexuelle Komplikationen. Beim anderen dominieren Kontaktprobleme. Alle diese Schwierigkeiten sollen in der Gruppe verstanden und abgebaut werden. Dies geschieht, wie schon gesagt, in einer Atmosphäre des Verstehens und Geltenlassens. Das heißt nun nicht, daß man die Fehlhaltungen bejaht und unterstützt. Nein, diese werden gedeutet, unter Umständen zurückgewiesen, wobei man dem Analysanden sein wahres Wesen, seine eigentliche Persönlichkeit aufzuzeigen versucht. Denn jeder von uns nimmt in dieser Kultur Rollen, Positionen, Deformationen an, die ihm im Grunde fremd sind. Die Gruppe korrigiert das. Dies erfordert aber die Mitarbeit des Analysanden. Es genügt nicht, daß man fleißig hierherkommt und zuhört. Man muß ein Stück Erkenntnisarbeit leisten, seine Fehler zu erkennen versuchen und im Umgang mit den Mitmenschen Schwierigkeiten durchschauen und ändern lernen. Man muß an sich arbeiten, um seelisch gesund zu werden.

*Hans:* Da liegt nun meines Erachtens eine Komplikation. Viele wissen, was sie falsch machen, viele kennen ihre Fehler und sind doch unfähig, diese abzustellen. Das geht wohl manchem in der Gruppe so. Man weiß, woran man krankt, und kann doch nichts dagegen tun.

*Fritzi:* Es gibt da eine Entwicklung, die man in verschiedene Phasen einteilen kann. Das erste ist, daß derjenige, der hier seine Probleme zur Diskussion stellt, ein Bedürfnis nach Abklärung seiner Situation hat. Nun wird man ihm die Hintergründe und Ursachen seiner Problemlage darlegen. Hierauf setzt dann ein Verstehensprozeß ein. Dieser fängt mitunter beim Intellekt an. Man versteht rational, aber im Gefühl ist es noch nicht lebendig. Da muß eben noch eine innere Verarbeitung hinzukommen. Der Analysand muß sich eben mit seinen Problemen auseinandersetzen, seine neuen Erkenntnisse müssen ihm in Fleisch und Blut übergehen. Gewöhnlich kommt es da zu Übergangsstadien. Zunächst hat man noch seine Fehlhaltungen, aber man erkennt sie bereits, ohne sie blockieren zu können. Aber man kommt sich schon auf die eigenen Schliche. Dann kommt eine Phase, wo man das Alte abbaut und das Neue einübt. Das braucht viel Geduld. Es ist ein schwieriger Prozeß, bei dem durch lange Übung das Neue zur zweiten Natur wird. Von einem Tag auf den anderen kann man das nicht erreichen. Das kann Jahre dauern. Aber ich habe die Überzeugung gewonnen, daß man hier seine Fehler erkennen und abbauen kann!

*Ursula:* Ich habe die Beobachtung gemacht, daß man durch die Gruppenarbeit tatsächlich die gefühlsmäßige Einstellung zur Welt ändert und daß einem plötzlich manches leicht fällt, was einem vorher schwer gefallen ist. Da tritt wohl eine unbewußte Gefühlsumstellung ein, die man nicht in allen Etappen an sich selbst wahrnimmt. Aber plötzlich kann man etwas, was man vorher nicht konnte!

*Wolfgang:* Die Voraussetzung dafür, daß das von Ursula Geschilderte eintritt, ist allerdings, daß man eine bestimmte Schwelle überschreiten muß; man muß auf die anderen zugehen und sich von ihnen helfen lassen. In Kontakten mit Gleichgesinnten lernt man eine Art Korrektiv für sein Verhalten kennen. Wenn wir Beziehung erlernen, begreifen wir uns selbst besser. Das ist ein Prozeß, den man immer mehr vervollkommnen muß. Man darf darin nicht müde werden.

*Jürgen:* Ja, das dauert wirklich einige Zeit, bis man das kapiert. Es ist eine Art Reifungsprozeß. Wenn man sich einmal überlegt, wie sich die Menschen im Beruf, im Alltag oder in der Ehe verhalten, dann findet man, daß sie oft kindisch oder kindlich sind. Wir sind alle große Kinder: je neurotischer wir sind, um so kindischer. Hier in der Gruppe soll nun der Reifungsprozeß nachgeholt werden. Jeder hilft jedem. Dadurch erst kann man zur Persönlichkeit im eigentlichen Sinne des Wortes werden.

*Ulf:* Es ist übrigens nicht so, wie vorhin gesagt wurde, daß jeder seine Fehler kennt und sie nur nicht abstellen kann. Wir machen hier immer wieder die Erfahrung, daß Leute sich wegen Fehlern beschuldigen, die sie gar nicht haben. Man sieht zwar mitunter manches richtig, aber man kann die Tragweite seiner Fehlhaltungen nicht genau einschätzen. Oft klagt man sich wegen einem Mangel an, aber der Fehler liegt im Grunde ganz woanders. Erst im therapeutischen Prozeß versteht man seine Vorzüge und Fehler in den richtigen Proportionen. Alle selbstkonstruierte Selbsterkenntnis ist wesentlich lückenhaft.

*Fritzi:* Mich dünkt auch, daß die wahre Selbsterkenntnis dort anfängt, wo man seine kleinen und größeren Probleme mit Hilfe verstehender Partner anfaßt und eine Änderung erzielen will. Man muß sich mit seinen Schwächen und Unzulänglichkeiten nicht einfach abfinden. Man kann etwas dagegen tun. In den Gruppen fand ich so wohltuend, daß man zur Mitarbeit aufgefordert ist. Man arbeitet an den Problemen anderer und auch an den eigenen. Dadurch entsteht eine kontinuierliche Entwicklung.

*Christiane:* Ich bemerke hier, daß wir in der Psychotherapie von der Voraussetzung ausgehen, daß es im Psychischen nichts gibt, was vererbt und von der Anlage her ein für alle Mal festgelegt ist. Wir gehen von der tiefenpsychologischen Auffassung aus, daß die Lebensschwierigkeiten aus Fehlhaltungen erwachsen, die in der frühen Kindheit erworben wurden. Darum kann der Mensch auch umlernen, er kann seine »Kinderfehler« abbauen. Der Mensch ist nicht statisch und unveränderlich. Er kann neue und bessere Haltungen und Einstellungen annehmen.

*Jürgen:* Eine weitere Konzeption, die unserer Arbeit zugrunde liegt, ist die These von der sozialen Natur des Menschen. Wir meinen damit, daß der Mensch im Grunde gerne mit anderen zusammenlebt und -arbeitet. Er ist kein primär feindselig-aggressives Wesen. Wenn er Kontaktschwierigkeiten hat oder am Mitmenschen vorbeilebt, so rührt dies von unglückseligen Kindheitserfahrungen her. Ein ursprünglicher Antagonismus von Mensch und Mitmensch – wie ihn die konservativen Autoren behaupten – scheint uns äußerst fraglich. Wir machen auch in der Gruppe ganz andere Erfahrungen. Man kann vielleicht sagen, daß der ideologische Hintergrund dieser Gruppenarbeit eine Art Humanismus ist, nämlich der Glaube an die Gutartigkeit des Menschen und seine Fähigkeit, mit den anderen Menschen friedlich und kooperativ zusammenzuleben.

*Christiane:* Das bedeutet: Wir behandeln hier nicht nur individuelle Probleme, wir haben den Gesellschaftsbezug im Auge, wir betreiben hier Forschung am Menschen, als Individuum und Gesellschaft, also wir sind anthropologisch orientiert.

*Gottfried:* Aber zielt die Veränderung der Gefühle, von der vorhin gesprochen wurde, nicht darauf ab, den Menschen in die heutige Gesellschaft zu integrieren?

*Wolfgang:* Wir wollen den Analysanden nicht an die Gesellschaft so anpassen, daß er ihr Sklave und ihr manipulierbares Opfer wird. Auch der Gegner der heutigen Gesellschaft muß eine gewisse Integration zustandebringen. Sonst erschöpft sich seine Auflehnung in einem blinden, ziellosen »Nein«.

*Jürgen:* Unsere Therapie erstrebt nicht das reibungslose »Funktionieren« eines total angepaßten Menschen. Wir wollen den Menschen nicht nivellieren, sozusagen kleinmachen. Nein, er soll autonom werden, d. h. selber denken und urteilen können. Dadurch wird er widerstandsfähiger gegen jeglichen gesellschaftlichen Zwang, dem er sich nun nicht mehr unterwirft. Um aber die Gesellschaft zu verändern, muß man innerlich integer sein. Sonst wird die Revolte diffus und neurotisch.

*R.:* Gottfrieds Argument ist wichtig. Wir sollten noch deutlicher herausstellen, was wir hier wollen. Es wird oft die These lanciert, daß die Psychotherapie einen angepaßten Menschen in dem Sinne hervorbringen will, daß dann mit den Leuten alles gemacht werden kann, was die Obrigkeit will. Das ist aber nicht unser Ziel. Wir wollen keine Marionetten in den Händen der Herrschenden sein. Was wollen wir nun wirklich?

*Dieter:* Unsere Lebensschwierigkeiten haben persönliche und gesellschaftliche Ursachen. Hier in der Gruppe steht der persönliche Faktor im Mittelpunkt, aber wir vergessen darum nicht die Gesellschaftsanalyse. Aber wir wollen zunächst einmal seelisch gesund werden. Wenn wir stark genug sind, werden wir uns auch zur Gesellschaft wenden und deren Mißstände abzuschaffen suchen. Aber ohne den inneren Klärungsprozeß kommen wir wohl nicht durch. Wir haben die gesellschaftlichen Zwänge und Mißstände auch verinnerlicht. Diesen inneren Zwang müssen wir aufheben, damit wir uns gegen den äußeren wenden können. Der gesellschaftliche Kampf braucht seelisch intakte Menschen. Nur so kann eine Auflehnung vernünftig, sachbezogen und taktisch richtig sein. Die Politik bedarf der Psychologie, vor allem der Psychoanalyse.

*Wolfgang:* Ich möchte da etwas beifügen. Gewiß haben unsere Probleme einen gesellschaftlichen Hintergrund. Aber die Auswirkungen dieser miesen gesellschaftlichen Bedingungen sollen zunächst in uns selbst geändert werden. Je gesünder man wird, um so geeigneter ist man für die fortschrittliche Umwandlung der Gesellschaft.

*Dieter:* In manchen Kreisen, auch bei der Linken, grassiert die Meinung, seelische Gesundheit mache selbstzufrieden und passiv. Weil man ja gesund sei, bestehe kein Leidensdruck mehr, und man lasse die Gesellschaft so, wie sie eben sei. Ich halte das für irrtümlich. Der seelisch gesunde Mensch wird sich doch nicht bezüglich der gesellschaftlichen Mißstände desinteressieren. Wie kann ich, der ich weiß, wie ich durch eine autoritäre Erziehung geschädigt wurde, autoritäre Gesellschaftsstrukturen und Erziehungsformen gleichgültig ansehen! Ich will doch nicht, daß meine eigenen Kinder an denselben Schwierigkeiten erkranken wie ich selbst. Das wäre nur das Beispiel der Erziehung. So ähnlich wird es wohl überall sein. Der freigewordene Mensch will doch die Freiheit aller.

*Fritzi:* Man muß nicht nur an die großen gesellschaftlichen Zusammenhänge denken. Die Therapie lehrt uns auch, in kleinem Kreis menschliche Haltungen zu verwirklichen. Ich denke da etwa an das Verhalten im Betrieb. Seit ich in der Gruppe bin, bin ich im Umgang mit anderen sicherer. Ich kann da mehr erreichen als vorher. Und das ist doch auch keine Kleinigkeit.

*Gottfried:* Mein Einwand war nicht ganz so gemeint. Ich habe die Befürchtung, daß man hier in diesem Kreise zu individualistisch denkt. Was nützt das, wenn ich meine eigenen Probleme erkenne? Wenn ich auf Grund meiner beseitigten Charakterfehler im bescheidenen Umkreis tätig bin, wo doch eine gesamtgesellschaftliche Umwälzung heutzutage notwendig ist! Unser Weg ist wohl richtig, aber es ist ineffektiv, was wir hier machen!

*Regine:* Man muß doch immer klein anfangen. Von einem Tag auf den anderen kann man leider die Welt nicht verändern. Immerhin ist unsere Gruppe schon relativ groß. Mit wieviel Leuten hat denn Herr Rattner seinerzeit angefangen?

*R.:* Mit einem! (Gelächter)

*Regine:* Und jetzt haben wir schon insgesamt mehr als hundert Analysanden! Und Herr Rattner ist ja nicht der einzige. Man darf nicht ungeduldig sein!

*Gottfried:* Ich bin nicht ungeduldig. Es ist bei mir nur eine theoretische Erwägung, wie man den gesellschaftlichen Übeln beikommt.

*Dieter:* Wir müssen eben unsere Möglichkeiten sehen lernen. Gewiß geht es hier zunächst nur um unsere seelische Gesundwerdung. Wir wollen uns gegenseitig helfen, über unsere psychischen Störungen hinwegzukommen. Man soll das nicht unterschätzen! Das ist sehr viel. Als eine politische Kampfgemeinschaft können wir uns kaum ansehen. Aber wer Lust hat, kann sich so einer doch anschließen. Er kann auch hier Gesinnungsfreunde finden. Hier soll man sich in erster Linie innere Autonomie, Klarheit, Mut, Aktivität, Sicherheit im Denken und Handeln holen – all das kann und soll man dann im politischen Kampf anwenden. Aber die Gruppentherapie kann und will nicht politische Organisationen ersetzen. Sie steht jedoch keineswegs im Gegensatz zum politischen Engagement! Therapie und Politik schließen einander ja nicht aus. Es muß aber nicht alles an einem Ort und in einem Zirkel abgetan werden.

*Ulf:* Bei der Erziehung, die die meisten von uns genossen haben, bleibt der größte Teil unserer Vitalität und Leistungsfähigkeit unentfaltet. Wir sind alle nur ein Schatten dessen, was wir sein könnten! Wenn wir nun mit den Menschen, wie sie heute sind, die Gesellschaft verändern wollen, geht das unter Umständen gar nicht. Die Menschen sind hierzu zu masochistisch, zu mutlos. Sie werden sich nicht mit uns solidarisieren. Darum drängt sich die Frage auf, ob wir nicht vor der politischen Arbeit oder zumindest parallel zu ihr auch eine psychologische Aufklärungs- und Heilungsarbeit leisten müssen.

*Jürgen:* Ein guter Revolutionär muß schon ein Stück seelische Gesundheit haben. Man wird doch nicht abstreiten, daß zum Revolutionieren zumindest Arbeitsfähigkeit, Geduld, Ausdauer, Mut, innere Unabhängigkeit usw. nötig sind! Durchsteh- und Beharrungsvermögen scheint mir für einen Rebellen gewiß wünschenswert. Nur starke Persönlichkeiten können hier in Betracht kommen. Wenn wir hier an der Persönlichkeitsbildung arbeiten, wird das dem sozialen Fortschritt auch zugutekommen.

*Günther:* Die politischen Persönlichkeiten, die gesellschaftsverändernd gewirkt haben, haben nicht nur an der eigenen Gesundheit gearbeitet, sondern immer auch die Gesellschaft im Blick gehabt, also beides miteinander verquickt. Hier hört es sich so an, als ob nur der Einzelmensch verändert werden solle, die Gesellschaft kommt erst in ferner Zukunft dran.

*Fritzi:* Man darf aber nicht vergessen, daß sich bei vielen Revolutionen im Grunde nur die Oberschicht ändert, wenn nicht zuvor auch humanistisch denkende Menschen in genügender Zahl erzogen worden sind; oft konnten die idealistischen Ziele der Revolution nicht verwirklicht werden, weil die Menschen hierzu fehlten. Das erklärt meines Erachtens das Versagen so mancher Revolution, die dann in einen neuen Terror verfiel.

*Ulf:* Wir würden aber auch anerkennen, daß einige der großen Revolutionäre in der Geschichte weniger neurotisch waren als die meisten von uns. Manche von ihnen hatten durch Zufall günstige Kindheits- und Familienvoraussetzungen, so daß sie halbwegs heil davonkamen und den Mut und die Weltoffenheit hatten, um eine Gesellschaftsveränderung zu planen und auch konkret durchzuführen. Gute Revolutionäre müssen starke Persönlichkeiten sein. Ein entscheidender Charakterzug muß in solchen Fällen die Ichstärke sein, nämlich Unabhängigkeit des Denkens, Entschlossenheit zur Tat, Kühnheit der Gesinnung. Ein solcher Menschentyp ist selten. Man kann ihn nicht einfach als gegeben voraussetzen. Die meisten von uns sind ja kaum fähig, auch nur ihre allerpersönlichsten Belange zu ordnen. Wir werden schon durch den Alltag verschlissen, und für Arbeit am Fortschritt bleibt nicht viel Kraft übrig.

*Günther:* Ich finde es aber enorm wichtig, daß man sich trotzdem den Blick für die Gesellschaftsveränderung offenhält.

*Ulf:* Das ist bei uns der Fall!

*Günther:* Man muß in alle Gespräche die Gesellschaftsproblematik einbeziehen!

*Hans:* Wir werfen hier ja keine Türen zu!

*Günther:* Für mich hört es sich aber doch so an!

*R.:* Wie lange sind Sie denn schon hier, Günther?

*Günther:* Ich bin das zweite Mal hier.

*R.:* Nach zweimaligem Gruppenkontakt kann man nicht urteilen! Ich will das ein wenig klarstellen: Wir sind hier in erster Linie eine therapeutische Gemeinschaft. Das Ziel ist die Heilung derer, die hier mittun wollen. Das ist unser Programm. Wir betreiben hier Psychotherapie, Psychoanalyse. Wer zu uns kommt, hat in erster Linie persönliche Nöte, und diese können wir nicht bagatellisieren. Das wäre ein verfehltes Handeln. Die meisten von uns haben Angst oder Depressionen oder Sexualstörungen oder Kontaktprobleme oder Arbeitshemmungen. Psychische Erkrankung ist ebenso real wie körperliche Krankheit. Wir vertreten hier primär eine ärztliche Disziplin: Wir wollen heilen und helfen. Wir wollen den Menschen gesund machen. Die Schäden, die jeder von uns hierher mitbringt, sind groß. Ob er politisch links oder rechts steht oder in der Mitte: Seine psychische Verfassung ist durch erhebliche Unzulänglichkeiten gekennzeichnet. Das sieht dann gesamthaft – wie es gesagt wurde – wie eine Karikatur dessen aus, was der Mensch sein könnte! Die Psychotherapie ist ein ärztliches Verfahren, das dem Menschen zu seiner Integrität verhelfen will – sie will ihn in den Besitz seiner Kräfte und Fähigkeiten bringen. Solange der Mensch nicht psychisch intakt ist, schlägt vieles fehl, was er anpackt: Ob er nun politisiert, studiert oder arbeitet, liebt oder sexuelle Befriedigung sucht! Die Neurose ist ein entscheidender Störfaktor im Leben des einzelnen und der Gesamtheit. Unsere Bemühung ist nun keine »Anpassung« an die Gesellschaft, keine Gleichmacherei. Wir wollen keine kleinlauten Philister heranbilden, keine Spießbürger, sondern gesunde und starke Persönlichkeiten. Um den einzelnen zu verstehen, beachten wir jeweils auch gesellschaftliche Faktoren. Wir stehen auf dem Boden der Neopsychoanalyse. Diese Richtung hat weitläufige soziologische, politologische und philosophische Horizonte. Wer bei uns mitarbeitet, bekommt Einblick in alle angrenzenden Wissenschaften, in die Wissenschaften vom Menschen. Was dann aber die Menschen politisch tun, steht außerhalb unseres Kreises. Die therapeutische Gemeinschaft kann sich nicht auf ein Parteiprogramm festlegen. Unser Programm ist und bleibt die Heilung der Analysanden. Der Arzt darf keine Unterschiede bezüglich politischer Gesinnungen machen, wenn man ihn ärztlich in Anspruch nimmt. Ansonsten würde er ja gegen den Hippokratischen Eid handeln. Wenn wir auch nicht »politisieren«, so soll doch jeder, der von uns hinausgeht, um Politik zu treiben, dies mit integrierten psychischen Kräften und Fähigkeiten tun können. Er soll dann seine Vernunft zur Verfügung haben und nicht irrationalen Ängsten und Zwängen unterliegen. Natürlich entscheiden wir hier nicht, ob die Menschheit durch Evolution oder Revolution ihre Probleme lösen soll. Welcher von diesen beiden Wegen beschritten wird, hängt von der jeweiligen historischen Situation ab. Was in der geschichtlichen Stunde geschieht, kann nicht vorausberechnet werden. Aber ob es nun Revolution oder Evolution sein wird: Beides soll im Geiste der Humanität, der Freiheit, der mitmenschlichen Solidarität, der Absage an die autoritäre Unterdrükkung des Menschen geschehen. Hierzu wird man seelisch intakte Menschen benötigen. Wir wollen Persönlichkeiten erziehen, die dann nicht eine allfällige Revolution verraten und anstelle von Freiheit den Stalinismus, den Bürokratismus oder eine Herrschaft in anderer Form setzen, wo dann die Menschlichkeit wieder einmal vor die Hunde geht. Wohl ist unser Programm, die Analysanden psychisch zu heilen, in gewisser Weise begrenzt. Aber die Psychotherapie kann nicht alles leisten. Es ist schon viel, wenn man Menschen psychisch gesund macht. Der psychisch Gesunde ist schwerer zu regieren als der Neurotiker, man kann ihn nicht so leicht manipulieren. Er ist auch nicht ein Echo der Massenmedien, die ihm seine »Meinungen« suggerieren, bis er sie dann nachplappert. Psychische Gesundheit heißt für uns u. a.: Selbständig denken und handeln können. Wir geben Gottfried recht, wenn er uns die Tragweite der gesellschaftlichen Mißstände in Erinnerung ruft. Aber die Therapie muß die Heilung des einzelnen – oder einzelner – in den Mittelpunkt stellen.

*Dieter:* Ich möchte noch ein Wort zur sozialen Anpassung sagen. Es gibt viele sogenannte »Normale«, die nicht in die Gruppentherapie kommen. Wir, die wir hier sind, haben einen gewissen Mangel verspürt. Darum suchten wir Hilfe. Wenn wir nun in der Gruppe psychisch gesund werden, so werden wir auch »normal«, aber nicht einfach als Reibungslos-Angepaßte, sondern als Menschen, die einen höheren Bewußtseinsgrad erlangt haben. Wir haben dann verstehen gelernt, wieso wir Schwierigkeiten hatten, woher diese kamen und wie sie zu überwinden sind. Wir sind dann anders normal als die übrigen »Normalen«, die wir so ringsum beobachten können.

*R.:* Dieter spricht hier von sogenannten normalen Menschen, die es wohl gar nicht gibt. Wir sehen die Dinge so: In dieser Kultur ist so ziemlich jeder Mensch neurotisch. Es gibt da kleine Nuancen, aber wirklich gesunde Menschen, wie wir sie verstehen, sind extrem selten. Unter den Begriff psychische Gesundheit subsumieren wir Eigenschaften wie Souveränität, Autonomie, Widerstandsfähigkeit gegen die Umwelt, freie Gesinnung, Mut und Verantwortungsbewußtsein. Persönlichkeit in diesem Sinne des Wortes ist etwas sehr Seltenes. Bei den unauffälligen Typen, die man so antrifft und die keine manifesten neurotischen Beschwerden haben, erkennt man bei genauerer Betrachtung ein breites Spektrum von Unzulänglichkeiten, Fehlreaktionen und Defekten. Diese wirken sich immer auf die Lebensführung aus, schädigen das Individuum und zumeist auch seine Beziehungspersonen. So wie diese Kultur – ihre Erziehungsmethode, ihre ökonomische und soziale Struktur – beschaffen ist, läßt sie keinen heil davonkommen. Die Neurose ist eine Massenerkrankung epidemischer Art. Ich möchte das prinzipiell hinstellen, als Resultat langer Erfahrung mit unzähligen Menschen, auch solchen, die mich nicht wegen psychogener Erkrankung konsultiert haben. Wenn man hellhörig wird und Auge und Ohr so schult, wie wir es in den Gruppen machen, so lernt man sehen, wo die Desorientierung zahlloser Menschen liegt, die äußerlich als angepaßt und »normal« erscheinen. Diese »Normalität« trügt. So können wir sagen, daß jedermann ohne Ausnahme einen solchen Klärungsprozeß nötig hätte, wie wir ihn in der Gruppe durchführen. Selbsterkenntnis und Menschenkenntnis sind unentbehrlich für das Leben. Wir fördern Einsicht und erziehen zur Solidarität, zur inneren Freiheit, zur Autonomie. Dieser Erziehungsprozeß soll zur Ichstärke des Analysanden führen. Der Begriff der Ichstärke ist nicht so leicht zu erklären. Er hat mit bloßem »Angepaßtsein« nichts zu tun. Er beinhaltet vielmehr Eigenschaften wie schöpferische Lebensführung, Stabilität, Besonnenheit, Freisein von Angst, Verdrängungen, Rationalisierungen etc., Fähigkeit, »nein« zu sagen, selbst wenn gesellschaftlicher Zwang und entsprechende Autorität dem Menschen etwas aufdrängen will. Dazu käme auch unabhängiges Denken, freiheitliche Weltanschauung, Absage an Vorurteile, »Progressivität« in dem Sinne, daß man fähig wird, voranzugehen, d. h. über die Gegenwart hinausschreiten zu können. Wir erarbeiten diese Haltung, und zu diesem Zwecke muß man zunächst im Individuum selbst Ordnung schaffen. Es ist klar, daß dieses in sich geordnete Individuum sehr frustriert wird, wenn es sich der Gesellschaft zuwendet und sie unter die Lupe nimmt. Unsere Gesellschaft lebt teilweise im Chaos – sie ist nur ein scheinbares Ordnungssystem. Wenn man hinter die Kulissen schaut, ist die sogenannte »Ordnung« ein Dschungel, in welchem die Menschen nicht füreinander einstehen. Kein Zweifel, daß hier Veränderung nottut; aber wir setzen beim Individuum ein, damit es fähig wird, die Gesellschaft zu ändern.

*Christiane:* Woher nehmen wir die Kriterien für das, was wir »psychische Gesundheit« nennen? Holen wir das aus Kulturvergleichen, aus der Anthropologie? Oder sind es Idealnormen?

*R.:* Wir würden unsere Neulinge überfordern, wenn wir ihnen heute schon darlegen würden, woher wir unsere Maßstäbe für die psychische Gesundheit nehmen. Psychotherapie ist eine ärztliche Disziplin. So wie jeder andere Arzt seine diagnostischen Kenntnisse verwertet, gibt es auch bei uns Hinweise, die durch Erfahrung gefestigt sind. Der Kenner schaut z. B. ein Röntgenbild an, hört Herzgeräusche und stellt eine Diagnose, die unanfechtbar ist. Uns geht es ähnlich im psychischen Bereich. Wie das gemacht wird, können wir mit wenigen Worten nicht erklären. Man würde uns da mit einem solchen Ansinnen überfordern. Genug: Es ist so, und der Analysand kann das mit der Zeit bei uns lernen, wenn er Geduld und Aufgeschlossenheit mitbringt. Die Neulinge müssen sich allerdings klar darüber sein, daß Psychoanalyse eine äußerst schwierige Wissenschaft ist. Bücherlesen nützt da nicht viel. Manche stecken ihre Nase in ein paar Bücher von Freud und kapieren in der Regel gar nichts. Besser ist es wohl, in der Gruppentherapie mitzutun und durch eigene Beobachtung und Erfahrung den Sinn der Psychoanalyse zu erahnen. Wir sind hier bereit, alles offen auf den Tisch zu legen. Wir schulen unsere Analysanden auch in der Theorie der Psychoanalyse. Jeder Teilnehmer lernt mit der Zeit, theoretische Zusammenhänge zu verstehen. Auch wird das Gespür für Menschen und menschliche Reaktionen enorm geschult. Wenn einer bei uns den Mund auftut und erfahrene Analysanden dabeisitzen, dann gibt man ihm in kurzer Zeit Aufschluß über innere Verhältnisse und Motivationen, die er sein Leben lang nicht zu durchschauen vermochte. Wir zeigen Befunde auf, die dann später wirklich verifiziert werden. Wie das gemacht wird, kann man den Neulingen noch nicht erklären.

*Ulf:* Unser Gesundheitsbegriff ergibt sich aus vielfältiger Beobachtung an psychogenen Erkrankungen aller Art. Wenn sich diese bessern, stellen sich jene Eigenschaften ein, die Herr Rattner als Kriterien der »Normalität« erwähnt hat. Oft verwenden wir da eine Extrapolation: Wir schließen aus der Bewegung in Richtung auf Gesundheit wie Gesundheit an sich aussehen muß.

*Werner:* Noch eine Bemerkung zu dem, was Fritzi sagte. Sie sprach von einer Vaterbeziehung zu Herrn Rattner. Das erscheint mir doch sehr bedenklich. Wie meintest du das wohl?

*Fritzi:* Ich meine als »Vaterbeziehung« nicht einfach einen »Pappi«, sondern der Therapeut ist für uns alle, was eigentlich ein Vater für uns sein sollte. Man kann seine Probleme zu ihm tragen, er hilft und versteht. Der wirkliche Vater ist ja dazu zumeist nicht in der Lage.

*Werner:* Man kann das ja auch »Freund« nennen!

*Fritzi:* Na ja, ich meine nicht nur »Pappi«, sondern auch Freund!

*R.:* Ein guter Vater sollte ein guter Freund sein. Die Projektion auf den Therapeuten ist sehr mannigfaltig. Mancher sieht ihn als Vater, mancher als Mutter, Lehrer etc. Was ist nun der Therapeut wirklich? Manche Autoren umschreiben das mit dem Wort »Lehrer« – es soll hier niemand an seine Schulerfahrungen denken, so ist es nicht gemeint! Aber der Therapeut ist ein Lehrer in der Kunst der Menschenkenntnis und Selbsterkenntnis. Wir lernen hier auch die Kunst der Lebensführung. Dieser Lehrgang ist nicht nur intellektuell, er muß auch emotional sein. Je nach therapeutischer Situation ist der Therapeut also Helfer, Lehrer, Freund und »Psychagoge«, d. h. Seelenführer. Und die Gruppe ist eine Gemeinschaft mit dem Ziel wechselseitiger Förderung, eine Gemeinschaft von Lernenden. Auch der Therapeut ist ein Lernender! Unser Problem ist so groß, daß auch der Therapeut unaufhörlich im Lernprozeß drinstehen muß. Man kann hierbei nicht die Rolle des absolut Wissenden usurpieren, der den

Unwissenden seine Weisheiten vermittelt. Für Hochmut und Unbescheidenheit ist in unserer Disziplin kein Raum. Tatsächlich muß jeder, auch der Therapeut, in jeder Sitzung offen für neue Erkenntnis sein. Man kommt in diesem Beruf an kein Ende, denn das Psychische ist unendlich reich und mannigfaltig. So wird auch der Therapeut stets in der Grundstimmung des Staunens sein, von dem Plato meinte, es sei der Anfang von Wissenschaft und Philosophie. Ja, lernen Sie hier zu staunen, was es alles an menschlichen Reaktionen, Fehlhaltungen, Komplikationen, Entwicklungen gibt! Das Ganze ist schier unübersehbar. Wir befinden uns hier in einem gemeinsamen Forschungsanliegen, unser Entwicklungsprozeß ist daran gebunden. Wir wollen sehen, wie weit wir damit kommen!

# Theorie und Praxis der Gruppenarbeit

## *Charakterstörungen in der Gruppenpsychotherapie I*

Gemäß unserem bereits deutlich gewordenen Konzept, das sich ideengeschichtlich von der »Individualpsychologie« Alfred Adlers herleitet, sehen wir in allen neurotischen und anderen Deformationen des Patienten in erster Linie eine Erkrankung seines Charakters. Der Charakter wird hierbei als System von Gewohnheiten, Haltungen und Einstellungen (bewußt und unbewußt) verstanden, welches eine innere Einheit und Ganzheit darstellt. Die Eindrücke der frühen Kindheit gelten als charakterdeterminierende Faktoren. Sie bestimmen die Selbsteinschätzung des Kindes und seine Beziehung zu den wesentlichen Mitmenschen. Der Charakter gilt uns als ein Versuch des heranwachsenden Menschenkindes, die Lebensschwierigkeiten nach dem Muster erlebter Kindheitssituationen zu bewältigen. Minderwertigkeitsgefühl, Geltungsstreben und Gemeinschaftsgefühl sind die Achsen der Charakterbildung. Je mehr soziale Verbundenheit in der Frühkindheit erworben werden konnte, um so weniger kann das Kind irgendwelchen Minderwertigkeitskomplexen zum Opfer fallen, die an bestimmte organische, soziale, geschlechtsmäßige oder erzieherische Mängel usw. anknüpfen können. Das Minderwertigkeitsgefühl ist im Grunde nichts anderes als Lebensangst; wo letztere unter der Ungunst kindlicher Verhältnisse im Seelenleben Wurzel gefaßt hat, drängt sie gebieterisch zu Kompensationen und Abhilfen, die letztlich als ein Geltungs-, Macht- und Sicherheitsstreben zum Vorschein kommen. Durch solche Strebungen wird der Sozialkontakt gelockert; die psychische Bewegung zielt dann über die Mitmenschen hinaus, will sie knechten, in den Dienst stellen, abhängig machen. In der Asozialität des Herrschaftsstrebens ist begründet, daß dieses die kompensierte Angst am Leben erhält – in der seelischen Erkrankung wird dies besonders deutlich, wo zumeist beide psychischen Regungen nebeneinander bestehen.

In seinen grundlegenden Werken (*Über den nervösen Charakter*, 1912; *Praxis und Theorie der Individualpsychologie*, 1920; *Menschenkenntnis*, 1926 u. a.) erläutert Adler, daß die Grundformel des Charakters im sogenannten »Persönlichkeitsideal« liege. Dies wird folgendermaßen konstelliert: Das Kind faßt alle seine realen und eingebildeten Schwächen und Unzulänglichkeiten im Zeitraum der Ichbildung (2. bis 4. Lebensjahr) mehr oder minder unbewußt zusammen und entwirft ein in der Zukunft liegendes Gegenbild, worin es seine als besonders drückend empfundenen Mängel als überwunden sieht. Immer ist dieses »Ichideal« eine Formel der Größe und Überlegenheit; es konkretisiert sich jeweils gemäß den speziellen Lebensbedingungen und Erfahrungen des Kindes und kann demgemäß etwa Geltung als Wissen, Macht, Schönheit, Immer-Recht-Behalten, Fehlerlosigkeit, »Mann-Sein«, Asozial-Sein (Verbrecher etc.) u. a. m. beinhalten.

Der gesamte psychische Entwicklungsdrang oder die lebendige Energie des Kindes richtet sich nun »final« auf die Realisierung dieser geheimen »Leitidee«, die dem Kenner allerdings in Verhalten, Mimik, Gestik und Äußerungen durchsichtig werden kann. Man spürt, daß das Kind seine zunächst vorhandene psychische Freiheit nunmehr durch den eigenen Lebensentwurf in eine gebundene Form gebracht hat. Nun werden alle psychischen Fertigkeiten und Funktionen »teleologisch« (zielorientiert) auf das Persönlichkeitsideal abgestimmt. Selbst das Gedächtnis bewahrt nur Erinnerungen, die zum Zukunftsstreben passen, eventuell als Bekräftigung oder aber als Warnung (Memento). Ereignisse werden unbewußt so »interpretiert«, daß sie die bereits eingeschlagene Bewegungstendenz zu bestätigen scheinen; nach Adler macht jeder seine Erfahrungen auch in dem Sinne, daß er sie gemäß seinem Charakter umdeutet und umdichtet. Phantasien, Wünsche, Hoffnungen, Tag- und Nachtträume haben alle Beziehung zur Leitidee, erhalten von ihr erst ihre Bedeutung. Man kann demnach formulieren: Sage mir, wohin du strebst (worauf du hinauswillst), und ich sage dir, welcher Sinn in deinem Verhalten (auch in deinen neurotischen Symptomen, in deiner Neurose selbst) liegt!

Charakterzüge sind nach Adler »Leitlinien«, die das Individuum schon in den Kinderjahren ausbilden muß, wenn es an seinem Größenziel festhalten will. Charaktereigenschaften sollen im »Lebenskampf«, in der Unübersichtlichkeit des Daseins bestimmte wiederkehrende Verhältnisse schaffen, in denen man sich nicht hilflos und verloren fühlt. Es ist, wie wenn sich das betreffende Menschenkind sagen würde: Wenn du obenauf kommen willst, mußt du dich so und nicht anders verhalten! Es kommt dann zu einer psychischen Verhärtung und Erstarrung – indes sehr kleine Kinder noch ungemein mannigfaltig reagieren (»unvorhersehbar«), wird im Verlaufe der Charakterbildung alles Verhalten einförmiger, da es durch seine Zielgerichtetheit an Flexibilität verliert. Kennt man den Charakter eines Menschen, so kann man in vielen Situationen seine Reaktionsweisen voraussagen. Die Komödie schlägt aus dieser Verhaltensmechanik ihr Kapital, indem sie etwa einen Geizkragen (Molières Harpagon), einen eingebildeten Kranken, einen Eitlen, einen religiösen Heuchler (Tartuffe) und andere Charaktertypen auf die Bühne stellt, deren Starrheit angesichts bunt-wechselnder Lebenssituationen »komisch« wirkt. Die charakterlichen Leitlinien stellen also Hilfskonstruktionen dar, mittels derer sich das Individuum im Leben zu orientieren versucht. Nach dem Muster von Kindheitserlebnissen und -konflikten, resp. der Lehre, die man aus ihnen zog, erzeugt das Kind eine Als-ob-Konstruktion (»Fiktion«) und handelt gemäß dieser: Der Charakter erzwingt die Form von jeglichem Tun und Lassen und gibt auch die Rechtfertigung dafür. Da er alle Eindrücke im Hinblick auf seine Selbstbestätigung verarbeitet, ist er durch »Erfahrung« kaum korrigierbar. Charakterzüge sind derart weitgehend »Weltanschauung«, daß sie auch bestimmen, was jemand erfahren und erleben kann. Ihre Unkorrigierbarkeit hat Sandor Ferenczi zum aphoristisch zugespitzten Kommentar veranlaßt, daß Charakterzüge kleine »Geisteskrankheiten« seien; denn aus ihnen erwachsen Realitätsverkennung, imaginäre Selbsterhöhung und teilweise auch Realitätsverlust.

Adlers Charakterologie unterscheidet zwischen aggressiven und nichtaggressiven (aktiven und passiven) Charakterzügen. In den ersteren wird das Ziel der Geltung und Macht direkt angestrebt; sie dienen regelrecht der Unterjochung des Mitmenschen, seiner Einschüchterung und Beherrschung. In diese Reihe gehören u. a. Herrschsucht, Eitelkeit, Neid, Geiz, Mißtrauen, Haß, Aggression, Eifersucht. Alle diese Charaktereigenschaften liegen auf der »sadistischen« Linie – sie tendieren auf offenen Kampf gegen die soziale Umwelt. Anders bei den passiven (»masochistischen«) Charakterzügen. In ihnen wird Geltung auf Umwegen (indirekt) angestrebt, sozusagen »durch Dienen zum Herrschen«. Hier wären Angst, Depression, Unterwürfigkeit, Kleinmut, Hypochondrie (Kränkeln) usw. zu erwähnen. Achtet man auf den sozialen Sinn solcher Verhaltensweisen, so erkennt man, daß in ihnen eine Entlastung von gemeinschaftlichen Pflichten und Verantwortungen angestrebt wird. Wer so ängstlich, traurig, leidend usw. ist, von dem darf man nichts verlangen, und er seinerseits darf Schonung um jeden Preis fordern.

Fast immer ergänzen sich aggressive und passive Charakterzüge zum Sadomasochismus, der jeweils in *einer* Person in spezifischer Mischung der feindseligen und unterwürfigen Eigenschaften vorhanden ist. Ein anderes Wort für Sadomasochismus ist »Autoritarismus«: Alle genannten Wesenszüge lassen sich im autoritären Charakter zusammenfassen, der in unserer Kultur am häufigsten repräsentiert ist. In allen seelischen Erkrankungen ist passiver und aktiver Autoritarismus unverkennbar, indes die soziale Verbundenheit des Patienten entscheidend eingeschränkt ist (Gemeinschaftsgefühl!).

Das Gegenstück zum autoritären, kämpferischen Charakter wäre der produktive genitale, soziale Charakter; zu ihm würden Charakterzüge wie Optimismus, Vertrauen, Hilfsbereitschaft, Gerechtigkeitssinn, Mut, Wohlwollen, Menschenfreundlichkeit, Wahrheitsliebe, Offenheit, Arbeits- und Liebesfähigkeit, Geduld, Vorurteilsfreiheit usw. gehören. Dieser Charakter kommt zustande, wenn das Menschenkind seine kindlichen Unzulänglichkeiten durch *soziale Beitragsleistungen* kompensieren gelernt hat; wer als Kind kooperieren und lieben lernte, hat später im Leben keine Mühe, die obengenannten Eigenschaften zu entwickeln, auf Grund deren alle menschliche Kultur voranschreiten kann. Was in der menschlichen Geschichte als Kulturfortschritt imponiert, entspringt dem in einzelnen und Menschengruppen vorhandenen Sozial-Interesse, indes Krieg, wirtschaftliche Ausbeutung, soziale Ungerechtigkeit usw. dem aus Angst aufgewühlten Machtwahn entstammen.

Die Psychotherapie ist der Versuch, den Patienten von seinem sadomasochistischen Charakter abzubringen und ihn zum Aufbau sozial tragfähiger und produktiver »Leitlinien« zu bewegen. Der Wirkungsgrad der psychotherapeutischen Behandlung ist am Ausmaß der *Charakterveränderung* abzulesen; diese selbst wieder äußert sich in veränderten Motivationen und Verhaltensweisen, welche die nähere menschliche Umgebung deutlich registrieren muß. Bekanntlich erfolgt dieser Prozeß via Übertragung, Abbau von Projektionen, Selbsterkenntnis, Wandlung (innere Umstrukturierung).

Alle psychoanalytische Deutungsarbeit an Träumen, Einfällen, Lebensberichten, Symptomanalysen, Krankheitsverläufen hat die Aufgabe, Charakteranomalien durchsichtig zu machen und auf ihre Behebung hinzuarbeiten. Dies ist in der Gruppentherapie nicht anders als in der Einzeltherapie. Der Charakter des Patienten ist der Inbegriff seiner Widerstände, seiner Abwehrmechanismen und der Irrationalitäten seines Verhaltens: An dieser Stelle muß die Persönlichkeitsumgestaltung geleistet werden, wenn eine Neurose, eine Perversion oder eine Verhaltensstörung unnötig werden soll.

## *Charakterstörungen in der Gruppenpsychotherapie II*

Jede emotional geladene Situation ist für denjenigen, der psychologisch beobachten kann, ein hervorragender Charaktertest für alle Beteiligten. Jeder Mensch reagiert gemäß seinem Charakter und gemäß den äußeren Bedingungen; kennt man letztere möglichst genau, so kann aus der Reaktion die Charakterstruktur abgelesen werden, die als konstant angesehen werden darf. Gruppentherapie in unserem Sinne ist Charakteranalyse. Alle Analysanden sollen sich über ihre Charaktereigenschaften klar werden, um an diesen arbeiten zu können; denn: »Der Charakter des Menschen ist sein Schicksal!« (Heraklit)

Wie kommen Charakterdeformationen in der Gruppe zum Vorschein? Sie sind überall zu finden und müssen nur sorgfältig registriert und bewußt gemacht werden.

Eitelkeit und Selbstgefälligkeit z. B. wird sehr häufig im Sprechstil deutlich. Narzißtische Typen sprechen mitunter viel; sie hören sich gerne.

Die Qualität des Ausgesagten leidet unter der mangelhaften Beziehung zur Sache und dem Hervorkehren der eigenen Person. Eine der Vielrednerinnen unserer Gruppen mußte mehrfach auf den Wert des Schweigens (privat) hingewiesen werden. Ihre kunstvollen, aber inhaltslosen Sätze wurden oft von Gruppenmitgliedern nicht verstanden, was zu Rückfragen führte (Was meinten Sie eigentlich?).

Hochmut zeigt sich u. a. in der unbegründeten Verachtung anderer. Ein autistischer Zwangscharakter, der bereits gut über Probleme reden (aber sie nicht lösen) konnte, pflegte oberflächliche Äußerungen von Gruppenmitgliedern mit einer gespielten Verzweiflungsmiene zu quittieren. Als eine ungeschickte junge Dame mit offenkundiger Unqualifiziertheit in den Sitzungen »dreinredete«, äußerte er die Absicht, solche Sitzungen nicht mehr zu besuchen. Er wurde auf die Aufgabe aufmerksam gemacht, der Teilnehmerin zu helfen, anstatt sie zu »verurteilen«.

Eifersucht spielt in die Übertragung zum Gruppenleiter hinein, dem man zumutet, daß er andere Gruppenteilnehmer bevorzugt. Ein solches Gruppenmitglied war eine junge Dame, die mit ihrem Ex-Gatten an der Therapie teilnahm. Als dieser raschere Fortschritte machte als sie, warf sie dem Therapeuten vor, er helfe nur jenen Menschen, die ihm besonders sympathisch seien, z. B. ihrem ehemaligen Gatten.

Mißtrauen als Charakterzug kommt in den Gruppensitzungen unfehlbar zur Geltung. Eine mißtrauische Patientin äußerte nach kurzer Zeit in der Gruppenbehandlung, alle Teilnehmer seien gegen sie; sie empfinde das an deren Blicken und Gesten. Alle seien von ihr enttäuscht, daß sie noch so wenig gesagt habe. – In einem anderen Falle wurde die Prüfungsangst eines Juristen mit großem Feinsinn behandelt. Man stellte seine Ängstlichkeit von Kindheit an fest und suchte deren Ursachen zu ermitteln. Alle Gruppenmitglieder waren von der »schönen Sitzung« begeistert. Der mißtrauische Prüfungskandidat wollte beobachtet haben, daß man sich über ihn lustig mache.

Ängstlichkeit und Schüchternheit bekunden sich am Schweigen des Patienten, an seinen zaghaften Äußerungen, der leisen Stimme, der vorsichtigen Mitteilung in Mimik, Gestik und Gebärden. Oft hat man die größte Mühe, solche Analysanden zum Vortragen ihrer Probleme zu bewegen. Sie wollen es zumeist später, irgendwann tun. Deutungen anderer Fälle sind bei ihnen selten. Sie fühlen sich weder berechtigt noch befähigt, anderen zu helfen.

Der Stolz vieler Neurotiker (der sich aus Angst und Hochmut zusammensetzt) kommt nicht selten zum Ausdruck in retuschierten »Lebensgeschichten«, die nicht so sehr mitteilen als verbergen wollen. Man kann und will sich nicht geben (im Sinne von hingeben). Über beschämende Punkte der Biographie gleitet man hinweg. Erziehung zur Wahrhaftigkeit ist ein Teil der Gruppenaufgabe, die vor allem bei hysterisch strukturierten Patienten schwer gelöst werden kann. Die letzteren haben oft die bekannte Art, sich theatralisch in Szene zu setzen, viel und imposant zu agieren. Einer unserer diesbezüglichen Analysanden wurde zum Unterhaltungsmagister der Gruppe und investierte so massiv in diese Rolle, daß er monatelang keine therapeutischen Fortschritte machte.

Die Zwangscharaktere demonstrieren durch ihre Umständlichkeit, Umwegigkeit und Geschraubtheit (Verschrobenheit), wie mühsam sie das Leben finden und wie schwierig es ihnen erscheint, verstanden zu werden. Hört man ihnen genau zu, so erkennt man oft, daß sie nichts so sehr fürchten wie den Augenblick, wo man sie erkennen und durchschauen würde. Dann wäre alle Scheinhaftigkeit dahin und sie müßten sich als die Menschen erweisen, die sie wirklich sind. Einer dieser Typen geriet angesichts seiner Sitzung in große Aufregung und erklärte, man habe das »Halali« ertönen lassen, um ihn zur Strecke zu bringen. Die Ablenkmanöver, die er daraufhin einsetzte, machten eine reguläre Deutungsarbeit unmöglich; die Zwanghaftigkeit, auf welche die Gruppe einzugehen versucht hatte, war *für einmal* wieder gerettet.

Haß und Menschenfeindschaft sind ebenfalls gut zu diagnostizieren, wenn sie in der Gruppe vorkommen. Wer in der Kindheit nur Frustrationen und Unglück erlebt hat, kann nicht umhin, sein trostloses Menschenbild auch auf die Gruppenmitglieder zu projizieren. Es kommt zu hochgespannten Forderungen und Erwartungen, die durch die Gruppe notwendig enttäuscht werden müssen. Daraufhin folgen Ausbrüche von Zorn, verbunden mit unsinnigen Anklagen. Der Hasser nimmt auch keinen Anteil an den Schicksalen, die vor ihm in der Gruppe ausgebreitet werden. Bestenfalls empfindet er Neid, daß es anderen besser ergeht als ihm selbst. Mit den Augen des Neides sieht er das Glück der anderen ebenso vergrößert wie sein eigenes Unglück. Hasser können u. U. ein Gruppenklima derart stören und belasten, daß man sie von der Gruppe fernhalten muß.

Aus der tiefen Angst des Hassers und dem Sich-dauernd-zurückgesetzt-Fühlen des Neiders erwächst häufig die Herrschsucht, die ebenfalls ein Störfaktor der Gruppenarbeit ist. Der Herrschsüchtige redet immer und überall drein, selbst wenn er nichts weiß. Mitunter können solche Menschen, die ja eine lange Vorgeschichte des Überlegenheitsstrebens haben, ganz gut argumentieren und sich den Anschein von Denk-Richtigkeit geben. Aber die emotionale Seite ihrer Ausführungen ist karg bemessen, meist »unlogisch«, von Rechthaberei diktiert. Die extrem Herrschbegierigen haben es besonders auf die Position des Gruppenleiters abgesehen. Diesen zu bekämpfen, zu attackieren oder gar zu erniedrigen, wird ihnen zum Hobby, womit sie ihre eigenen Minderwertigkeitskomplexe zum Schweigen zu bringen suchen. Es ist auch hier von Fall zu Fall zu ermessen, ob man den pathologisch Herrschsüchtigen in einer Gruppe behalten kann oder nicht.

Nicht nur die sozial-negativen Charaktereigenschaften, sondern auch ihre positiven Gegenstücke werden in der Gruppentherapie manifest. Der Freundliche, der Wohlwollende, der Hilfsbereite, der Echt-Interessierte, der Aufgeschlossene, der Warmherzige, der Sensible usw. gehören zu den »Stützen der Gruppe«, die deren Funktionieren gewährleisten. Nicht nur der Therapeut, sondern auch die Gruppenteilnehmer sind ungemein froh um solche Mitglieder, die eine Atmosphäre von Mitmenschlichkeit um sich verbreiten. Der Therapeut sollte in dieser Beziehung mehr oder minder »mustergültig« und vorbildlich sein. Wenn er seines Berufes mächtig ist, sollte es ihm keine Mühe bereiten, in der Demonstration von Solidarität und gegenseitiger Hilfe der Gruppe voranzugehen. Er muß dies aber nicht monopolisieren, denn in jeder Gruppe sind auch solche Charaktere vorhanden, die man nur zum Zug kommen lassen muß. Für alle Teilnehmer gilt, daß sie auf die Entwicklung und Entfaltung solcher Charaktereigenschaften hinarbeiten sollen.

Es sind die ehemals (in ihren charakterprägenden Jahren) braven und kooperativen Kinder, die später den Kern der *Gruppenelite* ausmachen, von welcher das Klima der regen und allgemein-fördernden Interaktion ausgeht; die schwierigeren Gruppenpartner sind allesamt ehedem trotzige oder verängstigte Menschenkinder (meist beides in einer Person), für die Zusammenarbeiten eine Komponente von Lebensgefahr und Beeinträchtigung von Selbstachtung und Sicherheit bedeutet. Da die Gruppe ein gutes »Familienmilieu« herstellen will, sind besonders jene nützlich, die schon aus einer guten Familienatmosphäre stammen. Das obengenannte »Bravsein« muß nicht mit dem »Musterkindsein« verwechselt werden – die Gruppe beinhaltet einen Appell zu Kooperation und Sozialinteresse, und es ist nicht weiter ungewöhnlich, daß vor allem jene diesem Appell folgeleisten können, die schon in der Kindheit hierzu Vorbereitungen treffen konnten. Man kann als Erwachsener immer nur das, was man als Kind einüben durfte, es sei denn, daß die Psychotherapie durch eine neue Form von künstlicher Kindheit eine Chance zum Nachholen und Verbessern bietet.

Die von uns gehandhabte Charakteranalyse innerhalb der Gruppentherapie legt nicht nur Wert auf die Charakterdiagnose bei allen Beteiligten, sondern auch auf die Charakteränderung, resp. -formung in Richtung auf ein erhöhtes Maß von Soziabilität. Dies ist nicht realisierbar ohne ein gewisses Maß von ethischer Beeinflussung, welche u. E. vom rein-interpretativen Teil der psychoanalytischen Behandlung nicht abtrennbar ist. Vor allem die Gruppenpsychotherapie tendiert darauf, Motivationen und Einstellungen im Analysanden zu konstellieren, die durchaus unter den Titel der ethischen »Tugenden« fallen, nämlich jener Tüchtig- und Tauglichkeiten, durch die der Mensch zum Mitmenschen wird. Einsicht, Verantwortung, »Mutualismus«, Kooperation und Liebe: Wenn die Gruppe dies in ihren Teilnehmern weckt, darf sie gewiß als eine hohe Schule der Persönlichkeitsentfaltung und Ethik bezeichnet werden.

## *Angstneurotiker in der Gruppenpsychotherapie*

Patienten mit Angstzuständen sind in der Gruppentherapie recht häufig. Die Angstkrankheit kann verschiedene Formen und Dimensionen annehmen. Sie reicht vom gelegentlichen Auftreten ängstlicher Beklemmung bis zur schweren Angstneurose, zur Phobie und evtl. gar zur psychotischen Weltangst. Im Grunde haben alle seelischen Erkrankungen die Angst als Bodensatz und Quelle der gesamten Symptomatik. Karen Horney spricht in ihrer Neurosenlehre von der »basic anxiety« und postuliert, daß beim Neurotiker die allgemein vorhandene menschliche Lebensangst infolge ungünstiger Kindheitsbedingungen etwas verschärft und unkontrollierbar wird. So kann man bei jedem Psychotherapiepatienten eine Angstproblematik aufweisen; in den eigentlichen Angstneurosen steht phänomenologisch die Angstentwicklung im Mittelpunkt, indes in den Zwangsneurosen, Hysterien, Depressionen etc. sich andere Zustandsbilder in den Vordergrund schieben, die allerdings jeweils entscheidend von Verängstigung gefärbt sind.

Jeder Psychotherapeut muß ein möglichst umfassendes Konzept der Symptomatik, Entstehung und Konsequenz von Angst im Seelenleben haben. Letztlich zielt jede Psychotherapie auf Angstverminderung, -bewältigung und -eliminierung. Nur aus tiefgründigem Verstehen der Angstanfälligkeit des Menschen kann ein zielsicheres therapeutisches Vorgehen abgeleitet werden.

Für den späten Freud (*Hemmung, Symptom und Angst*, 1926) war jegliche Angst im Grunde »Kastrationsangst«. Löst man dieses Theorem vom sexuellen Jargon ab, so bedeutet dies, daß Ängstlichkeit eine Art Vorwegnahme von Beeinträchtigung irgendwelcher Art ist. Es muß ja nicht gerade der Penis »abgeschnitten« werden; auch sozialer Rangabstieg, Verluste an Liebe, Geld, Einfluß, Beziehung etc. kann mit einigem Phantasiereichtum als »Kastration« beschrieben werden.

Etwas realistischer ist das Konzept Alfred Adlers, welches in der Angst den Ausdruck der gefühlten Ohnmacht und »Minderwertigkeit« erblickt. Der Angstpatient fühlt sich dem Leben und seinen Aufgaben nicht gewachsen. Der Angstanfall tritt auf, wenn eine Auseinandersetzung mit Fragen der Liebe und Sexualität, des Berufs, der Mitmenschlichkeit überhaupt unausweichlich wird. Anstelle eines sozialen Beitrags setzt dann der Angstneurotiker die suggestive Gebärde der Hilflosigkeit, die an die Mitwelt appelliert, um von aller Belastung freigesprochen zu werden. Darin liegt der geheime Sinn des Ängstlichwerdens; es ist eine Kommunikation an die menschliche Umgebung, die hierdurch zu einem weitgehenden Entgegenkommen gezwungen werden soll. Man kann auch nach Adler »mit Angstentfaltung herrschen«. Alle verwöhnten Kinder lernen das in ihrer Kindheit recht gut. Sollen sie sich an der

»Front des Lebens« bewähren, so regredieren sie auf ihr eingeübtes Infantilverhalten, das sich zumeist als nützlich erweist. Jedenfalls schont das entwickelte Gemeinschaftsgefühl der Umwelt den Angstkranken, der gewöhnlich auch mit entsprechenden Forderungen anrückt, die er aus seiner Gebrechlichkeit und Hilfsbedürftigkeit ableitet. So erkennt man im Angstzustand das »trickhafte Denken« des Neurotikers, der mit kindlichen Mitteln eine Ausnahmestellung einzunehmen versucht, bei der er sich angesichts der Lebensschwierigkeiten »die Hände nicht schmutzig machen muß«. Adler hat sehr eindringlich auf diese Komponente des Angsttyps hingewiesen und betont, daß nur Verstärkung der mitmenschlichen Beziehungen, Ermutigung und Abkehr vom Geltungsstreben einen Abbau der Verängstigung ermöglicht.

Ähnlich wie Adler sieht auch H. S. Sullivan die Angst als Oberflächensymptom von gestörten menschlichen Beziehungen. Sie ist Antizipation von sozialer Mißbilligung seitens bedeutsamer Beziehungspersonen. Bei genauerer Analyse erkennt man innerhalb der Angstkrankheit auch die Reduktion des »power principle«, worunter Sullivan die Ausbildung von Fähigkeiten jeglicher Art versteht. Alles »Können« stärkt das Selbstbewußtsein und die Selbstachtung. Der Angstpatient, der meistens aus der kindlichen Verwöhnung oder emotionalen Entbehrung in der Kindheit stammt, hat zu wenig Geschicklichkeiten gelernt. Er fühlt sich nicht nur hilflos, sondern er ist auch realiter ungeschickter, untrainierter, rascher am Ende seines Lateins als begünstigtere Leidensgenossen. Daher tut man gut daran, den Angstkranken regelrecht auch zu schulen, Schwierigkeiten zu überwinden. Dies kann er jedoch nur, wenn seine soziale Beziehungstauglichkeit erhöht wird. Zu diesem Zwecke muß man seine Selbst- und Menschenkenntnis vermehren. Da er fast immer in sozialer Isolierung gelebt hat, weiß der Angstneurotiker zu wenig von den anderen; um so mehr muß er sie fürchten. Durch Entwicklung seines »social skill« (soziale Geschicklichkeit) kann er wesentlich furchtfrei werden.

Horney u. a. demonstrierten die latente Feindseligkeit des Angsttyps. Nur wer die Mitmenschen potentiell als Feinde ansieht, muß vor ihnen so viel Angst haben. Zumindest kann man diesen Kranken eine gewisse »Feindseligkeitserwartung« zuschreiben; sie sind mißtrauisch, pessimistisch, distanziert, mitunter eitel, unbewußt hochmütig etc.

In unserem Sinne muß die Hauptproblematik jeder Angstneurose im Charakter des Patienten liegen. Darauf ist schon oben hingedeutet worden. Der Charakter als Basis aller Wahrnehmungen, Gefühle, Reaktionen und Verhaltensweisen begründet die eigentliche pathologische Struktur des Angstkranken. Kaum kann man bei solchen Patienten »genitale Charaktere« (Arbeiten- und Liebenkönnen, S. Freud) finden. Sie sind immer irgendwie oral, anal, sadomasochistisch, d. h. in praegenitalen Fixierungen befangen. Dazu gehören Eigenschaften wie Anlehnungsbedürftigkeit, Herrschsucht, Geiz, Neid, Eifersucht, Pessimismus, Negativismus etc. Wer sich genauer in die psychische Pathologie des Angstkranken vertieft, wird erahnen, daß die Angst nur Ausdruck eines generellen Entwicklungs- und Entfaltungsmankos der Persönlichkeit ist.

In der Angsttheorie berührt sich die Tiefenpsychologie mit der modernen Philosophie, vor allem mit dem Existenzialismus. Schon bei Kierkegaard spielen Erörterungen über die Angst eine erhebliche Rolle. Für ihn ist die Existenzangst gebunden an die Erfahrung der Gottesferne, d. h. der Undurchschaubarkeit des göttlichen Willens. Niemand weiß mit Sicherheit, ob er mit Gott in Übereinstimmung lebt. Daher kann der Christ nur in »Furcht und Zittern« seine Entscheidungen fällen; in ihm wird jeweils die Angst Abrahams lebendig, der durch Gott den Befehl erhielt, seinen Sohn Isaak zu opfern, aber nicht mit Gewißheit feststellen konnte, ob Gott wirklich ein solch ungeheures Opfer von ihm verlange. In »Der Begriff Angst« unterscheidet Kierkegaard zwei Arten der Verzweiflung, die neurosenpsychologisch bedeutsam sind. Erstens das »Verzweifelt-man-selbst-sein-wollen«, d. h. den Trotz und das Verlangen nach Ich-Autonomie; zweitens das »Verzweifelt-nicht-man-selbst-sein-wollen«, d. h. die Anlehnungsbedürftigkeit, die Angst vor dem Ich, welches zugleich auch Bewußtsein, Freiheit und Verantwortung darstellt.

Heidegger und Sartre haben die Kierkegaardschen Vorstellungen ihres biblischen Gehalts entkleidet und säkularisiert. Bei Heidegger wird die Angst »Grundbefindlichkeit des Daseins«, ein Existential, also eine Grundform und Erkenntniskategorie des menschlichen Seins. Angst ist eine unabdingbare Erfahrung des Ich-selbst-Seins. Alle Angst ist potentiell Todesangst. Der Mutige muß diese Angst kennen, ohne vor ihr auszuweichen in die beruhigenden Illusionen des kollektiven Bewußtseins (das »Man«), welches den Tod auszuklammern versucht und sich mit

Selbsttäuschungen zufriedengibt. Nur in der durchgestandenen Angst erfahre man das Dasein als Möglichkeit; wer die äußerste Möglichkeit des Lebens, nämlich den Tod, auch in Betracht zu ziehen weiß, ängstigt sich nicht mehr vor den kleinen »Furchtbarkeiten des Alltags«, sondern entwirft sich entschlossen auf die möglichen Entfaltungen der Existenz. Eigentliches Menschsein lebt in den konkreten Möglichkeiten.

Was Heidegger und Sartre als tapfere Auseinandersetzung mit dem realen Leben (zu dem der Tod gehört) beschreiben, ist eine Abwandlung dessen, was Freud Realitätsprinzip nennt. Von letzterem entfernt sich der Angstcharakter in seiner Lebensführung, welche durch Wünsche, Phantasmen, zielloses Hoffen bestimmt wird. Nur wer sich wirklich in der Realität verankert, kann sich in ihr heimisch fühlen. Auf menschlicher Ebene heißt Realität im Sinne der Existenzphilosophie durchweg »Mitsein«, d. h. Verbundenheit mit den Mitmenschen. Kein Zweifel, daß die Angst erst dann verstummt, wenn man in seinen Gefühlen, Bestrebungen und Unternehmungen mit der »Mitwelt« solidarisch ist, d. h. die Engen und Einseitigkeiten des egozentrischen Lebensentwurfes durch eine sozialere Gesinnung ersetzt hat.

In der Gruppenpsychotherapie kann und soll der Angstpatient das »Mitsein« erleben und erlernen. Auch hier wiederum ist die Gruppe im Vorteil gegenüber der Einzeltherapie. Es ist die Crux der individuellen Psychoanalyse, daß der Patient die Haltungen, die er in der Einzelbesprechung einübt, ohne Führung und Kontrolle auf die größere Umwelt übertragen soll. Darin hat er des öfteren Schwierigkeiten, da er nicht selten auf Unverstand und Böswilligkeit stößt, die seine schüchternen Wandlungsversuche in Frage stellen. In der Gruppentherapie kann nun dem Angstkranken ein Probierfeld zur Verfügung gestellt werden, wo Angstbereitschaften nicht mobilisiert werden müssen. Die emotionale Unterstützung für ängstliche, schüchterne Analysanden ist in der Gruppe oft großartig. Man läßt sie in Ruhe, wenn sie es so wollen; man stimuliert sie aber auch zu Beitragsleistungen, an denen ihr Selbstgefühl erstarken kann. Auch haben Angstneurotiker Mühe, in der Einzelanalyse den Dauerkontakt mit ihrem Analytiker während einer ganzen Sitzung aufrechtzuerhalten; sie fühlen sich rasch überfordert, ausgepumpt. In der Gruppe können sie im Rückhalt bleiben und erst dann aus sich herausgehen, wenn sie sich der sozialen Situation gewachsen sehen.

## *Gruppensitzung über eine Angstproblematik I*

*R.:* Werner, Sie haben mir gesagt, daß Sie gestern einen Angstanfall hatten. Wie kam das? Sie waren doch gestern in den Gruppensitzungen. Von wann bis wann?

*Werner:* Von sieben bis neun Uhr. Das fing in der ersten Gruppenstunde an. Diese Sitzung hat mich sehr belastet. Ich weiß nicht, woran das lag.

*R.:* Die Sitzung war sehr traurig, nicht wahr? Die Frau erzählte uns ihr Leid in der Ehe, und wir sahen gar keine Möglichkeiten, einzugreifen. Der Mann wird von einem anderen Therapeuten behandelt. Außerdem ist der Fall extrem schwer. Die Heilungsaussichten sind m. E. gering. Wir hörten, daß es sich um einen aggressiven, gewalttätigen Mann handelt.

*Werner:* Mir ging es hernach sehr schlecht. Ich bekam sofort Magenbeschwerden. Ich hatte früher schon Magenschleimhautentzündung. Während der Sitzung wurde ich so unruhig, daß ich am liebsten die Flucht ergriffen hätte. In der zweiten Sitzung klang das ab. Dann fuhr ich nach Hause. Ich wohne im Studentendorf. Ich ging dann in den Club und diskutierte mit ein paar Leuten. Das ging ganz gut. Ich war ruhiger. Aber gegen Mitternacht begann mein Magen wieder zu revoltieren. Beinahe hätte ich erbrechen müssen. Mitten in der Nacht erwachte ich. Ich hatte Magenbeschwerden. Dann kam die Angst. In meiner Kindheit gab es das oft. Nun hatte ich den Wunsch, unbedingt bei jemanden zu sein. Ich klopfte bei einer Nachbarin an, die ich gut kenne. Es war 1 Uhr 30. Die Kommilitonin war sehr nett. Ich sagte, daß mir schwindlig sei und daß mein Magen streikt. Meine Knie zitterten, als ich das sagte. Sie reagierte sehr vernünftig. Ich durfte mich mit ihr unterhalten und wurde dabei gefaßter. Nachher holte ich meine Luftmatratze und konnte in ihrem Zimmer schlafen. Heute morgen um sechs Uhr zog ich wieder ab. Das ist ein minutiöses Analogon zu häufigen Vorfällen meiner Kindheit. Da ging ich immer zu meinen Eltern, um bei ihnen zu schlafen. Bis zu meinem achten Lebensjahr waren das solche charakteristische Angstanfälle. Meine Mutter war dann immer sehr lieb zu mir. Ich durfte ins Ehebett und lag zwischen meinen Eltern. Das beruhigte mich.

*Fritz:* Wie fühlst du dich denn im Augenblick?

*Werner:* Relativ ruhig. Ich empfinde es nicht als Belastung, zu sprechen, sondern eher als große Erleichterung.

*Ulf:* Weshalb kamst Du zur Gruppe?

*Werner:* Ich habe im Februar, also vor vier Monaten, einen Schock durch ein Mädchen bekommen. Da fingen die Angstgefühle wie in meiner Kindheit an. Das wiederholte sich nun in den letzten Monaten mehrfach. Meine Arbeitsfähigkeit ließ nach. Ich bekam schwere Depressionen. Ich nahm auch Medikamente. Ich kam wegen meiner Angst zur Gruppe. Meine Angst wurde schnell vermindert, als ich in die Gruppe ging. Das hat mich sehr gewundert. Mir scheint, daß ich in der letzten Zeit schon Fortschritte gemacht habe. Die Angst war weg, und ich hatte einige Kontakte. Nun kam gestern so ein massiver Angstanfall. Darum möchte ich heute sprechen.

*Ulf:* Wie alt bist Du?

*Werner:* 24 Jahre. Ich studiere Mathematik und Physik. Im fünften Semester. Soll ich meine Lebensgeschichte berichten?

*R.:* Noch nicht. Nur das Aktuelle zunächst!

*Maria:* Was war das, was du als Schock bezeichnetest?

*Werner:* Ich war damals ziemlich allein und hatte mich bei einem Mädchen angehängt, wiewohl sie in ihren Voraussetzungen gar nicht so gut zu mir paßte. Als ich sie kennenlernte, sagte sie, sie habe einen langjährigen Freund, der verreist sei. Sie wolle aber mit dem Schluß machen. Das war wohl ihre Absicht. Nach dem Urlaub kam nun der zurück. Es entstand ein Dreiecksverhältnis. Sie war einmal mit ihm und dann wieder mit mir zusammen. Sie schlief abwechselnd mit beiden. Das machte mir nicht so viel aus. Ich bat sie, sich zu prüfen und irgendwann sich zu entscheiden. Das sah sie ein. Aber die Entscheidung kam nicht. Dann waren wir einmal im Kino an einem Abend. Sie war da sehr lieb. Dann wollte ich sie zu mir nehmen. Da erwiderte sie: Matthias (das ist der andere Freund) hat heute Geburtstag, und ich habe ihm versprochen, die Nacht bei ihm zu verbringen. Ich muß jetzt zu ihm. Dann verabschiedeten wir uns. Ich kam hernach ins Spekulieren und erinnerte mich an frühere Enttäuschungen mit Mädchen. Das ging mir im Kopf um, als ich den weiten Weg nach Hause zu Fuß machte. Da setzte die Angst ein, zum erstenmal seit meinem achten

Lebensjahr! Ich erinnerte mich sofort an diese früheren Zustände.

*Dorothea:* Hast du schon eine dauerhafte Liebesbeziehung gehabt?

*Werner:* Ja. Mehrmals. 1966 war ich mit einem Mädchen ein Jahr lang zusammen. Dann wieder ein Jahr mit einer Schulkameradin von der Abendschule. Und dann weitere.

*Maria:* Wer machte diesen Freundschaften ein Ende, du oder das Mädchen?

*Werner:* Bei diesen Beziehungen war es so, daß sie mir alle nach einiger Zeit weniger bedeuteten, und ich mich daher gleichgültiger benahm. Das wurde dann den Mädchen zu dumm, und sie machten Schluß; aber mir war das jeweils recht so.

*Maria:* Und bei dem letzten Mädchen hattest du erwartet, daß sie sich für dich entscheidet?

*Werner:* Nicht unbedingt. Mir mißfiel dieses Hin- und Herschwanken. Ich hätte nur Klarheit gewünscht.

*Irmgard:* Du meintest, das Mädchen habe nicht so zu dir gepaßt. Wie meinst du das?

*Werner:* Sie war Sekretärin. Das ist an sich kein Hindernis. Mir mißfiel die Unentschiedenheit. Die brachte mich fast zur Raserei. Sie konnte zwischen den beiden Männern leben, ohne sich zu entscheiden. Sie hieß übrigens Uschi.

*Ulf:* Wie lange dauerte die Beziehung?

*Werner:* Insgesamt sechs Wochen. In den ersten vierzehn Tagen war nicht viel. Dann fing es so an.

*Fritz:* Habt ihr viel über den Matthias gesprochen?

*Werner:* Doch. Sie hat mir viel von Matthias erzählt, auch von seinen Schwächen.

*R.:* Spielt das Mädel heute noch in Ihrem Gefühlsleben eine Rolle?

*Werner:* Nee. Das ist vergangen.

*R.:* Dann wollen wir uns auf das Gegenwärtige konzentrieren! Wir wollen den akuten Angstanfall durchsichtig machen, damit Werner versteht, was mit ihm los ist.

*Bruno:* Hast du derzeit einen Freund?

*Werner:* Einen Freund nicht, aber viele Bekannte. z. B. das Mädchen, bei dem ich heute übernachtete – die ist eine gute Bekannte. Aber auch Kommilitonen im Dorf.

*Dorothea:* Im Moment hast du keine Partnerin?

*Werner:* Leider nicht.

*Fritz:* Welche Schwierigkeiten hattest du bei anderen Mädchen?

*Werner:* Ich hielt meine Probleme aus solchen Beziehungen heraus. Ich versuchte, allein mit mir fertig zu werden. Ich ging nicht aus mir heraus.

*R.:* Gehen wir doch von unserem allgemeinen Konzept aus. Wir fragen nach dem Arbeitsverhalten, der Arbeitssituation, Liebe, Sexualität, soziale Beziehungen usw. Wir müssen uns ein Bild von seiner Verankerung in der Wirklichkeit machen. Einen Angstanfall kann nur jemand produzieren, der mit der Realität nicht gerade auf gutem Fuß lebt. Sozusagen ein Fuß in der Wirklichkeit, ein Fuß in der Traumwelt! Nun sollen wir detailliert auffassen, wie Werner lebt. Auch sein Selbst- und sein Fremdbildnis spielen eine Rolle. Nur daraus läßt sich ermitteln, wie er seine Angst produziert. Nicht jeder kann einen Angstanfall zuwegebringen! Dazu gehört eine in bestimmter Weise ausgerichtete Phantasie. Man muß sich in ein Gefühl hineinsteigern. z. B.: Die Welt ist feindselig und erschreckend! Niemand hilft einem! Alle lassen einen im Stich! Jeder ist gegen jeden! Nur mit diesen Phantasiefragmenten kann man in sich selbst Angst erzeugen. Diese ist dann in der Dauer-Gefühlslage verankert. – In der Sprache irgendeines primitiven Volkes heißt das Wort für »Angst«, wenn man es minutiös übersetzt: Gefahrvolle Fremde oder »Dort-wo-einer-ausruft-oh-Mutter-ich-bin-verloren!« Wie kommt Werner dazu, daß er diesen Schrei ausstößt? Denn das ist der Sinn seines Angstanfalles. Wir müssen hier genau vorgehen. Wozu braucht Werner so starke Affekte, um sich in der Welt zu behaupten? Welches Lebensbild trägt er unbewußt in sich? Wie geht es Ihnen im Studium?

*Werner:* Als ich mit der Gruppentherapie anfing, war meine Arbeitsfähigkeit fast Null. Ich bin nun drei Wochen in der Gruppe. In dieser Zeit fing ich an, wieder Fuß zu fassen. Ich konnte mich nun wieder hinsetzen und ein paar Seiten lesen. Früher konnte ich kaum eine Zeitung lesen. Ich nahm einfach nichts auf. – Zu meinen Kontakten: Eine Freundin habe ich derzeit nicht. Im April kannte ich auch ein Mädchen. Das dauerte ca. vier Wochen.

*Doris:* Waren die Arbeitsschwierigkeiten immer?

*Werner:* Nein. Erst seit Februar, seit dem ersten Angstanfall verschlimmerte sich das.

*Doris:* Vorher war es ganz gut?

*Werner:* Ganz gut auch nicht. Nein.

*Ulf:* Kannst du einen typischen Tagesablauf schildern?

*Werner:* Ich arbeite meistens allein. Dann setze ich mich hin und will was arbeiten, höre aber bald damit auf. Meine Gedanken schweifen herum. Ich sitze und döse. Und grüble.

*Horst:* Wann fängst du damit an, im Tagesablauf?

*Werner:* Ich stehe zwischen acht und neun Uhr auf. Dann frühstücke ich in aller Gemütsruhe. Gehe umständlich einkaufen. Dann räume ich auf. Und wenn ich mich dann zum Arbeiten hinsetze, denke ich, es wäre Zeit, zur Mensa zu fahren, um dort Mittag zu essen. Ich plane tausend Dinge, die ich machen könnte.

*Jürgen:* Wie wirst du den Anforderungen des Studiums gerecht?

*Werner:* Ich bin im 5. Semester. Ich habe bis jetzt noch keine Klausur schreiben müssen. Prüfung gab es auch keine, nur einmal wegen des Stipendiums. Diese habe ich bestanden. Sie war leicht. Ich habe derzeit keine Kontrolle, ob ich im Studium etwas geleistet habe.

*Wilfried:* Zu meinen Zeiten mußte man in der Mathematik hart arbeiten.

*Werner:* Die Studienbedingungen haben sich sehr geändert. Man verlangt nicht mehr viel von uns. Man muß nur anwesend sein – tun muß man nicht viel. Wir haben jetzt einige linke Hilfsassistenten, die gegen jede Repression ankämpfen. Die Professoren wollen die Konflikte meiden.

*R.:* Der Tagesablauf wurde noch nicht geschildert!

*Werner:* Hierzu ist wenig zu sagen. Ich tue eben nicht viel! Der Tag zerrinnt mir mit Kleinigkeiten. Wenn ich nicht weiter weiß, habe ich auch die Gewohnheit, in die Küche zu gehen und zu essen. Meist sind andere auch da, und man kann schwatzen.

*Jürgen:* Wie war das in der Schule? Beim Abitur?

*Werner:* Ich habe zuerst eine Lehre gemacht, das Abitur absolvierte ich über den zweiten Bildungsweg. In der Volksschule ging es für mich ganz leicht. Ich war immer Klassenbester. In der Abendschule für das Abitur hatte ich komische Vorstellungen: Ich dachte oft, was die Lehrer sagen, sei für mich nur eine kleine Anregung, um dann unheimlich viel zu arbeiten. Ein Beispiel für viele: In einer der ersten Stunden des Abendgymnasiums sagte uns ein Lehrer einige Worte über Lessing. Ich lief dann in Bibliotheken und holte mir Bücher von und über Lessing und meinte, ich müsse große Forschungen über ihn anstellen. Natürlich kam nichts dabei heraus.

*Wilfried:* Entschuldige, daß ich insistiere. Aber du hast uns immer noch nicht den typischen Tagesablauf vollständig geschildert.

*R.:* Es fehlt uns z. B. noch der Abend!

*Irmgard:* Du warst beim Mittagessen in der Mensa stehengeblieben.

*Werner:* Zwischendurch gibt es natürlich auch Vorlesungen! (Gelächter)

*Wilfried:* Wann gehst du gewöhnlich schlafen?

*Werner:* Zwischen 11 und 12 Uhr.

*Falk:* Wie oft arbeitest du abends?

*Werner:* Nicht öfter als am Tage!

*Wilfried:* Und in der Zeit zwischen 6 und 11 Uhr?

*Werner:* Ich habe auch noch Übungen, ein Tutorium usw. Da gehe ich meistens hin. Dann habe ich mich in letzter Zeit am studentischen Streikrat beteiligt. Dann bin ich auch in einigen Fach-Gremien drin. Aber da bin ich immer passiv. Ich höre den Debatten zu. Ich war auch in politischen Schulungsarbeitskreisen. Aber da hätte man politische Literatur lesen müssen. Das wurde mir zuviel.

*Hanna:* Gefällt dir dein Studium gut?

*Werner:* An und für sich schon.

*Hans:* Macht es dir Spaß, mit Menschen zu reden?

*Werner:* Ja. Durch die Gruppentherapie bekam das noch ein Plus. Seit ich in der Gruppe bin, habe ich schon einige Kontakte angeknüpft. Auch habe ich in der kurzen Zeit gelernt, genauer auf Menschen meiner Umgebung einzugehen. Ich bekam noch mehr Interesse für den Menschen. Ich habe in den Gruppen gelernt, genau hinzuhören, wenn jemand was sagt. Ich höre und sehe jetzt Probleme, die ich vorher nicht beachtete. Ich habe nun plötzlich manchen Menschen etwas zu sagen, an denen ich vorher vorbeigegangen bin. Oder ich habe sie was zu fragen. Das bereichert mein Leben zusehends.

*R.:* Wie ist Ihre Selbsteinschätzung? Wie sehen Sie sich? Kann man das in Worte kleiden? Welche Handicaps und Vorzüge?

*Werner:* Ich sehe z. B. meine Arbeitsschwierigkeiten, aber ich glaube schon daran, daß das sich bald ändern wird.

*Fritz:* Aber du sagst doch, daß du mit dem Studium an sich zu Rande kommst.

*Werner:* Das ist vielleicht zu viel gesagt. Das Studium macht mir Spaß. Aber ich möchte mehr arbeiten können.

*Ulf:* Ich möchte auf das Lessing-Beispiel zurückkommen. Du wolltest dann gleich eine Lessing-Dissertation schreiben, als dein Lehrer ein bißchen über Lessing sprach. Das scheinen ja riesengroße Anforderungen an sich selbst zu sein. Ist da nicht ein überdimensionierter Ehrgeiz im Spiel? Deine Passivität ist vielleicht nur die Kehrseite eines extremen Ehrgeizes, der dich nicht ruhig arbeiten läßt.

*Werner:* Das mag richtig sein. In der Volksschule war ich sehr ehrgeizig. Ich machte immer viel mehr als man von uns verlangte. Ich hatte z. B. im Rechnen fast alle Lösungen des Lehrbuches ausgerechnet. Da konnte ich den anderen immer Bescheid geben.

*Falk:* Das machtest du völlig freiwillig?

*Werner:* Ja. Und noch ganz genau. Alles schön unterstrichen etc.

*Wilfried:* Überhöhter Ehrgeiz ist ein enormer Hemmschuh für alles Tun. Wahrscheinlich ist das dein Problem.

*Fritz:* Was machtest du vor der Abendschule?

*Werner:* Nach acht Jahren Volksschule lernte ich drei Jahre Gärtner. Dann war ich anderthalb Jahre lang Gärtnergehilfe. Dann kam die Abendschule, mittlere Reife. Zwei Jahre später das Abitur.

*Irmgard:* Könntest du dein Selbstbildnis genauer ausführen? Wie siehst du dich als Mann? In Beziehung zur Frau? Glaubst du, daß man dich mag?

*Werner:* Ja, doch.

*Jürgen:* Hast du Angst, wenn du auf Leute zugehen sollst?

*Werner:* Ja, wenn ich sie nicht kenne.

*R.:* Wie ist Ihr Verhältnis zu Autoritätspersonen?

*Werner:* Ich weiß gar nicht, ob ich Autoritätspersonen habe. Zu den Dozenten hat man ja keine Beziehung. Kontakt hat man ja nur mit den Hilfsassistenten. Dort ist das Verhältnis gut.

*Falk:* Wie ging es dir in Prüfungen? Abitur?

*Werner:* Ich war ruhig. d. h. vorher aufgeregt, aber in der Prüfung gefaßt.

*R.:* Wie ist Ihr Gesundheitszustand? Das gehört auch zur Gegenwartssituation des Analysanden!

*Werner:* Ich habe momentan eine Magenschleimhautentzündung. In den letzten fünf Wochen hatte ich häufig starke Kopfschmerzen. Magenbeschwerden habe ich schon seit sieben Jahren. Ich wurde schon oft geröntgt. Man hat auch zu viel Salzsäureproduktion festgestellt.

*R.:* Das wäre vermutlich ein psychosomatisches Leiden. Die Kopfschmerzen und die Magenverstimmungen können das Indiz für Angst sein. Sie haben schon jahrelang damit zu tun, also standen sie unbewußt immer unter dem Einfluß von Angst.

*Werner:* Ich empfand das nicht so. Angst spürte ich damals keine.

*R.:* Die steckt dann in den Symptomen drin, und man muß sie nicht empfinden. Wenn man Angst im Körper unterbringen kann, muß man sie mitunter seelisch nicht empfinden. Es ist eine Ersparnis von seelischem Aufwand. Die Angst liegt dann im Körper. Nichtsdestoweniger ist das Angst! Wie ist Ihr Schlaf?

*Werner:* In letzter Zeit unruhig. Ich träume auch ungute Dinge.

*R.:* Schildern Sie uns ein bis zwei Träume.

*Werner:* Zu Ostern etwa hatte ich einen schrecklichen Traum, der mir in Erinnerung blieb. Ich träumte von einem Polizeieinsatz an der Universität. Es lag dann eine Leiche da. Die war ganz blutig und zerfetzt. Ich erwachte schweißgebadet.

*R.:* Gab es reale Anlässe für diesen Traum?

*Werner:* Nichts, was auf die Traumhandlung schließen ließe. Ich hatte damals ein Psychopharmakon genommen, das mir ein wenig half. Dann ging es mir besser, ich lernte ein Mädchen kennen. Auch hatte ich eine gute Arbeit. Mit einem Male aber zerbröckelte das alles. Das Mädchen ging nach Westdeutschland, ich verlor meinen Job. Dann hatte ich diesen Traum. – Oft träume ich auch von Situationen, in denen Schießereien vorkommen. Oder mit Gewehren gedroht wird.

*Ulf:* Das würde nun dazu passen, daß die gestrige Sitzung dich so aufgeregt hat. Der Mann jener Frau, welche sprach, ist ja ein Sadist. Offenbar erschreckt dich diese Härte der Welt. Es tut dir weh, daß es so grausam in der Welt zugeht. Die Erzählung von Frau D. hat deine sadomasochistische Phantasiewelt erweckt. Latent ist das wohl immer bei dir vorhanden.

*Werner:* Mag sein. Besonders erschreckte mich, daß Herr Rattner der Frau sagte, entweder der Mann oder sie selbst müsse in die Klinik. Ich bezog das auch auf mich.

*R.:* Das sollten Sie nicht auf sich beziehen. Herr D. ist schwer gemütskrank und bedroht seine Frau. Darum riet ich, daß einer von den beiden auf jeden Fall in die Klinik solle; er, weil er sie bedroht, und sie, weil sie dauernd in Angst lebt. Das hat mit Ihrem Fall nichts zu tun. – Was wollen wir von der heutigen Sitzung festhalten? Wir wissen von der Angst, daß sie ein Regressionsphänomen ist. Der Mensch im Angstanfall ist wie ein Kind. Der Erwachsene erledigt diese Probleme anders. Wenn er im Leben auf Schwierigkeiten, Härten, düstere Akzente stößt, so bekommt er den Impuls, das zu managen, zu meistern. Entweder er kann helfen und ändern; wenn das nicht geht, versucht er wenigstens zu begreifen, was da schief in der Welt ist. Das wäre ungefähr die Haltung, die wir beim ausgeglichenen, mutigen, reifen Menschen voraussetzen. Der Angstanfall ist eine Art von »Bewältigung« der Lebensschwierigkeiten, wie wir es beim Kinde anfinden. Wenn es für das Kind – vor allem für das verwöhnte Kind – zu kompliziert wird, dann ruft es, wie wir vorhin darlegten: Oh Mutter, ich bin verloren! Die Probleme sollen dann von den Beziehungspersonen gelöst werden. Die Lösung kommt dann von oben oder außen, ohne daß man sich anstrengt.

Ein anderer Ansatz ist z. B. der: Mut hat nur derjenige, der tragende menschliche Beziehungen hat. Das ist eine Erfahrungstatsache. Wer menschliche Beziehungen aufzunehmen und zu gestalten weiß, kann schwerlich umgeworfen werden. Auch extreme Härten im Leben lassen ihn nicht resignieren. Wer seinen Mitmenschen zugewendet ist, fühlt sich ins gemeinsame Leben eingebettet – er gehört zur Realität, zur Gemeinschaft. Dann kann er auch mutig voranstreben. Vielleicht ist Werners Kontakterleben irgendwo noch lückenhaft. Dazu würde passen: Kaum hatte er in der Gruppe soziale Beziehungen aufgenommen, ging es ihm schon besser! Er bezog offenbar sehr schnell aus den Gruppensitzungen die Methode, wie man sich mit Menschen auseinandersetzen soll. Das half ihm weiter und wird ihm helfen. Nun hat er nämlich den anderen etwas zu sagen. Er kommt nicht mit leeren Händen zum Du. Dadurch findet er mehr Resonanz. Somit

liegt die Aufgabe darin, sein Kontakterleben zu verbreitern, zu verfeinern. Je mehr das gelingt, um so unmöglicher wird die Angst.
Noch etwas verdient Beachtung: In seiner Phantasietätigkeit, in seinen Träumen erscheint die Welt als sehr feindlich. Er sucht im Traum die Übel der Welt zusammen und suggeriert sich die Notwendigkeit von Abwehrhaltungen. Man träumt mit einem unbewußten Zweck, man will etwas damit. Wenn man ängstlich ist, nicht gut expandieren kann, so muß man sich doch Rationalisierungen schaffen, warum man nicht expandieren soll. Also redet man sich ein, die Welt sei grausig. Wir müssen Werners Grundgefühl umstimmen. Wie alle ehemals verwöhnten Kinder sieht er die Welt als zu schwierig an. Er muß einen freundlichen Ausblick in die Welt bekommen. Dann wird weniger Selbstschutz notwendig sein.
Der Angstanfall ist ein radikaler Selbstschutz. In der Angst läßt man symbolisch die Welt untergehen, um das Ich behaupten zu können. Leute mit Angstanfällen sagen regelrecht: Und dann war keine Welt mehr um mich herum! Ich war grenzenlos allein! Das alles geschieht im Sinne einer Selbstbehauptung. Man läßt die Welt in den Eimer fallen, um das Ich bewahren zu können.
Wenn wir Werner sehr genau zuhören, so hören wir eine subdepressive Komponente heraus. Er ist ein bißchen traurig gestimmt. Die Gründe in der Kindheit werden wir noch ermitteln. In der Trauer liegt auch das Gefühl der Ohnmacht. Offenbar nimmt er Enttäuschungen mit Frauen allzuschwer. Das waren z. T. die Auslöser für die großen Ängste. Die eine trieb ja mit ihm ein zwielichtiges Spiel: Ich meine das Mädchen mit dem Matthias! Als dieses Verhältnis aufflog, hätte Werner sich sagen müssen: Nun strebe ich weiter! Eine andere Liebschaft wird besser gehen! Wer aber schon als Kind in seinem Streben entmutigt wurde, zieht leicht resignative Konsequenzen aus harmlosen, alltäglichen Vorfällen. Es entsteht dann eine falsche Gesamtbewertung des Lebens: Es lohnt sich ja gar nichts! Man wird immer enttäuscht! So redet man sich in die Angst hinein. Aus vielen kleinen, falschen Schlußfolgerungen entsteht der große Angstanfall. Nun mauert man sich in die Angst ein, um sich vor späteren Enttäuschungen zu schützen. Es ist fast wie wenn sich jemand aus Angst in seiner Wohnung verrammelt und vier Schlösser an die Türe hängt. Natürlich pas-

siert ihm da nichts Böses, aber es kommt auch wenig Freude und Anregung hinzu. Wir dürfen die Sicherheit nicht über alles stellen. Der Ängstliche zieht sich auf sein Ich zurück, damit ihm nichts passiert.

Wir werden nächstes Mal Werners Kindheit abklären, um seine Charakterstruktur in ihrer Entstehungsgeschichte zu erforschen. Angst, Ehrgeiz, Subdepression, Überempfindlichkeit, Mutlosigkeit und psychosomatische Anfälligkeit sollen hierbei für uns durchsichtig werden. Wir wollen damit den Charakter für ihn und für uns verständlich machen, damit er sich in den Griff bekommt und an sich selber arbeiten kann.

Das Haupterlebnis wird jedoch sein, daß er sich in die Gruppe integrieren kann. Das scheint bereits im Gange zu sein. Er stellt sich hierzu vorbildlich gut an. Auch die Art, wie er uns über seine Situation informierte, war vorzüglich. Offenbar sind seine Expansionshemmungen nicht so drastisch. Wir müssen ihm nur Bedingungen schaffen, die ihm weiterhelfen!

## *Gruppensitzung über eine Angstproblematik II*

*R.:* Wer berichtet uns, was uns Werner letztes Mal erzählt hat?

*Falk:* Werner ist 24 Jahre alt und studiert Mathematik. Und Physik. Er wohnt im Studentenheim. Er hat allgemeine Kontaktschwierigkeiten. Ängste sind sein Hauptproblem. Mehr weiß ich nicht.

*Gunda:* Dann hat er Arbeitsschwierigkeiten. Er möchte gern viel arbeiten, aber nach einer halben Stunde hat er schon genug. Dann geht er einkaufen und lenkt sich sonst ab.

*Maria:* Der aktuelle Anlaß, daß er in der Gruppe sprach, war ein Angstanfall nach der Auflösung eines Liebesverhältnisses. Das Mädchen konnte sich nicht zwischen ihm und einem anderen entscheiden. Er fühlte sich dann allein. Ein ähnlicher Anfall spielte sich auch ganz kürzlich ab. Er wachte in der Nacht in Panik auf und bat dann eine Kommilitonin, ob er in ihrem Zimmer schlafen dürfte.

*Gisela:* Diese Erlebnisse erinnerten ihn an viele Kindheitserlebnisse, wo er nachts schreckhaft erwachte und zu den Eltern ins Schlafzimmer ging und dann ruhiger wurde.

*R.:* Wie geht es Ihnen jetzt?

*Werner:* Seit 14 Tagen hat sich mein Zustand in vieler Hinsicht wesentlich gebessert. Ich habe sehr viele Kontakte angeknüpft. Es war eine meiner Hauptbeschäftigungen, daß ich die Leute der Gruppe besucht habe; wir haben Kaffee getrunken und geplaudert.

*Ulf:* Da waren die Arbeitsstörungen weg, nicht wahr?

*Werner:* Nein, die sind nicht weg! (Gelächter) Aber ich fing an, ein bißchen zu lesen. Auch die Mathematik interessiert mich wieder. Ich kann mich wieder sinnvoller beschäftigen. Ich grüble nicht mehr so viel. Ich tat in den letzten 14 Tagen immer was, nicht immer so sinnvoll, aber doch etwas.

*R.:* Wie wirkt die Aufnahme von Kontakten mit Gruppenmitgliedern auf Sie?

*Werner:* Sehr positiv. Die massive Angst tritt jetzt nicht mehr auf. Allerdings hatten wir gestern in der Gruppe wieder einen sehr traurigen Fall. Diesmal reagierte ich aber anders darauf. Ich setzte mich mit dem Problem auseinander, ohne Angst zu entwickeln. Ich sprach dann auch mit Gruppenmitgliedern darüber. Da ich jetzt viele Leute kenne, habe ich einen besseren Rückhalt und kann das eher bewältigen.

*R.:* Da fällt mir etwas ein. Als das Mädel vor vier Monaten sich nicht für Sie entschied, hatten Sie einen großen Angstanfall. Als vor 14 Tagen ein trauriger Fall in der Gruppe behandelt wurde, kam die Angst wieder. Und gestern war ein Anflug davon, im Zusammenhang mit einem weiteren düsteren Fall. Aber gestern hatten Sie bereits einen Bezugsrahmen, in den Sie das alles einordnen konnten. Man muß die Härten des Lebens auch zur Kenntnis nehmen! Ich habe übrigens schon manchem Neuling in der Gruppe gesagt, er solle Kontakt mit Gruppenmitgliedern aufnehmen. Mancher erwidert darauf: Mein Stolz läßt das nicht zu! Wie ist es mit Ihrem Stolz, wenn Sie auf andere zugehen?

*Werner:* Ich freue mich hinterher, wenn ein Kontakt klappt.

*R.:* Das Hervorkehren des Stolzes ist ungeschickt. Solidarisieren ist besser. Gespräche sind heilsam. Die Gruppe hat den Sinn, die Kontaktaufnahme zu erleichtern. – Gibt es noch Fragen zur Gegenwartssituation, oder wollen wir die Vorgeschichte aufnehmen? Wir fragen uns:

Wie kommt Werner dazu, in Unruhesituationen des Lebens, bei Belastungen oder Frustrationen Angstkrisen zu entwickeln? Das scheint uns doch nicht adäquat. Eine Krise darf uns beunruhigen. Aber man soll sie in den Griff bekommen. Hoffnungslosigkeit oder Angst ist schon übersteigert. Das muß bestimmte erzieherische Voraussetzungen haben. Diese wollen wir ermitteln.

*Ulf:* Wir gehen aus von seiner Angstbereitschaft, einer gewissen Ehrgeizthematik, Hilflosigkeit, Arbeitsstörungen und Magenbeschwerden. Das alles muß seine Erklärung aus der Anamnese finden. Der Ehrgeiz scheint mir wesentlich. Er kam in manchen Hinweisen der letzten Sitzung zum Vorschein. Er scheint die Quelle seiner Arbeitshemmungen zu sein.

*R.:* Es gibt zwei Arten von Ehrgeiz. Die mutige Form treibt an und fördert den Erfolg. Die resignative Form führt zur Untätigkeit. Man will so viel, daß man gar nicht anfängt. Jede sogenannte Faulheit muß damit in Zusammenhang gebracht werden. Wer Allzugroßes will, getraut sich gar nicht an die Sache heranzutreten. So kann man mitunter die Diagnose stellen, wenn einer faul herumliegt: Der ist ja wahnsinnig ehrgeizig, der tut ja überhaupt nichts! (Gelächter) Also: Sie wurden einmal geboren, nicht wahr? Wann und Wo?

*Werner:* 1946 in der Nähe von Heidelberg. Meine Eltern hatten eine kleine Gärtnerei. Mein frühestes Kindheitserlebnis ist folgendes: Ich muß drei Jahre alt gewesen sein. Dann gingen Vater und Mutter mit mir spazieren. Wir kamen an einen Bahndamm. Da fragten sie mich, worauf der Zug fährt. Ich sagte zunächst nichts, denn ich dachte: Das haben die mir ja schon oft gesagt. Auf Bedrängen hin meinte ich dann: Der Zug fährt auf den Schienen. Und worauf liegen die Schienen? Wieder keine Antwort meinerseits. Erst später: Auf den Steinen! Und dabei das Gefühl: Warum fragen die mich das?

*R.:* Die Quintessenz dieses Erinnerungsbruchstücks scheint zu sein: Die Alten fragen einen dumm aus! (Gelächter)

*Werner:* Auch später hatte ich das Gefühl, daß meine Eltern nicht in der Lage waren, meine Interessen richtig zu wecken und zu fördern.

*Falk:* Hattest du Geschwister?

*Werner:* Eine Schwester. 4 Jahre älter als ich.

*R.:* Wie war der Erziehungsstil im Elternhaus?

*Werner:* Ich bin mir viel selbst überlassen worden. Meine Eltern waren den ganzen Tag in der Gärtnerei. Ich saß oft zwischen den Beeten und Sandhaufen und spielte. Oft allein, selten mit Kindern. Ich brachte manchmal Kinder nach Hause mit. Aber die Eltern sagten, es dürften höchstens zwei sein.

*R.:* Der reinste Numerus clausus! (Gelächter)

*Werner:* Ja, meist sollte es nur einer sein! Sie wollten keinen Lärm haben.

*Almut:* Wie ging das mit Lehre und Abitur später?

*Werner:* 1963 war die Lehre zu Ende. Dann kamen zwei Jahre als Gärtnergehilfe. Dann mittlere Reife. Abitur 1968.

*Jürgen:* Wie standen deine Eltern zu den Fortbildungsplänen?

*Werner:* Sie waren zunächst schockiert. Ich war erzogen worden, um Gärtner zu werden. Anderes kannte man bei uns nicht. Ich sagte zunächst, ich wolle Gartenbau-Ingenieur werden. Schon das begriffen sie nicht recht. Ich mußte es durchsetzen. Dann erst konnte ich meine Abiturpläne auftischen. An der Gärtnerei hatte ich da keine Lust mehr. Das gab einen sehr harten Kampf. Mein Vater hatte gehofft, ich würde seine Gärtnerei übernehmen.

*Fritz:* Was hat dich denn bewogen, Mathematik zu studieren?

*Werner:* In der Abendschule hatte ich einen jungen, guten Mathematiklehrer. Der fuhr auf derselben Autobuslinie zur Schule. So unterhielten wir uns oft. Ich war auch gut in diesem Fach.

*Ulf:* Wie kamst du zu deinem Entschluß, zu studieren?

*Werner:* Das begann eigentlich mit dem Entschluß, die mittlere Reife zu machen. Es war in Hamburg, ich war dort als Gärtnergehilfe tätig und mußte eine ganz stumpfsinnige Arbeit machen. Da suchte ich nach einem Ausweg. Da kaufte ich mir einen Fernkurs für mittlere Reife. Ich wollte weg von solchen Aufgaben wie »Azaleen tauchen«, oft tausende Stück, das mußte ich als Gehilfe machen, oft tagelang.

*Horst:* Wie ist dein Verhältnis zu deinen Eltern?

*Werner:* Mein Vater starb 1967, meine Mutter lebt noch. Das Verhältnis war gleichgültig, bis ich zur Gruppe kam. Da entdeckte ich, daß ich meiner Mutter doch noch etwas zu sagen habe und daß Briefeschreiben nicht einfach eine »lästige Pflicht« sein muß. In letzter Zeit schrieb ich ihr zwei liebe Briefe.

*Ulf:* Als Kind hattest du doch Angstanfälle. In welchem Alter war das?

*Werner:* So zwischen sechs und acht Jahren besonders.

*R.:* Wenn man als Erwachsener Angst hat, so hatte man gewöhnlich schon als Kind Angst. Da ist eine Kontinuität. Wie waren Ihre Angstanfälle in der Kindheit?

*Werner:* Sie traten auf, wenn ich wußte, daß meine Eltern ausgegangen waren. Ich mußte ins Bett, wenn sie abends weggingen. Sie sagten mir immer, wohin sie gehen und wann sie zurückkommen. Aber ich hatte ein ungutes Gefühl. Eine diffuse Angst, etwa: Die Eltern sind nicht da! Oder böse Träume erzeugten Angst. Ich wachte da mitunter weinend auf. Zittrig.

*R.:* Wie war Ihr Verhältnis zu Mutter und Vater?

*Werner:* Ungefähr gleichmäßig. Aber ich hatte mehr mit der Mutter zu tun. Ich kaufte für sie ein usw.

*Ulf:* Wieso machte das nicht die Schwester?

*Werner:* Die war älter und wurde schon zu den Gärtnerarbeiten herangezogen. Auch kochte sie für die Familie in der Schulzeit schon.

*Wolfgang:* Wie bist du mit deiner Schwester ausgekommen?

*Werner:* Sie hat mich oft tyrannisiert. Sie war älter und kräftiger. Sie war oft neidisch auf mich, weil ich weniger streng erzogen wurde. Ich mußte nicht so viel arbeiten wie sie. Manchmal half sie mir aber auch aus einer Patsche. Aber ich empfand sie lange als lästig und tyrannisch.

*Horst:* Und heute? Wenn du nach Hause kommst?

*Werner:* Das Verhältnis ist relativ gleichgültig.

*Ulf:* Welche typischen Charakterzüge hat sie, eventuell im Gegensatz zu dir?

*Werner:* Sie ist in der Arbeit sehr fleißig, aber sonst recht phlegmatisch. Sie ging z. B. nie außer Haus, nicht einmal zum Tanzen oder so. In der Woche arbeitete sie, am Wochenende tat sie nichts. Sie lernte keinen Beruf, da sie früh in die Arbeit bei uns eingespannt wurde. Heute ist sie mit einem Gärtner verheiratet. Die Ehe scheint gut zu sein.

*R.:* Wer war der Liebling der Familie?

*Werner:* Ich glaube, ich wurde etwas bevorzugt.

*R.:* Gab es sonst Auffälliges in Ihrer Kindheit? z. B. Bettnässen?

*Werner:* Ich näßte lange ein. Bis zum Anfang der Schulzeit.

*R.:* Waren Sie ein gesundes Kind?

*Werner:* Ausgesprochen gesund.

*R.:* Was für ein Kind waren Sie? Charakterlich usw.

*Werner:* Ich soll wenig Mut gehabt haben, mich mit meinen Klassenkameraden handgreiflich auseinanderzusetzen. Ich wich Raufereien aus. Ich fand es so schrecklich, wenn man sich etwa mit der Faust ins Gesicht schlug. Ich kann mich erinnern, daß ich sah, wie einer einem anderen ein Bein stellte. Ich schrie ihn an: Wie kannst du das tun? Er kann sich dabei weh tun! Der schaute mich entgeistert an. Aber das war ja offenbar der Zweck der Sache.

*Ulf:* Du warst also als Kind besonders mitleidig?

*Werner:* Aber bei mir selbst ertrug ich Verletzungen sehr tapfer.

*R.:* Trotzdem scheint uns da ein Zusammenhang zu bestehen. Vor vierzehn Tagen und auch gestern bewegten Sie die Auseinandersetzungen in der Gruppe überdurchschnittlich. Sie scheinen mitleidig zu sein. War Ihre Mutter sehr ängstlich etwa in dem Sinne, daß sie oft sagte: Paß auf! Tu dir nicht weh! Es ist kalt draußen!

*Werner:* Oh ja, sehr. Ich sollte z. B. nicht Fahrrad fahren, weil das zu gefährlich sei.

*R.:* War der Vater ein expansiver, mutiger Mensch? Strahlte er Zuversicht aus? Wir wissen, daß das Kind seinen Charakter auch via Imitation und Identifikation erwirbt. Was konnten Sie da erwerben?

*Werner:* Mein Vater war ein depressiver, stiller Mensch. Er hat mir oft erzählt, was er an Schwerem mitgemacht hat. Objektiv war auch sein Leben schwer. Aber er betonte es noch ganz besonders. So war auch seine Haltung. Was muß ich mich plagen! Wieviel von meiner Mühe war umsonst!

*R.:* Es ist ein Fehler, wenn die Erzieher dem Kind als Lebensweisheit viel vorjammern! Das Kind zieht daraus die Lehre: Im Leben ist vieles vergeblich. Es kommt zu einem pessimistischen Weltbild. Der Erzieher muß überlegen, was er dem Kind sagt. Auch wenn ihm hart mitgespielt wurde im Leben, muß er das Kind mit Zuversicht zu erfüllen versuchen. Sonst wird es mit Schwermut überfordert. Es wird entmutigt. Man muß die Kinder im guten Glauben lassen, daß man in dieser Welt etwas erreichen kann! Gegen alle Erfahrung muß man das dem Kinde möglichst nahelegen!! (Gelächter) Das Kind lernt dann später auch, daß alles nicht so einfach ist, aber es hat doch bereits seinen Schwung bekommen, den es nicht mehr leicht aufgibt. Werners Erziehung scheint seinen Expansionsdrang etwas gedämpft zu haben. Seine Probleme erwachsen wohl auch daraus.

*Werner:* Aber in mancher Hinsicht war mein Vater auch mutig. Geschäftlich wagte er manchmal etwas und führte es auch konsequent durch.

*Ulf:* Hatte dein Vater irgendwelche psychischen oder psychosomatischen Symptome?

*Werner:* Nein. Aber meine Mutter war zweimal ernstlich gemütskrank, als ich ca. 10 und 12 Jahre alt war. Sie litt damals an pathologischer Eifersucht. Sie warf dem Vater Treubrüche vor, die meines Wissens nie stattgefunden haben, nie hätten stattfinden können. Ich erkläre mir das heute so, daß wahrscheinlich damals meines Vaters Potenz nachließ. Die Mutter konnte sich das nur mit ihren eifersüchtigen Hypothesen erklären. Da gab es viel Zankereien. Vater ging Samstag ins Wirtshaus zum Kartenspielen.

Sie lief ihm da nach und guckte durchs Fenster, um ihn zu beobachten. Das waren häßliche Szenen. Meine Mutter war wegen dieser Krisen in einer Klinik. Später besserten sich diese Zustände.

*Ulf:* Welche Diagnose stellte man damals?

*Werner:* Ich glaube, Depression. Sie meinte auch, sterben zu müssen. Niemand könne ihr helfen usw. Mein Vater hatte damals viel Geduld mit ihr.

*Fritz:* Wie lebt deine Mutter heute?

*Werner:* Die Gärtnerei ist verpachtet. Aber sie tut immer noch mit. Sie lebt allein, aber die Schwester kommt öfter zu ihr. Sie versteht sich gut mit Schwester und Schwager. Auch mit den Enkeln natürlich. Sie ist jetzt ausgeglichener.

*Horst:* Wie hast du die Pubertät erlebt?

*Werner:* Die Onanie schreckte mich nicht sehr. Man hat mir das nie verboten, aber vage Schuldgefühle hatte ich doch. Ich verbarg das vor meinen Eltern. Vor allem meine Mutter sollte das nicht merken. Sie sprach auch nie darüber. In meiner Phantasie hatte ich beim Onanieren immer nur die »schlechten Mädchen« dabei, die »reinen« sparte ich da aus. Ich trennte Sexus und »hohe Gefühle«.

*Wolfgang:* Gab es religiöse Beeinflussung bei euch zu Hause?

*Werner:* Meine Eltern sind nicht religiös. Aber sie schickten mich gleichwohl in den Kindergottesdienst. Ich schwänzte oft.

*R.:* Wie war denn die Ehe der Eltern vor den Krisen?

*Werner:* Es war wohl eher eine »Arbeitsgemeinschaft«. Man hatte da viel zu tun. Man war »Produktionseinheit«.

*R.:* Konnte man bei den Eltern Zärtlichkeit sehen?

*Werner:* Untereinander nicht. Aber zu uns waren sie lieb und freundlich. Zwischen ihnen selbst herrschte ein nüchterner Ton.

*R.:* Gab es schon viele Streitigkeiten vor der Eifersuchtsperiode?

*Werner:* Vorher nicht. Mein Vater stritt kaum je.

*R.:* Wie fühlten Sie sich in der Schule?

*Werner:* Da war ich immer einer der ersten. Ich gab mir viel Mühe. Letztes Mal erwähnte ich das mit dem Rechenbuch. Ich rechnete den anderen weit voraus. Aber ich mied Auseinandersetzungen. Ich hatte immer Leute in der Klasse, denen ich aus dem Weg ging. Auch in den niederen Klassen waren Leute, denen ich mich körperlich unterlegen fühlte. Das kränkte mich.

*R.:* Wie waren Sie im Turnen?

*Werner:* Nicht gut. Immer unter den letzten. Wenn es Mutproben gab, war ich ängstlich.

*R.:* Können Sie einen Traum erzählen? Vielleicht auch aus der Kindheit?

*Werner:* Da gab es viel Kriegsträume. Ein früher Traum: Ich sah Männer mit Gewehren. Andere wollten an ihnen vorbei und wurden z. T. erschossen, andere kamen durch. Oft hatte ich Fall-Träume. Ich fiel tief herunter und hatte das Gefühl, nun sei das Ende da. Ich erwachte dann mit Angst. Ein anderer früher Traum: Ich klettere einen Berg hinauf. Bin schon bald oben. Da entsteht ein Riß im Felsen, und die Wand neigt sich mir entgegen. Ich beeile mich, drüber hinwegzukommen. Aber dann entsteht ein neuer Riß. Es wird zu einem verzweifelten Kampf ums Leben.

*R.:* Das sind typische Träume eines ängstlichen Kindes. Krieg! Immer sieht der Ängstliche Gefahren. Fallträume deuten auf Ehrgeiz. Nur wer hoch steht, kann fallen. Überdies sieht dieser Träumer das Leben als sehr schwierig an. Auch deutet sich in den Felsrissen Distanz an:

Man steht dem Leben mit Distanz gegenüber. Der Weg zu den Mitmenschen ist nicht ganz klar.

Wir wollen nun zu einer Deutung kommen. Angst ist ein Problem der Mutter-Kind-Beziehung. Im Grunde ist jeder Mensch potentiell ängstlich. Bei der Geburt und auch nachher ist der Mensch so hilflos, daß jedes Kind zur Angst neigt. Das Kind erschrickt bei Lärm, beim Erschüttern seiner Unterlage, in der Dunkelheit usw. Vieles kommt zusammen, um dem Kind Angst zu machen. Wenn die Mutter ein ausgeglichener Mensch ist, nicht allzusehr deformiert oder neurotisch, dann strömt sie Verläßlichkeit aus. Das Kind bekommt dann das Gefühl: Wenn das Leben so ist wie die Mutter, dann kommt man durch. Man kann etwas erreichen. Es ist die Aufgabe der Mutter, dem Kind ein Gefühl der Verläßlichkeit zu vermitteln. Dazu braucht sie seelisches Gleichgewicht und eine eigene positive Lebenseinstellung. Eine schwermütige, abgearbeitete, abgekämpfte, neurotische, angst- oder haßerfüllte Mutter kann das dem Kind nicht mitgeben. Wenn Werner sagt, daß seine Mutter, als er 10 oder 12 Jahre alt war, beinahe an einem Eifersuchtswahn erkrankte, dann heißt das, daß sie schon vorher nicht seelisch gesund war. Eifersuchtswahn entsteht auf dem Boden eines neurotischen Charakters. Zu diesem gehören Krisen, Spannungen, überschießende Reaktionen. Wahrscheinlich hat Werner bei dieser Mutter das Urvertrauen zum Leben nur bedingt erlernen können.

Kann man das noch nachholen? Sollen wir Werner bedauern: Mein Lieber, du hast es eben in der Kindheit verpaßt! Du hast Pech gehabt, finde dich damit ab? Nein! Die Gruppe ist im gewissen Sinne eine zweite »Mutter-Kind-Situation«. Die Gruppe kann das bieten, was eine Mutter dem Kind bieten soll; nämlich Verläßlichkeit, Aufmerksamkeit, Zuwendung, Zutrauen. Werner scheint in der Lage zu sein, das auch entgegenzunehmen. Er wehrt Kontakt und Freundlichkeit nicht ab. Da kann nun die Gruppe einspringen und die Lücken seines Lebens und Erlebens wettmachen. Wenn es so weitergeht, wie er es begonnen hat, so kann er sehr schnell angstfrei werden. Er hat dann den Boden, den er in der Kindheit nicht bekam. Er hat Menschen, denen er zugetan ist. Menschen, an denen er Interesse nimmt. Ein Mensch, der Beziehung zu anderen hat (echte Beziehung und nicht Sadomasochismus, neurotische Abhängigkeit oder Herrschsucht), kann nicht Angst haben. Natürlich meine ich nicht die realen Gefahren, bei denen Angst sinnvoll ist. Aber imaginäre Ängste kann der Kontaktfähige einfach nicht haben. Jede neurotische Angst verstummt, wenn der Mensch lernt, Beziehung zu haben.

Werner scheint diesbezüglich gute Anknüpfungspunkte in seiner Kindheit gehabt zu haben. Wir sehen das daran, daß er so leicht und gut umschalten kann. Er ist seit vier Wochen in der Gruppe und hat schon eine Menge Kontakte. Andere erzählen nach Monaten: Ich kenne noch fast niemand. Ich getraue mich nicht recht an die anderen heran. Man wird ja doch abgewiesen! Die Leute werden denken, was ich von ihnen will etc. Solche Bedenken sind unrichtig. In Wirklichkeit nimmt die Gruppe jeden gerne auf. Die anderen brauchen den Kontakt ebensosehr wie Werner. Wenn er auf dieser Linie vorwärtsgeht, wird er nach kurzer Zeit, wenn wir von Angst sprechen, fragen: Wie ist das eigentlich, wenn ein Mensch Angst hat? Was empfindet so einer?

Angst ist zu überwinden, wenn die Gruppe nachholt, was in der Kindheit versäumt wurde. Die Integration in der Gruppe ist ein wirksamer Angstschutz. Alfred Adler hat einmal gesagt: Mut haben kann nur jener, der auf der Erde und bei den Mitmenschen heimisch geworden ist! Wir erkennen die hohe Bedeutung der Gruppe für die Entfaltung sozialer Gefühle, die in der Kindheit und Jugend zu wenig gefördert wird. Indem wir soziale Gefühle, Menschenkenntnis und Selbsterkenntnis einüben, schaffen wir Voraussetzungen für ein angstfreies und produktives Leben. Das ist der Sinn unserer Arbeit.

## *Hysterische Charaktere in der Gruppe*

In der Geschichte der Neurosenlehre hat die Hysterie bekanntlich eine entscheidende Rolle gespielt. An ihr gelang es S. Freud und J. Breuer erstmals, den Sinn der neurotischen Symptome zu enträtseln (1895: *Studien über Hysterie*). Bis zu diesem Zeitpunkt herrschte noch die Meinung vor, daß die Neurosen organische Erkrankungen des Nervensystems seien. Selbst eine Autorität wie J.-M. Charcot in Paris hielt noch an dieser Auffassung fest; es bedurfte eines erheblichen Mutes von seiten Freuds, gegen alle wissenschaftlichen Autoritäten die psychische Entstehung hysterischer Erkrankungen zu behaupten. Eigentlich war es Breuers Patientin »Anna O.«, die ihren einsichtigen Arzt darüber belehrte, daß jede Hysterika »im Grunde nur an Kindheitsreminiszenzen leide«; diese Patientin führte in die monotone Suggestionskur das Wiedererinnern von eindrücklichen Kindheitsszenen (Traumen) ein und zeigte hernach so wesentliche Besserungen, daß die psychische Motivation der Erkrankung kaum mehr von der Hand zu weisen war.

Kulturanthropologisch interessant ist die Tatsache, daß die Hysterie heute viel seltener geworden ist als um die Jahrhundertwende. Es muß hierzu in Betracht gezogen werden, daß sie hauptsächlich eine Frauenkrankheit ist. Ihr phänomenologischer Aspekt war früher durch den großen hysterischen Anfall gekennzeichnet (»arc en cercle«), aber auch durch Absenzen, Funktionsstörungen aller Art (Gehbehinderung, Sprech-, Seh-, Hör-, Geschmacksstörungen), Lähmungen, Anästhesien, imitierte Krankheiten und Schwangerschaften etc. In Freuds Frühschriften tritt uns noch das ganze Panoptikum der hysterischen Symptome entgegen, an denen der Schöpfer der Psychoanalyse seine ersten therapeutischen Versuche (Hypnose, freie Assoziation usw.) unternahm.

Regelrechte Hysterien sieht man in der psychotherapeutischen Privatpraxis selten – so wird auch der Gruppentherapeut kaum solche turbulente Fälle in seinen Therapiegruppen haben. Aber immer noch gibt es da und dort den hysterischen Charakter, den man als eine Summe von kleineren hysterischen Verhaltenselementen verstehen darf. Solche Menschen erkranken nicht an Hysterie, aber in schwierigen Lebenssituationen rekurrieren sie auf Abortivformen dieser Krankheit, so daß es immer noch aktuell ist, die hysterische Persönlichkeit tiefenpsychologisch zu ergründen.

Erfahrene Kliniker haben immer darauf hingewiesen, daß das Wesen der Hysterie durchaus nicht nur in den lärmigen und auffälligen Symptomen, sondern in feineren Charakterstrukturen zu suchen ist. So wurde beobachtet, daß die Hysterika den endgültigen Entschlüssen und Aufgaben des Lebens ausweicht. Es wird hierbei eine Scheinfreiheit gewahrt, die unverpflichtend ist und den Aufbau von Wunschphantasien und

-möglichkeiten gestattet. Der hysterische Charakter lebt in einer Pseudowirklichkeit; er will sich durch die Realität nicht einengen lassen. Damit verteidigt er eine zutiefst kindliche Lebenseinstellung, die oft in typischen Infantilismus einmündet. Vor allem Sexualfragen können in diesem Zusammenhang ausgeklammert werden – oder sie werden auf einem Niveau »gelöst«, auf dem man nicht von Reife und Erwachsensein sprechen kann. Aber nicht nur die biologischen, sondern auch die sozialen Gegebenheiten werden umgangen, überspielt, mißachtet. Im Reiche der Wünsche und Hoffnungen ist der hysterische Charakter souverän, ein Grund mehr, sich mit den Alltäglichkeiten des wirklichen Lebens, die allesamt Beschränkung fordern, nicht abzugeben. Tritt die Gefahr von Unabänderlichkeiten irgendwelcher Art ein, so kommt es zu Panik und Phobie und zu schreckhaften Erregungsstürmen. Die überhitzte Phantasietätigkeit hat zumeist auch über den Körper Gewalt. Hysterische Charaktere können mehr oder minder »willkürlich« Körpersymptome hervorrufen. Sie benützen Funktionsstörungen, um die Umwelt zu beeindrucken. Sie sind oft genial im »Armes-Kind-Spielen«, um so den Härten des Lebens auszuweichen.

Die übertriebene Leidensgebärde ist oft für den hysterischen Charakter pathognomonisch. Dazu gehört auch das Erschüttern der Umwelt durch fast theatralische Darbietung von Schwächen oder Stärken. Das Verhalten solcher Menschen ist in der Regel lebhaft-expressiv, fast suggestiv zu nennen. Sie haben ihr »Publikum« fest in der Hand. Ehrgeiz und Sich-zur-Schau-Stellen ist in diesem Charakterbild inbegriffen. Rings um den Hysteriker wird vieles zur »Show«. Er will andauernd emotionale Resonanz haben und ist in der Wahl der Mittel hierzu nicht zimperlich. Resigniert den großen Aufgaben des Lebens gegenüberstehend, versucht er wenigstens im engeren Raum von Familie, Bewunderern oder Mitleidigen eine »Rolle« zu spielen, die ihm das tiefsitzende Nichtigkeitsgefühl übertönt.

Dabei werden Schein und Sein oftmals ausgewechselt: Man nimmt es mit der Redlichkeit der Gedanken und Gefühle nicht so genau. Der hysterische Charakter leidet darunter, in sich zu wenig zu empfinden. Er hält nicht viel von sich. Davon will er nun loskommen und entfaltet Scheinaktivität, Geltungsstreben, Mitleidhaschen usw., um eine Art von Kompensation für seine Minderwertigkeitsgefühle einzuleiten. Bei

Frauen mit hysterischem Charakter dominiert hierbei das »Kindchen-Muster«, das ihnen in der Kindheit offenbar soziale Bedeutsamkeit oder Zustimmung ermöglicht hat. Bei Männern findet man eher oberflächliches, theatralisches Getue, Sich-Brüsten mit irgendwelchen Fähigkeiten (die gar nicht vorhanden sind), zügelloses Geltungsstreben. Launen, Extravaganzen, auffälliges Gebaren usw. liegen auf dieser Linie. Man erzwingt die Anteilnahme der Umwelt, ohne etwas Substantielles zu bieten. Auf die Dauer gesehen müssen da Unstimmigkeiten daraus erwachsen. Der hysterische Charakter neigt zu einem Lebensablauf, welcher mit einer Geschäftsführung zu vergleichen ist, die mit »ungedeckten« Manipulationen und Transaktionen von Tag zu Tag weiterwurstelt, im Augenblick mit allen Mitteln Erfolge erzielend, die letztlich aber zu einem Fiasko führen.

Der hysterische Charakter ist bei den Frauen häufiger anzutreffen als bei den Männern. Der weibliche Geschlechtscharakter in der patriarchalischen Kultur ist mit ihm teilweise identisch. Insofern die Mädchen im Patriarchat allgemein zur Triebverdrängung, zur praktischen Untüchtigkeit, zum Infantilismus, zur Wehleidigkeit, zu passivem Geltungsstreben (Auffallen durch Schwäche und Leidensgebärde), zu einer Art »Gebrechlichkeit« erzogen werden, werden sie immer dazu neigen, in Krisensituationen des Lebens mit demonstrativer Hilflosigkeit zu reagieren. Natürlich kommt derlei auch bei Männern vor. Aber der erzieherische Zwang leitet den Knaben doch hartnäckiger zum Realitätsprinzip hin. Das Mädchen läuft eher Gefahr, in der Unkontrolliertheit von Affekten und Emotionen steckenzubleiben, den Körper und seine Symptomatik zum »Hauptkriegsschauplatz ihres Lebens« zu wählen, durch Eitelkeit, Putzsucht, Koketterie usw. eine infantile Einstellung zur Welt aufzubauen. Der kulturelle Wandel hat in dieser Hinsicht vieles gebessert. Darum werden hinsichtlich des hysterischen Charakters derzeit sicher fast ebenso viele Männer in Betracht kommen wie Frauen. Die Hysterie ist nicht mehr ein »Vorrecht der Frau«.

Sieht man die hysterischen Wesenselemente im weitesten Rahmen, so umfassen diese die Thematik von Echtheit-Unechtheit, »Beeindrucken durch Leiden«, Auflehnung gegen Endgültigkeit, Entscheidungsangst, Kindbleibenwollen, um nicht Verantwortung tragen zu müssen. Daneben zeigt sich aber auch ein allgemeines Ohnmachtsgefühl gegenüber dem Leben, gegen das sich der hysterische Charakter leidend, lärmig und allenfalls larmoyant auflehnt. Die Fälle, die man heute sieht, sind selten so rein und unverfälscht wie in der Epoche der klassischen Hysterieforschung. Man muß sich deshalb auch mit Andeutungen und Anspielungen an das oben Beschriebene zufriedengeben. Auch in der Gruppentherapie wird man das Hysterie-Konzept nur noch mit großer Vorsicht anwenden können.

## *Gruppensitzung über eine hysterische Charakterstruktur*

*Anke:* Wie heißt du und wie alt bist du?
*Doris:* Ich heiße Doris und bin 33 Jahre alt. Von Beruf Apothekerin.
*Maria:* Sprichst du heute zum erstenmal?
*Doris:* In der Gruppe ja. Ich hatte ein paar Einzelsitzungen bei Herrn Rattner.
*Maria:* Wie lange bist du schon im Beruf?
*Doris:* Mit 17 fing ich an zu studieren, mit 22 war ich fertig. Ich bin jetzt 11 Jahre in der Apotheke. Zunächst war ich in Tübingen, seit sechs Jahren bin ich in Berlin.
*Klaus:* Bist du aus Berlin?
*Doris:* Ich bin in Berlin geboren, aber 1945 gingen wir weg. Erst 1963 kam ich hierher zurück.
*Heinz:* Hast du Geschwister?
*Doris:* Nein.
*Hannelore:* Wie kommt es, daß du heute sprichst?
*Doris:* Ich will meine Charakterstruktur verändern. Das kann ich nur, wenn ich darüber Bescheid weiß.
*Maria:* Wie lange bist du schon in der Gruppe?
*Doris:* Ein gutes halbes Jahr.
*Jürgen:* Was fehlt an deiner Charakterstruktur?
*Doris:* Ziemlich viel.
*Jürgen:* Na, fang mal an!
*R.:* Welche Charakterstruktur glauben Sie zu haben?
*Doris:* Das weiß ich nicht. Ihr müßt es mir sagen.
*Fritz:* Hast du was Spezielles?

*Doris:* Psychosomatisch wäre bei mir zu sagen, daß ich oft Herzklopfen habe. Mit 16 Jahren fing das an. Man meinte damals, ich sei zu schnell gewachsen, das Herz sei da nicht mitgekommen. Das glaube ich eigentlich nicht. Ich wuchs auf dem Lande auf, hatte genug zu essen und frische Luft.

*R.:* Es war wohl eine Verlegenheitsdiagnose der Ärzte.

*Doris:* Das Herzklopfen kommt immer wieder. Im September habe ich sogar ein EKG machen lassen. Es war normal. Übrigens im Moment fühle ich das Herzklopfen auch. Oft auch beim Erwachen. Wahrscheinlich habe ich da Angstträume.

*Jürgen:* Wie lange schläfst du denn?

*Doris:* Zwischen sechs und sieben Stunden.

*Heinz:* Wie empfindest du die Gruppe? Ist sie anstrengend?

*Doris:* Anstrengend ist für mich nur das Sprechen. Sonst finde ich die Gruppe sehr wohltuend. Wie eine große Familie.

*Hanna:* Wie fühlst du dich im Beruf? In deiner Apotheke?

*Doris:* Wohl. Übrigens: Ich habe auf ersten Oktober gekündigt und weiß noch nicht, was ich anschließend machen werde.

*Hanna:* Du fühltest dich doch unausgefüllt in der Apotheke.

*Doris:* Ja. Inzwischen habe ich gelernt, die Lücken der Arbeitszeit mit Lesen zu füllen. Man fühlt sich zu wenig gebraucht.

*Anke:* Warum hast du gekündigt?

*Doris:* Ich bin schon fast sieben Jahre dort. Ich hielt es für gut. Ich will eventuell in einer anderen Apotheke arbeiten.

*Heinz:* Was war der akute Anlaß, daß du in die Therapie kamst?

*Doris:* Ich hatte einen Freund, der Gruppentherapie machte und dem das gut tat. Gunda wies mich auf diese Gruppe hin. Zuerst kam ich in die Theoriestunde und dann in die Therapie. Es tat mir gut.

*Horst:* Abgesehen von deinem Herzklopfen – was sind die Hauptschwierigkeiten in deiner Existenz?

*Doris:* Beziehungsschwierigkeiten.

*Fritz:* Du sprachst von Angstträumen. Erzähl doch einen!

*Doris:* Ich erinnere mich nie daran. Ich erwache nur mit Herzklopfen.

*Fritz:* Aber weißt du keinen?

*Doris:* Meinen letzten Traum weiß ich noch – es war aber kein Angsttraum: Ich sollte jemand vom Flughafen abholen. Er hatte Haschisch bei sich. Wir mußten das verstecken. Das war alles.

*R.:* Haben Sie irgend etwas mit Haschisch zu tun?

*Doris:* Keineswegs.

*Jürgen:* Kannst du deine Beziehungsschwierigkeiten präzisieren?

*Doris:* Es ist schwer zu sagen. Ich habe viel Angst. Beziehungen ersticke ich oft im Keim. Oder ich suche mir gehemmte und zurückhaltende Menschen aus. Das ist vor allem in der Beziehung zu Männern. Bei Frauen ist es so: Ich habe nur sehr wenig Freundinnen. Die wohnen alle nicht in Berlin.

*Fritz:* Aber du hast sehr viele Bekannte. Ich telefonierte letzthin mit dir. Du bist laufend ausgelastet. Immer bist du besetzt.

*Doris:* Oberflächliche Beziehungen habe ich eine Menge. Intensivieren fällt mir schwer.

*Heinz:* Meinst du zu einem Freund?

*Doris:* Ja, zum Beispiel.

*Heinz:* Hältst du dich den Mitmenschen gegenüber für minderwertig?

*Doris:* Manchmal schon.

*Falk:* Gib doch ein Beispiel.

*Doris:* Etwa mit meiner Cousine. Die ist sehr auf Leistung aus. Wir wohnen zusammen, aber ich kann mich mit ihr nicht unterhalten. Sie hat Volkswirtschaft studiert und arbeitet jetzt in einem Verlag. Dort schreibt sie Rezensionen. Im Moment ist sie auch an ihrer Dissertation.

*Lydia:* Kommuniziert ihr überhaupt nicht?

*Doris:* Doch, im Alltäglichen schon. Aber wir reden aneinander vorbei.

*Monika:* Du mußt vielleicht sagen, daß du ihr gegenüber deinen Standpunkt schwer vertreten kannst. Du littest darunter, daß du ihr nicht sagen kannst, was du denkst.

*Doris:* Da müßte ich sehr redegewandt sein. Sie läßt sich nicht leicht was sagen.

*Jürgen:* Wann ging deine letzte Freundschaft auseinander?

*Doris:* Im Sommer. Ich hatte da einen Freund, der verlobt war, ohne daß ich das wußte. Das war nur oberflächlich. Vor zwei Jahren hatte ich eine Freundschaft, die ein Vierteljahr dauerte. Der Mann war eben geschieden und hatte Angst, ich würde mich sehr an ihn klammern. Vorher hatte ich eine längere Freundschaft mit einem Mann, aber auch da war die Verständigung schwer. Man konnte mit ihm nicht reden. Wenn ich ihn geheiratet hätte, hätten wir einen Fernseher haben müssen, sonst wäre alles trostlos geworden.

*Wolfgang:* Wie geht es dir bei Gesprächen mit Leuten aus der Gruppe?

*Doris:* Unterschiedlich. Vielleicht stelle ich zu hohe Ansprüche.

*Wolfgang:* Ich jedenfalls hatte das Gefühl, mit dir kann man immer gut reden.

*R.:* Diesen Eindruck habe ich auch. Viele sind mit Doris im Gespräch. Die Apotheke ist als Caféhaus berühmt. (Gelächter) Wenn Doris Nachtdienst hat, kommen einige zu ihr zum Kaffee – es ist wie ein gesellschaftliches Zentrum.

*Doris:* Ja, in der Gruppe geht es ganz gut. Vielleicht fordere ich im Grunde von mir, daß ich so richtig auch ein weltanschauliches Gespräch führen könnte – das kann ich noch nicht. Ich habe keine Weltanschauung, habe nie eine gehabt. Ich träume oder lebe so in den Tag hinein.

*Hanna:* Erzähl doch, wie du aufgewachsen bist, wie das Verhältnis zu deiner Mutter war – dein Vater war ja nicht da, nicht wahr?

*Klaus:* Zuerst sollten wir doch deine Gegenwartssituation abklären!

*Doris:* Die Kindheit ist aber viel einfacher zu berichten! (Gelächter)

*Fritz:* Mich würde interessieren, wie du dich fühlst, wenn du mit jemandem sprichst. Was möchtest du dann? Was tust du dann? Man redet ja nicht immer über Weltanschauungen.

*Doris:* Ich kann da nichts sagen.

*R.:* Doris hat Pharmacie studiert. Dabei mußte sie viel Gedächtnismaterial speichern, Heilmittel, Kenntnis der Pharmaka usw. Sie hatte doch noch gar keine Gelegenheit, in die weltanschaulichen Dimensionen einzudringen. Jetzt ist das doch im Werden. Einige Positionen klären sich bei ihr.

*Doris:* Das finde ich auch.

*R.:* Man darf da nicht zu viel von sich verlangen. Pharmacie ist ein anstrengendes Studium. Aber man wird da nicht an gesellschaftliche, politische und soziale Fragen herangeführt.

*Doris:* Das wußte ich mit 22 Jahren. Ich hätte ja nur in den Semesterferien arbeiten müssen. Im Semester hätte ich weiterstudieren sollen – eben die anderen Fächer. Das habe ich nicht geschafft.

*R.:* Das ist schwer. Wenn man nicht durch Menschen angeregt wird, die einen da einführen, stimulieren, findet man keinen Zugang zu diesen Bereichen. Der Weg zur Kultur führt über Menschen, die sie repräsentieren, nicht über Bücher und Studien.

*Doris:* Zur aktuellen Situation: In der Woche geht es mir ganz gut. Aber am Sonntag, meist am Nachmittag, bekomme ich Depressionen.

*Klaus:* Bist du da allein?

*Doris:* Ich kann zu jemandem hingehen. Aber das scheint mir das Problem nicht zu lösen. Dann will ich zu Hause etwas tun. Das geht nicht. Zu Hause habe ich große Arbeitsschwierigkeiten. Ich schreibe dann nicht die Briefe, die ich sollte, auch Aufräumen ist schwer etc.

*Klaus:* Bist du zu aufgeregt dazu?

*Doris:* Nee. Ich habe keine Lust. Das kommt, weil mich niemand antreibt. Vor einem Jahr wohnte eine Freundin bei mir, die sehr ordentlich, fast zwanghaft war. Da fürchtete ich mich vor Kritik und war selber recht aktiv.

*Jürgen:* Was machst du zu Hause? Träumst du vor dich hin?

*Doris:* Ich denke mir aus, was ich alles tun sollte. Möglichst viel auf einmal. Dann geht's natürlich nicht. Dann lese ich.

*Fritz:* Ist das so abnorm? Du arbeitest in der Woche, dann liest du usw.

*Jürgen:* Wie geht es dir bei der Arbeit? In der Apotheke?

*Doris:* Gut. Da habe ich keine Schwierigkeiten. Da bin ich auch exakt und ordentlich. Mein Schreibtisch aber ist nie aufgeräumt. Im Beruf ist eben Zwang zur Genauigkeit.

*R.:* Wie geht es Ihnen, wenn Sie Ferien haben und hier bleiben? Wann stehen Sie da auf, wie teilen Sie den Tag ein?

*Doris:* Ich habe einmal acht Monate lang nicht gearbeitet, weil mein Bein gebrochen war und nicht recht heilte. Da stand ich jeden Morgen um acht Uhr auf. Ich wollte damals viel lesen, las aber nur 20 Prozent von dem, was ich mir vornahm. Wir waren damals in unserer Wohnung zu viert, und es kam viel Besuch. Da war man abgelenkt. Auch mußte ich mein Bein pflegen.

*Jürgen:* Warst du damals auch depressiv?

*Doris:* Nee. Da ging's mir gut. Nur im vierten Monat mit dem Gipsbein – das hing mir mit der Zeit zum Hals heraus. Ich war sonst ausgeschlafen und ausgeglichen.

*Horst:* Wie war das mit dem Bein?

*Doris:* Ich brach mir beim Skifahren das Schienbein. Das wurde falsch eingerichtet, nachher war die Statik falsch. Das gab immer Schmerzen. Bestrahlungen halfen nichts. Man sägte dann das Schienbein nochmals durch. Dann war aber die Statik noch falscher. Ich kann jetzt nicht mehr Skifahren und Tennisspielen.

*Fritz:* Wann war das?

*Doris:* Vor drei Jahren.

*Wolfgang:* Hat sich da dein seelisches Befinden verändert?

*Doris:* An sich nicht. Aber jetzt ein wenig, weil es öfter weh tut. Auch fürchte ich, daß es schlimmer wird. Die Ärzte sagen, wenn es weiter schmerzt, soll man einmal das Sprunggelenk versteifen – wenn sich das nicht mehr bewegt, ist es schmerzfrei.

*R.:* Hilft denn da nicht Physiotherapie – Gelenkmassage etc.?

*Doris:* Ich reibe Salben ein, ich lasse bestrahlen, ich gehe schwimmen. Aber die Gelenkspalten sind arthrotisch verändert. Es ist wie ein rostiges Gelenk.

*R.:* Stört es Sie stark beim Gehen?

*Doris:* Im Moment schon. – Ich war bei vielen Ärzten, alle sagten dasselbe. Man sagte: Es sei nicht so schlimm, man könne es ja versteifen.

*R.:* Sie sprachen vom Herzklopfen. Das ist doch ein Korrelat von Angst, unbewußter Angst. Haben Sie auch bewußt Angst oder Angstanfälle? Etwa allgemein ängstliche Lebenseinstellung, mit Schlafstörungen usw.?

*Doris:* Bewußte Angst ist bei mir Autoritätsangst.

*Fritz:* Vor wem besonders?

*Doris:* Vor jedermann, der Autorität verkörpert. Vor der Chefin, vor Verwandten, vor meiner Cousine, vor der Gruppe nicht, aber vor Herrn Rattner vielleicht (lachend).

*Heinz:* Hast du die Depressionen, wenn du allein oder mit Leuten bist?

*Doris:* Mit Leuten kaum. Wenn ich allein bin. Bei Leuten nur dann, wenn ich akuten Liebeskummer habe.

*Jürgen:* Wir sollten mehr über deine Beziehungen zu Männern hören.

*Hanna:* Verliebst du dich denn öfter?

*Doris:* Ja. Das geht manchmal sehr schnell bei mir. Aber dann ist es genauso schnell wieder weg.

*Horst:* Beschreibe doch die Liebschaft, die 1965 zu Ende ging. Warum scheiterte die?

*Doris:* Es fehlte an der Kommunikation. Ich weiß nicht warum. Ich wollte schon in Tübingen deswegen in Therapie gehen. Es war an sich ein netter, lieber Mensch, mein Partner. Aber mir wurde es langweilig bei ihm. Ich mußte immer den Anstoß zur Unterhaltung geben.

*Jürgen:* Wie kamst du auf den Wunsch, Therapie zu machen?

*Doris:* Ich las davon öfter. Auch hatte ich eine Freundin, die Prüfungsangst vor dem juristischen Examen hatte. Da ging sie zu einem Nervenarzt, und der machte ihr klar, woher das kam. Nachher ging's gut! Ich wäre auch gern gegangen, aber ich schaffte es zeitlich nicht.

*Maria:* Konntest du mit deinem Partner über eure Schwierigkeiten sprechen?

*Doris:* Nee. Es kam zu keiner Aussprache. Zuletzt sagte ich ihm, daß ich einen anderen Freund habe. Er hat sich dann bald darauf verheiratet. Er war übrigens sehr ängstlich. Man mußte ihn immer schonen.

*Jürgen:* Hernach war Pause?

*Doris:* Dann war ich mit jemandem ein Jahr lang befreundet. Er war krankhaft eifersüchtig. Nur Mißtrauen bei ihm. Man konnte nichts aufbauen. Ein furchtbarer Einzelgänger. Ich durfte da nie zu anderen Leuten gehen.

*Horst:* Waren die Beziehungen auch sexuell?

*Doris:* Bei der ersten war das nur schwach. Wir hatten beide Angst, ein Baby zu bekommen. Sehr aufgeklärt waren wir nicht. Er war auch gegen die Antibabypille – er fürchtete Nebenwirkungen. Wir waren so gehemmt, daß wir es meistens ließen. Diese Freundschaft ging von 23 bis 28 Jahren. Ein reges Liebesleben gab es da nicht.

*Jürgen:* Wann war dein erster Intimverkehr?

*Doris:* Mit 24 Jahren. Das war eben jener Freund.

*Lydia:* Hast du heute eine Beziehung?

*Doris:* Im Moment nicht.

*Jürgen:* Hast du in der Sexualität Schwierigkeiten?

*Doris:* Nein. Ich bin empfindungsfähig. Bei jenem ersten Mann ging's nicht gut, aber nachher war es besser. In jener ersten Beziehung hatte ich noch Angst.

*Lydia:* Warum hattest du später keine Angst mehr?

*Doris:* Weil ich dann Antibabypillen schluckte. So einfach ist das! Wenn man auf dem Dorf aufwächst wie ich, und alle Mädchen bekommen ringsherum uneheliche Kinder, die Mütter rümpfen die Nase, da kriegt man viel Angst vor den Folgen der Sexualität.

*R.:* Haben Sie noch ein Symptom außer Herzklopfen? Etwas Auffallendes?

*Ulf:* Eventuell Magenbeschwerden?

*Doris:* Nie! Ich weine oft und schnell.

*R.:* Das ist für uns interessant! Bei welchen Situationen brechen Sie in Tränen aus?

*Doris:* Immer bei Liebeskummer, resp. Liebesentzug.

*R.:* Das mag noch hingehen.

*Doris:* Aber wenn man in der Apotheke beim Bedienen anfängt zu weinen, das ist schlimm! Das ist nicht normal.

*Lydia:* Auch bei kleinen Auseinandersetzungen weint Doris sofort. Ich arbeite mit ihr zusammen. Wenn wir einmal wo uneinig sind, dann hat sie sogleich Tränen im Auge. Man darf nicht die kleinste Kritik an ihr üben. Sie ist sofort fassungslos. Sie kann sich nicht wehren, entweder sie heult, oder sie läuft davon.

*Doris:* Ich empfinde alles gleich als Feindseligkeit.

*R.:* Also Doris benützt Wasserkraft (Gelächter), um die Gefühle anderer anzutreiben!

*Jürgen:* Bist du überhaupt kritikempfindlich?

*Doris:* Es kommt darauf an, wer kritisiert. Manche Leute können mir alles sagen.

*Horst:* Welche Typen sind das?

*Doris:* Vor allem männliche Wesen.

*Falk:* Bist du bei der Chefin so empfindlich?

*Doris:* Nicht unbedingt. Sie ist selber ängstlich. Sie getraut sich nicht, mir etwas zu sagen, und ich habe bei ihr Angst, z. B. nach meinem Urlaub zu fragen. Ich fürchte dann (unbegründet), mit ihr nicht klar zu kommen.

*Monika:* Wartest du dann, bis sie dir den Urlaub anbietet?

*Doris:* Nee. Ich gehe schon hin. Aber das dauert oft Monate, bis ich sie darauf anspreche. Das ist wohl ein Spezialfall meiner allgemeinen Autoritätsangst. Die Chefin ist an sich sehr lieb. Sie läßt uns machen, was wir wollen.

*Falk:* Ist Autoritätsangst auch gegenüber deiner Cousine im Spiel, mit der du zusammenwohnst?

*Doris:* Wahrscheinlich. Sie wirkt auf viele Leute überlegen. Manche kommen nicht zu mir auf Besuch, weil sie vor ihr Angst haben. Oder sie als unangenehm empfinden. Ich hätte sie heute hierher schleppen sollen.

*Maria:* Wolltest du nicht in eine eigene Wohnung ziehen, wenn die Atmosphäre mit deiner Cousine nicht so gut ist?

*Doris:* Ich überlegte das auch. Aber dann war ich der Meinung, die Schwierigkeiten solle man lösen, anstatt davonzulaufen. So schlimm ist es gar nicht. Und es ist wohl auch mein Fehler dabei.

*Falk:* Was sagen deine Bekannten zu deiner Cousine?

*Doris:* Manche fühlen sich von ihr überfahren. Wenn man sie etwas fragt, geht sie nicht auf einen ein.

*Elfi:* Ich kenne sie. Sie sucht wirklich oft zu dominieren. Sie wirft ständig mit Fremdwörtern um sich und will wohl damit imponieren. Wenn man beeindruckbar ist, hält man sie für enorm intelligent.

*Wolfgang:* Ich finde die Cousine sehr männlich. Sie ist z. B. aktive Hochseeseglerin. Beim Sprechen artikuliert sie sehr undeutlich. Betont intellektuell.

*Doris:* Wenn sie barfuß durch die Wohnung läuft, dröhnt das so, wie wenn acht Personen durch die Zimmer gehen! (Gelächter) Sie hat einen männlichen Schritt! Sie ist verkrampft und gehemmt.

*R.:* Wir haben doch die Vermutung, daß Sie Arbeitsstörungen haben, aber die kommen im Beruf nicht so zum Vorschein.

*Doris:* Den kann man im Traum machen, so leicht ist das.

*Ulf:* Wie war es denn im Studium, in den Semesterferien?

*Doris:* In den Ferien arbeitete ich in Apotheken. Im Studium ging es gut. Man muß da hauptsächlich auswendig lernen. Das konnte ich mühelos. Es ist wie ein Schulbetrieb. Alles ist vorgeschrieben, und es ist ein Druck von außen.

*R.:* Sie haben das Studium in kurzer Zeit bewältigt?

*Doris:* Normal. In acht Semestern.

*Falk:* Hattest du Angst vor Prüfungen?

*Doris:* Nee. Man kann die Prüfung zwei- bis dreimal machen. Also sagte ich mir, es ist ja egal. Es ging gut. Ich wollte sogar durchfallen, weil es mir in Tübingen so gut gefiel.

*Monika:* Du hast doch jetzt deine Stelle gekündigt?

*Doris:* Ja. Das habe ich mir aber schon vier Jahre lang überlegt. Jedes Jahr schob ich's weiter von mir.

*Monika:* Suchst du schon etwas Neues?

*Doris:* Ich warte noch. Es gibt genug Stellen. Ich möchte dann nur halbtags arbeiten, um mich meiner Schulung und Bildung widmen zu können.

*Klaus:* Was willst du mit dem Mehr an Freizeit anfangen?

*Doris:* Lesen, z. B. Psychologie natürlich.

*Falk:* Liest du Bücher auch zu Ende?

*Doris:* Neuerdings schon. Früher nicht.

*Falk:* Wie wird das finanziell gehen, wenn du nur halb oder drei Viertel arbeitest? Du hast doch jetzt schon Schwierigkeiten, mit dem Geld zu Rande zu kommen.

*Doris:* Ich werde eben einteilen müssen. Unter Zwang funktioniert das schon. Als ich krank war, kam ich mit 600 Mark im Monat auch aus. Eine Apothekerin verdient ja genug.

*R.:* Ich meine, daß die Gegenwartssituation klar vor uns liegt. Wir müßten nun sehen, wie das alles entstanden ist. Wir haben als Leitsymptome für die Erforschung des Werdeganges von Doris z. B. die Angst (Herzklopfen ist Angst), dann Autoritätsangst, dann das häufige Weinen – gerade in diesem Symptom liegt viel darin. Wer leicht und oft weint, hat bereits ein unbewußtes Programm. Das ist auch eine Weltanschauung. Wir wollen dieses Konzept aufdecken. Dann noch Entscheidungsschwäche. Doris schiebt Entscheidungen von sich. Das Lebensgefühl von Doris müssen wir aus ihrer Sprechweise erraten. Ich will jetzt noch nichts darüber sagen. Nun sollten wir die Entstehungsgeschichte von all dem abklären. Wir wollen ja Selbsterkenntnis vermitteln. Das ist der Sinn unserer Gespräche. Am Ende von Besprechungen soll der Analysand mehr von sich wissen als vorher, damit er sich in die Hand bekommt. Zu diesem Zwecke deuten und interpretieren wir. Vor dieser Aufgabe stehen wir. – Also: Sie sind ein Kind aus einer zahlreichen Familie, da gab's viele Kinder, nicht wahr?

*Doris:* Nein, ich bin Einzelkind.

*R.:* Das paßt zum Gesamtbild.

*Klaus:* Bist du nicht von Frauen speziell erzogen worden?

*Doris:* Ja. Mein Vater arbeitete, ich sah ihn kaum. Meine Mutter, meine Tante und meine Großmutter erzogen mich. Der Vater fiel im Kriege.

*Jürgen:* War da Verwöhnung im Spiel?

*Doris:* Ja. Ich sehe das heute noch, wenn ich nach Hause komme.

*Fritz:* Warst du im Kindergarten?

*Doris:* Ich habe keine Erinnerungen daran. Ich müßte nachfragen. Einen Tag lang war ich dort. Es war fürchterlich. Ob ich dann wegblieb oder nicht, weiß ich nicht mehr. Ich spielte mit den Kindern im Hause. Im Kindergarten – an jenem Tag – fand ich's zu traurig.

*Falk:* Wie alt warst du, als der Vater fiel?

*Doris:* Acht Jahre. Ich wurde übrigens herumgeschickt, wegen der Bombenangriffe. Meine Eltern ließen sich damals scheiden und heirateten dann wieder. Es war etwas kunterbunt. Ich verstand das alles nicht. Mein Vater war lieb zu mir.

*Horst:* Welchen Beruf hatte er?

*Doris:* Apotheker.

*Horst:* Und die Mutter?

*Doris:* Hausfrau.

*Horst:* Wie war denn die Mutter?

*Doris:* Ich habe wenig Erinnerungen daran. Ich sehe vielmehr heute an ihrem Umgang mit Patenkindern etc., wie sie wohl zu mir war. Ich denke: Sehr ängstlich, fürsorgend und lieb. Sie ließ mich nicht viel machen.

*Fritz:* War das nicht ein Bruch in der Entwicklung, als man dich mit fünf Jahren verschickte?

*Doris:* Ich glaube schon. Ich soll da viel geheult haben. Ich war damals im Fichtelgebirge bei Verwandten.

*R.:* Schildern Sie die Persönlichkeit Ihrer Mutter!

*Doris:* Sie ist jüngstes, verwöhntes Kind. Sie hatte eine Hüftgelenksluxation, war auch deshalb verwöhnt. Sie erhielt Privatunterricht, weil sie nicht in die Schule gehen konnte. Sie ist sehr ängstlich.

*R.:* Würden Sie ein bißchen lauter sprechen! Sie machen es uns nicht leicht, zu folgen.

*Doris:* Manche Leute sagen mir, ich geriete manchmal ins »baby talking«, also leise und so vor mich hin murmelnd. Ich will mir Mühe geben.

*R.:* Vergessen Sie nicht, daß Sprechen eine Art Kommunikation ist. Man kann das Gesprochene nur behalten, wenn es deutlich und leicht verstehbar ist. Sonst vergißt man es sogleich.

*Doris:* Also meine Mutter ist zögernd, ängstlich. Vor ihr hatte ich keine Angst. Aber da war noch ein Onkel in der Familie, bei dem ich später Privatunterricht hatte: vor dem konnte man schon Angst haben. An den Vater habe ich kaum Erinnerungen.

*R.:* Können Sie auf die Mutter zurückkommen! Sie war wohl nicht expansiv, sondern ans Haus gebunden (Hüftleiden).

*Lydia:* Warum hattest du Privatunterricht?

*Doris:* Die Schule war weit weg. Mein Onkel war Pfarrer. Er übernahm dann den Unterricht. Ich war damals 11 Jahre alt.

*Fritz:* Wie war dein Verhältnis zu Mitschülern, Nachbarskindern?

*Doris:* Mit den Kindern kam ich gut aus.

*R.:* Nochmals zu Mutter und Großmutter: Wenn Sie derzeit den Hang haben zur Bequemlichkeit, d. h. das Leben nicht so recht anpacken, dann kann man Ihnen in Ihrer Kindheit viel abgenommen haben. Stimmt das?

*Doris:* Ich glaube auch. Ich wuchs in einem Hotelhaushalt auf. Wir hatten keine eigene Wohnung. Ich wurde schon herangezogen zu diesem und jenem, Essen gab es am Hoteltisch bei den Verwandten. Abgenommen hat man mir schon viel.

*Lydia:* Trafst du auch eigene Entscheidungen?

*Doris:* Ja. Ob ich Abitur machte oder nicht, kümmerte meine Mutter wenig. Ich entschloß mich dazu, weil meine Freundin es auch machte.

*Falk:* Wie lange lebtest du mit deiner Mutter zusammen?

*Doris:* Bis zum 17. Jahr. Aber sie war im Hotel der Verwandten beschäftigt, störte mich also nicht. Abends kam sie müde nach Hause. Viel Zeit zum Erziehen hatte sie nicht.

*R.:* Was für ein Kind waren Sie?

*Doris:* Zumeist brav, anhänglich.

*Heinz:* Als du von der Mutter weggingst, empfandest du das als hart?

*Doris:* Nee. Ich war so nahe, daß ich oft nach Hause konnte. Was mich störte, war der Kontaktmangel. Ich war damals noch kontaktarm. Ich machte damals meine Lehre, und dann studierte ich.

*R.:* Wie erlebten Sie die Pubertät?

*Doris:* Die erste Menstruation war mit 13 Jahren. Ich weiß nicht, ob mich das störte. Aufklärung gab es bei uns keine. Meine Vorstellungen über Sexualität waren sehr vage. Meine Freundin hatte eine Cousine, die viel Kontakt mit Männern hatte. Die wurde mir als abschreckendes Beispiel hingestellt. Vielleicht habe ich auch darum den ersten Intimkontakt so lange hinausgezögert (mit 24 Jahren).

*R.:* Haben Sie die Männer überhaupt gemieden?

*Doris:* Nein. Ich ließ sie nur nicht an mich heran. Die Verhältnisse blieben kameradschaftlich.

*Christian:* Du hast ja nur acht Semester studiert. Ist das nicht sehr kurz?

*Doris:* Es ist normal. Es wurde nicht so viel verlangt.

*R.:* Wie war das Phantasieleben in der Pubertät? Hatten Sie spezifische Phantasien?

*Doris:* Ich war meistens in irgendwelche Lehrer verliebt. Die Phantasien waren vage.

*R.:* Sexuelle Phantasien z. B.?

*Heinz:* Etwa die Phantasie, vergewaltigt zu werden und die Furcht davor?

*Doris:* Nein, das hätte ich vielleicht sogar schön gefunden. Es hing wohl mit meiner jeweiligen Lektüre zusammen.

*Heinz:* Bist du sexuell aktiv, oder überläßt du das deinem Partner?

*Doris:* Ganz nicht, aber ziemlich.

*Falk:* Hattest du Angst, im Dunkeln zu gehen?

*Doris:* Das machte mir nichts aus. In Tübingen spazierte ich oft noch nachts um 11 Uhr auf einen Hügel, um den Mond anzugucken und die Landschaft.

*Heinz:* Was dachtest du, als du den Mond anguckest?

*Doris:* Ich war damals noch poetisch und rezitierte Gedichte.

*Wolfgang:* Mir fiel bei dir auf, daß du eine sehr sorgfältige Gastgeberin bist. Du setzt dich kaum selbst an den Tisch, sondern sorgst für alle. Wie erlebst du das?

*Doris:* Ich habe Angst, daß etwas fehlt, was jemand brauchen könnte. Alle sollen alles haben.

*Wolfgang:* Ist da nicht eine Flucht in die Hektik da?

*Doris:* Kann sein. Aber unbewußt.

*Lydia:* Du sagtest schon manchmal: Ich freue mich auf die Gäste heute nachmittag, da bin ich wenigstens beschäftigt.

*Falk:* Einmal waren wir mit einer großen Gruppe bei dir, und es fehlten dir drei Stühle. Du warst dann sehr aktiv, und die Stühle mußten her.

*Doris:* Da war ich noch nicht so weit, euch auf den Fußboden sitzen zu lassen. Das mußte ich erst lernen. Das ist vielleicht meine allgemeine Ängstlichkeit und ein gewisser Perfektionismus.

*R.:* Hatten Sie es als verwöhntes Einzelkind nicht schwer, sich in der Schule zu behaupten? Spielten Sie da gelegentlich den Clown, um aufzufallen?

*Doris:* Ja, ein bißchen. Ich suchte mir Freunde, an die ich mich anlehnen konnte. Ich machte, was sie machten. Ich ahmte nach.

*Heinz:* Hast du Schwierigkeiten mit dem Geben und Nehmen?

*Doris:* Nicht daß ich wüßte.

*Heinz:* Z. B. beim Unterhalten – du unterhältst dich doch nicht, du rennst weg, so daß du nicht recht empfangen kannst.

*Doris:* Wenn sie lange genug da sind, setze ich mich schon hin und komme zum Gespräch.

*R.:* Welche Konfession haben Sie?

*Doris:* Evangelisch. Aber das Dorf, wo ich aufwuchs, war katholisch. Meine Verwandten waren von beiden Konfessionen. Man nahm Religion nicht so ernst. Ich selber hielt auch nicht viel davon. In die Kirche ging ich dann und wann.

*R.:* Sind die Interessen der Mutter auf Haushalt usw. beschränkt?

*Doris:* Ja. Höchstens die Verwandtschaft beschäftigt sie noch. Anderes bewegt sie nicht.

*Falk:* Hattet ihr in der Kindheit Besuch?

*Doris:* Wir lebten ja im Hotel. Da war immer Trubel. Auch kamen oft Verwandte.

*R.:* Können wir zu einer vorläufigen Interpretation kommen? Um das Feld zu beleuchten, auf dem wir Doris finden?

*Ulf:* Sie scheint Schwierigkeiten zu haben, auf andere Leute zuzugehen. Es kam wohl heute in der Art ihres Sprechens zum Ausdruck. Sie gab immer kurze Antworten und wartete auf Fragen von unserer Seite.

*R.:* Wir sollten vielleicht ein wenig Kulturpsychologie treiben, um Doris zu verstehen. Unser Ziel ist selbstverständlich, beide Geschlechter –

Mann und Frau – zu autonomen Persönlichkeiten heranzubilden. Mädchen und Knabe sollen heranwachsen und einen festen Standort in der Welt einnehmen. d. h. politische und soziale Haltung, eine klare Weltanschauung, zwecks Übernahme der Verantwortung für das, was sich in der Welt tut. Mann und Frau sollen »Persönlichkeit« werden. Die Mädchenerziehung hinkte nun lange Zeit hinter der Knabenerziehung her. Für das Mädchen hatte man ein anderes Konzept als für den Knaben. An den Knaben trugen die Erzieher unbewußt das Konzept heran: Er solle tätig werden, entscheidungsfreudig, willensstark, tüchtig, »männlich« als Symbol für logisches Denken, für Rationalität, Mut, Klarheit, Zielstrebigkeit; das waren alles männliche Attribute. Die weiblichen »Eigenschaften« gemäß der früheren Tendenz waren anders. Eine Frau soll nicht durch Taten und Haltung in Erscheinung treten. Sie soll gefällig, lieb, sehr zart, fast gebrechlich sein; auch die Mode hat das früher den Frauen diktiert. Die Frau sollte wie ein feines, delikates Wesen erscheinen, gleichsam nicht von dieser Welt. Der Mann wurde auf den Existenzkampf vorbereitet. Von diesem ging er nach Hause, um sein »Puppenheim« (man denke an »Nora« von Ibsen) zu genießen. Ganz verschiedene Maßstäbe wurden an die beiden Geschlechter herangetragen. Wir alle sind noch in dieser Tradition herangewachsen. Es gibt dabei kleine Nuancen.

Es fragt sich etwa, ob bei Doris das Problem der »weiblichen Erziehung« überakzentuiert wurde. Doris war ein Einzelkind, von Frauen umgeben. Vielleicht stellte man sich darauf ein, sie zart und lieb und gefällig zu machen. Bravheit z. B. ist auch ein Ideal der Mädchenerziehung. Knaben sollten wild, aggressiv, expansiv werden. Wenn der Bub auf einen Baum klettert, leuchten die Augen der Mutter. Unterschwellig ist da der Gedanke dabei: Das ist ein richtiger Bub! Beim Mädchen wirkt ein emotionaler Zwang von allen Seiten: Sei lieb, sei zart, sei schwächlich, hilflos etc. Hat dieses Erziehungsmuster auf Doris speziell eingewirkt? Unbewußt erzwingt sie rings um sich eine feine, behutsame Welt, wo es keinen Kampf gibt. Es soll keine Auseinandersetzungen geben.

So erkläre ich mir allenfalls die Inbetriebnahme der Wasserkraft für die Umgestaltung der menschlichen Beziehungen – ich spreche von Doris Neigung zum Weinen! Das ist ein Versuch, die Härten des

Lebens zu mildern, mit einem unbewußten Trick. In der Kindheit muß diese Suggestion an sie herangetragen worden sein: Deine Stärke liegt in der Schwäche! Sei nur lieb, weine, wenn es not tut – dann bekommst du alles. Die Phantasie der Eltern bestimmt die »Rollen«, die dem Kinde vorgegeben sind.

Ein Muster hierfür: Ganze Generationen lang wurden die Frauen ohnmächtig, erlitten einen Anfall, wenn man ein sexuelles Wort gebrauchte oder dergleichen. Wenn jemand den Unterschenkel oder das Knie oder noch etwas »Höheres« erwähnte, dann fielen die Damen in Ohnmacht. (Lachen) Man muß sich vorstellen, wie schwierig das ist. Die kulturelle Programmierung reicht also bis ins Funktionieren des unwillkürlichen Nervensystems hinein. Jedes Tabu, das ins Bewußtsein trat, konnte alle vegetativen Funktionen aus dem Geleise werfen. Alle Frauen waren so strukturiert.

Auch in der heutigen Kultur sind noch Restbestände dieser Art da. Bei Doris war vielleicht ein Übermaß an Erziehung zur »Weiblichkeit«. Der Druck ging nicht nur auf Weiblichsein, sondern eventuell sogar auf »Kindlichsein«. Sie erwähnte selbst, daß Bekannte ihre Sprechweise gelegentlich als »baby talking« glossieren. Wahrscheinlich will sie damit die Liebe aller an sich ziehen. Damit kann man keine Unabhängigkeit und Autonomie erreichen. Man kann dann nicht der Welt gegenüberstehen und Dissonanzen sowie Kontraste ertragen. Man verzichtet auf Stellungnahme zur Welt, was ja allenfalls auch Kampf gegen die Welt bedeutet. Wer ein »Ich« aufbauen will, muß die Welt auch verneinen können: in ihrer politischen, sozialen und kulturellen Realität, in ihren Herrschaftsverhältnissen, in Krieg, Armut, Bevormundung des Menschen, sozialer Ungerechtigkeit. Was bei einer solchen »Weiblichkeitserziehung« fehlt, ist das Standpunktgewinnen gegenüber der Welt. Man lernt nicht verneinen und kommt auch nicht zur Selbstbejahung. Ein Teil von Doris' Autoritätsproblematik rührt wohl daher. Eventuell auch die Angst vor Entscheidungen. Das sind die Auswirkungen jener Weiblichkeitserziehung, unter deren Einfluß früher alle Frauen standen. Auch heute steckt das noch in vielen drin.

Ein anderer Aspekt davon ist das Aufhalten der Sexualentwicklung. Verzögern der Triebentfaltung ist ein altes Element der Weiblichkeitspädagogik, der Sexualtrieb sollte spät ins Leben eintreten. Der Mann sollte die Frau instruieren. Ihm war Sexualerfahrung freigegeben. Die Frau wurde von der Erotik abgeschreckt.

So verschränken sich bei einem Beispiel wie Doris individuelle und kulturpsychologische Faktoren. Was ihr zu schaffen macht, hat den Frauen Europas immer ein Problem bedeutet. Das macht diesen Fall sehr lehrreich für uns. Doris muß lernen, sich zu »ermannen«, d.h. der Welt gegenüberzutreten, sich eine Haltung zu erarbeiten. Nicht mehr Kind sein wollen, erwachsen werden: und das heißt in Gegensatz treten, auch kämpfen können.

Was wir hier treiben, ist auch eine Erziehung zum Begreifen der Welt und der Menschen. Darin liegt, daß man auch Abstand nehmen kann vom Bestehenden. Dann lernt man auch gegen diese Welt kämpfen, wo sie unmenschlich und absurd ist. Man soll nicht voll integriert sein. Gefallenwollen und Nach-Liebe-Haschen reicht nicht aus, um ein Leben führen zu können. Man darf und kann Forderungen an diese Welt anmelden. »So will ich die Welt haben!«

Das konnte Doris zu wenig lernen. Sie hat kaum kämpfen gelernt. Wir sehen: Kultur- und Individualpsychologie bedingen sich wechselseitig. Wir müssen jeden von uns nicht nur als Opfer familiärer Verhältnisse sehen, sondern auch der Unzuträglichkeiten der Kultur, die uns alle deformiert. Die Mängel der Kultur bündeln sich im Individuum, manchmal etwas hypertroph. Ein bißchen mehr als gewöhnlich, und so entsteht eine Behinderung; die Persönlichkeit kann nicht heraus aus dem Körper und ihrer sozialen Umgebung. Die Frauen von annodazumal blieben im Körper stecken. Darum konnten sie ihn als Ausdrucksmittel für alle Stimmungen benutzen, wurden von ihm gleichsam »gelebt«. Darin war Unfreiheit.

Jede Emotion führte unweigerlich zu Körpererscheinungen, von der Ohnmacht bis zum Tränenausbruch. Der Mann lernte eher, seine Emotionen aufzufangen, ohne daß der Körper mitvibrierte. Was heißt das, daß der Körper so schnell mitspricht? Das bedeutet, daß die Frau nicht in die Welt hinein expandieren durfte, also im Körper eingesperrt blieb. Bin ich mit Zielen und Aktivitäten in der Welt verankert, so bleibt mein Körper auch bei Schwierigkeiten ruhig und kontrolliert. Der innerlich unfreie Mensch spricht allzusehr die »Körpersprache«. Bei der Frau war der Körper der einzige »Kampfplatz des Lebens«. Die einzige Stätte der Welt, wo sie lebte und handelte. Das war zu wenig und verunmöglichte die Persönlichkeitsbildung. Persönlichkeit besteht darin, die Welt zu assimilieren. Das auf seinen Körper beschränkte Individuum ist schwach und weltlos.

Kann man meine Worte etwas verdeutlichen?

*Ulf:* Für eine Frau gehört sich vieles nicht, z. B. sich Gedanken über Politik und Weltanschauung zu machen.

*Doris:* Das ist eben eine Erziehungssache, würde ich sagen. Ich wurde angehalten, auswendig zu lernen. Ob das alles richtig oder falsch ist, sollte ich gar nicht beurteilen.

*R.:* So lernt man brav sein, die Autoritäten fürchten, vom Urteil der anderen abhängig werden; so erzog man die Frau, und den Mann natürlich auch so. Viel Unterschied ist da nicht, seien wir uns klar darüber. Der Mann von heute ist ebenso ein Opfer der Verhältnisse. Kaum je, daß einer aus der bestehenden Ordnung herauswächst. Man schwimmt im Strom mit, man kann dem nicht entrinnen. Die Stärke, sich der Welt entgegenzustemmen, ist selten und ein Glücksfall.

Unsere Arbeit hier ist auf diese »Widerstandshaltung« ausgerichtet. Die Persönlichkeit wächst nur in der Konfrontation mit der Welt. Der erste Schritt der Befreiung ist die Verneinung. Sie schafft den Raum für zukünftige Bejahungen, für ein Transzendieren des Status quo. Man muß sich gegen das »Übliche« abgrenzen. Man muß sehen, was in dieser Welt faul und schief und krank ist. So wird das Ich von den Kulturschäden geheilt und erwacht zum Bewußtsein seiner selbst. In der Abgrenzung gegen Zeit und Umwelt erhält man die Kraft, sich selbst zu finden.

Wer die Welt als statisch hinnimmt, wird um seine Ichentwicklung betrogen. Er kann nicht Persönlichkeit werden. Indem wir den Menschen aus seinen irrationalen Zwängen herausholen, schaffen wir die Voraussetzungen für die Persönlichkeitsbildung. So wird das Ich erst geboren. Wir alle sind nicht ganz geboren, die Persönlichkeit ragt ein wenig aus dem Körper und aus der Umwelt heraus, fällt aber zumeist darein zurück. Wir sehen die Welt nicht klar und deutlich. Darum haben wir auch Angst. Wir kennen uns nicht und kennen die Welt nicht.

## *Zwangscharaktere in der Gruppenpsychotherapie*

Zwangscharaktere und Zwangsneurotiker haben spezifische Schwierigkeiten, in der Gruppentherapie mitzuarbeiten. Der Zwangstypus hat selten eine ausgewachsene Neurose mit Zwangsvorstellungen und -handlungen; wir treffen viel häufiger die Charaktervariante dieser Erkrankung, mit den allgemeinen Charakterdeformationen wie Umständlichkeit, Rigidität, Gefühlsarmut, umfassende Rationalisierungstendenzen, Negativismus, Isoliertheit, Angst vor Hingabe oder vor Gefühlen überhaupt, durch Ritualisierung überdeckte Angst, Unspontaneität usw. Solche Zwangscharaktere gibt es zahlreich genug. Ihre Mitwirkung in der Gruppe führt zu charakteristischen Beobachtungen, die hier kurz angedeutet werden sollen.

Der Zwangscharakter stammt, wie alle Neurotiker, aus einem Kindheitsmilieu der Ungeborgenheit und Lieblosigkeit. Zumeist wurde er als Kind einer Dressur unterworfen, die ihn ein »formal-richtiges Benehmen« lehrte, aber seine Gefühlswelt nicht in die »Sozialisierung« einbezog. Daher das archaische Gepräge des Gefühlslebens der Zwangspatienten. Aus großer Unsicherheit erwachsen Zaudern, Zeitvertrödeln, Schwanken zwischen zwei Möglichkeiten, unergiebiges Tüfteln und Erwägen, oft verbunden mit irrationalen Schuldgefühlen. Oft war der Zwangsneurotiker als Kind sehr trotzig; man merkt es noch dem erwachsenen Patienten an, in dessen Verhalten immer das »Ja-aber« oder das »Nein!« dominiert. Der Zwangstyp will immer und überall »anders als die anderen«. Er kann und möchte sich nicht einordnen. Er will stets, mit Kierkegaard zu reden, »verzweifelt er selbst sein«. So empfindet er die Welt andauernd als Zwang (gemessen an seinen Autonomiewünschen) und beantwortet ihren angeblichen oder realen Forderungscharakter mit »Gegenzwängen«. Der Vorteil seiner Zwangshandlungen z. B. liegt darin, daß er in ihnen alle Fäden in der Hand hält und »überschaubare Verhältnisse« schafft.

Wer mit Zwangscharakteren zu tun hat, kann sich des Eindrucks nicht erwehren, daß sie irgendwie quer zum sozialen Leben stehen. Sie gehen innerlich nicht mit, beharren eigensinnig auf ihren Positionen, selbst wenn sie zu deren Stützung unlogische Argumente herbeiziehen müssen. Das Vorbeireden an Problemen ist beeindruckend, man kann den Zwangscharakter nicht leicht fassen, da er in seinen Äußerungen Akzente verlagert und die eigentlichen Fragen in Nebel einhüllt. Dabei kommt die Technik des »Isolierens und Verabsolutierens« zur Geltung, mit der man jeden Disput ad absurdum führen kann. Man greift ein Detail der Äußerungen des Partners heraus und macht daraus die Hauptaffäre. Schließlich enden derlei Gespräche in absoluten Mißverständnissen, womit sich der Zwangstyp wieder auf sein einsames Unverstandensein zurückziehen kann. Die Herkunft der Zwangsneurose aus der kindlichen Trotzhaltung wird vor allem in der Autoritätsbeziehung deutlich. Weil sie nicht kooperieren können, sind Zwangspatienten im Liebesleben eher unsicher, wenngleich sie bezüglich rein-intellektueller Anforderungen hervorragend »funktionieren« können. Der Intellekt kann hochgezüchtet sein, aber die Emotion liegt oft im Argen.

Überraschend oft wendet sich der Zwangskranke Scheinproblemen zu, mit denen er sich über seine eigentlichen Schwierigkeiten hinwegzutäuschen versucht. Er ist der typische Formalist, der die äußere Perfektion aufrechterhalten will. In sein inneres Chaos hinabzuschauen, ist ihm peinlich, und er wehrt Selbsterkenntnis und Selbsterforschung mit allen Mitteln ab. Darum ist es schwer, an ihn heranzukommen. Die Vielzahl der von ihm verwendeten »Abwehrmechanismen« ist unübersehbar. Solche Menschen sind von unsichtbaren Mauern umgeben. Auch in der Gruppe sind sie manchmal Fremdkörper. Das »warming up« braucht bei ihnen lange Zeit. Sie stehen draußen und wollen auch draußen stehen. Mitunter spielen sie in den Gruppen die intellektuellen und unbeteiligten Beobachter, die angeblich nur aus »Forschungszwecken« mittun. Dies schließt nicht aus, daß sie gelegentlich sehr geschickt deuten und anderen bei dem Anliegen der kritischen Selbsterfahrung behilflich sind. Sollen sie aber selbst in Frage gestellt werden, erleben sie evtl. große Angst.

Auf Perfektionismus, Distanziertheit und Eigensinn wurde bereits hingewiesen. Eine Kehrseite der umfassenden sozialen Isolierung ist die häufige Depression oder doch Depressionsbereitschaft dieses Typs.

Wenn Depressivität »Intrapunition« (Selbstbestrafung) ist, so sollte sie schon rein theoretisch auch mit Extrapunitionsneigungen verkoppelt sein: Wer gegen sich hart und starr ist, ist es auch oft gegen andere. Was dem Zwangskranken fehlt, sind Gefühle der Milde, der Solidarität, der Wärme, der Spontaneität, das »Wir-Bewußtsein«; die Gruppentherapie will und kann ihm dies vermitteln, wenn seine eingeübten sozialen »Störmanöver« ein gewisses Maß nicht überschreiten. Es ist ein ergreifendes Schauspiel, wenn solche pathologische »Neinsager« durch die Heilkraft der Gruppe zu partiellen »Jasagern« werden, wenn das irrationale und wirkungslose »Rebellieren« dieses Typs in eine sozial aufgeschlossene, u. U. echt fortschrittliche Haltung umschlägt. Immerhin ist hierzu meist eine enorme Arbeit zu leisten.

## *Gruppensitzung über einen Zwangscharakter*

*R.:* Juan, wir haben vor drei Monaten über Sie gesprochen. Wollen wir heute Ihr Problem in Erinnerung rufen und anhören, wie es Ihnen seither erging?

*Juan:* Gern.

*R.:* Wer kann den Fall von Juan rekapitulieren? Wir sollen das immer üben. Es geht natürlich nicht um die Gedächtnisstärkung. Es geht dabei um die lebhafte Anteilnahme an den Schicksalen, die wir zu hören bekommen. Wir üben hier Menschenkenntnis, d. h. Menschen zu verstehen. Es gibt nichts Spannenderes und Lehrreicheres als das. Man soll sich diese Eindrücke lebendig erhalten.

*Werner:* Mir blieb in Erinnerung, daß Juan an sadistischen Impulsen leidet. Wenn er kleine Kinder sieht – und er hat Kinder gern –, dann entsteht in ihm der Impuls, ihnen wehzutun, sie zu verletzen. Als er erzählte, versagte ihm die Stimme, und er mußte weinen.

*R.:* Juan hat uns das sehr mühsam anvertraut. Offenbar sah er das als abscheulich an. Wir sehen das als begreifliche Reaktion auf seine Lebensgeschichte an. Wir eliminieren hier den Gedanken an »Gut« und »Böse«. Wenn wir wissen, was Juan in seiner Kindheit erlebte, verstehen wir, warum er beim Streicheln eines Kindes auch Mordimpulse haben kann.

*Maria:* Seine Kindheit war trübe und traurig. Es gab da wenig Zuneigung. Der Vater war gegen alle Familienmitglieder hart. Auch die Mutter war lieblos. Später war er im Internat und in einer Militärschule. Es ging da streng zu. Juan paßte sich diesen Anforderungen an.

*Juan:* So groß war die Anpassung nicht. Ich lehnte mich dort gegen den Zwang auf.

*R.:* Der Vater war ganz grob. Er erzog mit der Peitsche. Manchmal schlug er besinnungslos drein. Er war von Beruf Elektriker. Wir müssen uns ihn als äußerst gewalttätig vorstellen. Als er dann einen Hirnschlag hatte, freute sich Juan darüber. So war die Beziehung zwischen Vater und Sohn! Als der Vater starb, war Juan darüber nicht traurig.

*Walter:* Juan hat auch erzählt, daß der Vater nach dem Schlag noch einige Jahre gelähmt lebte. Er lag dann in einem Stuhl. Das Geschäft ging an einen Sozius über, der die Familie hernach um ihr Geld betrog.

*Juan:* 1950 hatte mein Vater den Schlaganfall, er starb 1959. Acht Jahre dauerte sein Zustand. Wir litten alle darunter.

*Fritz:* Juan hat in der Schulzeit, vor allem gegen das Abitur hin, seinen Lehrern viele Schwierigkeiten gemacht. Das letzte Jahr vor dem Abitur ging er nicht mehr in die Schule. Er lernte zu Hause. Dabei sonderte er sich völlig von den Gleichaltrigen ab.

*Stephen:* Du hattest auch eine Schwester, und da war eine Eifersuchtsproblematik, nicht wahr?

*Juan:* Ja. Ich haßte sie. Ich schlug sie sehr oft. Sie war zwei Jahre jünger als ich. Als sie noch im Kinderbett lag und klein war, schlug ich mit einem Stock auf sie ein. Zum Glück kamen meine Eltern dazwischen.

*Fritz:* Nach dem Abitur ging Juan nach Paris und arbeitete dort als Hilfsarbeiter. Dort kam es zur ersten sexuellen Beziehung seines Lebens. Das Mädchen arbeitete auch in einem Restaurant. Nach einem Jahr ging Juan nach Hamburg. Dort fand er keinen Anschluß. Dann ging er nach Berlin.

*R.:* Juan war viel allein in seinem Leben. – Die Pariserin hat Sie verführt, nicht wahr? Von ihr ging die Initiative aus.

*Juan:* Ich habe vorher einige Male mit Prostituierten Kontakt gehabt. Aber es klappte nie. Bei der Pariserin ging es besser. Das dauerte etwa ein halbes Jahr. Es war aber nur eine sexuelle Beziehung, nicht mehr.

*Walter:* Juan hat erzählt, daß seine Sexualität bei diesem Verhältnis etwas einseitig war. Er verkehrte, wie er sagte, um der Frau Freude zu machen. Er »bediente« sie. Seine eigene Lustempfindung war oft eingeschränkt. Er blieb innerlich distanziert, oft unbewegt.

*Walter:* Auf der Schule hat er sich oft aufgelehnt. Auf der Kadettenanstalt soll er dem Unteroffizier öffentlich die Mütze vom Kopf geschlagen haben. Wegen Insubordination mußte er oft im Karzer sitzen. Er durfte dann am Wochenende nicht ausgehen. Sein Stubenarrest gefiel ihm aber auch. Er grollte dann gegen alle Welt. – Der unmittelbare Anlaß zur Aufnahme der Therapie war die Beziehung zu einer Frau in Berlin. Er lernte sie durch ein Zeitungsinserat kennen. Nach kurzer Zeit ging diese Freundin von Berlin nach Köln. Er besuchte sie dort. Dabei stellte er Potenzbeschwerden fest. Er war impotent. Darum ging er in die Analyse.

*R.:* Es handelte sich um Erektionsschwierigkeiten. Es gab nur wenig Gelegenheit, mit dieser Frau zu verkehren. Aber bei diesen paar Malen ging es nicht.

*Walter:* Die Erziehung war streng religiös. Die konkreten Details weiß ich nicht mehr. Es hat auf mich einen sehr gewaltsamen Eindruck gemacht.

*Fritz:* Juan erzählte von seiner Enttäuschung. Er ging zu einem Priester jeweils beichten – er ist katholisch. Einmal entließ der Priester alle Beichtkandidaten, weil er offenbar sich mit einem Mädchen abgab. Das hat Juan enttäuscht. Da wurde er skeptisch. Er sah hinter die Kulissen.

*R.:* Wir wollen auch die ganz banalen Tatsachen nicht vergessen. Juan ist ca. 30 Jahre alt. Er ist Jurist. Er ist jetzt Doktorand. Er ist mitten in seiner Dissertation. Juan, wollen Sie noch etwas aus Ihrem Lebenslauf nachtragen?

*Juan:* Nach der letzten Sitzung fiel mir noch einiges ein. Als ich etwa fünf Jahre alt war, lebte ich auf dem Lande – ich bin aus Cardiz –, weil man fürchtete, daß die Stadt bombardiert würde. Da hatte ich ein kleines Küken, das ich mit einem Stock totgeschlagen habe. Ich verfolgte das Küken, und es schrie. Ich wollte es eigentlich nicht tun, aber ich habe es totgeschlagen.

*R.:* Es muß unsäglich viel Wut und Haß in Ihnen aufgestapelt gewesen sein. Wir müssen uns vorstellen, daß ein unglückliches und gequältes Kind stets in den Kategorien Macht und Ohnmacht denkt. Es sucht überall Mittel, um seine Stärke zu beweisen. Tierquälerei liegt in dieser Linie, aber auch Sadismus gegen Menschen. Bei Juan war da nicht nur der Vater im Spiel. Auch die Mutter war eine zwanghaft-unglückliche Person. Juan hat uns ihre Pedanterie geschildert. Alles mußte blitzblank und ordentlich sein. Juan überbot sie noch in diesen Tendenzen. Auf der Wasserleitung durfte kein Tröpfchen hängen! Alles pedantisch und perfektionistisch. Das war Schulung in Gefühlssterilität. Juan liebte weder Vater noch Mutter. Auch die Schwester mochte er nicht. Er wuchs in Gefühlsleere auf. Also ein emotionales Vakuum. Was entsteht daraus? Die sadomasochistische Gedankenwelt. Man fühlt sich völlig isoliert von den Menschen. Wenn das richtig ist, muß das heute noch sein Problem sein. Es ist wohl auch die Quelle seiner Potenzstörungen. Juan geht sehr einsam durch die Welt. In Paris, Hamburg und auch hier in Berlin kennt er kaum Leute. Er bleibt immer allein. Erst durch die Gruppe haben sich einige Kontakte angebahnt. Meistens ist er auch jetzt abends allein. Wenn er zu anderen geht, bereut er meistens die Zeit, die seiner Arbeit verloren geht. – Da fällt mir ein: Schon seine Mutter nannte ihn einen »Seeigel« – weil er nur Stacheln habe!

*Juan:* So nannten mich meine Schulkameraden. Man nannte mich auch einen Misanthropen – ich galt als Menschenhasser.

*R.:* Er hat uns auch Träume erzählt. Wie waren die nur?

*Juan:* Einen dieser Träume hatte ich im vorigen Jahr. Ich konnte im Traum fliegen. Ich hatte bei einem Bauern im Traum etwas geklaut. Dann flog ich davon, weil ich verfolgt wurde. Da kam ein Teufel und der sagte zu mir: Wenn du mich nicht dich koitieren läßt, lasse ich dich herunterfallen. Er tat dann das, indem er mich analkoitierte: Ich erwachte mit einer Ejakulation.

*R.:* Also ein sexueller Traum! Die orthodoxe Psychoanalyse deutet das Fliegen im Traum als Symbol des Koitus. Wir meinen, Flugträume zielen eventuell auf Überlegenheit über die Umwelt ab. Man ist oben, die anderen sind unten. Der Einsame hat oft das Gefühl, über der

Welt zu stehen. Er kompensiert damit sein Unglücklichsein. War da noch ein zweiter Traum?

*Juan:* Ja, ein Traum, der sich in der Kindheit oft wiederholte. Ich träumte oft, daß ich falle. Vor zwei Jahren habe ich diesen Traum nach längerer Unterbrechung wieder einmal gehabt. Früher erwachte ich immer bei diesem Fallen. Aber vor zwei Jahren sagte ich mir im Traum: Das ist wieder der alte Blödsinn. Und schlief weiter. Seither habe ich den Falltraum nicht mehr gehabt.

*R.:* In allen seinen Träumen geht es um oben und unten! Er kennt nur die Vertikale. Ein Falltraum heißt ja im Grunde auch: Ich bin hoch oben und könnte herunterstürzen. Da liegen Elemente von Ehrgeiz und Kontaktarmut drin. Die menschlichen Beziehungen spielen sich auf der Horizontalen ab. Der Ehrgeizige kennt nur das steile Schema per aspera ad astra – durch Mühe zu den Sternen. Er zielt über die Mitmenschen hinaus. So kann er nicht zu ihnen gelangen. Das verängstigt ihn hinwiederum. Aus Angst will er über die Menschen hinweg, und das erzeugt wieder Angst. Es ist ein Zirkel, aus dem er keinen Ausweg findet. Juan lebt in der Angst.
Da fällt mir noch ein Ereignis ein, das uns Juan erzählte. Er gab seine Uhr in Reparatur in Berlin. Er mußte acht Mark dafür zahlen. Dann war aber sofort wieder etwas defekt. Nun sollte der Uhrmacher das in Ordnung bringen. Das verzögerte sich mehrfach. Das gab Mißverständnisse. Juan nahm dann im Laden einen Blumentopf und schmetterte ihn auf den Boden. Wir hatten da Uneinigkeiten hierüber in der Gruppe. Einige hielten das für gut. Andere meinten, es sei zu schroff gewesen. Jedenfalls wurde dann die Uhr gemacht – es kam zu keiner Polizeistrafe, da man Juan seine spanische Abstammung zugutehielt. Er hat ein Anrecht auf Leidenschaftlichkeit! Immerhin ist es ein Anzeichen, wie sehr Juan zu Affektreaktionen fähig ist. Das war vor vier Monaten unser Resultat. Nun könnten wir weiterfahren.

*Franziska:* Ich habe noch eine Frage. Beschäftigst du dich auch noch mit anderen Sachen als dem, was für deine Dissertation nötig ist?

*Juan:* Im großen und ganzen beschränke ich mich jetzt auf die Fachliteratur. In den letzten Monaten habe ich aber auch über Psychologie und Psychoanalyse gelesen.

*Stephen:* Wie geht es dir in den letzten Wochen?

*Juan:* Es geht mir etwas besser als vor der Therapie.

*R.:* Wie haben Sie die Gruppe in den paar Monaten empfunden?

*Juan:* Mein Verhältnis zur Gruppe ist sehr schwankend und widersprüchlich. Manchmal mag ich die einzelnen, und die Gruppe nicht. Manchmal mag ich die Gruppe und kann die einzelnen nicht ausstehen.

*R.:* Wie ging es Ihnen in den letzten Monaten?

*Juan:* Nach meiner Gruppensitzung konnte ich merkwürdigerweise nicht mehr erotisch phantasieren. Ich hatte vorher die Potenzstörung, aber ich hatte doch erotische Phantasien. Nach meiner Gruppenstunde fielen diese Phantasien aus. Ich kann derzeit nicht mehr erotisch phantasieren! Im Gegenteil: Manchmal fange ich mit einer erotischen Phantasie an, und plötzlich sehe ich mich in Gedanken mit einem Kind Zärtlichkeiten austauschen. Das erschreckt mich! Früher onanierte ich jede Woche einmal. Nun habe ich in vier Monaten nur dreimal onaniert. Ich hatte gar keinen sexuellen Druck mehr. Ich onanierte diese drei Male mehr experimentell. Ich wollte sehen, ob es überhaupt noch geht. Vor einigen Tagen onanierte ich, weil ich deprimiert war. Ich wußte, wenn ich das mache, tritt eine Erleichterung ein. Also tat ich es. Allerdings hatte ich auch einige nächtliche Pollutionen in dieser Zeit. Ich träumte dabei, daß ich in der Zeitung lese, welche Vorteile die Pollution gegenüber dem Onanieren habe. Und während dieses fingierten Lesens hatte ich die Ejakulation!

Ein anderer Traum der letzten Zeit ist folgender: Ich stehe auf einer Schaukel und schaukle. Immer höher. Ich bin ganz klein auf der Schaukel. Plötzlich habe ich den Drang zu urinieren. Ich sage mir: Das kannst du doch nicht machen, du machst dir die Hose naß. Dann schaukle ich nochmals, der Drang wird größer, und ich spüre, ich muß ihm nachgeben. Ich erwache mit der Pollution. – Oder vor einigen Tagen war folgender Traum: Ich bin ganz klein. Meine Mutter ist da und meine Schwester. Meine Mutter ist nackt, hat aber noch ihre Strümpfe an. Ich gehe auf sie zu und will sie koitieren. Zuerst denke ich: Das kannst du nicht, denn du bist so klein. Aber es geht doch auf eine Art. Ich presse meinen Penis zwischen ihre Beine und reibe ihn daran. Dann kommt es zur Ejakulation, und ich erwache.

*R.:* Gab es konkrete Beziehungen zum anderen Geschlecht in diesem Zeitraum?

*Juan:* Ja. Anfang Mai hat eine Freundin bei mir übernachtet. Ich wollte nicht mit ihr verkehren, aber sie legte sich in mein Bett, und so blieb mir nichts anderes übrig. Ich sagte im voraus, es würde nicht gehen. Es ging zwar, aber sehr schlecht. Es gab nur eine schwache Erektion. Die Ejakulation kam sehr schnell. Ich führte die Beziehung mit dem Mädchen nicht weiter. – Ich muß noch sagen, daß ich nach der Ejakulation einen Schmerz im Genitale verspüre. Manchmal habe ich dann den Tag darauf das Gefühl, als ob ich einen Schlag gegen mein Organ bekommen hätte.

*R.:* Es werden wohl hypochondrische Schmerzen und Befürchtungen sein. Das würde zu diesem Zustandsbild passen. – Eine andere Frage: Zu welchen Gruppenmitgliedern haben Sie Beziehung aufgenommen?

*Juan:* Ich treffe mich manchmal mit Heidi, Roswitha, Rudi, Stephen, Peter, Susanne. Ich gehe zu ihnen, wenn ich mir das bezüglich meiner Arbeit leisten kann. Oft höre ich nur zu, wie die anderen sprechen. Manche Gruppenmitglieder können nicht gut zuhören.

*Maria:* Du hast keine Einzelsitzungen neben den Gruppenstunden?

*Juan:* Nein.

*Maria:* Warum hast du keine Einzelsitzungen?

*Juan:* Ich verspreche mir nicht viel davon.

*R.:* Welche Meinung haben Sie denn über mich, offen gesprochen?

*Juan:* Sie haben eine gewisse Solidarität in der Gruppe erzeugt. Das sehe ich als positiv an. Aber Sie treiben zu wenig Politik in der Gruppe. Sie deuten schon soziale Stellungnahmen an, aber das ist mir zu wenig.

*R.:* Beeinträchtigt das meine Funktion als Therapeut? Kann ich den Menschen nicht helfen, wenn ich z. B. weniger politisch bin als Sie? Ist das so ein Mangel?

*Juan:* Ich glaube, daß Psychotherapie eine verhältnismäßige Verbesserung zustandebringen kann, wenn der Therapeut gut ist. Sie sind einer der wenigen, dem ich solche Verbesserungen zumute. Aber wirklichen Heilungen stehe ich skeptisch gegenüber.

*R.:* Abgesehen von den politischen Bedenken – haben Sie sonst noch kritische Erwägungen gegen mich?

*Juan:* Die Geldfrage stört mich auch gelegentlich. Ich gebe nicht so gern Geld für die Therapie aus. Dann überlege ich mitunter, was ein Therapeut alles verdient.

*R.:* Ich sehe, daß in Ihrer Beziehung zu mir ziemlich viel Skepsis ist. An die Therapie glauben Sie nur sehr bedingt. Sie halten Änderungen der Persönlichkeit für fraglich. Wie kommen Sie auf diese kritische Einschätzung der Psychotherapie?

*Juan:* Ich müßte zuerst Erfolge der Therapie sehen!

*R.:* Ihre Skepsis in Ehren! Wir sehen jedenfalls, daß Juans Beziehung zu mir von Vorbehalten durchsetzt ist. Er ist sehr distanziert. Das erleichtert die Therapie nicht. Er holt politische Meinungsverschiedenheiten oder Mutmaßungen hervor, um mich zu neutralisieren. Wir haben ja noch gar nicht im Detail über Politik hier gesprochen. Kennen Sie meine politischen Überzeugungen?

*Juan:* Nein. Aber man hört von Ihnen dies und das.

*R.:* Wie müßte denn meine politische Gesinnung sein?

*Juan:* Das müssen Sie selber wissen! (Gelächter)

*Stephen:* Juan findet Sie autoritär. Heidi wollte einmal Werner in ihre Sitzung mitbringen. Und da haben Sie ihr gesagt: Sie dürfen das nicht. Werner muß zuerst mehr Kontakt mit der Gruppe aufnehmen. Als Juan das hörte, sagte er: Ich würde einfach mit Werner in die Einzelstunde gehen und mich an R.s Anweisung nicht halten.

*R.:* Ich erkläre, wie das war. Ich habe nichts dagegen, wenn jemand in seine Einzelstunde einen Freund oder Bekannten mitbringt. Aber ich habe mit meinem Hausbesitzer vereinbart, daß ich in meiner Praxis nur Einzel- und nicht Gruppenbehandlungen durchführe. Darum dürfen nicht zu viele auf einmal kommen. Nun hat Werner seit Monaten seine Therapie vernachlässigt und ist nicht in die Gruppen gekommen. Ich sehe nicht ein, warum ich seinetwegen das Risiko einer Mißstimmung mit meinem Hausbesitzer auf mich nehmen soll.

*Franziska:* Zur Frage der politischen Meinungsverscheidenheit mit dem Therapeuten: Was machst denn du politisch? Bist du aktiver als er?

*Juan:* Ich möchte schon lange politisch aktiv werden, aber ich bin dazu außerstande. Ich fühle mich in jeder größeren Gruppe oder Menschenansammlung sehr elend. Darum kann ich nichts machen. Ich fühle mich nie zugehörig. Das deprimiert mich.

*Franziska:* Dann sind eigentlich deine Vorwürfe gegen den Therapeuten sehr wenig begründet. Bist du dir dessen bewußt? Wie erklärst du dir, daß du Gruppenzugehörigkeit nicht erträgst?

*Juan:* Ich weiß nicht. Ich komme mir wie ein Atom in einer Masse vor. Ich möchte mich immer abgrenzen von anderen. Ich möchte etwas aus mir selbst heraus tun. Ich will meinen Willen nicht durch andere bestimmen lassen. Wenn ich mich wo mitreißen ließe, könnte ich ja Dinge tun, die ich nicht tun will.

*Walter:* Ich glaube, bei Juan ist da eine Analogie zwischen der Gruppenteilnahme und den erotischen Kontakten. Er hat überall Angst, sich zu verlieren. Er will er selbst bleiben, aber so, daß er nirgends regelrecht teilnimmt.

*R.:* Er hat Angst vor der Hingabe. Überall ist das so. Auch wenn er ein Kind streicheln will, reißt er sich unbewußt mit seiner sadistischen Zwangsvorstellung zurück. Nur nicht weich werden! So hat er auch Vorbehalte gegen die Gruppe und mich, die er – zumindest z. T. – an den Haaren herbeizieht. Die Impotenz ist nur ein Symptom für diese Haltung. Er fühlt sich überall bedroht. Darum hält er an sich. Er bleibt in sich verschlossen. Was er nicht in Kontrolle behalten kann, ist ihm suspekt.

Dazu gehört die Gruppe, die Zärtlichkeit, die Sexualität, der Therapeut, die Menschen überhaupt. Er lebt hinter Barrikaden. Er schützt sich vor den Mitmenschen, indem er die Möglichkeiten der Kommunikation und Kooperation entwertet. Menschen wie Juan fühlen sich weit weg von den Mitmenschen. Intellektuell können sie mitgehen, emotional bleiben sie distanziert. Auch die Gruppe wird aus der Distanz erlebt. Man sucht unbewußt Gründe, um sich von ihr fernhalten zu können.

Juan geht den Weg weiter, den er in der Kindheit betreten hat. Alle Menschen scheinen ihm unerquicklich. Er sagt sich unbewußt: Es lohnt sich nicht, Menschen zu mögen, sich an sie zu binden. Er trainiert ständig auf Abstand. Bis in seine Träume hinein. Auch seine Sexualvorstellungen im Traum sind entmutigend. Es ist, wie wenn er sich sagen würde: Ich schaffe es nie, an den Menschen heranzukommen! Die Angst vor der Liebe ist offenbar riesengroß. So wird ein Niemandsland um die Persönlichkeit herum geschaffen. Dann ist er allein und traurig, aber auch vor Kontakten geschützt. So lebt er sein Leben, und so erfährt er die Gruppe. Wer in der Kindheit hassen gelernt hat, versucht in allen späteren menschlichen Beziehungen Motive der Distanz oder der Ablehnung zu entdecken. Mit einem Mikroskop werden dann die Fehler und Unzulänglichkeiten der anderen gesucht und natürlich auch gefunden. Als Kind überbot Juan seine zwanghafte Mutter und war noch perfekter in bezug auf Sauberkeit und Pedanterie. So geht er auch bei uns vor. Er schließt sich zu wenig an. Er ist von uns entäuscht, meidet es aber, uns zu helfen, es richtig zu machen. Wenn wir Fehler haben, soll er sie korrigieren helfen. Nur wenn er dieser Einstellung gemäß handelt, wird er den Zugang zu anderen finden. – Nicht wahr, Sie sind immer noch viel allein?

*Juan:* Ja, ich bin viel allein, gelegentlich auch mit Gruppenmitgliedern.

*R.:* Wie viele Abende der Woche verbringen Sie allein?

*Juan:* Fünf etwa.

*R.:* In Ihrer Arbeit sind Sie auch allein

*Juan:* Ich habe Beziehungen in der Gruppe im April versuchsweise aufgenommen, aber ich hatte den Eindruck, daß ich meine Zeit vergeude. Da schränkte ich das wieder ein.

*Stephen:* Was wolltest du mit der Zeit anfangen?

*Juan:* Z. B. Lesen oder so.

*Franziska:* Wie stellst du dir vor, daß es weitergeht, wenn du diese Einstellung nicht änderst?

*Juan:* Ich mache mir keine Gedanken über die Zukunft. Das ist ein Gewinn der Therapie. Vor der Therapie dachte ich immer, ich muß krepieren. Jetzt geht es mir insofern besser, daß ich keine Zukunftsgedanken mehr habe.

*R.:* Da ist doch ein Schimmer von Hoffnung drin. Liegt da nicht eine Ahnung drin, daß menschliche Beziehungen ergiebiger sein könnten?

*Juan:* Ich glaube, ja. Gemessen an meinen früheren Beziehungen habe ich ja schon etwas.

*R.:* Das ist schon eine Leistung. Es müßte noch mehr werden. Juan müßte verstehen, daß menschliche Beziehungen kein Zeitverlust sind. Gerade das fehlt ihm. Gelesen hat er schon viel in seinem Leben. Das half ihm nicht weiter. Heute braucht er Zuwendung zum Menschen. Nur das gibt dem Leben einen Sinn. Man muß Interesse für die Mitmenschen einüben. Auch Leute, die einem nicht ganz passen, sind des Interesses wert. Man sollte mit Ablehnung nicht zu freigebig sein. Dann folgt man lediglich den Spuren einer unglückseligen Kindheit.

*Juan:* Ich bin heute viel toleranter als früher. Früher setzte ich alle Menschen bei mir herab. Heute tue ich das weniger. Ich arbeite ja auch schon dann und wann in der Gruppe mit.

*R.:* Wir zweifeln nicht, daß Juan Fortschritte gemacht hat. Aber er soll sich klar sein, daß noch vieles zu erarbeiten ist. Juans Problem ist kein leichtes. In dieser Kindheit war viel Haß und Wut und Zorn. Ein Mittelpunkt mit Liebe war nicht drin. Daraus erwuchs eine depressiv-zwanghafte Grundhaltung. Er war als Jüngling ein »Igel« und ein »Misanthrop«. Das kann von heute auf morgen nicht beseitigt werden. Mit kleinem Einsatz kann man das nicht ändern. Geduld ist hier in der Therapie notwendig. Es handelt sich um eine beträchtliche neurotische Entwicklung. In diesem Werdegang gibt es viele Lücken Diese müßten nachgeholt werden. Freundlichkeit, Zärtlichkeit, Zuwendung, Vertrauen, Intimität: und daraus folgend Glück und Freude – all das muß spät aber doch gelernt werden! Juans Kindheit war fast durchwegs niederdrückend. Andere Kinder haben da ein Auf und Ab, ein Hell und Dunkel. Da ist die Kontaktfähigkeit später einfacher anzubahnen. Bei Juan dominierten Trauer und Ohnmachtsgefühl. Wenn er geheilt werden will, muß er intensive Mitarbeit leisten. Mit kleiner Bemühung kommt man da nicht ans Ziel.

*Werner:* Kann Juan das mit dem Willen ankurbeln?

*Stephen:* Mich dünkt, daß Juan einen Widerstand gegen Kontakt hat. Bei seiner Kindheit entsteht ein Charakter, der auf Autarkie angelegt ist. Man will sich nicht von anderen abhängig machen. Wenn man eine Vereinbarung trifft, ist man doch schon vom anderen abhängig. Er kann absagen, er kann einen enttäuschen usw. Man bleibt lieber für sich und ist Herrscher im eigenen kleinen Reich. Das ist Juans Grundgefühl. Klein, aber mein. Zuwendung ist für ihn schon zu viel. Da muß er umlernen.

*Juan:* Das stimmt genau, was du sagst. Ich habe im Laufe der Jahre viele Enttäuschungen mit anderen erlebt. Nun will ich mich davor sichern. Darum meine Zurückhaltung, meine Skepsis, meine Distanziertheit.

*R.:* Trotz Vorbehalten müssen Sie wissen, daß Zuwendung zum Menschen das Medikament ist, das Sie brauchen. Die Vorstellung von Autarkie ist abwegig. So denkt man, wenn man in der Kindheit übermäßig frustriert wurde. Aber mit diesem Konzept holt man sich weitere Frustrationen. Das unglückliche Leben nimmt dann kein Ende. Im gewissen Sinn heißt Zuwendung zu den Mitmenschen auch Zuwendung zu sich selbst. Erst so nimmt man sich selbst ernst. Wer die Mitmenschen sucht, sucht auch sich selber. Die Angst vor Enttäuschungen darf nicht in die Einsamkeit treiben. Da wird man nicht enttäuscht, aber auch nicht beglückt. Juan ist hiermit eingeladen, sich mehr mit uns zu befreunden.

## *Der Schizoide in der Gruppe*

Über den schizoiden Menschen schreibt Fritz Riemann in seinem lesenswerten Buch »Grundformen der Angst« (München 1965) folgendes:

»Sein Streben wird dann vor allem dahin gehen, so unabhängig und autark wie möglich zu sein oder zu werden. Auf niemanden angewiesen zu sein, von niemandem abhängig, niemandem verpflichtet zu sein, ist hier entscheidend wichtig. Damit entsteht aber eine Kluft, ein Abstand, eine Distanz zum Mitmenschen, weil jede Nähe als Gefährdung jener Unabhängigkeit und jenes Distanzbedürfnisses erlebt wird. So entwickeln solche Menschen eine für sie typische Angst vor der Nähe. Im Leben läßt sich aber Nähe nicht vermeiden ... Oder man wird wenigstens versuchen, niemanden im Intimen an sich heranzulassen, so daß jene Menschen entstehen, die man lange kennen kann, ohne sie wirklich zu kennen. Sie wirken fern, kühl, distanziert, schwer ansprechbar, unpersönlich bis kalt, unverständlich, seltsam und absonderlich, schroff, besonders nach angebahntem Kontakt. Das Vermeiden jeder vertrauten Nähe aus Angst vor dem Du, vor sich öffnender Hingabe, wird natürlich einen solchen Menschen mehr und mehr isolieren, einsam und eventuell zum Sonderling machen. Seine Angst vor der Nähe wird besonders da immer ausbrechen, wo jemand ihm oder wo er jemandem zu nahe

kommt – dann wird er sich abrupt und für die Außenwelt unverständlich und uneinfühlbar zurücknehmen, Beziehungen abbrechen oder plötzlich, in schroffem Wechsel, feindliche, abweisende Haltungen einnehmen, wo man eben noch meinte, ihm näher gekommen zu sein. Zwischen solchen Menschen und der Umwelt klafft also eine breite Kontaktlücke, die mit den Jahren immer breiter wird und sie mehr und mehr isoliert. Da solche Menschen durch diese Distanz zur Umwelt nie genau wissen, was im andern vorgeht – denn das erfährt man ja nur, wenn überhaupt, durch vertrauende Nähe und liebende Zuwendung –, sind sie auf Vermuten und Wähnen angewiesen und immer unsicher, ob ihre Eindrücke und Vorstellungen, ja schließlich sogar auch, ob ihre Wahrnehmungen nur ihre Einbildung oder aber Wirklichkeit sind« (S. 20/21).
Des weiteren diagnostiziert Riemann an den schizoiden Charaktertypen eine große Lebensunsicherheit, die zu einer Abkapselung gegenüber der Umwelt führt. Charakterzüge wie Ängstlichkeit, Mißtrauen, umfassende Unsicherheit, Zweifelsucht und Realitätsfremdheit treten hervor. Der Schizoide lebt »allein in seiner Welt«. Manche Menschen dieser Art gleichen kleinen Festungen, die rings von Mauern umgeben sind, aus welchen Schießscharten in die Landschaft lugen. Vom eigenen emotionalen Grund abgeschnitten, reagiert der Schizoide viel irrationaler als andere Menschen. Gefühlsarmut ist dabei unübersehbar; anstelle von Gefühl treten Rationalisierungen, Selbsttäuschungen in tausenderlei Formen. Wer so von Daseinsangst erfüllt ist, wird dauernd nach Sicherheit streben. Ein anderes Wort für Sicherheit kann »Macht« sein. Bei den Schizoiden kann Alfred Adlers Macht- und Geltungsstreben besonders deutlich beobachtet werden; Riemann sagt hierüber:

»Sie streben daher auch betont nach Macht, weil Macht ein Mittel zur Unabhängigkeit und Distanz sein kann. Da jede Nähe Angst auslöst, muß man sich um so mehr zurücknehmen, je näher man jemandem kommt, je mehr man vor allem in die Gefahr des Liebens und Geliebtwerdens kommt, das nur als ein sich Ausliefern und Abhängigwerden vorgestellt werden kann. So kann man verstehen, daß Lieben und Geliebtwerden geradezu als größte Bedrohung erlebt werden müssen, weil in der liebenden Begegnung ja auch wirklich das Eigensein am meisten gefährdet ist – solange man dies vor allem glaubt bewahren zu müssen« (S. 23).

In ihrer Vorgeschichte sind die Schizoiden allesamt »schlecht geliebte Kinder«, die oft schon bei ihrem Eintritt ins Leben keine warme Atmosphäre vorfanden und sich in ihrer Kindheit an die mitmenschliche Umgebung nicht anschließen konnten. Aus diesen unglückseligen Eindrücken und Erfahrungen wird dann eine Haltung der Kälte und Distanz aufgebaut, die mitunter für das ganze Leben vorhält. Für solche Menschen ist der Mitmensch in erster Linie Bedrohung, Einschränkung und Belastung. Man versucht daher, einen Lebensstil aufzubauen, wo man das Du – die Gemeinschaft überhaupt – so wenig wie möglich braucht. Alle Fragen der Kooperation und Kollaboration sind im Rahmen einer solchen Lebensanschauung schwer lösbar. In manchen Berufen kann die schizoide Lebensführung erfolgreich sein; schwieriger sind jedoch Fragen der Liebe und Sexualität zu lösen, an denen der Schizoide öfter scheitert. Aus Mangel an echter Verbundenheit mit den Mitmenschen neigen schizoide Charaktertypen frühzeitig zur Erstarrung; beim Fehlen lebhafter Anteilnahme und Interaktion mit anderen gibt es wenig Stimulierung zum eigenen Wachsen und Reifen. Weil der Schizoide das Du verfehlt, findet er auch sich selbst nicht. Dabei wird oft im Sinne der Projektion die eigene Unfreundlichkeit den anderen zur Last gelegt. Wir zitieren wiederum Riemann:

»Da sie (die Schizoiden) auf Grund ihrer Früherfahrungen sich der Umwelt mißtrauisch, herausfordernd oder verletzend nähern, werden sie von der Umwelt reaktiv abgelehnt, müssen nun aus ihrer Einsamkeit einen Wert machen und steigern sich dann oft in bittere Feindschaft gegen alle und alles, in Menschenverachtung, Zynismus und Nihilismus – wohinter indessen, von niemanden bemerkt und ängstlich verborgen, eine tiefe Sehnsucht nach Nähe, Vertrauen, Hingabe und Liebe steht« (S. 31 f.).

Die soziale Bindungsangst ist das eigentliche Handicap des Schizoiden. Er will und kann sich nicht »geben«; immer hält er an sich, ist gleichsam nach rückwärts geneigt. Die Abwehrmechanismen dieses Typus können in schweren Fällen geradezu universell sein. Welt, Leben und Mitmensch werden »entwertet«. Das Ich bleibt in einsamer Größe »unverstanden«.

Bei dieser isolierten Lebenseinstellung stellen sich zumeist Größen- wie auch Kleinheitswahn ein. Man lasse sich durch die vordergründigen

Minderwertigkeitsgefühle solcher Menschen nicht täuschen; hinter jedem Minderwertigkeitskomplex liegt, irgendwo im Hinterhalt, ein maßloser Größenwahnanspruch, der nur nicht immer leicht aufzudecken ist. Viele Schizoide haben es gelernt, ihr Seelenleben so gut abzuschirmen und zu verbergen, daß sie selbst nicht mehr den Zugang zu ihren Gedanken und Gefühlen haben. Das Ausmaß von Selbsterkenntnis ist bei solchen Typen oft ungewöhnlich klein. Um so mehr ist, in der Sprache Fritz Künkels, die »Ichhaftigkeit« entwickelt, verbunden mit entsprechender Irritabilität und erhöhter Empfindlichkeit, was Kontaktnahme mit den Menschen stellenweise fast verunmöglicht. Allerdings muß man mit Riemann zugeben, daß »das Schizoide« eine ganze Reihe von Abstufungen kennt:

»Wenn wir versuchen, eine Reihe schizoider Persönlichkeiten aufzustellen, die von durchaus noch ›normal‹ zu nennenden über leichter und schwerer Gestörte bis zu den schwerst Gestörten führt, kämen wir etwa auf folgende: leicht Kontaktgehemmte – Einzelgänger – Originale – Eigenbrötler – Käuze – Sonderlinge – Außenseiter – Asoziale – Kriminelle Psychotiker. Für alle besteht in verschiedener Intensität das gleiche Problem der Angst vor der Nähe, der vertrauenden Hingabe. Es sind dabei oft äußerst differenzierte, sehr begabte Menschen, und wenn ihr Gefühlsleben nicht verarmt und verkümmert ist, was sie zu Stumpfen und Gefühlskalten werden läßt, können hier sehr wertvolle, nur scheue und im Gefühlsleben zurückhaltende Menschen zu finden sein« (S. 41). Die Gruppentherapie wäre an sich das ideale Milieu, um die schizoide Ummauerung zu durchbrechen. Aber auch hier begegnet der Schizoide im üblichen »Wiederholungszwang« allen seinen Kontaktproblemen. Er hat erfahrungsgemäß große Mühe, die Gruppe zu akzeptieren. Viele Einwände werden gegen die Gruppe im gesamten, gegen den Gruppenleiter oder einzelne Mitglieder erhoben. Mitunter wünschen schizoide Charaktere dringendst, in Einzeltherapie behandelt zu werden. Man muß von Fall zu Fall ermessen, wie weit man diesem Wunsch entgegenkommen soll; uns hat sich als empfehlenswert ergeben, einen Kompromiß auszuhandeln, wonach der Schizoide seine Einzelsitzungen nur bekommt, wenn er an der Gruppe auch teilnimmt. Viele Schizoide gehen darauf ein, sitzen dann aber monatelang als stumme Beobachter in der Gruppentherapie, bis sich bei ihnen doch eines Tages ein Drang zur Mitteilung und Teilhabe ergibt. Dabei zeigt sich, daß auch der nicht-sprechende Gruppenanalysand im Laufe der Zeit viele menschliche Erfahrungen in der Gruppe gemacht hat und dadurch seinem Genesungsziel – der Annäherung an den Mitmenschen – nahe gerückt ist.

Unseres Erachtens ist auch beim Schizoiden die Gruppentherapie der Einzelbehandlung weit überlegen. Hier kann der Abgekapselte, Emotional-Verarmte viel »Menschlichkeit« erleben und erahnen. In der Zweiersituation Therapeut-Patient gibt es nicht so viel Wärme, Emotionalität, Humor, Breite und Vielfalt des Lebens wie in der Gruppe. Darum soll sich der Therapeut nicht durch das anfangs oft heftig geäußerte Widerstreben des Schizoiden in bezug auf die Gruppe beeindrucken lassen. Der Patient, der sich dagegen sträubt, mit anderen gemeinsam am Gesundheitsziel zu arbeiten, muß dennoch für eine solche Teamarbeit gewonnen werden. Er – und nicht der Therapeut – muß nachgeben. Damit fängt oft schon der erste Einbruch in die schizoide Panzerung an. Nach und nach sollen alle Mauern, die solche Menschen um sich gezogen haben, niedergelegt werden. Es ist beglückend zu sehen, wie sehr auch der Schizoide mit der Zeit in der Gruppe sich öffnet, Kontakte aufnimmt, herzliche Gefühle in sich wahrnehmen kann. Indem er lernt, an anderen lebhaften Anteil zu nehmen, entdeckt er erst sich selbst. Das Phänomen des »warming up«, von amerikanischen Gruppentherapeuten immer wieder beschrieben, kann am Schizoiden in der Gruppe schönstens registriert werden. Es ist, wie wenn aus der Kälte kommende Menschen in gut gewärmten Räumen anfangen, sich zu entfalten und aus sich herauszugehen.

## *Gruppensitzung über eine schizoide Charakterstruktur*

*R.:* Wir kommen heute zur zweiten Sitzung über Annie! Wer möchte rekapitulieren, was wir besprachen?

*Annie:* Ich möchte fragen, ob ich rauchen darf – ich bin nämlich sehr nervös.

*R.:* Doch, rauchen Sie! Wer erinnert sich an die letzte Sitzung?

*Jürgen:* Annie kam hierher, weil sie über die Kritik einer Klientin sehr entsetzt war. Sie ist nämlich Sozialarbeiterin. Eine ihrer Klientinnen sagte ihr nun, daß sie sie arrogant oder kalt finde. Das warf Annie so um, daß sie schon ihren Beruf aufgeben wollte.

*R.:* Jürgen, ich bitte Sie, deutlich zu sprechen. Sie sind Anwalt, wenn Sie so leise sprechen, werden Ihre Plädoyers zu keinem Freispruch führen! (Gelächter)

*Jürgen:* Eine ähnliche Überempfindlichkeit zeigte sich während des Ausbildungsganges. Als Annie von einem Ausbildungsleiter kritisiert worden war, wurde ihr die Schule beinahe zu viel. – Sodann erinnere ich mich, daß Annie durch mehrere Psychoanalysen hindurchgegangen ist. Zuerst war sie bei einem Theologen, der in der Ausbildung zum Psychotherapeuten stand. Damals war sie 25 Jahre alt. Sie hatte eine starke Bindung zu diesem Therapeuten. Es war der erste Mann, der sie innerlich ganz ausfüllte. Sie war in ihn verliebt. Er brach dann die Therapie brüsk ab, vielleicht wegen der Übertragungsschwierigkeiten. *(Zu Annie gewendet)* Du warst dann verzweifelt und unternahmst einen Suicidversuch mittels Schlaftabletten. Dann gingst du zu einer Therapeutin. Es war eine ältere Dame. Die war immer betulich und nett, aber auch sehr konservativ. Ihr standet im Gegensatz, weil sie gegen jegliche Emanzipation war. So etwa im Stil: Die Frau gehört ins Haus; Kinder, Küche und Kirche! Hernach gingst du noch zu einem dritten Therapeuten. Das waren aber nur ca. 15 Sitzungen. Es kam sogleich zum Streit. Auch er war für »echte Weiblichkeit«. Sodann kamt ihr wegen Honorarfragen nicht klar.

*R.:* Kann man die drei Therapien auch noch zeitlich lokalisieren? Wie alt sind Sie jetzt?

*Annie:* 29 Jahre. Die erste Therapie dauerte vom 24. bis zum 25. Jahr. Die nächste vom 27. bis zum 28. Jahr. Die dritte war im Verlaufe des vorigen Jahres. Die Sitzungszahlen waren etwa 30, 100 und 15 pro Therapie. In der ersten Therapie erlebte ich am meisten, wiewohl sie als »psychologische Beratung« geführt wurde. Es war die erste intensive Beziehung zu einem Menschen seit meiner Schulzeit. Vorher hatte ich zu keinem Menschen richtige Beziehungen. Durch diesen Therapeuten wurde mir die Welt dreidimensional. Vorher war sie mir flächenhaft erschienen. Ich erlebte Nähe und Farbe der Welt. Ich war verändert.

*R.:* Wie zeigte sich das?

*Annie:* Schon nach wenigen Sitzungen fuhr ich in den Urlaub und bemerkte, daß mir der Kontakt zu fremden Menschen leichter fiel als sonst.

*Gian:* Warum hat der Therapeut die Analyse abgebrochen?

*Annie:* Ich wurde damals mit der Schule fertig und war daran, eine Stelle anzunehmen, also Geld zu verdienen. Da ich mir nun eine »richtige Analyse« leisten konnte, hörte er auf. So war seine Begründung. Was ich nicht verstand, war, daß er nicht eine stützende Behandlung bis zum Beginn der anderen Analyse durchführen wollte. Das ging ja noch einige Monate. Er ließ mich plötzlich allein. Ich wollte wenigstens von Zeit zu Zeit zu ihm kommen dürfen, je nach Anlaß. Er lehnte das ab.

*Fritz:* Dein Suicidversuch war die Reaktion darauf.

*Annie:* Richtig. Ich hatte mich in den paar Monaten der Beratung völlig von der Welt zurückgezogen, wiewohl ich kontaktfähiger geworden war. In meinem Inneren tat sich so viel. Ich kam mir vor wie ein neugeborenes Kind. Ich mußte neu anfangen. So lebte ich gleichsam nur mit der Beziehung zum Analytiker, resp. Berater. Ich las sehr viel, hatte aber wenig Halt, außer dieser einzigen Beziehung. Als die abbrach, hatte ich nichts mehr.

*R.:* Wir sind immer noch daran, die Vorgeschichte zu erarbeiten. Das waren also die drei Psychoanalysen. Was weiter?

*Elsa:* Du erzähltest, daß du seit anderthalb Jahren eine Beziehung zu einem Juristen hattest, die an sich gut war. Du konntest dich mit ihm unterhalten, er war zärtlich und lieb. Ich verstand nur nicht, warum du die Beziehung vor einigen Monaten abgebrochen hast.

*Fritz:* Es hatte sich im Laufe der Zeit eine Differenz der Interessen entwickelt. Auch das Temperament war unterschiedlich. Der Mann ist auf Karriere aus. Trotz allem ist auch mir nicht klar, warum die Beziehung aufhörte.

*Annie:* Ich liebte den Mann nicht richtig. Den Analytiker liebte ich viel mehr, also den Theologen. Wahrscheinlich messe ich jeden Mann an ihm. Ich verlange auch, daß die Intensität meiner Gefühle denjenigen entspricht, die ich zu ihm hatte. Das vermißte ich beim Juristen. Am Anfang war wohl Verliebtheit da. Liebe war es nicht. Aber die Beziehung hatte ihre schönen Seiten.

*Gian:* Um wieviel war der Theologe älter?

*Annie:* Acht Jahre.

*R.:* Und der Jurist?

*Annie:* Er war zwei Jahre jünger.

*Jürgen:* Ich erinnere mich, daß du beim Juristen Orgasmusschwierigkeiten hattest. Das hängt wohl auch mit einer nur teilweisen Zuwendung zusammen.

*R.:* Was störte Sie am Juristen? Ich meine nicht nur Gefühle, sondern Fakten!

*Annie:* Er hatte z. B. für Bücher nichts übrig. Erfolg bedeutete ihm alles. Auch suchte er »die besseren Kreise«. Seine Familie und sein Freundeskreis waren mit ein Grund, warum ich mich von ihm trennte. Er hatte ein großes Maß von Wärme und Freundlichkeit, aber das ging meines Erachtens nicht so tief.

*Fritz:* Du sprachst von seiner »zwecklosen Zärtlichkeit«!

*Annie:* Ja. Nur so konnte ich überhaupt mit ihm anfangen. Er konnte zärtlich sein, ohne damit schon etwas zu wollen. Das war schön und lockerte meine Verkrampfung.

*Klaus:* Du sagtest, du kannst ihn auch jetzt noch immer anrufen, und er sei immer für dich da. Das ist doch viel Zuwendung.

*Annie:* Sicher. Das hat er. Aber er hat keine Tiefe. Ich versuchte oft, seine Kindheit zu erfragen, aber er hatte fast keine Erinnerungen daran. Wir sprachen daher immer von meinen Problemen. Ich habe den Verdacht, daß seine Liebe mehr Abhängigkeit war. Ich kann ihn immer anrufen, und er kommt gern. Er würde auch die Beziehung sofort wieder aufnehmen. Er kommt, wenn ich ihn rufe.

*Klaus:* Hast du das ausprobiert?

*Annie:* Ja, das habe ich ausprobiert!

*R.:* Er mag Sie eben gut. Vielleicht ist er begeistert von Ihnen. Das ist gar nicht so abwegig. Verdacht ist eventuell unnötig. – Übrigens: Gab es einen zweiten Suicidversuch in Ihrem Leben? Oder nur den nach der Trennung vom Analytiker?

*Annie:* Nur diesen.

*R.:* Haben Sie diese große Übertragungsliebe zum Theologen in der Beratung jemals zur Sprache gebracht? *(Annie nickt)* Was hat er dazu gesagt?

*Annie:* Mit tausend Entschuldigungen wagte ich das Wort »Liebe« auszusprechen. Er antwortete lediglich darauf: Ist es denn etwas Schlimmes, einen Menschen zu lieben? Das war sehr gut, es hat völlig gereicht.

*R.:* Ja, das war gut so.

*Horst:* Ich komme auf den Juristen zurück. Warum wolltest du etwas von seiner Kindheit erfahren?

*Annie:* Das finde ich doch sehr wesentlich; z. B. Ich habe ihm öfter Träume erzählt. Dann fragte ich ihn, ob er auch träumt. Er antwortete: Ich träume nie! Meine Träume waren besonders in der Kindheit sehr eindrücklich. Auch die erzählte ich ihm. Wieder fragte ich: Hast du in der Kindheit geträumt? Er sagte: Nee. Ich hatte eben das Gefühl, nicht an ihn heranzukommen. Darum fragte ich all das, aber er konnte mir nicht Aufschluß geben.

*Fritz:* Mir scheint, daß deine Anspruchshaltung sehr groß ist. Du erwartetest zu viel von ihm. Das konnte er nicht geben. Vielleicht liegt das Problem der »Tiefe« nicht so sehr bei ihm, als viel mehr bei dir. Du willst irgend etwas Undefinierbares. Damit entwertest du dann den Partner.

*R.:* Wie sind Ihre übrigen Kontaktprobleme, z. B. in der Gruppe?

*Annie:* Anfänglich war es schwer. Aber jetzt ist es besser. Ich kenne schon einige Leute. Die Gruppe erschien mir zunächst als homogen, wie wenn man nicht an sie herankommen könnte.

*Fritz:* Wir sollten vielleicht auch ein bißchen die Kindheit erörtern, um zu verstehen, wie das alles so kam.

*R.:* Nicht nur »ein bißchen«! Möglichst genau! Lassen wir Annie nicht einfach erzählen, fragen wir lieber. So entsteht ein Dialog, und es ist auch für sie leichter.

*Jürgen:* Wie war denn der Kontakt zu deinen Eltern?

*Annie:* Tja ... Meine Mutter bezeichnet sich jetzt, nachdem ich sie im Verlaufe meiner Analyse gefragt habe, als gefühlsarm. Sie hat diese Gefühlsarmut mit Verwöhnung zu überdecken versucht. Sie leidet auch an starken Minderwertigkeitskomplexen. Sie sagte, daß sie immer Angst vor mir gehabt habe. Zunächst war wohl das Verhältnis herzlich. Als ich eine eigene Persönlichkeit zu werden begann, hörte das auf. Meine Mutter war 36 Jahre alt, als ich geboren wurde. Ich war das älteste Kind. Mein Vater mußte in den Krieg, als ich drei Monate alt war. So konzentrierte sich die Mutter ganz auf mich.

*R.:* Was war der Vater von Beruf?

*Annie:* Er war Geflügelzuchtberater. Ich weiß kaum, was das ist. Es war irgend was im Rahmen des Reichsnährstandes. So eine Beratungsstelle im Osten während der NS-Zeit.

*R.:* Wo wohnte die Familie?

*Annie:* In Westpreußen, im jetzigen Polen. Meine Eltern lernten sich dort kennen. Beide waren in der Landwirtschaft tätig, meine Mutter war Landwirtschaftslehrerin. 1944 flohen wir dann nach Schlesien. Meine Geschwister wurden nach dem Krieg geboren. Meine Schwester ist heute 22, mein Bruder 24 Jahre alt. Ich bin 29.

*R.:* Wie war Ihre Beziehung zu den Geschwistern, von denen Sie 5 und 7 Jahre trennten?

*Annie:* Negativ im großen und ganzen. Ich freute mich sehr auf meinen Bruder. Ich weiß noch, daß die ganze Familie außer Rand und Band geriet, weil ein »Stammhalter« geboren wurde. Mein Vater war auch der einzige Sohn gewesen. Nun war man froh, daß die Familie ihren »Namen« fortpflanzen konnte. Mein Bruder wurde schon bei der Geburt mit Geschenken überhäuft. Es waren damals viele Erwachsene in unserem Haushalt. Alle scharten sich um meinen Bruder. Ich wunderte mich, daß er alles und ich nichts bekam.

*R.:* Es ist schwer für ein Kind, neidlos ein fremdes Glück zu sehen!

*Falk:* Von da an war die Beziehung zum Bruder getrübt?

*Annie:* Bald mußte ich auf ihn aufpassen. Er wurde mir lästig.

*R.:* Erinnern Sie sich an Neid, Eifersucht und Haß?

*Annie:* Ja. Regelrecht. Ich hatte z. B. oft Wut, wenn er sich vollmachte. Mit sechs Jahren sollte ich ihn betreuen und fand das übel, daß er einnäßte und in den Exkrementen lag. Damals zogen wir nach Mecklenburg und waren wieder eine Kleinfamilie auf einer Hühnerfarm.

*Gian:* Bist du in Mecklenburg aufgewachsen?

*Annie:* Ich bin als Kind oft umgezogen. Ich war in Ostpreußen, Schlesien, Altmark usw. Der Vater meines Vaters war Pfarrer. Bei dem waren wir nach dem Krieg drei Jahre. Dann gingen wir nach Schwaben und waren bei den Großeltern mütterlicherseits. Dann gingen wir nach Westfalen. Hierauf wieder Umzug, zuletzt wohnten wir im Umkreis von Köln.

*Fritz:* Wie ging es dir in der Schule?

*Annie:* Ich ging gern zur Schule. In der Pubertät gab es allerdings einen Bruch. Es wurde dann immer weniger gern.

*R.:* Was für ein Kind waren Sie? Verschlossen, still, träumerisch?

*Annie:* In den ersten vier Jahren wuchs ich bei meinen Großeltern mütterlicherseits auf. Mein Vater war im Felde, meine Mutter war zwar da, aber sie ging tagsüber arbeiten. Ich sah sie nur abends. Meine Großeltern betreuten mich. Schon mit zwei Jahren kam ich in den Kindergarten. An den habe ich nur negative Erinnerungen, aber es sind nur wenige. Ich wußte nicht, was ich mit den Kindern anfangen sollte. Meine Großmutter sagt, ich sei ein lebhaftes, wißbegieriges Kind gewesen, dessen Mund nie stillstand. Ich war viel mit Erwachsenen zusammen! Bei Kindern war ich isoliert! Mit ein paar älteren Kindern verstand ich mich auch. Aber die waren wesentlich älter. Mit Gleichaltrigen konnte ich nichts anfangen.

*Jürgen:* Wie ging es dir in der Schule?

*Annie:* Das war genau so wie im Kindergarten. Ich hatte Angst und war isoliert. Ich ging gerne zur Schule und war gut in den Lernfächern. Wenn Kontakte mit den anderen zustande kamen, so war es zumeist, weil die anderen meine Leistungen schätzten.

*R.:* Waren Sie im Lernen Spitzenkandidatin?

*Annie:* Zumindest war ich in der Spitzengruppe drin. Doch, ich hatte oft das beste Zeugnis der Klasse. Darum schätzte man mich. Wir wohnten aber sehr weit draußen, so daß ich keine Spielkameraden hatte. Ein jüngeres Mädchen aus dem Nachbarhause war meine einzige Gespielin.

*R.:* Schildern Sie uns Ihren Vater!

*Annie:* Mein Vater war Pfarrerssohn. Er stammt aus einem sittenstrengen und autoritären Elternhaus. Beide Eltern (Großeltern) waren so. Man kann sie auch bigott nennen. Mein Vater war sehr weich. Er genügte den Anforderungen kaum je. Ein Jahr vor dem Abitur ging er von der Schule ab. Ein jüngerer Bruder von ihm erschoß sich, weil er in der Schule nicht versetzt wurde. Mein Vater litt auch sehr darunter, daß er die Erwartungen seiner Eltern nicht erfüllt hatte. Meine

Mutter ist sieben Jahre älter als er gewesen. Sie hatte die führende Rolle in der Familie.

*R.:* War der Vater lieb?

*Annie:* Ja, sehr.

*Edgar:* Ist er gestorben?

*Annie:* Ja. Er ist an multipler Sklerose gestorben. Bei seinem Tod war ich 17 Jahre alt. Er war bereits 7 Jahre krank gewesen.

*R.:* Und wie war die Mutter?

*Annie:* Sie ist sehr willensbestimmt. Sie hat die Familie während der Kriegszeit über Wasser gehalten. Sie hatte daher wenig Zeit für uns. Man hatte das Gefühl, daß sie einen allein läßt. Man war an sie gebunden, trotzdem kam ich nie auf den Gedanken, mit meinen Sorgen wirklich zu ihr zu gehen. Sie war immer zu energisch. Verbal betonte sie, daß sie für uns da wäre, aber sie hatte einfach keine Zeit. Auch war sie wohl gefühlsarm.

*Gian:* Hat sie dir in der Pubertät Freiheit gelassen?

*Annie:* Ja. Die Erziehung war insgesamt auf »laisser faire« ausgerichtet. Aber unterschwellig waren doch Befehle und Erwartungen da. Ich bin ein sehr braves Kind gewesen. Ich habe die Freiheit nicht ausgenutzt.

*Fritz:* Wie ist das Verhältnis heute?

*Annie:* Heute stehe ich eher gleichgültig zu ihr. Ich war ein ausgesprochener Schnellentwickler, mein Bruder ein Langsamentwickler. Mein Bruder war als Kind ununterbrochen krank. Er bedurfte ständig der mütterlichen Aufmerksamkeit. Ich mochte ihn schon deshalb nicht. Später wurde er recht robust, lebenstüchtig und praktisch. Er wurde ein Gärtner. Wir hatten und haben keine Grundlage für Kommunikation. Mit meiner Schwester ist es etwas besser.

*R.:* Wie war die Ehe der Eltern? Von ihrer Kindheit an.

*Annie:* Sie war immer harmonisch. Ehestreit gab es kaum.

*Falk:* Wie war das Verhältnis zu der sieben Jahre jüngeren Schwester?

*Annie:* Anfangs nicht schlecht. Jedenfalls nicht der Neid, den ich gegen meinen Bruder hegte. Sie wurde ja auch nicht so wichtig genommen wie er. Ich befürsorgte sie ein wenig. Später schloß sie sich an meinen Bruder an. Ich war ja ziemlich älter als die beiden. Da fand ich beide lästig. Mit 16 Jahren ging ich von zu Hause weg und machte Haushalt. Da lockerte sich ohnehin die Beziehung.

*Gian:* Wo warst du im Haushalt?

*Annie:* In einem Gutshaushalt. Zwei Jahre lang habe ich gekocht, die Hühner gefüttert, auf die Kinder aufgepaßt etc.

*Gian:* Hast du Abitur gemacht?

*Annie:* Nein. Ich war zwar den Noten nach für die höhere Schule befähigt, aber meine Mutter meldete mich nicht an, weil wir arm waren; sie hatte Komplexe, zum Schulamt zu fahren, da wir in einer Baracke wohnten und auch an Kleidern nicht viel Staat machen konnten.

*R.:* Was waren die größten Schwierigkeiten mit Ihnen in der Kindheit? Was erzählt man sich darüber? Gab es Auffälliges?

*Annie:* Daß ich mich völlig in mich selbst zurückgezogen habe. Das war mit vier Jahren schon so, im Pastorenhaushalt meiner Großeltern. Ich war immer träumend. Meine Mutter warf mir vor, daß ich ständig in Büchern versunken war. Nicht ansprechbar.

*R.:* Das ist eine Kritik des Kindes an seiner Umwelt. Das will sagen: Ihr liebt mich nicht genug! Da steckt auch Ressentiment und Groll drin. Das Kind gibt die Ansprechbarkeit auf, es wirft der Umwelt den Fehdehandschuh hin. Wir erwarten normalerweise, daß das Kind sich an die anderen Menschen herandrängt. Das ist die Urreaktion, das Urvertrauen. Das abwesende, verträumte Kind tut nicht mit. Es bekundet: Ich gehöre nicht zu euch! Man verweigert das Mitgehen, und das hat später seine Folgen. Sonst noch etwas Spezielles in der Kindheit? z. B. Angstträume?

*Annie:* Ja, die hatte ich. Aber es waren mehr Schuldträume. Ich glaube, das war der Einfluß des großelterlichen Pastorenhauses. Dort sprach man ständig von Schuld und Boshaftigkeit der Menschen. Gott strafte dort immer. Bei jeder kleinen Verfehlung mußte man beichten. Das fiel mir schwer. Da hatte ich oft Höllenträume. Ich sah mich im Sündenpfuhl usw. Viele kleine Teufel um mich herum.

*Jürgen:* Was sind deine frühesten Kindheitserinnerungen?

*Annie:* Die kreisen zumeist um meine andere Großmutter (nicht die Pastorsfrau), die sehr lieb zu mir war. Ich war für sie das Lieblingskind. Wir spazierten, sie erzählte mir Märchen. Ich glaube, ich war glücklich bis zum vierten Jahre, als wir dann hernach in den Pastorenhaushalt kamen. Es wäre noch zu sagen, daß meine Mutter und ihre Schwester, die beide an meiner Erziehung beteiligt waren, sehr jähzornig waren. Meine Mutter schlug mich oft. Mein Vater nie. Bei ihr durfte ich nicht eigensinnig sein. Das ließ sie nie zu. Ich soll eine ausgesprochene Trotzperiode gehabt haben.

*Fritz:* Wie war denn deine Pubertät?

*Annie:* Die unterdrückte ich in mir. Ich zog mich zurück und lebte in Träumen. In der Vorpubertät hatte ich mehr Kontakte mit Kindern als sonst. Mit 13 Jahren kam ich an eine andere Schule und verlor den Kontakt zu diesen Kindern, die bei uns wohnten. In der neuen Schule schloß ich mich an ein Mädchen an, das später Schauspielerin wurde. Ich erwähnte sie schon. Sie war noch kontaktärmer als ich. Ich war anerkannter in der Klasse als sie, ich war sogar Klassensprecherin. Sie war aber für mich interessanter als die anderen. Die anderen Klassenkameraden waren ein wenig negative Auslese. Man konnte mit ihnen nichts anfangen. Bei diesem Mädchen wurde ich dann die Abhängige, sie war mehr Persönlichkeit als ich. Sie wußte damals schon, daß sie Schauspielerin werden wollte. Sie war in sich gefestigt, aber ablehnend gegen die anderen. Ich blieb mit ihr und hatte dann wenig Beziehung zu anderen Schülern. Wir mokierten uns über die anderen. Dann kam die Pubertät. Wir hatten ein intensives, aber auch ganz exklusives Freundschaftsverhältnis, abseits von den anderen. Ich war dabei das Echo meiner Freundin. Sie war witzig und geistreich. Sie sprach viel, und ich war Zuhörer.

*R.:* Wann war die erste Menstruation?

*Annie:* Mit 12 ½. Ich war entsetzt. Ich wollte es gar nicht zugeben und turnte weiter. Andere ließen sich in der Periode dispensieren. Das wollte ich nicht. Ich war etwas weiter entwickelt als meine Kameradinnen. Das empfand ich als Makel.

*Falk:* Wurdest du zu Hause darauf vorbereitet?

*Annie:* Ganz wenig. Meine Mutter machte einen krampfhaften Versuch der Sexualaufklärung, aber das waren Dinge, die ich alle schon wußte. Sie hätte sich die Aufregung ersparen können. Mit neun Jahren erfuhr ich schon viel von den Arbeiterkindern. Es war z. T. recht unschön. Ich wollte zuerst gar nicht glauben, daß die Erwachsenen das täten. Ich las dann viel. Gefragt habe ich nichts. Den Aufklärungsversuch meiner Mutter fand ich peinlich, ich habe schauderhafte Erinnerungen daran.

*Klaus:* Wahrscheinlich ist das vorher abgebunden worden. Es war Tabu. Und dann kommt das plötzlich – ich habe es selbst so erlebt. Es ist dann furchtbar!

*Annie:* Das Geschlechtliche war in unserer Familie sicher Tabu. Schlimm war auch, daß mich die Klassenkameraden als Sexbombe bezeichneten. Ich hatte frühreife Formen.

*R.:* Ihr erster Intimkontakt war sehr spät?

*Annie:* Ja. Mit 27 Jahren.

*R.:* Das zeigt, daß das Sexuelle sehr stark verdrängt wurde. Wollten Sie lieber Mann als Frau sein?

*Annie:* In der Pubertät war das stark. Ich wäre gerne wie ein Junge auf Bäume geklettert und hätte Jungenspiele gespielt.

*R.:* Ja, das Bäumeklettern ist ein Vorteil der Jungen. Sie werden schon aus Ihrem Bruderverhältnis heraus gewisse Neidgefühle gegen die Männer gehabt haben.

*Falk:* Der Vater war krank, als du 10 Jahre alt wurdest. Bei deinem 17. Jahr starb er. Wie betraf dich das? Wie nahmst du all das hin?

*Annie:* Ich hing sehr an meinem Vater. Ich erinnere mich noch, wie er aus dem Krieg zurückkam. Ich war damals vier Jahre alt. Im Pastorenhaushalt fühlte ich mich nicht wohl. Die kritisierten auch meine Mutter, sie habe mich falsch erzogen. Sie waren noch autoritärer als meine Mutter. Dann hieß es, nachdem ich einen Monat dort war: Vater kommt nach Hause. Ich sprang auf und lief ihm entgegen, ich war bewegt (weint). Es muß ein großartiges Erlebnis gewesen sein, ihn wieder zu haben. An ihm hing ich und an der Großmutter mütterlicherseits. Die Mutter war mir weniger, später haßte ich sie sogar. Mit zehn Jahren hatte ich regelrecht Wutausbrüche gegen sie. Sie erzählte allen Bekannten, wie faul ich sei, daß ich immer über meinen Büchern säße. Daß ich mich vor dem Abwaschen drücke, die Kleinen nicht betreue usw. Das erzählte sie jedem. Ich haßte sie deswegen. Mein Kontakt zum Vater blieb weiterhin gut. Ich begleitete ihn zur Arbeit. Auf die Hühnerfarm usw. Ich half ihm in den Ställen. Noch heute habe ich ein Faible für Schweinegeruch! Zur Krankheit meines Vaters: Multiple Sklerose ist schwer zu diagnostizieren. Er hatte zunächst viele undefinierbare Schmerzen. Ihm wurde oft schlecht, und er mußte erbrechen, auch auf der Straße. Da nahmen die Leute an, daß er ein Trinker sei. Er rührte aber nie Alkohol an. Ich schämte mich wegen dieser Unterstellungen.

*R.:* Wie schafften Sie es, daß sie bis 27 Jahre an die Erotik nicht herankamen? Welche Beziehungen hatten Sie?

*Annie:* In der Pubertät ließen mich die Jungs gleichgültig. Ich betete Lehrer an, einfach ältere Männer, die mir unzugänglich waren. Später hatte ich Freunde, aber wenn die mir sagten, daß sie mich mochten, fing ich an zu zittern und hatte Schweißausbrüche. Ich brach dann die Beziehung ab. Nach der Haushaltslehre lernte ich Buchhändlerin. Die Kunden bemühten sich oft um mich. Aber auf Intimitäten ließ ich mich nie ein. Ich entwickelte dann auch Angst, die Leute zu treffen, mit denen ich schon geflirtet hatte. Da wurde mein Heimweg sehr umständlich, weil ich stets allen Eventualitäten auswich.

*Gian:* In der Traumwelt deiner Pubertät – spielten da sexuelle Vorstellungen eine Rolle?

*Annie:* Ja. Ich hatte in der Phantasie lebhaften sexuellen Umgang, meist mit den Filmschauspielern, die ich verehrte. Das war dann immer ganz ideal und harmonisch.

*Fritz:* Hast du auch onaniert?

*Annie:* Ja, aber mit wahnsinnigen Schuldgefühlen.

*Gian:* Aus religiösen Gründen?

*Annie:* Mutmaßlich. Ich kämpfte immer gegen mich, führte genaue Tabellen, wie oft und wann ich onanierte. Es war, als ob ich jemand Rechenschaft geben müßte. Trotz Kampf erfolgte alle vier Wochen ein Rückfall.

*Gian:* Waren deine Eltern so fromm wie die Großeltern?

*Annie:* Eigentlich nicht. Aber sie blieben ihnen hörig. So ging ich immer zur Kirche, bis ich mich verselbständigte.

*Horst:* Wann war die Ablösung?

*Annie:* Sie begann mit 21. Ich war nach Abschluß meiner Buchhändlerlehre eine Buchvertreterin und zog durch die Lande. So ging ich auch nach Berlin.

*Gisela:* Bist du evangelisch oder katholisch?

*Annie:* Evangelisch.

*Gian:* Bliebst du immer in deinen Bekanntschaften distanziert?

*Annie:* Nicht ganz. Im Karneval z. B., wenn ich einiges getrunken hatte, konnte ich immerhin Zärtlichkeiten über mich ergehen lassen. Ich hatte das Gefühl, es müsse doch auch sein. Aber wenn es weitergehen sollte, entrüstete ich mich moralisch.

*Gian:* Hast du dich wenigstens theoretisch für Sexualität interessiert?

*Annie:* Nein. Erst in der psychologischen Beratung durch den Theologen-Psychoanalytiker wurde das anders. Da merkte ich erst, daß ich Beziehungen aufnehmen konnte. Als ich dann bei der zweiten Analytikerin war, lernte ich auch einen Mann kennen, wo es auf den Sexualakt hinsteuerte. Meine Analytikerin verbot mir jedoch diesen Kontakt, weil aus meinen Träumen ersichtlich wurde, daß ich ihn nicht richtig liebte. Nachher lernte ich den Juristen kennen: die erste Beziehung war schön für mich.

*Gian:* Hattest du den Grundsatz, daß du baldmöglichst und als Jungfrau heiraten solltest?

*Annie:* Nein. Ich wollte eigentlich nie heiraten. Meine Vorstellung vom Frausein erschien mir fragwürdig. Die Frauen meiner Kinderwelt sahen im Saubermachen den Lebensinhalt. Das schreckte mich vom Hausfrauendasein ab.

*Horst:* Wie kamst du zum Beruf des Sozialarbeiters?

*Annie:* Das war Zufall. Ich kannte damals – nach der Buchhändlerlehre – ein ziemlich verwahrlostes Mädchen, mit der wollte ich ein Jahr durch die Welt trampen. Dann kam bei ihr eine Fehlgeburt dazwischen. Ich war Buchvertreterin und wollte Geld verdienen. Ich wechselte damals häufig die Jobs. Ich trampte ein wenig.

*Klaus:* Ist das schon direkte Verwahrlosung?

*Annie:* Nun ja, von meiner Einstellung her. So schlimm war es allerdings nicht. Ich hatte viel Beziehungen zu Männern, die aber nie intim ausarteten. Auch trank ich viel damals. Ich ging dann als Buchverkäuferin nach Berlin. Ich überlegte: Soll ich Abitur machen? Dann fiel mir plötzlich der Beruf der Sozialarbeiterin ein. In Berlin war auch die Freundin aus der Schulzeit, die inzwischen Schauspielerin geworden war.

*R.:* Welche Idealvorstellungen hatten Sie von sich als Kind, als Jugendliche? Was wollten Sie sein?

*Annie:* Meine Wunschvorstellungen entnahm ich Kinderbüchern; z. B. Engelchen aus einem Buch imponierten mir sehr. Ich wollte auch einer sein, mit Flügeln usw. Später phantasierte ich von einem einsamen Haus in der Wildnis, wo ich ganz allein sein konnte. Ich stellte mir vor, daß ich in den Besitz von sehr viel Kleidern käme, die ich an arme Menschen weiterverteilte. Wir hatten selbst wenig. Ich bekam in meiner Kindheit die Kleider meist von Verwandten geschenkt. Meist abgelegte Sachen. Ich phantasierte dann, daß ich der Geber und nicht der Empfänger war. Da liegt vielleicht auch der Ursprung der Fürsorgeneigung.

*R.:* Sollten wir nicht zum Schluß noch einen Faden durch das Labyrinth dieser Persönlichkeit suchen? Wie deuten wir eine solche Lebensgeschichte? Wir gehen ja immer aus von einem Gegenwartssymptom und rollen von daher die Gesamtpersönlichkeit auf, resp. wir wollen sie begreiflich machen. Der Charakter eines Menschen liegt in seinen kleinsten Handlungen drin. Wie einer seine Schuhbänder schnürt, wie er spricht, wie er geht, wie er eine Türe öffnet, wie er grüßt: In allen Kleinigkeiten zeigt sich der Charakter als Ganzes. Wir wollen uns z. B. daran erinnern, was uns Annie sagte, wieso sie nach einiger Zeit des Fernbleibens aus der Gruppe wieder zu uns kam. Das war, weil ihr eine Klientin gesagt hatte, sie sei arrogant gewesen. Daraufhin wollte Annie schon ihren Beruf aufgeben.

*Annie:* Es war aber auch die Zeit, wo ich mich gerade von meinem Freund getrennt hatte. Es kam da viel zusammen. In meinem Beruf kriegt man an sich täglich Aggressionen zu spüren. Aber das traf mich besonders, ich war damals schlecht dran. Sonst kann ich Aggressionen auffangen, aber hier fühlte ich mich getroffen. Ich wußte selbst, daß ich bei dieser Frau den Fall nur so obenhin behandelt hatte. Es gab damals dringlichere Fälle.

*R.:* Wie immer die Vorbedingungen waren, Anlaß und Reaktion stehen hier im Mißverhältnis. Wir ahnen, daß Sie ein überempfindlicher Mensch sind. Vielleicht sind Sie doch irgendwo eine Mimose, die leicht zurückschreckt. Denken wir z. B. auch an die Beziehung zum Analytiker-Theologen. Gewiß hat der Mann sehr viel für Sie bedeutet. Sie wurden durch ihn und bei ihm zur Frau. Dann brach er die Therapie aus irgendwelchen Gründen ab. Daß nun ein Suicidversuch folgte, ist wiederum eine enorm übersteigerte Reaktion. Es war ja nicht einmal ein Liebesverhältnis, sondern nur Analytiker-Analysand-Beziehung. Auch das Abschließen eines Liebesverhältnisses muß man ertragen können. Ihr ganzes Verhältnis zur Realität scheint gespannt zu sein. Wie kommt das zustande? Man hat den Eindruck, daß Sie sich sehr früh in der Kindheit aus der Realität zurückzogen. Sozusagen mit einem Fuß in der Realität, mit dem anderen in der Traumwelt. Das war ein Akt der Mißbilligung. Wir wissen nicht, ob die Welt wirklich so unfreundlich war, wie Sie sie erlebten. Die anfängliche Verwöhnung wird sie kritisch gemacht haben. Das verwöhnte Kind zieht sich oft wegen Bagatellen auf sich selbst zurück. Wahrscheinlich war auch mehr im Spiel. Der Charakter bestimmt auch schon die Kindheitserlebnisse, resp. deren Verarbeitung und Repräsentanz im Gedächtnis. Gedächtnis ist bereits bearbeitetes Material, so wie etwa die Geschichtsschreibung je nach zeitgenössischen Tendenzen in einem Volk wechselt. Es sieht so aus, als ob Annie nur schmalspurig in die Welt hineinging. Das bestätigt sich auch in der Entwicklung. Kontakte waren wenige, gesprächig waren Sie auch nicht. Bis zum 27. Jahre vermieden Sie es, »mit Leib und Seele« in die Welt einzusteigen. Auch hier wieder die Ahnung einer Kontaktscheu. Ihre Beziehung zur Welt muß unruhig und gespannt sein. Vertrauen, Liebe, Sicherheit, Zuwendung: das wurde wohl in dieser Kindheit nicht entfaltet.

Wir müssen übrigens auch verstehen, warum die Beziehung zum Analytiker-Theologen so überwertig wurde. Wir wissen, daß Übertragungsliebe nicht selten vorkommt. Wir müßten hier auch den Analytiker in Betracht ziehen. Wie war er wohl? Was lag in seinem unbewußten Verhalten vor? Wir wollen hier nicht spekulieren. Offenbar legten Sie enorm viel in die Sache hinein. Wenn einer lange Zeit ein Träumer war, dann kann er die Analyse dahingehend mißverstehen, daß er im Grunde das Leben in der Analyse führen und bewältigen will. Das ist nicht der Sinn der Sache. So wird die Analyse verabsolutiert im Dienste des Charakterwiderstandes. Annie brach damals alle Kontakte ab und konzentrierte sich auf die Therapie, resp. den Therapeuten. Das war wohl Übertragungsneurose, nicht eigentlich Heilung. Hier wiederum Mangel an Realitätssinn, Draußenstehen gegenüber der Welt.

Damit will ich andeuten, daß Annies Weltbeziehung zu eng und schmal geraten ist. Ein verbittertes Kind, das in Eifersucht und Ressentiment lebt, in Trotz und Unglück, in Skepsis gegen die Mitmenschen etc., assimiliert die Welt zu wenig. Ich frage mich sogar, ob so ein Menschenkind genügend Menschenkenntnis erwirbt, um einen Partner sorgfältig zu beurteilen. Vielleicht war der Jurist nicht adäquat, vielleicht fehlte es bei Annie an der Schätzungsweise. Wir wissen das nicht. Oft messen die Träumer die Realität mit unrealistischen Maßstäben. Die Idole der Träumer sind in der Wirklichkeit nicht anzutreffen. Ein Traumgeliebter ist leicht zu haben, z. B. der Psychoanalytiker Nr. 1. Im Phantasieren ist alles möglich. Wenn der Analytiker ein realer Geliebter geworden wäre, wer weiß, ob das so herrlich geworden wäre!

Annie ist wohl auch heute noch ein Stück weit Träumerin. Sie lebt noch teilweise in der Phantasie des leichten, unbeschwerten Lebens. Es braucht nicht viel, um sie aus der Realität zu verjagen. Eine Klientin schwatzt etwas, und Annie ist bereit zu gehen. Auch wenn Sie wirklich Fehler bei dieser Klientin gemacht haben! Das ist doch nicht schlimm. Man lernt eben hinzu mit der Zeit. Gerade in dieser Kindheit konnte man nicht lernen, auf Menschen genau einzugehen.

Wir müßten bei Annie diese Distanzhaltung sehen lernen. Auch im Sprechstil kam das zum Ausdruck. Sie könnten beim Sprechen das Du, das Wir noch mehr entdecken! Sie zielen noch nicht sehr auf den Hörer, teilweise sind Sie noch in sich selbst drin. Da liegt viel ängstliche Verhaltenheit drin. Wie wenn Sie den Mitmenschen noch nicht plastisch genug sähen. Die Gruppe wird darauf hinarbeiten müssen, daß Ihnen die Realität der anderen Menschen leibhaftiger vor Augen treten muß. Sie haben wohl lange mit Traumpersonen gelebt. Je mehr Sie die Realität der Gruppenmitglieder entdecken und in sich aufnehmen, um so tiefer werden Sie sich in der Wirklichkeit verankern können. Da scheint mir die Linie dieser Therapie zu liegen.

## *Depressionen in der Gruppenpsychotherapie*

Die depressiven Patienten in der Gruppentherapie beteiligen sich zunächst sehr wenig an den Gruppengesprächen. Dies hängt mit der allgemeinen Äußerungsarmut vieler Depressiver zusammen. Wenn die Depression, wie es immer der Fall ist, Ausdruck tiefer Mutlosigkeit ist, so läßt sich dies am ganzen Habitus, an der Mimik, Gestik und Haltung des Depressionspatienten erkennen. Wo die Möglichkeit besteht, werden in der »Gruppenrunde« Plätze irgendwo im Hintergrund gewählt; der Depressive sitzt gern im Winkel, am liebsten gar im »Schmollwinkel«. Gesprächsbeiträge erfolgen oft anfänglich nur auf spezifische Aufforderung, was der Gruppentherapeut je nach Einschätzung der Situation dann und wann wagen darf. Kommen Äußerungen, so werden sie oft in der charakteristischen Lautschwäche und Tonlosigkeit des Depressiven vorgetragen. Oft ist der Patient in sich und seinen Weltschmerz versunken. Es berührt ihn wenig, was andere erzählen, weil er ganz von seinen Problemen, die er als drückend und unlösbar empfindet, absorbiert wird. Hoffnungslosigkeit liegt auf dieser Linie, deren letzte Konsequenz die Suicidalität ist. Sie ist bei schweren Depressionsfällen eine dauernde Sorge für den Therapeuten, der versuchen muß, den Depressiven möglichst bald in die Gruppe zu integrieren, ihm Interesse am Gruppengeschehen zu vermitteln. Gelingt dies, so ist ein wirksamer Suicidschutz aufgebaut. Depressive Patienten sagen, daß die Gruppe oft noch das einzige sei, was sie am Leben erhalte, woran sie noch wahrhaft Interesse nehmen könnten. Dies ist allerdings nurin Gruppentherapien der Fall, wo faktisch ein wohltuendes Klima der wechselseitigen Anteilnahme zustandekommt.

Die Gruppenteilnehmer stehen zunächst ratlos vor den Symptomen der Depression. Man muß ihnen einen Leitfaden in die Hand geben, damit sie das depressive Syndrom einigermaßen verstehen lernen können. Ansonsten arten Sitzungen mit Depressiven in belanglose »Aufmunterungen« aus, wobei dem Patienten wohlgemeinte, aber auch unwirksame Ratschläge (etwa: Nimm's doch nicht so tragisch) gegeben werden. Der entsprechende Analysand hat solche Pseudo-Ermutigungen schon zeit seines Lebens erhalten und deren Bedeutungslosigkeit für sein Leiden tausendfach erfahren. Man muß die Gruppe davor bewahren, in zielloses Gerede zu verfallen, wenn das Thema Depression mit seinen schwer-verständlichen Komplikationen zur Sprache kommt.

Was ist eine Depression? Es besteht in den tiefenpsychologischen Schulen keine Einigkeit bezüglich der theoretischen Auffassung depressiver Erkrankungen. Freuds Aufsatz über »Trauer und Melancholie« (IMAGO, Band X) hat zwar einiges zu klären vermocht, löst aber nicht alle Rätsel der Depression auf. Für die Trauer macht Freud den Anlaß des Objektverlustes namhaft; wer ein Objekt verliert, sieht sich und seine Welt verarmt und muß die »Trauerarbeit« leisten, wodurch er das verlorene Objekt in seinem Inneren wiedererschafft. Dem normalen Phänomen der Trauer steht der pathologische Vorgang in der Melancholie gegenüber. Hier ist oft gar kein Objektverlust sichtbar, oder die Reaktion des von einem Mißerfolg, einer Enttäuschung heimgesuchten Patienten steht in keinem Verhältnis zum gegebenen Anlaß. Wie kommt es zu einer derart überschießenden Reaktion anläßlich von Bagatellen? Der Depressive spricht sich das Lebensrecht ab, ergeht sich in Selbstvorwürfen und Schuldgefühlen, läßt keinen guten Faden an sich wegen Bagatellen, die der Normale mit einem Achselzucken abtun würde.

Die orthodoxe Psychoanalyse führt dieses Übermaß von Selbstkritik (bis zur Selbstvernichtungstendenz) auf ein »übermäßig ausgebildetes Über-ich« (oder Gewissen) zurück. Dieses bösartige Überich sei entweder ein Erbe bedrückender Elterninstanzen (Eltern-Imagines) oder verinnerlichter Aggressionstrieb (resp. beides). Auffällig ist, daß viele Depressive sehr weiche und verwöhnende Eltern hatten, also durchaus nicht von den Eltern her ihre Auto-Aggression ableiten können. Hier springt dann die Freudsche These vom Aggressions- und Destruktionstrieb ein, der zur Erklärung der Gewissensbildung herangezogen wird. Gewissen sei nach innen gerichtete Aggression. Wer seine Aggressivität nach außen abführen kann, lebt unter geringem Gewissensdruck; je »moralischer« der Mensch wird, um so mehr versagt er sich Feindseligkeiten gegenüber anderen, bezahlt dies jedoch mit einer diktatorischen Gewissensinstanz, die ihn selber unglücklich macht. Für Freud besteht offenbar nur die Wahl zwischen Zerstörung anderer oder Selbstzerstörung. Dies kommt vor allem in seiner letzten Triebtheorie zum Vorschein, wo geradezu ein »Todestrieb« postuliert wird, aus dem durch Ablenkung nach außen die »naturgemäße Aggression« entsteht, indes eine Zurückdämmung dieser Aggression und ihre Verinnerlichung zum Masochismus, zur Gewissensinstanz und damit allenfalls auch zur Depression führt. In den Arbeiten der orthodoxen Freudianer kommt gelegentlich auch die Formel von der »Triebentmischung« vor, wobei behauptet wird, daß nur die Verschmelzung von erotischen und aggressiven Triebimpulsen zum normalen Lebensgeschehen führen könne. Bei pathologischen Fällen liege Triebentmischung vor; die verselbständigte und vom Eros losgelöste Aggression manifestiere sich als Sadismus, oder, wenn sie auf das Individuum selbst zurückfällt, als Depression, sexueller und moralischer Masochismus, Askese, Selbstverneinung, Suicid.

Solche metaphysische Spekulationen können der Gruppe in keiner Weise helfen, den depressiven Mit-Analysanden zu begreifen. Die ganze Freudsche Depressionstheorie besteht aus lauter ungeprüften und kaum überprüfbaren Hypothesen. Gibt es überhaupt einen spontanen Aggressionstrieb? Einen Todestrieb? Eine Triebentmischung? All dies sind Fraglichkeiten, die durch den undurchschaubaren psychoanalytischen Jargon nicht überzeugender werden. Der Laie hat von solchen spitzfindigen Theorien noch weniger als der »Fachmann«, der mit derlei undurchsichtigem Brimborium immerhin das Gefühl wissenschaftlicher Aktivität verbinden kann. Viel zweckmäßiger für die Gruppenarbeit erscheint uns das Adlersche Konzept bezüglich der »Finalität« der depressiven Erkrankung. Adlers Frage geht dahin, abzuklären, wozu der Kranke seine Depression macht. Psychische Erkrankungen haben demnach einen Sinn, sie sind im eigentlichen Sinne des Wortes unbewußte Erzeugnisse des Patienten, der damit etwas erreichen will. Dies widerspricht der üblichen Denklogik, hat aber psychologisch sehr viele Gründe für sich. Der Patient wird sich zunächst gegen diese Einsicht wehren. Es geht dem sogenannten gesunden Menschenverstand schwerlich ein, daß man die Qualen depressiver Schuldgefühle, Selbstverneinung und Selbstmordimpulse (bis zum ausgeführten Suicid) durch eigene psychische Aktivität hervorruft. Dem Kranken wäre eine somatische Erklärung sehr viel lieber (Drüsenstörungen, entartete Regelvorgänge im Zwischenhirn usw.). Nun wird ihm durch die Psychotherapie deutlich gemacht, daß er selbst der Urheber seiner Depressionen ist. Diese Einsicht muß festgehalten und in allen Einzelheiten klargemacht werden, wenn eine Heilung erfolgen soll.

Wie und wozu greift der Analysand zu seiner Depression? Nach Adler muß man den Charakter des Patienten berücksichtigen, wenn man seine pathologischen Reaktionen faßbar machen will. Im Charakterbild des Depressiven findet man »nervöse Charakterzüge« wie Herrschsucht, Überempfindlichkeit, Geiz, Neid, Eifersucht, Eitelkeit, Geltungsstreben, Drang nach Mittelpunktsstellung, Gehemmtheit und Riesenansprüche (Schultz-Hencke), Ressentiment, mißgünstige Gefühle, Kleinmut und kleinliche Gesinnung. Hält man sich diesen charakterlichen Resonanzboden vor Augen, so versteht man, wie bei kleinsten, disparaten Vorfällen im Lebensablauf der Depressive seine »Mitarbeit aufkündigt«. Er ist von vornherein, wie Adler sagen würde, kein guter Mitspieler im Spiel des Lebens. Er steht vis-à-vis, er fühlt sich nicht zugehörig. Weil er immer oben sein will (Überlegenheitsstreben), fühlt er sich so tief unten. Er schmollt mit der Welt, weil sie nicht so will, wie er will. Diese Haltung stammt aus einer verzärtelnden Kindheit, wo der spätere Depressive immer seinen Willen durchsetzen konnte, meist unter Zuhilfenahme von Tränen und Traurigsein. Das Traurigsein als »Waffe« wurde damit eingeübt und behält seine automatische Zwanghaftigkeit, wiewohl es im Erwachsenenleben weit weniger erfolgreich ist als in der neurotisierten Kinderstube. Aber der Depressionspatient kommt von seiner charakterlichen Fehleinstellung nicht los. Er hat nicht nachgeben gelernt. Er muß, selbst bei Bezahlung der »Kriegskosten« einer Depression, recht behalten. Die tiefe Mutlosigkeit solcher Menschen, die wenig Beziehung zu den anderen haben, ist offensichtlich. Auch ihre endlosen Selbstanklagen muten wie Selbstbespiegelung an. Es ist im Grunde Eitelkeit mit negativem Vorzeichen, wenn einer dauernd von seinen Sünden, Fehlern, Lastern, Schwächen oder eingebildeten Delikten spricht.

Depressionen haben also einen zwischenmenschlichen Sinn, wie H. S. Sullivan sagen würde. Die Selbstanklage und die Schwermut muß in ihrer (unbewußt gezielten) Wirkung auf die mitmenschliche Umgebung studiert werden. Der Depressive bestraft die anderen, wenn er sich verstimmt gegen sich selbst wendet. Diese leiden nämlich am meisten unter seinen Selbstanklagen. Oft kommt der Zug zur Selbsterhöhung darin zum Vorschein, daß der Patient sich als den unglücklichsten, bösartigsten, dümmsten, übelsten Menschen der Welt darstellt (Superlative!). Die Gruppe lernt diese Symptomatik deuten und macht sie auch dem Depressiven verständlich. Durch soziale Aktivität holt sie ihn aus seinem trübseligen Schlupfwinkel, in den er sich zu vergraben neigt. Sie zeigt ihm Möglichkeiten und Quellen der Lebensfreude. Sie lehrt den Depressiven etwas, was er als Kind nicht lernen konnte: mit anderen zu leben, sich an ihnen zu freuen, glücklich zu sein und glücklich zu machen.

## *Psychosomatische Gruppenpsychotherapie*

Ein weiteres wichtiges Anwendungsgebiet der Gruppentherapie sind die psychosomatischen Krankheiten. Diese werden auch heute noch größtenteils rein medikamentös behandelt, wiewohl sich die Erkenntnis durchgesetzt hat, daß ihr Ursprung in der Gefühlsstruktur und unbewußten Lebenseinstellung des Patienten liegt. Unbewußte Motivationen können durch Medikamente kaum je fundamental verändert werden. Darum ist die symptomatische Therapie der psychosomatischen Erkrankungen auf die Dauer erfolglos. Sie führt zu Schein-Heilungen, auf die gewöhnlich Rezidive folgen. Die traditionelle Medizin, die nur körperlich orientiert ist, übt lediglich Quacksalberei am psychosomatischen Patienten, was letzteren nicht selten um Gesundheit, Glück und Lebenserfolg betrügt.

Psychosomatische Patienten – wir denken hier etwa an Ulcus ventriculi et duodeni, Asthma bronchiale, Ekzeme, Kopfschmerzen, essentielle Hypertonie, Mager- und Fettsucht, Allergien, Menstruationsstörungen usw. – müssen psychotherapeutisch behandelt werden. Dabei soll ihnen der unbewußte Sinn ihrer Erkrankung transparent gemacht werden. Der Patient kann und soll lernen, den unbewußten »Zweck« seiner Krankheit zu verstehen. Solche »menschliche Erkrankungen« im Sinne von Arthur Jores haben ihren Stellenwert in der Lebensgeschichte und treten jeweils dann auf, wenn das betreffende Individuum mit seinen Lebensproblemen nicht fertig werden kann. Dann kommt es zur »Flucht in die Krankheit«, die man nur vertuscht, wenn man den Patienten mit Drogen aller Art hinhält. Er muß nicht zum Drogenkonsumenten werden, sondern die Krankheit als Ausdruck seiner irrtümlichen Erlebnisverarbeitung mit entsprechend fehlgeleiteten Gefühlen und Affekten begreifen. Damit wird der Patient zum »Schmied seines Schicksals«, der sich selbst zu heilen weiß.

Die psychosomatische Therapie ist von der üblichen Neurosentherapie kaum zu trennen. Sie befaßt sich hauptsächlich mit dem innerseelischen Werdegang des Patienten, seiner frühen Traumatisierung, seine Emotional- und Affektabläufen, seinen pathologisch verzerrten Beziehungen zu sich selbst und zu den Mitmenschen. Hat man in der Einzeltherapie einen psychosomatischen Fall vor sich, so ist die psychische Dynamik, die sich zwischen Arzt und Patient abspielt, durchaus den Neurosenfällen vergleichbar. Man arbeitet im Bereich von Widerstand und Übertragung, Realitätseinsicht und Charakterkorrektur, »Libidoverteilung« und Abbau von Abwehrmechanismen und Verdrängungen. Der psychosomatische Patient soll von seinen neurotischen Zwängen und Deformationen befreit werden – die Heilung seines körperlichen »Begleitsymptoms« ergibt sich dann von selbst.

Das Spezifikum der psychosomatischen Psychotherapie besteht lediglich darin, daß man dem Patienten Hinweise auf die Natur seines Leidens gibt und ihm auch Aufschluß über vegetative Prozesse und Steuerungen in diesem Bereich erteilt. Der Patient soll etwa erfahren, wie Magengeschwüre zustande kommen, wie man sich den Mechanismus der Migräne, der Hypertonie, des Asthma bronchiale vorstellt. Die Erörterungen mit dem psychosomatischen Patienten nehmen unter Umständen einen etwas »medizinischen« Charakter an, während man beim Neurotiker viel mehr im Rahmen der »Psychologie« bleibt.

Gruppentherapie mit solchen Patienten sollte eigentlich eine große Zukunft haben. Es ist ein Skandal, daß heute noch in den meisten Spitälern solche Kranke wenig psychotherapeutische Betreuung erhalten. Das Vorbeigehen eines psychiatrischen Konsularius am Bett solcher Patienten kann wohl auch keine Wunder bewirken. Man müßte in jedem größeren Krankenhaus Gruppentherapeuten beschäftigen, die in derartigen Fällen kontinuierliche Therapie ermöglichen.

Ein kleines Zugeständnis hinsichtlich der Bedeutung der Psychotherapie wird da und dort durch die Einführung des autogenen Trainings nach J. H. Schultz in den Krankenhäusern gemacht. Hierbei werden Patienten in Gruppen mit der Entspannungstechnik vertraut gemacht, die offensichtlich wohltuend wirkt. Aber dieses Prinzip ist keine Psychotherapie, sondern nur ein zudeckendes Verfahren, in welchem neurotische Patienten auf Ruhe und Gelassenheit hin gedrillt werden, die sie anläßlich ihrer Gemütsbeschaffenheit im praktischen Leben gewiß nicht aufrechterhalten können. Der autogen trainierte Patient wird, wenn er wieder mit seinen Lebensproblemen konfrontiert wird, bald aufs neue so unausgeglichen, gespannt und autodestruktiv sein, wie er es vor der Kur war. Unsere Erfahrungen haben uns daher vor einer Überschätzung des autogenen Trainings bewahrt, wenngleich die von Schultz angegebenen Methoden sicherlich in manchen Fällen nützlich sein können. Eine echte Neurose, resp. ein neurotisch verankertes psychosomatisches Leiden wird wohl durch sie nicht geheilt werden.

Hat man Therapiegruppen zur Verfügung, so wird man den psychosomatischen Patienten in eine Gruppe einordnen, die keineswegs ähnlich gelagerte Fälle enthalten muß. Der psychosomatisch Erkrankte soll mit und bei den anderen Neurotikern seine Probleme verstehen lernen. In meinen derzeitigen Therapiegruppen befinden sich ein Magen-Ulcus-Patient, eine Magersüchtige, zwei Hypertoniker, ein Asthmatiker, zwei Ekzempatienten, verschiedene Menstruationsstörungen, Kopfweh, Migräne etc. Diese Fälle wurden von der Gruppe mit großem Interesse erörtert und schufen die Gelegenheit, einen Einblick in die psychosomatische Medizin zu geben. Im übrigen waren die Patienten froh, nicht nur als Körperkranke, sondern als existentiell erkrankte Menschen genommen zu werden – unbewußt hatten sie das in den meist Jahre zuvor durchgeführten somatischen Behandlungen schmerzlich vermißt.

Zu den oben angedeuteten psychosomatischen Fällen einige Hinweise:

H. P., 31jähriger Beamter, leidet seit 12 Jahren an Ulcus ventriculi. Das Leiden begann unmittelbar nach dem Tode des Vaters, an dem er sehr hing. Die Gruppengespräche ergeben eine Einzelkinderziehung, die sehr unter dem Druck von Armut, Autoritätsverhalten der Eltern, emotionaler Isolierung und sexueller Verdrängung stand. H. P. hat bis zum jetzigen Zeitpunkt keine sexuelle Intimität gehabt. Die Gefühlsverhaltenheit ist enorm. Er ist ängstlich, scheu, ganz vereinsamt. Jede Frustration im Beruf »wirft ihn um«. Im Grunde möchte er Musiker sein, hat aber wenig Voraussetzungen dazu. Er lebt ein völlig isoliertes Leben in der Großstadt, verzweifelt an seiner Kontaktlosigkeit. Erst durch die Therapiegruppe beginnt für ihn ein soziales Eingeordnetsein.

Ursula L., 27jährig, Lehrerin, leidet an Übergewicht. Das Leiden trat bald nach der Pubertät auf und entsprach dem dominanten Verhalten der Mutter, die Liebe immer als Fütterungstendenz mißverstand. U. L. ist verheiratet. Sie und ihr Gatte nehmen gemeinsam an der Gruppentherapie teil. Als verwöhntes und verzogenes Einzelkind hat U. L. nicht gelernt, Frustrationen zu ertragen. Jeder vermeintliche oder reale Liebesentzug versetzt sie in schwere Depressionen, die sie durch Nahrungszufuhr kompensiert. Das Dick- und Rundwerden ist offenbar psychodynamisch als Enttäuschungsabwehr zu verstehen. Die Ehe der beiden Analysanden krankt auch an der emotionalen Isoliertheit des Gatten, die behoben werden mußte, um U. L. den Mut zum Abmagern zu verleihen. Vor der Therapie hatte sie unzählige Diätversuche gemacht, die jeweils nach Wochen guten Willens in sich zusammenbrachen. Die Gruppentherapie konzentrierte sich auf den infantilen Liebesanspruch mitsamt der oralen Erwartungshaltung, die korrigiert werden mußten, um dem somatischen Symptom den Boden zu entziehen.

E. K., Kosmetikerin, 29jährig, leidet seit Jahren an Kopfschmerz, der sich prämenstruell, aber auch sonst häufig einstellt. Medikamentöse Behandlungen haben nichts gefruchtet. E. K. ist verheiratet. Die Ehe darf harmonisch genannt werden. E. K. hat vorher eine unglückliche Ehe geführt, die vor einigen Jahren geschieden wurde. Innerhalb der Gruppentherapie wird auffällig, wie ängstlich die Grundeinstellung der Patientin ist. Sie befürchtet grundlos ein Scheitern auch dieser Ehe, sie ängstigt sich vor Gefahren, die nur in ihrer Phantasie bestehen. Gegensätze zu anderen Menschen kann sie nicht ertragen, alles muß in ihrem Leben »im Gleichgewicht« sein. Der Ursprung dieser Lebensangst kann mühelos in der Kindheit der Patientin aufgedeckt werden; sie war das Einzelkind einer früh verwitweten ängstlichen Mutter. Daraus resultierte ein Angstcharakter, der teilweise infantil blieb und angesichts der üblichen Lebensschwierigkeiten das somatische Äquivalent des Kopfwehs produzierte. In mehrmonatiger Behandlung (auch Einzeltherapie) besserte sich das Krankheitsbild Kopfschmerz trat nur noch schwach prämenstruell auf.

Es besteht kein Zweifel, daß die psychosomatische Gruppenpsychotherapie noch eine bedeutsame Weiterentwicklung erfahren wird.

## *Gruppensitzung über einen Fall von essentieller Hypertonie*

*R.:* Wer möchte heute etwas erzählen? Meldet sich niemand? Christel, fassen Sie die Gelegenheit beim Schopf und beruhigen Sie Ihren Blutdruck in dieser Sitzung!

Wir haben hier eine interessante Problemstellung vor uns. Christel hat einen Blutdruck von 180/110. Das ist viel zu hoch, wenn man 25 Jahre alt ist. Wir wollen die psychischen Bedingungen dieser Hypertonie herausarbeiten. Zu diesem Zwecke rekapitulieren wir, was wir von Christel wissen. Sie hat uns ja schon in anderen Sitzungen biographisches Material vorgelegt. Wer rekapituliert?

*Wilfried:* Die akute Problematik besteht also in stark überhöhtem Blutdruck. Christel arbeitet deswegen schon seit einigen Monaten nicht mehr. Sie ist im Krankenstand. Von Beruf ist sie Kindergärtnerin. Als sie vor einigen Monaten eine Stelle antrat, hatte sie bald ein Unruhegefühl, das der Erkrankung voranging. Mit den Kindern hatte sie zwar keine Schwierigkeiten. Aber mit der Vorgesetzten, der Leiterin des Kindergartens, ging es nicht so gut. Christel scheint da eine Autoritätsproblematik zu haben.

Im Moment muß sie nicht arbeiten. Sie hat einen Partner namens Hassan. Er ist Marokkaner und studiert Politologie. Das Verhältnis ist für Christel sehr schön. Hassan versteht es, auf sie einzugehen. Er war einige Male bei uns in der Gruppe, im Moment kommt er nicht, da er seine Diplomprüfung machen muß.

Christel stammt aus einem schrecklichen Elternhaus. Dort herrschte regelrecht Chaos. Der Vater war sehr autoritär, sehr jähzornig, er hat Christel und ihren Bruder geprügelt …

*Christel:* Nein, meinen Bruder nicht, nur mich!

*Wilfried:* Ach ja, das Verhältnis des Vaters zum Bruder war besser. Aber die Stimmung im Elternhaus war wohl für beide Kinder furchtbar. Wir hörten von Christel von Ereignissen, die mich erschüttert haben. So hat der Vater einmal mit einem Messer nach ihr gestochen, stimmt das?

*Christel:* Er warf mit einem Brieföffner nach mir, und der blieb in meinem Oberarm stecken. Überhaupt drohte er ständig mit Messern! Wenn ich z. B. als kleines Kind – vielleicht mit vier Jahren – gurgeln sollte oder irgend etwas zu lernen hatte, stand er mit dem Messer in meiner Nähe und bedrohte mich! Beim Essen mußte ich aus Angst gelegentlich erbrechen. Ich hatte dann das Erbrochene nochmals zu schlucken, auch wenn mich der Ekel umwarf! Als ich fünf Jahre alt war, faßte er mich im Zorn so gewalttätig an, daß er mir den Arm brach. Er verbreitete immer Schrecken um sich. Auch hatte er eine Gaspistole, mit der er oft herumfuchtelte. Manchmal glaubte ich sogar, daß es eine echte Pistole war, weiß aber nicht, ob sie geladen war. Der Terror war furchtbar!

*Wilfried:* Der Vater war also ein pathologischer Fall. Die Mutter liegt derzeit in einem Krankenhaus, sie hat einige Schlaganfälle gehabt. Sie ist derart geschädigt, daß Christel mit ihr kaum noch sprechen kann. Christels Beziehung zum Vater ist völlig abgerissen, wiewohl er in Berlin lebt.

Des weiteren ist uns bekannt, daß Christel, obwohl sie schon ein halbes Jahr in der Gruppe ist, nicht den Mut hatte, Herrn Rattner um Einzelsitzungen zu bitten. Inzwischen hat sie jedoch auf Initiative von Herrn Rattner Einzelkonsultationen aufgenommen. Sie kommt auch ziemlich oft mit den Gruppenmitgliedern ins Schwimmen, denn bei der Therapie von zu hohem Blutdruck ist sportliche Betätigung sehr wichtig.

*R.:* Wir haben inzwischen zwei Privatkonsultationen gehabt. Ich gebe einige medizinische Details: Der Blutdruckswert 180/110 ist sehr hoch. Alle körperlichen Untersuchungen haben nichts ergeben. Es scheint also psychogen zu sein. Das muß unbedingt psychotherapeutisch intensiv behandelt werden.

Nebenbei erinnere ich mich gerade, daß Christel uns in der vorletzten Gruppensitzung einen Traum erzählt hat, worin ich vorkomme. Ich sitze unter einem Baum. Es ist Krieg. Christel geht an mir vorbei. Was ist die Deutung dieses Traums? Ich habe das so interpretiert, daß Christel auch im Traum in Kampfsituationen lebt. Sie fühlt sich immer im Krieg, also bedroht. Das treibt ihren Blutdruck in die Höhe. An mir geht sie im Traum vorbei. Hat sie zu wenig Beziehung zu mir? Jedenfalls hat sie mich nie gefragt, ob sie nicht privat zu mir kommen könne. Auf diesen Traum, resp. diese Sitzung hin habe ich ihr vorgeschlagen, ihre Probleme bei mir abzuklären. Es stellte sich heraus, daß sie meinte, ich wolle mich mit ihrem Fall nicht befassen. Das sei eine Bagatelle! Ich bin hier anderer Meinung. Der Blutdruck sollte unbedingt korrigiert werden.

Christel hat inzwischen zwei Sitzungen bei mir gehabt. Heidi war auch dabei. Könnte sie nicht den Eindruck wiedergeben?

*Heidi:* Das ist aber schwierig.

*R.:* Christel kann ja selbst über die Sitzungen referieren, und Heidi kann dann ergänzen. Was haben Sie in den Konsultationen erfahren?

*Christel:* Sie sagten mir u. a., ich müsse alles im Leben ruhiger ansehen lernen, mich irgendwie innerlich loslassen und nicht so verkrampfen. Sie wiesen mich auf mein dauerndes Verkrampftsein hin, machten mir es erst bewußt. Ich bin nämlich sehr hektisch in allen meinen Betätigungen. Auch kann ich meine Zeit schlecht einteilen. Dann komme ich ins Gedränge und hetze mich ab. Darin muß ich umlernen!

Dann sagten Sie mir, ich solle die Arbeit noch nicht aufnehmen. Das gefiel mir gar nicht. Ich meinte, nach einigen Monaten Krankenstand müßte ich nun arbeiten. Sie sagten, zuerst solle der Blutdruck normalisiert werden.

*Heidi:* In der letzten Einzelsitzung wurde auch festgestellt, daß Christel ihr Problem noch nicht ernst genug nimmt. Sie wollte z. B. die Therapie vernachlässigen und auf Urlaub fahren.

*Christel:* Das wäre ja erst in drei Monaten!

*R.:* Gewiß. Aber Heidi spielt darauf an, daß Sie sagten, nur im Urlaub gebe es für Sie Freiheit. Wir sagten, daß Sie auch hier in Berlin frei zu sein lernen müssen. Dazu ist die Therapie da. Vom Urlaub können Sie nicht viel erhoffen. Gesundheit muß zum Dauerbesitz werden, nicht Resultat von kurzfristiger Entlastung sein. Hier müssen Sie einüben, mit dem Leben zu Rande zu kommen, ruhig und gelassen zu werden.

*Christel:* Ja, ich bin eigentlich immer in Eile. Oft komme ich irgendwo zu spät, das regt mich dann furchtbar auf. Es belastet mich schrecklich. Ich bin auch sehr unordentlich. Nun weiß ich nicht, ob Sie oder

Heidi mir sagten, daß ich sprunghaft spreche. Es wäre gelegentlich anstrengend, mir zuzuhören, ich sprudle ziemlich viel heraus, manchmal fehle die Ordnung.

*R.:* Das muß Heidi gesagt haben, ich habe das an Ihnen gar nicht bemerkt.

*Heidi:* Es entstand auch in der Einzelsitzung die Frage, ob sie am Monatsanfang zu arbeiten beginnen solle. Das ist auch ein finanzielles Problem.

*R.:* Wenn sie nicht arbeitet, bekommt sie 650 DM Krankengeld, wenn sie arbeitet, hat sie 850 DM Salär. Wegen 200 DM darf sie ihre Gesundung nicht aufs Spiel setzen! Sie muß noch Geduld haben.

*Christel:* Ich habe aber Angst, was der Vertrauensarzt denken wird. Vielleicht denkt er, daß ich nach vier Monaten Krankheit arbeiten muß.

*R.:* Wenn der Blutdruck so hoch ist, kann der Vertrauensarzt Sie nicht gesund schreiben.

*Jürgen:* Wie lange gilt denn das Attest noch?

*Christel:* Ich muß morgen wieder zum Vertrauensarzt. Ich gebe zu, daß er beim letztenmal gesagt hat, er müsse mit mir schimpfen, weil ich schon arbeiten wolle! Aber das war schon vor einem Monat.

*R.:* Ich bin dafür, daß Christel noch mindestens vier Wochen zuwartet. Ich bin natürlich bereit, dem Vertrauensarzt Auskunft zu geben. – Was wurde denn in der Einzelsitzung noch besprochen? Sie haben z. B. erzählt, daß Sie beim Telefonieren eine Eigentümlichkeit haben …

*Christel:* Ich male immer Gitter, wie Gefängnisgitter!

*R.:* Das ist sicher symptomatisch. Sie haben aber auch Träume erzählt. Wiederholen Sie doch bitte!

*Christel:* In einem Traum der letzten Woche wurde ich vergewaltigt. Ich hatte dann Wunden im Gesicht und schmierte mir vielfarbige Schminke darauf.

*R.:* Wie haben wir den Traum gedeutet?

*Christel:* Sie meinten, daß dies meinen Pessimismus zeige, daß ich überall Gefahr wittere und ständig auf Flucht vor dem Leben gestimmt sei.

*R.:* Wie war das nach der Party im Studentenheim, wo Sie am Samstag mit Hassan waren?

*Christel:* Wir kamen nach Mitternacht von der Party zum S-Bahnhof und der Zug war weggefahren. So mußten wir eine halbe Stunde warten. Nun ist es dort recht dunkel. Es gab da eine Blutlache auf dem Bahnhof. Als ich diese sah, wurde mir schlecht. Das erinnert mich eben immer an mein Elternhaus, wenn ich etwas Grausiges sehe. Dort gab es nämlich auch immer Schlägereien. Ich hatte Angst, daß jemand aus dem nahen Walde kommen und Hassan und mich überfallen könnte. Als ich ihm das sagte, wurde er zornig, denn ich müsse ihm zutrauen, daß er mich beschützen könne. Ich fühlte mich bei seinem Zorn sehr unverstanden. Meine Angst wuchs, aber ich ließ sie mir nicht mehr anmerken.

*R.:* Welche Werte hatte der Blutdruck in den letzten 14 Tagen?

*Christel:* Es ist verschieden. Kürzlich war er 160/90, dann aber auch 185/110. Er ist immer hoch.

*R.:* Beim Blutdruck messen wir immer zwei Werte, den systolischen und den diastolischen. Die Systole ist der erste Wert, er gibt den Druck an, mit dem das Blut in den Kreislauf geworfen wird. Die Diastole, der zweite Wert, ist auch wichtig. Sie sollte nicht über 90 sein. Für die Systole gilt die Faustregel, daß sie 100 plus Lebensalter sein darf. Also bei Christel sollte 125 normal sein, diastolisch ca. 85 bis 90.

*Christel:* Ich möchte gerne einige weitere Träume erzählen. Ich habe sie notiert. Da ist ein Traum, worin mehrere Jungen vorkommen, die vom Krabbenfischen kamen. Sie haben Krabben, wollen mir aber keine geben. Sie sagen: Jungens haben eben das Vorrecht. Ich bitte um Krabben. Man gibt mir welche, und ich empfinde das als große Ausnahme. Dann gehen wir in ein Schulhaus. Da ist eine dicke Frau, die braucht einen Büstenhalter. Ich will ihr meinen BH geben, aber der ist zu klein.

Hier ein zweiter Traum: Ich gehe durch einen Park, da kommt ein Mann und will mich gewaltsam küssen. Ich ohrfeige ihn. Dann versucht er es noch einmal, und ich denke: Warum denn nicht? Ich wollte mal den Unterschied zu Hassan sehen. Aber der Kuß war dann im Traum so roh, daß ich mich wehrte. Daraufhin komme ich zu einer Laube, wo ich einen Zettel von Hassan vorfinde, worauf steht, daß er uns beobachtet hat. Er kommt dann selbst und schimpft mit mir, hat aber nachher Verständnis. Das tut mir beinahe leid, ich hätte ihn gerne bitten und betteln sehen. Als ich dann aufwachte, ertappte ich mich beim Gedanken, es sei vielleicht falsch, daß Hassan so zärtlich ist. Vielleicht ist das Gewalttätige besser?! Wahrscheinlich ist das nicht normal bei mir. Wenn jemand gewalttätig ist, erinnert mich das wohl an früher, an meine Kindheit, an die damals vertrauten Gefühle. Darum möchte ich im Winkel meines Bewußtseins Hassan gerne gewalttätig sehen, weil ich meine, das Sexuelle ginge dann besser. Vom Intellekt her weiß ich, daß das verkehrt ist. Aber im Gefühl ist das vorhanden.

*Heidi:* Du hast ja noch einen Traum in der Einzelsitzung erzählt!

*Christel:* Ja. Ich bin da in einem Zimmer, und dort ist es furchtbar eng. Überall sind Bücher und Koffer. Ich klettere in die Höhe, an der Wand, und höre mich selbst wütend sagen: Den Orgasmus kriege ich ja doch nie! Dann wollte ich runterspringen, aber Hassan hielt mich davon ab.

*Wilfried:* Wie schläfst du eigentlich?

*Christel:* Ich schlafe etwas unruhig. Manchmal wache ich schreiend mitten in der Nacht auf.

*R.:* Wir sollten Christels Träume deuten. Haben wir einen Traumdeuter in unserer Mitte? Wer möchte es versuchen?

*Wilfried:* Man müßte das Buch von Freud über die Traumdeutung lesen!

*R.:* Nein. Wir haben ein einfacheres Verfahren als die orthodoxe Psychoanalyse. Wir deuten die Träume als Ausdruck von Christels Phantasiewelt. Was sie im Schlafen träumt, muß auch im Wachen in ihrem Bewußtsein vorhanden sein. Was erleben wir da? Sie ist immer in Spannung. Sie ist auf Bedrohtsein gestimmt. Ständig ist sie verängstigt, verkürzt, benachteiligt, gefährdet. Es gibt da keinen ruhigen, gelassenen Augenblick. Immer ist sie gehetzt und gejagt, wird vergewaltigt. Krieg, Verkehrsunfälle, Blut – all das kommt in diesen Träumen vor. Immer Pessimismus und Kampfsituation.

Ich erwähne hier, daß der Blutdruck gewissen Schwankungen unterliegt, wenn der Mensch in Gefahr gerät. Das ist an sich sinnvoll. Wenn jemand angegriffen wird und sich auf Verteidigung oder Flucht vorbereitet, reagiert der Organismus mit erhöhtem Blutdruck, wobei mehr Blut in die Blutbahn ausgeworfen wird. Dadurch kann man leichter angreifen oder fliehen. Das geht über ein Hormon namens Nor-Adrenalin. Der Mechanismus spielt u. U. augenblicklich. Wenn jemand bedrängt wird, verspürt er im Nu, wie das Herz schneller klopft – es ist egal, ob hier eine eingebildete oder reale Gefahr vorliegt. Wir können uns vorstellen, daß Christels Phantasie – in Abhängigkeit zu den realen Erlebnissen ihrer Kindheit! – ihr ständig Gefahren vorgaukelt. Sie lebt irgendwie »in der Enge«, im Engpaß. Darum zeichnet sie dauernd Gitter, ist im Traum in engen Zimmern. Sie fühlt sich eingesperrt. Auch hat sie den Wunsch, daß Hassan gröber und gewalttätig sein soll; das würde ihrem Bild vom Menschen entsprechen! Menschen mit dieser Vorgeschichte mögen auch masochistische Tendenzen haben. Sie fühlen sich innerlich wie umpanzert und können nicht ausbrechen. Nun ist Hassan lieb und zärtlich. Bei einer Frau wie Christel muß das nicht unbedingt das Gefühl mobilisieren. Ihr Bild vom Mann (vom Vater her) ist der grobe und mächtige Tyrann. Zärtlichkeit imponiert ihr deshalb nur teilweise. Das erscheint dann eventuell sogar als unmännlich. Ich spreche natürlich von unbewußten Gefühlen, bewußt wird Christel kaum so denken.

*Christel:* Ich lebe wirklich wie in einem Panzer. Ich war heute bei Volker und wollte mit ihm Sprechübungen machen. Er sagte, ich sei völlig verkrampft. Ich kann einfach nicht locker lassen. Alles an mir ist manchmal starr.

*R.:* Wenn Christel tatsächlich psychogen erhöhten Blutdruck hat, so ist das mit einem Dampfkochtopf zu vergleichen, der unter Überdruck steht. Der Hypertoniker ist ein total verkrampfter Mensch. Sein Krampf geht bis in die kleinsten Blutgefäße. Wenn sich diese verengen, so steigt der Widerstand im Blutkreislauf. Soll das Blutvolumen gleich bleiben, so muß dann der Druck erhöht werden; das ist wie beim Ohmschen Gesetz der Elektrizität. Der Hypertoniker ist ein verängstigter Mensch. Alles an ihm krampft sich zusammen, so auch die kleinen Arterien. Überall ist da ein An-sich-Halten. Ich glaube, man merkt das auch an Christels Sprechweise. Sie kann sich nur teilweise öffnen. Das wird auch in der Partnerschaft, bestimmt auch in der Sexualität so sein. Auch im übrigen Kontakterleben wird das nicht fehlen, die Angst vor dem Sich-Eröffnen!

*Christel:* Ich meine immer, man wird mich auslachen. Ich wurde immer kritisiert und verlacht. Auch wenn ich heute etwas sage, meine ich stets, es sei dumm, uninteressant, banal.

*R.:* Wurden Sie in der Schulzeit viel gefoppt?

*Christel:* Ja, furchtbar. Ich war irgendwie immer ein Außenseiter. Wenn ich etwas sagte, war das jeweils komisch. Das war auch noch im Kindergärtnerinnenseminar so, vor einem halben Jahr. Allerdings war da ein großer Altersunterschied, meine Kolleginnen waren 17, 18 Jahre, ich schon 24. Dennoch scheine ich naiver oder kindlicher als diese gewesen zu sein. Jedenfalls lachten sie bei meinen Fragen und Äußerungen. Auch merkten sie, daß ich empfindlich bin und neckten mich gerne. Ich paßte in die Klasse nicht rein. Das war mir immer so gegangen. Ich war immer unmöglich! Schon wenn ich kam, lachte man!

*R.:* Im Krabbentraum haben die Jungens Privilegien, und Sie fühlen sich offenbar als Mädchen verkürzt. Das war ja schon gegenüber ihrem Bruder in der Kindheit. Haben Sie oft Ihr Mädchenschicksal als ungerecht empfunden und lieber ein Knabe sein wollen?

*Christel:* Mein Bruder hatte es viel besser als ich. Er bekam nicht einmal eine Ohrfeige in seinem Leben. Er war fünf Jahre jünger als ich. Wenn etwas passierte, war ich immer schuld. Die Strafe bekam ich automatisch. Er ging frei aus. Mein Vater sagte immer, er hätte lieber an meiner Stelle einen Jungen gehabt. Ich hätte als Kind am liebsten mit den Jungen gespielt, aber die wollten mich nicht. Sie lachten mich aus. Darum hatte ich Angst vor ihnen. Mein Verhältnis zu den Männern war wohl auch deshalb gestört. Als ich in die Gruppe kam, sagte Herr Rattner zu mir, ich hätte Ansichten aus dem 19. Jahrhundert ... (Gelächter)

*R.:* Das hatte doch spezifische Hintergründe! In welchem Zusammenhang war denn das?

*Christel:* Na ja, ich war eben der Ansicht, daß der Geschlechtsverkehr vor der Ehe Sünde sei. Bis zu meinem 23. Jahre hatte ich eigentlich keinen Verkehr. Gewiß war das nicht richtig.

*R.:* Das tönt doch schon ganz anders. Uns fiel damals ihr riesengroßes Sicherheitsbedürfnis auf. Kaum hatten Sie eine Partnerschaft begonnen, wollten Sie schon auf eine Ehe hinaus. Das störte doch auch die Beziehung zu Hassan, nicht wahr? Als Sie zu uns kamen, wollten Sie ihn verlassen, weil die Ehe-Aussichten nicht so deutlich waren.

*Christel:* Ja. Ich wollte mit Hassan nichts zu tun haben, weil er Ausländer ist. Ich wurde eben so erzogen, daß mein Gatte blaue Augen und blonde Haare haben müsse. Also: germanische Rasse! Nun ist Hassan Marokkaner. Es besteht und bestand die Unsicherheit, daß er einmal nach Marokko zurückkehrt. Ich habe Angst vor einem fremden Land, einer anderen Sprache, anderen Sitten und Gebräuchen. Außerdem war Hassan zunächst nicht mein Typ. Ich dachte immer an große, starke Männer, eben blond und blauäugig. Hassan ist etwas größer als ich, aber schmal und zierlich. Auch ist er nicht derb, sondern liebevoll. Heute schätze ich das, aber wenn Herr Rattner mir das nicht korrigiert hätte, hätte ich Hassan verlassen.

*R.:* Ich hatte Hassan in einer Einzelkonsultation. Er gefiel mir gut. Er ist ein netter Mensch. Christels übersteigerter Ehewunsch entsprang ihrem Sicherheitsbedürfnis. Man kann nicht sogleich eine Bekanntschaft mit Eheplänen belasten. Das muß sich doch organisch ergeben. Aber bei dieser Kindheit ist Sicherheit der höchste Wert im Leben!

*Christel:* Ich hatte auch immer den Eindruck, daß alle Männer auf einem hohen Berg stehen und ich im Tal, und daß ich nirgends heranreiche. Vor allen Männern hatte ich Komplexe. Bei Hassan ist es nicht so. Wir sind gleichwertig und gleichberechtigt. Das macht mich sehr glücklich. Früher habe ich das nie erlebt.

*Wilfried:* Du hast doch einmal erzählt, daß du in deinem bisherigen Leben in allen Gruppen nicht für voll genommen wurdest.

*Christel:* Ich wurde nie für voll genommen! Bei jeder Gelegenheit verkloppten mich die Kinder.

*Wilfried:* Bei den Gesprächen mit uns jedoch hatte ich stets den Eindruck, daß du sehr interessiert und aufgeschlossen bist. Deine Voten sind durchdacht und sind anregend. Ich z. B. unterhalte mich gerne mit dir. Wie denken andere diesbezüglich?

*R.:* Bei uns sagt Christel nie etwas Lächerliches oder Dummes. Gerade in der letzten Zeit habe ich ihre Deutungen und Beiträge sehr bewundert. Sie ist eine kluge Frau, aber sie unterschätzt sich völlig. Vielleicht ging es in der Kindergärtnerinnenausbildung so schlecht, weil der Altersunterschied groß war. Zwischen 17, 18 und 24 Jahren sind die Interessen sehr verschieden. Die Reife ist da nicht gleich.

*Christel:* Immer wenn ich mich im Seminar für etwas interessierte, freuten sich die Lehrer darüber, aber meine Mitschülerinnen lachten. Auch hieß es immer, ich wolle ihnen die guten Zensuren wegnehmen, wenn ich mich mit dem Lehrer über irgendein Thema unterhielt.

*Gudrun:* Ich kann Wilfrieds Eindruck von Christel nur bestätigen!

*Jürgen:* Am Freitag der letzten Woche sprach doch ein Gerichtsreferendar, der zuletzt vor einigen Monaten der Gruppe sein Leid geklagt hatte. Christel konnte alles referieren, was er in der früheren Sitzung vorbrachte. Ich wunderte mich über dieses Gedächtnis. Auch ging sie sehr gut auf den Analysanden ein.

*Heidi:* Ich bin damals richtiggehend neidisch auf Christel gewesen, weil sie noch so viel wußte. Ich hatte alles vergessen. Dabei bin ich schon ein Gruppen-Veteran!

*R.:* Wenn wir Christel analysieren wollen, so suchen wir die psychischen Ursprünge des erhöhten Blutdrucks. Natürlich werden wir vorsichtig sein und zunächst alle organischen Ursachen auszuschließen versuchen. In diesem Falle wurden schon alle Untersuchungen gemacht, so daß wir kaum fehlgehen, wenn wir uns im psychogenen Bereich bewegen. Wir fragen uns in einem solchen Falle: Lebt der Patient in einer Stimmung des Angriffs oder der Flucht? Beides würde den Blutdruck in die Höhe treiben. Also auch ein Mensch, der ständig in Wut, Zorn, Haß, Ressentiment, Ärger usw. lebt, kann ein »essentieller Hypertoniker« werden. Er braucht den hohen Blutdruck, weil er dauernd kämpfen will. Das kann ihm natürlich unbewußt bleiben. – Christel ist nicht der Angreifertyp. Sie hat eher die Flucht gewählt. Ihre Phantasie gaukelt ihr kontinuierlich Gefahren vor, und so ist sie auf Flucht gestimmt.

*Christel:* Ich habe stets das Gefühl, daß etwas Schweres auf mich zukommt. In der Gegenwart fühle ich mich nie zu Hause. Meist denke ich an die Zukunft oder an die Vergangenheit. Was jetzt ist, ängstigt mich sehr. Auch sehne ich mich immer nach Ferien, weil ich da vom Alltag loskomme. Das einzig Schöne ist bei mir das »Nicht-Gegenwärtige«!

*R.:* Das haben Sie schön ausgedrückt. Sie fliehen aus der Gegenwart in die Zukunft oder in die Vergangenheit. Damit haben Sie sehr deutlich das Zeiterleben in der Neurose geschildert. Der verängstigte Mensch kann tatsächlich nicht in der Gegenwart leben. Er ist in seiner Sorge immer voraus in der Zukunft, oder, wenn er Gewissensbisse, Skrupel, Reue und dergleichen hat, haftet er in seiner Vergangenheit fest. Das gesunde Leben ist eigentlich das gegenwärtige. Christel muß lernen, in der Gegenwart ihr Behagen zu finden. Die Gegenwart muß für sie so erfreulich werden, ihr so viele Möglichkeiten eröffnen, daß sie nicht mehr die Flucht ergreift. Wer ständig auf der Flucht ist, dekompensiert seinen Blutdruck oder andere biologische Funktionen. Angst ist ein Störfaktor für das Funktionieren aller Organe. Christel ist von Kindheit an mit Angst vorgeimpft. Das Vatererlebnis spielt hier eine entscheidende Rolle. Sie erlebt die Welt im Sinne ihrer Vater-Beziehung. Davon muß sie loskommen!

*Christel:* Ich kann kaum schildern, wie schlimm es zu Hause zuging. Das wirkt so in mir nach, daß ich schon erschrecke, wenn ich z. B. die Feuerwehr höre. Oder wenn es einen Streit in meiner Nähe gibt, wird mir sofort schlecht. Bei uns zu Hause schrie mein Vater so laut, auch warf er mit Gegenständen um sich. Meine Mutter wurde auch von ihm geschlagen und hatte oft Wunden im Gesicht oder am Körper. Das war alles furchtbar. Wegen der vielen Ängste war ich zumeist in der Schule nicht ausgeschlafen, denn die Streitigkeiten gingen bis in die Nacht hinein. Wenn ich zur Schule kam, war ich noch verträumt. Das stand sogar in einem meiner Zeugnisse: Christel träumt immer. Die Lehrer sagten, ich sei so phlegmatisch. Die wußten eben nicht, was sich bei uns zu Hause abspielte. Natürlich konnte ich da in der Schule schlecht mitarbeiten. So wurde ich faul und dumm genannt.

*Horst:* Wie ist das eigentlich: Bei diesem unangenehmen Vatererlebnis müßtest du eigentlich hier in der Gruppe manche von uns als eine Art »Vaterfigur« empfinden und deshalb Kontaktschwierigkeiten haben. Erscheint dir jemand als bedrohlich?

*Christel:* Es ist so, daß ich erst nach ca. neun Monaten näheren Kontakt mit Gruppenmitgliedern zu haben beginne. Ich habe zwar schon früh in der Gruppe meine Probleme besprochen, aber Kontakt hatte ich mit niemandem. Neulich war ich allerdings bei Gisela zu Hause und fühlte mich dort wohl. Auch mit Heidi und einigen anderen spreche ich jetzt. Ich bin schon manchmal gelöster, auch gegenüber Männern. Aber ich habe z. B. heute früh beim Schwimmen gemerkt, daß ich den Gruppenmitgliedern etwas auswich – ich schwamm am Rande des Beckens.

*Edgar:* Lebt dein Vater noch?

*Christel:* Ja. Ich sehe ihn aber nicht mehr. Ich will ihn nicht sehen. Mir würde gewiß bei seinem Anblick schlecht werden. Früher wurde ich regelrecht weiß, wenn ich ihn sah.

*Dorothea:* Wann hast du ihn zuletzt gesehen?

*Christel:* Das ist einige Jahre her. Meine Eltern leben schon lange getrennt. Er wollte sich aber nicht scheiden lassen. So kam er immer in Mutters Wohnung. Meine Mutter war so gutmütig, daß sie nicht nein sagen konnte. Jedesmal kam es aber zum Streit. Auch wenn er zu Weihnachten oder so kam. Er schrie immer so laut. Ich ging dann meistens weg, weil ich das nicht ertrug. Mein Bruder ist leider auch schon fast so wie mein Vater. Ich sehe ihn alle 14 Tage einmal. Er meint, daß ich unbedingt arbeiten gehen soll. Wer nicht arbeitet, sei faul usw.

*Dorothea:* Ist dein Bruder verheiratet?

*Christel:* Nein. Er ist erst 21 Jahre alt. – Er ist auch so sehr abweisend. Wenn ich ihn anrufe, schimpft er immer, z. B. ich hätte ihn aus dem Schlaf geweckt. Er schreit mich an wie mein Vater. Nun bin ich auch empfindlich, es kommen mir bei solchen Vorwürfen leicht Tränen, ich kann nicht mehr weitermachen – so lasse ich ihn eben sein.

*Anna:* Welchen Beruf hat er?

*Christel:* Er hat an sich keinen Beruf. Er hat manches angefangen, hat aber nicht die Energie, es fertig zu machen. Jetzt ist er bei den Amerikanern als eine Art Nachtwächter beschäftigt, er bewacht ein Gelände.

*Anna:* Meldet er sich von sich aus?

*Christel:* Nein, ich muß den Kontakt aufnehmen.

*Wilfried:* Beschäftigt dich das Problem deines Bruders sehr?

*Christel:* Ja. Es tut mir eben leid, daß ich ihm nicht helfen kann. Es ist ähnlich wie mit jenem Freund, den ich hatte, als ich erstmals in die Gruppe kam. Das war ein ganz pathologischer Mensch, ich glaube, er war nahe an einer Geisteskrankheit. Dennoch wollte ich ihn nicht einfach verlassen, sondern wollte ihm helfen. Darum erzählte ich ihm von der Gruppentherapie und hätte ihn gerne hierher mitgenommen. Er kam aber nicht. Dasselbe ist bei meinem Bruder. Auch ihn wollte ich mitnehmen. Er hält das alles für Mumpiz.

*R.:* Christel gibt uns Anlaß, über die Unverwüstlichkeit der menschlichen Natur zu staunen. Sie hat eine extrem harte, fast unmenschliche Kindheit und Jugend gehabt. Dennoch hat sie sich gut entwickelt, ihren Beruf erlernt. Sie ist sehr nett und liebenswürdig im Umgang. Es spricht für ihr entwickeltes soziales Gefühl, daß sie auch den Bruder in ihr Denken einbezieht, obwohl er so unfreundlich ist. Was der Mensch alles ertragen und überwinden kann! Bei dieser Kindheit wäre mancher andere schwer verwahrlost und hätte die kooperative Lebensführung ganz aus den Augen verloren!

*Anna:* Ja, man denkt meistens: Wenn ich an deiner Stelle gewesen wäre, wäre ich eventuell auf den Strich gegangen!

*R.:* Ja, es ist ein Glücksfall, wenn der Mensch sich so auffangen und behaupten kann. Es spricht z. B. für Christels Gefühlsleben, daß sie sich um den Bruder sorgt, obwohl er ihr gegenüber vorgezogen wurde, so daß sie oft zu kurz kam. Trotz all dem identifiziert sie sich mit ihm, möchte ihm helfen. Wir sehen, daß der Mensch trotz arger Belastungen für Mitleid und Mitgefühl, für Hilfsbereitschaft disponiert ist. Da sehen wir die ausgeprägte soziale Natur des Menschen.

Christel muß sich ein neues Bild von sich selbst und von den Mitmenschen erarbeiten. Sie muß in der Gruppe neue zwischenmenschliche Erfahrungen machen. Nur so kann sich ihr Gefühlsleben beruhigen. Wenn wir sie in die Gruppe gut integrieren können, wird sie weniger Angst haben, nicht nur bei uns, sondern auch draußen im Leben. Sie wird dann anders fühlen und denken, auch anders träumen! Ihre Phantasie wird einen freundlicheren Wesenszug annehmen. Das wird auch auf den Organismus zurückwirken. Eine essentielle Hypertonie kann nur durch psychische Umstellung des Patienten geheilt werden. Medikamente haben nur Momentanerfolge, die nicht anhalten. Man täuscht den Kranken damit über seine eigentliche Problematik hinweg. Das wollen wir nicht tun. Für uns ist Christel ein durch seine Kindheit irritierter Mensch, dessen Selbstachtung, Kontaktfähigkeit und Lebensgefühl durch Kindheitstraumen geschädigt wurde. In der Gruppe besteht die Möglichkeit, diese Irritationen zu beheben. Ich habe den Eindruck, daß Christel auf gutem Wege ist. Sie muß auf dieser Linie weiterfahren. Wir werden sie gerne weiterhin anhören und sie zu verstehen versuchen. Mich dünkt, wir haben an diesem Fall viel zu lernen!

## *Sexualstörungen in der Gruppenpsychotherapie*

Besonders vorteilhaft ist die Gruppentherapie für die Behandlung von sexuellen Komplikationen. Die Sexualität unterliegt ja immer noch einer schweren gesellschaftlichen Tabuierung. Kaum ein Jugendlicher erhält im Elternhause eine unbefangene und vollständige Sexualaufklärung; bis dann die Schule mit ihrem »Sexualkunde-Unterricht« auf den Plan tritt, sind die emotionalen Voraussetzungen einer gesunden Sexualität bereits zerstört. Im übrigen weist die Tiefenpsychologie nach, daß das Sexualverhalten des Menschen nicht etwa nur von seiner »Sexualerziehung« abhängt. Die Grundlagen des sexuellen Empfindens und Reagierens werden schon in Stadien der kindlichen Entwicklung gelegt, wo man von einem eigentlichen Sexualtrieb noch gar nicht sprechen kann. So bestimmt etwa Art und Deformation des künftigen Trieblebens u. a. die Erziehung zur Reinlichkeit, die Scham- und Schulderziehung, die Entfaltung oder Verkümmerung der sozialen Gefühle, die Lebensangst usw. Um sexual-gesunde Menschen heranzubilden, müßte die Kultur nicht nur »Aufklärung« bieten, sondern auch die gesamte Persönlichkeitsbildung auf eine höhere Stufe heben.

Angesichts der sehr dürftigen sexualpädagogischen Voraussetzungen finden sich in jeder Gruppentherapie zahlreiche sexualgestörte Menschen. Man könnte meinen, daß es diesen sehr schwerfallen würde, »öffentlich« über ihre Sexualität zu sprechen. Das Gegenteil ist in der Regel der Fall. Wir haben die Erfahrung gemacht, daß bei einem sachlichen Gruppenklima auch sexuelle Fragen ohne übertriebene Hemmungen erörtert werden können. Auch extrem schamhafte Menschen fügen sich dem freimütigen Sprechstil, der in den Gruppen üblich ist. Die intimsten Details werden nicht verschwiegen, wenn es für die Therapie als nützlich erachtet wird, sie auszusprechen.

Die große Bedeutung des Gruppenmilieus besteht nun darin, daß uralte Tabus und Dogmatismen durch gemeinsame Erörterung entschärft und überwunden werden können. Würde man einem dergestalt sexualgehemmten Menschen in der Einzeltherapie seine ideologischen Einseitigkeiten und Verklemmungen korrigieren wollen, so könnte er leicht dem Therapeuten Einseitigkeit insinuieren oder doch stillschweigend an seinen Zweifeln festhalten. Sobald aber die Gruppe in ihrer Gesamtheit zu überholten Sexualauffassungen Stellung nimmt, wird eine Resonanz erzeugt, die im üblichen Arzt-Patient-Gespräch nicht erreichbar ist. Oft werden muffige Einstellungen zum Sexualleben mit einem befreienden Gelächter quittiert, das mehr einstellungsändernd wirkt als wortreiche Erklärungen.

Der Gruppentherapeut muß die Gruppe allerdings regelrecht dazu erziehen, sexuelle Probleme exakt und in aller Freimütigkeit zu besprechen. Greift er hier nicht vorbildlich ein, so gehen die Gruppenmitglieder oft schamhaft und »global« über Sexualfragen hinweg. Man fragt etwa einen Analysanden: »Geht es Ihnen gut in der Sexualität?«, worauf er bejahend nickt. Die Gruppe ist geneigt, sich mit dieser Auskunft zufriedenzugeben. Nur der erfahrene Analytiker weiß, daß sich hinter einer auf erste Anfrage »gut gehenden Sexualität« alle möglichen Komplikationen – von der Impotenz und Frigidität bis zu den Perversionen – verbergen können. Der Therapeut muß der Gruppe vorzeigen, wie man nach »beruhigenden Auskünften« weiterfragt, bis die eigentliche Not des Befragten zum Vorschein kommt. Gerade in sexuellen Dingen ist der Lehrsatz gültig, daß »der liebe Gott im Detail steckt«, oder, wie die bekannte Abwandlung heißt: »Auch der Teufel steckt im Detail«. Sexualanamnesen zu erheben ist auch für den geschulten Psychotherapeuten nicht immer leicht, weil er hier auf intensive Hemmungen stoßen kann. Die Gruppe muß sich Techniken erarbeiten, die mit der Zeit auch auf diesem Gebiet – rückhaltlose – Wahrhaftigkeit ohne Angstwirkung gestatten.

Des weiteren muß man den Analysanden einschärfen, daß alle Sexualprobleme immer und primär Persönlichkeitsprobleme sind. Ohne diesen Hinweis ist die Gruppe im Labyrinth sexueller Irritationen völlig hilflos und kann nicht klärend wirken. Auch hier muß der Analytiker an Beispielen demonstrieren, wie sehr sexuelle Schwierigkeiten im Gefühlsleben des Patienten ganz allgemein verankert sind. Zu diesem Zwecke sollen etwa anläßlich von Fällen der Frigidität, Impotenz, Perversion etc. jeweils weitläufige Ausführungen über die Entstehung solcher Deformationen gemacht werden. Die Vorgeschichte in der

Kindheit betrifft ja nicht nur die Sexualsphäre, sondern das ganze Kontakterleben des Heranwachsenden. Wurde dieses geschädigt, so wird hernach der Sexualtrieb in ein Verhaltensmuster gezwängt, welches der verminderten Kontaktfähigkeit und der damit einhergehenden größeren Lebensangst plus entsprechendem Macht- und Geltungsstreben adäquat ist. Wir legen hier besonderen Wert darauf, die Analysanden mit der gesamtpsychischen Struktur solcher Krankheitsfälle vertraut zu machen. So ist etwa klarzustellen, inwiefern bei einer frigiden Frau Regungen wie Eifersucht, Wettbewerb mit dem Manne, Gefühlsverhaltenheit, Angst vor der Hingabe, Neid, dem andern einen Mißerfolg bereiten wollen, Mangel an Kooperation, an weichen und zärtlichen Gefühlen etc. eine Rolle spielen. Bei der Impotenz wäre sichtbar zu machen, wie das sexuelle Nicht-Können einem allgemeinen Nicht-Können entspringt, einem verminderten »Männlichkeitsgefühl«, Angst vor der Nähe, unbewußter Feindschaft gegen die Frau, Triebangst, Hypermoral, »Brav-sein-wollen«, Dominanzverlangen, neurotischem Charakter überhaupt und tausend anderen Ursachen. Erst wenn die Gruppe auf solche feinere Strukturen der sexuellen Komplikationen achten lernt, kann sie heilen. Denn die Sexualität wird u. E. nur über die Persönlichkeit im ganzen geheilt. Lernt der Mensch die richtigen Gefühle (die in der Kindheit unterdrückt und verstümmelt wurden), so kann er auch sexuell richtig »funktionieren«.

Der erfahrene Gruppentherapeut wird sich auch nicht scheuen, die Gruppe bis in alle Einzelheiten über die »sexuelle Technik« sprechen zu lassen. Wie oft macht man dabei die Beobachtung, daß Ehepaare, die schon über ein Jahrzehnt verheiratet sind, erst im Medium der Gruppe zu einem freimütigen Gedankenaustausch über ihre wechselseitigen Wünsche und Empfindungen gelangen. Fragen der Quantität des Sexualverkehrs, Abwandlungen, bewußte und unbewußte Einstellungen werden hierin einbezogen. Nicht zu vergessen ist jeweils das Schwangerschaftsverhütungsproblem, das auch im Zeitalter der »Pille« noch kompliziert genug ist. Auch mehrmalige Abtreibungen belehren die meisten Menschen nicht über die Notwendigkeit der Empfängnisverhütung. Die recht launische Knaus-Ogino-Methode findet immer noch gläubige Anhänger, die den statistischen Irrtum mit viel Leid, Kummer und Entbehrung bezahlen müssen. Anschließend an solche Erörterungen wird die Gruppe meist auch die Frage nach der Wünschbarkeit von Kindern (und deren Anzahl) aufwerfen. Auch dies gehört in die Therapie hinein, nur wird jede Gruppe gemäß ihrer Zusammensetzung und jeder Therapeut entsprechend seiner weltanschaulichen Position hierbei anders Stellung nehmen.

Kommen Perversionen zur Sprache, so ist es selbstverständlich, daß die Gruppe nicht moralisiert und verurteilt, sondern nur zu beurteilen versucht, wie es dazu kam und welche psychische Konstellation eine Perversion notwendig macht. Perverse Patienten sind allerdings in den Gruppenpsychotherapien eher selten. Sie wagen ja oft auch nicht, die Einzeltherapie zu konsultieren, da sie in ihrer Perversion Opfer der Moral sind, welche derartiges wohl erzeugt, aber auch als Sünde, Laster und Verbrechen denunziert. So ist die Perversion immer noch ein Stiefkind der Psychotherapie, wiewohl sie nicht anders strukturiert ist als die Neurose und ebensoviel Heilungschancen besitzt. Auch bei der Perversion muß die Gesamterkrankung der Persönlichkeit berücksichtigt werden.

Die Zusammenhänge zwischen Sexualität, Religion und Moral finden in der Regel ein lebhaftes Gruppeninteresse. Man kann von solchen weltanschaulichen Faktoren nicht absehen, wenn man sexuelle Störungen verstehen will. Wohl liegt der Ursprung aller dieser Irritationen in frühen emotionalen Traumatisierungen, die spätere sexuelle Verdrängungen für das Individuum notwendig machen; allenfalls, aber nicht immer, kommen spezielle Sexualtraumen hinzu, die diesen ganzen Lebensbereich in Verwirrung bringen. Über der Sexualdeformation jedoch ist immer auch ein ideologischer Überbau errichtet, der seine eigene Gesetzmäßigkeit hat und nicht einfach von Triebvorgängen abgeleitet werden kann. Der moralische und religiöse Überbau, der aus der Erziehung und den gesellschaftlichen Normen stammt, hat sozusagen seine eigene »pathologische Wucht«, die sich mit den traumatischen Erlebnissen »verschränkt« und schließlich zur sexuellen Pathologie in ihren tausenden Gestalten führt. Ein bloßes Bewußtmachen der sexuellen Frühtraumen heilt nicht, wie überhaupt Bewußtwerdung nur ein Schritt zur Heilung ist. Was darauf folgen muß, ist emotionale Umstrukturierung, welche besonders begünstigt werden kann durch Destruktion der »Ideologie«, die die Sexualneurose zementiert. Also muß der Patient etwa von seinen konformistischen Moralvorstellungen, seiner religiösen

Sexualabwertung, seinen rigiden »Sittlichkeitsbegriffen« und von seinen Vorstellungen über Tabu, Reinheit, Sünde, Laster etc. loskommen, wenn er seine Sexualität befreien will. Daher ist die Therapie von Sexualneurosen nicht selten mit kritischen Erörterungen über den moralischen und religiösen Dogmatismus verknüpft. Die Gruppe ist zumeist in der Lage, auf Grund der Vielfalt der in ihr vertretenen Anschauungen moralisch-religiöse Einseitigkeiten zu korrigieren und das wohltuende Klima einer Lebens- und Genußfreundlichkeit zu verbreiten, welche jeglichen puritanischen Asketismus dahinschmelzen läßt.

## *Ehepaare (Liebespaare) in der Gruppenpsychotherapie*

Gewöhnlich finden sich als Anwärter der Gruppentherapie auch Ehepaare ein, die behandelt werden wollen. Manche Analytiker sind der Meinung, daß Ehepaare in der Einzeltherapie nicht vom selben Arzt in die Kur genommen werden sollen; es ergäben sich hieraus allzu viele Komplikationen. Diese Meinung hat sich uns in der Erfahrung nicht bestätigt. Man kann gut zwei Ehepartner getrennt, gelegentlich auch gemeinsam behandeln. Man erhält dann von beiden Seiten viel Informationsmaterial, das ansonsten nur sehr mühevoll und in vielen Sitzungen eruiert werden kann. Allerdings muß man sehr behutsam sein, wenn man Informationen des einen Partners in Besprechungen mit dem anderen verwendet. Es kann hier tatsächlich zu Angst und Mißtrauen von seiten des Patienten kommen, der – besonders bei paranoiden Charakteren – leicht vermutet, daß Arzt und Partner ihn hinter seinem Rücken manipulieren, betrügen etc.

Gleichwohl ist die Ehe-Therapie notwendig und soll sowohl in Einzel- wie in Gruppentherapie durchgeführt werden. Manche Gruppentherapie-Repräsentanten ziehen es vor, drei bis vier Ehepaare in einer spezifischen Ehe-Therapie-Gruppe zu vereinigen, d. h. eine homogene Gruppe für Eheprobleme zu schaffen. Dieses Verfahren mag seinen Sinn haben, ist aber u. E. keineswegs erforderlich. Wir haben es immer so gehalten, daß wir die Ehepaare einfach in die bestehenden Therapiegruppen integrierten, u. z. Mann und Frau in dieselbe Gruppe. Sie sollten gemeinsam lernen, wie der Mitmensch zu verstehen ist. Auch sollten die Unverheirateten die Gelegenheit haben, Ehenöte kennenzulernen. Da alle Lebensprobleme allgemeingültig sind, sollen Fragen der Ehe nicht von den übrigen Neurosen-Komplikationen abgetrennt werden. Die neurotische Ehe birgt kaum viel andere Strukturen als die übrigen gestörten menschlichen Beziehungsformen.

Die Zahl der Ehen, die therapiebedürftig sind, ist ungeheuer groß. Die Tatsache allein, daß jede fünfte oder vierte Ehe wiederum geschieden wird, sollte einen Rückschluß auf die Situation der Ehe ziehen lassen. Denn die Paare, die beisammen bleiben, trennen sich oft nur aus äußeren Gründen oder aus Lebensangst nicht. Mitunter spielt die moralisch-religiöse Verpflichtung und der Masochismus des hauptsächlich Leidenden die Rolle des wichtigsten Kitts einer solchen Beziehung. Da sie nicht den Mut zu einer neuen Beziehung haben, bleiben so auch Partner in einer Ehegemeinschaft, die sich hassen, verachten und wechselseitig in ihrer Selbstverwirklichung beeinträchtigen.

Viele Ehen dieser Art können gerettet werden, wenn rechtzeitig mit Gruppenpsychotherapie eingegriffen wird. Bei der Arbeit mit solchen Patienten erkennt man bald, daß die Störungsquellen einer Ehe in sehr verschiedenen Bereichen liegen können, die allesamt berücksichtigt werden sollen. Schon die Diagnose der Art einer Ehestörung muß vielschichtig vorgehen; wir nennen hier einige Ursachen von Ehekomplikationen:

1. Sexuelle Disharmonie;
2. Charakterliche Dissonanzen der beiden Beteiligten;
3. Untreue;
4. Kinder (Erziehungsprobleme);
5. Kulturbedingte Vorurteile über »den Mann« und »die Frau«;
6. Ungeschicklichkeit in der Menschenbehandlung überhaupt;
7. Beziehungen zu Verwandten;
8. Geldfragen.

Diese Liste von möglichen Störfaktoren ist sicherlich unkomplett. Dem Psychotherapeuten wird hierbei als bedeutsamste Problematik diejenige der Charakterstruktur der beiden Eheleute gelten; die Lösung aller übrigen Fragen hängt ja schließlich von dieser ab. Immer, wenn zwei Menschen zusammenleben wollen, sind Konflikte und Auseinandersetzungen unvermeidlich – die dominierenden Charakterzüge der Beteiligten bestimmen jedoch, wie diese Meinungsverschiedenheiten ausgetragen werden. Darum bündeln sich alle Ehetragödien in der Charakterologie des Mannes und der Frau, die eine Partnerschaft nicht verwirklichen können. Hans G. Preuss, der viel Erfahrungen in der Gruppentherapie mit Ehepaaren gesammelt hat, sagt mit Recht:

»Die neurotisch kranke Ehe ist das Ergebnis einer Partnerwahl, in der sich zwei Menschen auf der Basis ungelöster neurotischer Probleme gefunden haben. Nicht weil sie es wollen, sondern weil sie es müssen, geraten sie in die chronische Verkettung einer gegenseitigen Regression, die über einen circulus vitiosus zu immer tieferer und qualvoller feindlicher Abhängigkeit führt« (IV. Intern. Kongreß f. Gruppenpsychotherapie, Wien 1968, *Berichte*, S. 93 ff.).

Die Neurosen der beiden Partner determinieren also oft bereits schon die Partnerwahl, sodann aber auch den Verlauf des Ehegeschehens, dessen Unglück sich aus zahllosen neurotischen Mißverständnissen auf beiden Seiten zusammenbraut. Da jedermann glaubt, daß er recht hat, sieht er zumeist nur die Fehler des Partners, nicht die eigenen. Die meisten Ehestreitigkeiten sind daher unergiebig und verschlimmern die Lage, anstatt sie zu bessern. Es ist darum wohltuend für die Eheleute, wenn sie ihre Disparatheiten vor unparteiischen Betrachtern ausbreiten dürfen. Wir geben wiederum Preuss das Wort:

»Die Gruppe wird zum Zeugen am Stoff des Gespräches zwischen den Eheleuten und deren Verhaltensweisen, wie sie in der Krisensituation vorherrschen. Es ist ein dynamisches Erlebnis für alle Beteiligten, Teil einer kritisch beurteilenden, aber auch mitfühlenden Gruppe zu sein, die freundlich, aber auch objektiv ist und deren Mitglieder sich in ähnlichen Situationen befinden. Alle sind zu gleicher Zeit Mitwirkende und Zuschauer in dem Spiel ›Wer trägt die Schuld?‹ Anklagen werden in ihre Bestandteile zerlegt. Das Fünkchen Realität, das in jeder Anschuldigung steckt, wird dabei nicht übersehen. Aber genauso werden die Projektionen und überkompensatorischen Reaktionen eines Ehepartners gegenüber dem anderen aussortiert und beurteilt. Die Gruppe fordert Aufrichtigkeit, selbst wenn die Entblößung schmerzhaft ist, und befreit damit von Selbsttäuschungen und Unaufrichtigkeiten. Zugleich bietet sie an, was von ihr erwartet wird: Hilfe und Verständnis« (loc. cit., S. 94).

Hört man divergierende Eheleute im Disput an, so kann man sich oft des Eindrucks nicht erwehren, daß man »zwei streitende Kinder« vor sich hat. Sofern neurotische Dynamismen im Spiel sind, gleicht die eheliche Auseinandersetzung einem »Schattenboxen«; jeder kämpft nicht nur gegen den real vorhandenen Partner, sondern auch gegen Beziehungspersonen seiner Kindheit, die imaginär im Raume anwesend sind. Daher die unglaublichen Realitätsverkennungen, die in der Einschätzung des Gatten oder der Gattin vorkommen. Solange der eheliche Ärger und die momentanen oder dauerhaften Verstimmungen in der Phantasie abreagiert werden, ist eine Korrektur von Fehleinstellungen nicht möglich: Beim Phantasieren hat jedermann immer Recht, besonders aber der Neurotiker. Ist man gezwungen, seine Meinungen und Beobachtungen einer Hörerschar (der Gruppe) vorzutragen, so zwingt allein schon die Gesetzmäßigkeit der Mitteilung zu rationaler Überprüfung oder doch zu einer der Überprüfbarkeit zugänglichen Formulierung. Es wird allerdings vom Therapeuten und von der Gruppe ein hohes Maß von Intuition und Aufmerksamkeit gefordert, wenn man den streitenden Eheleuten auf ihre »neurotische Schliche« kommen will. Sehr oft kann jeder die Sache so suggestiv darstellen, daß ein Laie je nachdem, wer gerade spricht, »Schuld« und »Unschuld« verteilen würde. Hier aufzuzeigen, wie Selbsttäuschung, Charakterdeformation, Wahrnehmungsverfälschung etc. einander in die Hand arbeiten, ist hohe Kunst der Psychotherapie, die die Gruppe erlernen muß.

Im Charakter der beiden Eheleute liegt das Geheimnis ihrer wechselseitigen Unverträglichkeiten. Der Charakter selbst aber ist der Niederschlag der Erlebnisse der Kindheit, jener Persönlichkeitskern, der sich in der Beziehung zu den wesentlichen Kontaktpersonen der ersten Lebensjahre geformt und gebildet hat. Wenn nun Charaktereigentümlichkeiten in der Ehesituation störend in Erscheinung treten, so ist dies im Grunde eine Art von »Wiederholungszwang«, wobei uralte Verhaltensmuster aufleben, die in der Kindheit notwendig schienen, aber ins Erwachsenenleben nicht hineinpassen wollen.

Wunsch nach emotionaler Nähe und Angst davor sind hierbei Grundstrebungen, die man immer wieder antrifft. Aus der unbewußten Angst vor dem Partner und echter Partnerschaft erwachsen die tausendfältigen Negativismen, die so viele Ehen scheitern lassen. So muß die

Gruppentherapie in solchen Fällen eine »Erziehung zur Ehe« durchführen, welche am wirksamsten ist, wenn sie schon vor der Eheschließung erfolgt. Aber auch später bestehen Heilungsmöglichkeiten:

»Die schwierigste Aufgabe für jedes Ehepaar besteht darin, das Mißtrauen gegeneinander zu überwinden und alte, den anderen beherrschen wollende und ›müssende‹ Taktiken aufzugeben, die nur der Selbstverteidigung und -erhaltung dienen. Das Mißtrauen bewegt sich in jedem einzelnen auf zwei Ebenen: Einmal auf der Ebene der ehelichen Erfahrung eines schmerzhaften, ständig neu geschürten Abwehrkampfes um die Selbsterhaltung; zum anderen auf der tiefer gelegenen Ebene des ursächlichen Konfliktes aus der Erlebniswelt der frühen Kindheit, daß nämlich Intimität ... unweigerlich zu Verletzung und Schmerzen führen muß. Mit dieser Erfahrung arbeiten sich die Mitglieder der Gruppe durch ihre eigenen abwehrenden, immer wieder sabotierenden Fehleinstellungen und -haltungen hindurch, wobei ihnen bewußt wird, daß diese lediglich dazu aufgerichtet waren, den lang eingespielten Kampf der alten, frühkindlichen Beziehungen wieder aufzunehmen. Sie erkennen schließlich in dieser Haltung eine Abwehr der Angst vor einem intimen Zusammenleben in der Ehe, in der sich eine Kind-Eltern-Beziehung wiederholen möchte. So wird die unbewußte Kommunikation zwischen den Ehepartnern in der Gruppenbeziehung zu anderen Ehepaaren aufgedeckt und bewußt gemacht, und damit dem unwiderstehlichen Wiederholungszwang der Wind aus den Segeln genommen. Der Therapeut, der sich als Analytiker nicht in die ›Spielregeln‹ verwickeln läßt, kann, nachdem er die spezifischen Eigenschaften und Kommunikationsformen der Ehepartner kennengelernt hat, seine Interpretationen wirkungsvoll einsetzen und die Gruppe unterstützen, bessere Einstellungshaltungen zu identifizieren und anzunehmen« (Preuss, loc. cit. S. 94 f.).

## *Gruppenpsychotherapie mit Kindern und Jugendlichen*

Auch mit Kindern und Jugendlichen kann und soll man gruppentherapeutisch arbeiten. Verhaltensgestörte Heranwachsende bedürfen einer Psychotherapie, handle es sich nun um verminderte soziale Einfügung, Charakteranomalien, »Kinderfehler«, Lernschwierigkeiten in der

Schule, Irritationen im familiären Milieu. Bei Kindern bis zu ca. zehn Jahren wird weithin die sogenannte »Spieltherapie« verwendet, die verschiedene Abwandlungen erfahren hat. Spielend soll sich das Kind angeblich »abreagieren«, damit es Abstand zu seinen Nöten und Schwierigkeiten finden kann. Da meine eigene spieltherapeutische Erfahrung gering ist, will ich hierzu nicht Stellung nehmen.

Uns hat sich bei der Behandlung von neurotischen oder anders affizierten Heranwachsenden immer die Grundregel als richtig erwiesen, daß die Probleme des Kindes jeweils auch Probleme seiner Erzieher beinhalten. Darum ist es wohl kaum sehr gewinnbringend, wenn man ein Kind behandelt, ohne die Eltern in die Therapie einzubeziehen. Kinderpsychotherapie ist demnach in einem sehr erheblichen Maße Psychotherapie der Eltern, u. z. durchaus nicht etwa speziell auf das Kind bezogen. Oft stellt sich heraus, daß die Anomalie des Kindes nur Symptom für die gestörte Ehe, das völlig deformierte Liebesleben, die emotional sterile Atmosphäre etc. ist. Der Zwangscharakter des Vaters oder die Hysterie der Mutter »übersetzt« sich sozusagen ins kindliche Bettnässen, in den pavor nocturnus (nächtliche Angst), ins Nägelkauen, in die Schüchternheit oder Aggression. Läßt man ein solches milieugeschädigtes Kind jede Woche ein bis zweimal mit großartigen Spielsachen spielen, so ändert das zumeist am krankhaften Persönlichkeitsaufbau nichts Wesentliches. Die Kinder können erst dann gesund werden, wenn die Eltern dem nicht mehr durch eigene psychische Pathologie im Wege stehen.

Mit Kindern und Jugendlichen von ca. sechs Jahren aufwärts kann man jedoch bereits Therapiegruppen bilden, die durchaus an der Charakterveränderung des Kindes arbeiten, gleichgültig, ob die Eltern in parallel laufenden »Elterngruppen« ihre Probleme analysieren oder auch nicht. Der Idealfall ist natürlich gegeben, wenn auch die Eltern irgendwie an einem psychotherapeutischen Prozeß teilhaben, damit sie die kindlichen Entwicklungen nicht durch Plumpheit und Unverstand sabotieren.

Wie soll man mit solchen Halbwüchsigen beiderlei Geschlechtes analytisch vorgehen?

Slavson hat bekanntlich 1934 den Weg der »Aktivitätsgruppen« gewählt, wobei die Kinder miteinander spielten, kochten, aßen, aufräumten etc. Ein solches Verfahren hat sicherlich seine Berechtigung. Aber wo liegt die spezifische psychotherapeutische Komponente in einem derartigen Vorgehen? Man hat wohl den Eindruck, daß Slavson hiermit die Realitätseinsicht und die Sozialanpassung seiner Schützlinge zu entfalten versuchte, doch aus seinen Publikationen wird nicht recht ersichtlich, wie weit er »analytisch«, d. h. motivationsdeutend und durch Bewußtmachung charakterverändernd vorging. Miteinander spielen, leben, kochen etc. können die Kinder auch bei den Pfadfindern und ähnlichen Organisationen, die nicht so sehr die psychische Gesundung der Jugendlichen als die Heranbildung guter Staatsbürger und Soldaten im Auge haben. Psychotherapeutisch kann u. E. eine Sozialarbeit mit Heranwachsenden nur dann genannt werden, wenn die Beteiligten in psychologisch geführten Gesprächen sich selbst und ihre Mitmenschen tiefgründig verstehen lernen, u. z. in bezug auf bewußte und unbewußte Motivationen des Verhaltens.

Zu unserer eigenen Verblüffung konnten wir immer wieder feststellen, daß man mit Kindern beiderlei Geschlechtes einen Großteil der analytischen Probleme, Theorien und Forschungsresultate besprechen kann, sofern man sich nur einigermaßen bemüht, den Erlebnishorizont der Zuhörer nicht zu überschreiten. Kinder und Jugendliche sind für das gruppentherapeutische Gespräch zumindest ebenso zugänglich wie Erwachsene, wobei eher bei letzteren als bei ersteren Mißverstehen, Aneinandervorbeireden, scheinbar »konstitutionelle Unfähigkeit zum analytischen Denken« nicht selten sind.

Soll die Gruppenarbeit mit Kindern und Jugendlichen fruchtbar sein, so hat sie sich der Gesprächstechnik zu bedienen, die auch bei Erwachsenen üblich ist. Man erörtert hierbei die aus dem Lebenskreis des Heranwachsenden sich ergebenden psychischen Konstellationen und Komplikationen: dies betrifft den Umgang mit den Eltern und Geschwistern, Fragen der Freundschaft und Kameradschaft, Schulsorgen, Spiel und Freizeit, Lektüre, Interessen und Ideale etc. Kinder sind u. E. durchaus in der Lage, die psychoanalytische Lehre von der Charakterentwicklung und Neurosenentstehung zu erfassen, wenn man keine nebulosen Fremdworte gebraucht. Sie nehmen solche Erklärungen, die auf ihr eigenes Verhalten ein helles Licht werfen, oft sehr einsichtig auf und verwerten sie umgehend. Ein Beispiel für vieles:

Der 11jährige Markus ist immer noch Bettnässer. Aus den Schilderungen der Mutter ist zu entnehmen, daß dieses Bettnässen psychodynamisch als »Kampfmittel« zu verstehen ist; Markus liegt im Konkurrenzkampf mit seinen beiden Brüdern (der eine 3 Jahre älter, der andere 4 Jahre jünger), wobei er den älteren Bruder geradezu haßt. In der Schule hat er Schwierigkeiten, vor allem im Rechnen. Bei häuslichen Auseinandersetzungen (vor allem der Kinder unter sich) wird er rasch grob, maßlos auffahrend, in Worten, seltener mit Taten, höchst aggressiv. In einer Einzelbesprechung mache ich ihn schonend auf den *Sinn* des nächtlichen Einnässens aufmerksam. Ich deute es als Charaktersymptom. »Weil du eben so viel Wut auf deinen Bruder hast, weil du dich so leicht erregst und böse wirst, weil du nicht freundlicher und verständnisvoller mit deinen Brüdern umgehst – darum bist du Bettnässer!« Auf solche Erläuterungen, die in ein zwanglos dahinplätscherndes Gespräch über seine Neigungen und Hobbies eingestreut werden, folgt dann immer auch ein fast »intransitiver« Appell, die familiären Spannungen ohne Zuhilfenahme von Bettnässen und Wutanfällen zu lösen. Besteht ein Kontakt des Kindes zum Psychotherapeuten, so ist es möglich, in wenigen Besprechungen eine neurotische Symptomatik dieser Art zu beheben; die zugrundeliegende Charakterstruktur kann allerdings nur in Zusammenarbeit mit den Eltern und durch Umstellung von deren charakterlichen Fehlhaltungen abgeändert werden.

Die Gruppentherapie mit Kindern und Jugendlichen muß demnach Therapie im Sinne von Katharsis, emotionaler Korrektur, Realitätseinsicht, innerer Wandlung und Neuorientierung sein. Es ist erstaunlich, was man in diesem Zusammenhang alles mit Halbwüchsigen besprechen kann. Tagesphantasien und Träume, Leistungen und Fehlleistungen, Ursachen von Ängsten und Aggressionen, Erziehungsstil und Charakterbildung, Charakterzüge wie Neid, Ehrgeiz, Eitelkeit, Eifersucht, Haß, Schüchternheit etc., Bedingungen von menschlicher Zusammenarbeit und von Konflikten, gegenseitige Hilfe in der Natur und Menschenwelt – all dies fasziniert die Heranwachsenden, in denen mehr Wißbegierde steckt als in vielen abgestumpften Erwachsenen. Der Leiter solcher Jugendgruppen muß allerdings selbst innerlich jung sein, wenn er den Ton, die Sprechweise, die Gedankenführung finden soll, die bei Jugendlichen »ankommen«.

Von hervorragender Wichtigkeit ist bei Gruppen von Pubertierenden natürlich das Problem der Sexualität. Wird es umgangen oder verblümtrhetorisch diskutiert, so kann man u. E. nicht von analytisch geführten Jugendgruppen sprechen. Nach unserer Erfahrung dürfen und sollen die sexuellen Fragen mit Angehörigen beiderlei Geschlechtes unbefangen abgeklärt werden; Jungen und Mädels finden nichts dabei, sachliche Klarstellungen gemeinsam entgegenzunehmen. Die Unschädlichkeit der Onanie, die Funktion der Geschlechtsorgane, die Verhütungsmöglichkeiten bezüglich der Schwangerschaft, Wissenswertes über Prostitution, Geschlechtskrankheiten usw., sexuelle Verirrungen wie Exhibitionismus, Voyeurismus u. a. sollen auf Grund psychologischer Erkenntnis in faßbarer Weise abgehandelt werden. Da die Eltern heute noch in der Regel unfähig sind, sexuelle Aufklärung zu leisten, kann man ungefähr abschätzen, wieviel Unglück im späteren Leben verhütet werden könnte, wenn im Jugendalter im Rahmen von therapeutischen Aussprachegruppen derlei umfassend besprochen würde. Im Unterschied zu den »Aufklärungsstunden« in der Schule würde hier jedoch immer jeder einzelne mit seinen realen Empfindungen und Erlebnissen zu Wort kommen; derartige Aufklärung wäre demnach nicht »Konfektion«, sondern »maßgeschneidert«, d. h. für jeden einzelnen so formuliert, daß es für ihn persönlich heilsam sein kann.

Ebenso bedeutsam wie die Sexualthematik ist in Gruppen von Pubertierenden allerdings auch das Thema der Liebesbeziehungen, deren Dynamik und Wesensgesetze einer eigenständigen Erörterung bedürfen, die mit Sexus primär nichts zu tun hat. Die »Kunst des Liebens«, die dann in den Ehen so kläglich ausfällt, sollte sehr früh gelehrt werden. Der junge Mensch sollte durch Gruppen-Interaktion und Bewußtwerdung seines psychischen Werdegangs in Familie und Umwelt lernen, wie man liebt, zusammenarbeitet, zusammenlebt – die Gruppe soll ihn dort, wo die Familie nicht ausreicht, zum *Mitmenschen* machen.

## *Gruppenpsychotherapie als Elternschulung*

Ein weiterer Anwendungsbereich der Gruppentherapie ist die Schulung der Eltern hinsichtlich ihrer Erziehungsprobleme. Auch dies hat eine große Zukunft. Fast alle Eltern haben mit ihren Kindern Erziehungsschwierigkeiten, denen sie sich nicht gewachsen fühlen. Sie pröbeln hin und her, in der Regel mit den gegensätzlichsten Methoden, die gemeinhin zum Schiffbruch führen. Dieses Scheitern zeigt sich einerseits in kindlichen Verhaltensstörungen oder auch »Kinderfehlern«, andererseits auch im Heranwachsen von »braven, unauffälligen, gut dressierten« Kindern, die dann im späteren Leben der Aktivität und Spontaneität ermangeln. Aus neurotischen Kindern werden hernach neurotische Erwachsene, die den Kreislauf der kranken Kultur fortsetzen. Das Verhängnis nimmt seinen Lauf, indem die psychischen Krankheiten von Kultur und Gesellschaft die Erziehungsformen bestimmen, welche Individuen heranbilden, in denen die Kulturkrankheit verkörpert ist.

Eine neue, der menschlichen Natur angemessene Erziehung könnte wesentliche Fortschritte bringen. Um sie zu verwirklichen, müßten zunächst die Erzieher erzogen werden. Man ist sich klar darüber, daß man Eltern pädagogisch nicht fördern kann, indem man ihnen ein Handbuch der Kindererziehung überreicht. Man erzieht nicht nur mit Verstand und Willen, sondern auch – und vor allem – mit den unbewußten Gemütskräften. Man erzieht nicht mit dem, was man *denkt*, sondern mit dem, was man *ist*.

Elternschulung heißt demnach in erster Linie Persönlichkeitsbildung der Eltern, damit diese ihr Kind sinngemäß verstehen und behandeln können. Sind die Eltern selbst in schwere emotionale Konflikte und Fehlhaltungen verstrickt, so wird man ihnen umsonst etwa antiautoritäre, nichtrepressive, »kindgemäße« Erziehung predigen. Bei theoretischer »Fortschrittlichkeit« wird dann ein durch Inkonsequenzen durchbrochener Autoritarismus praktiziert werden, der nicht viel von der ehemaligen Pädagogik mit »Zuckerbrot und Peitsche« abweicht. Selbst Eltern, die auf Grund tiefenpsychologischer Warnungen von der Prügelstrafe und Gewalterziehung absehen, sind nicht vor autokratischen Fehlhaltungen gefeit; man kann Kinder nicht nur mit Stöcken, sondern auch mit Worten »niederschlagen«. Des weiteren neigen viele modern denkende Erzieher dazu, in Ablehnung der konservativen Autoritätserziehung ins gegenteilige Extrem einer übergroßen Verwöhnung zu verfallen. Diese führt dann für das Kind zu schwersten Frustrationen, wenn der Weg in die Umwelt beschritten werden soll. Aus der Verzärtelung der Kindheit entsteht dann die neurotische Erkrankung, die aus Angst vor den Lebensschwierigkeiten kindliche Verhaltensmuster im Erwachsenenleben beibehält.

Man sollte die Eltern für ihre erzieherische Aufgabe schulen, aber theoretischer Unterricht über Entwicklungspsychologie, verknüpft mit Ratschlägen über »how to do«, reicht nicht aus. Es ist zwar immerhin lehrreich, den Eltern einen genauen Einblick in die Gesetze und Reaktionsweisen des kindlichen Seelenlebens zu geben. Man stößt hierbei auf ein immenses Interesse, da fast alle Eltern an ihren Kindern hängen und ihnen die besten Entfaltungschancen sichern wollen. Nun kommt es aber auch darauf an, die Eltern so zu verändern, daß sie über ihre eigenen gröbsten Schwächen und Unzulänglichkeiten hinwegkommen. Man macht hierbei die Erfahrung, daß Änderung des erzieherischen Verhaltens bereits eine *psychotherapeutische* Problemstellung ist. In einem derart emotionalgelenkten Bereich wie der Erziehung reagiert der Mensch gemäß seinem Charakter, seinen unbewußten Persönlichkeitsstrukturen. Werden diese nicht grundlegend erkannt und modifiziert, so bleibt erzieherisches Verhalten trotz besten Vorsätzen unkorrigierbar. Die unbewußte Einstellung des Erziehers zu den entscheidenden Lebensbereichen (Sexualität, menschliche Beziehungen, Konfliktaustragung, Vorurteil, Patriarchalismus, Dominanz und Unterlegenheit, Motorik, Geld, Moralität, Lebensführung usw.) überträgt sich unwillkürlich auf das Kind, wobei man sich Rechenschaft darüber ablegen muß, daß die »gelebte« Lebensanschauung mit der »proklamierten« meist nicht identisch ist.

Wir haben in Elterngruppen Erziehungsprobleme auf tiefenpsychologischer Basis erörtert. Der Instanzenzug, der hier eingehalten wird, ist etwa folgender: Jedes Elternpaar hat die Möglichkeit, der Gruppe seine Erziehungsnöte vorzutragen. Gewöhnlich findet jedermann Analoges in seiner pädagogischen Erfahrung wieder. Man bleibt aber nicht dabei stehen, sozusagen gemeinsame Klagelieder zu singen, sondern es wird unter Hilfeleistung durch den Therapeuten die Psychodynamik der jeweils diskutierten Erziehungssituation ergründet. Zu diesem Zwecke muß nicht nur der bisherige psychische und physische Werdegang des Kindes, seine Charakterstruktur abgeklärt werden; man muß auch das erzieherische Verhalten der Eltern und der »mitwirkenden Erziehungspersonen« (Großeltern etc.) in die Betrachtung einbeziehen. Als weiterer

Hintergrund von kindlichen Entwicklungsschwierigkeiten kommen die Geschwister in Frage, speziell jedoch die Ehe der Eltern, deren Verlauf und deren innere und äußere Komplikationen. Oft wird im Seelenleben des Kindes der emotionale, sexuelle und charakterliche Konflikt der beiden Eltern ausgetragen. Wir meinen daher, daß die Kinderpsychotherapie wohl wertvoll ist, aber zumeist ohne Elterntherapie keine bleibenden Erfolge erzielen kann. Die Seele des Kindes ist ja weitgehend durch die psychische Konstellation seiner Eltern bestimmt. Es wäre Flickwerk, an einem Kinde herumzudoktern, wenn nicht zugleich auch das häusliche Milieu – und das heißt oft die *Ehe der Eltern* – mitkuriert würde. Erklärt man dies den Eltern, so sind sie gerne bereit, inmitten von Erziehungsgesprächen auch ihre persönlichen Disparatheiten auszubreiten; hier muß dann analytische Behandlung einsetzen, die die Kinderthematik mitunter radikal in eine Elternthematik verwandelt.

Interessant ist, daß auch ledige Männer und Frauen sehr gerne an solchen »Erziehungs- und Elterngruppen« teilnehmen. Dies entspricht durchaus unserer Konzeption, weshalb wir derart spezifisch orientierten Gruppen ebenfalls keine Limitation hinsichtlich der Teilnehmerschaft auferlegen. Erziehungsprobleme sind u. E. wichtig für jeden Menschen, der einen psychischen Klärungsprozeß bei sich selbst durchführen will. Wer noch keine Erziehungsnöte hat, wird sie schon noch eines Tages haben. Im übrigen ist Anteilnahme an Erziehungsfragen im Rahmen eines Strebens nach Selbsterkenntnis und Selbstverwirklichung schon deshalb geboten, weil jeder von uns erzogen und *verzogen* wurde. Befaßt er sich nun im gruppenanalytischen Gespräch mit der Kindererziehung, so werden ihm eigene Engen und Begrenztheiten bewußt; er heilt sich von den Wunden, die ihm die traditionelle, neurotisierende Kindererziehung schlug. Darum wird man oft finden, daß in den Gruppentherapien für Eltern auch jene dankbare Mitarbeiter sind, die weder Mann noch Frau, »geschweige denn ein Kind« haben. Ist die Erziehung, nach einem bekannten Wort von Jean Paul, »der Hebelarm der Kultur«, so sollen alle intelligenten und wohlmeinenden Menschen sich ihrem Studium widmen, ohne daß eine »konkrete Notlage« für das interessierte Individuum bestehen muß.

Der Therapeut soll in derartigen Gruppen auch die Nutzanwendungen der Tiefenpsychologie im Rahmen der Kindererziehung darlegen und begründen. Er kommt ohne eine gewisse Lehrhaftigkeit nicht aus, soll aber damit nicht übertreiben. Er muß vermeiden, eine »nur didaktische« Gruppenführung zu vollziehen; das analytische Führungsprinzip soll unangetastet bleiben, d. h. die Gruppe soll gemeinsam ihre Erkenntnisse erarbeiten, nicht etwa von einem »Lehrer« in die »Erziehungstechnik« eingeführt werden. Gleichwohl wird der Therapeut durch seine Deutungskunst den Ton angeben, indem er vielfach die ungemein verworrenen Emotionalverhältnisse, die hinter »einfachen Erziehungsschwierigkeiten« liegen, aufdeckt.

Es zeigt sich u. a. sehr oft, daß das seelisch kranke Kind in irgendeiner Weise »Rollenträger« ist, nämlich im Leben seiner Eltern gerade mit und durch die Krankheit eine bestimmte Funktion ausübt. Darum kommt es nicht selten in der Kinderpsychotherapie vor, daß die Verminderung neurotischer Verhaltensweisen beim Kinde zu einem Protest der Eltern führt, die sich beim Kinderanalytiker beklagen, daß ihr Kind nun »schlimmer als zuvor« sei. Kinderneurosen sind eben Familienneurosen; man muß in der Regel eine ganze Familie sanieren, um ein Kind von seiner Symptomatik zu befreien und ihm den Weg zu einer integralen Entwicklung zu öffnen.

Die Elterntherapie erweist sich natürlich auch als notwendig angesichts der Sexualerziehung. Wie sollen sexualverdrängende, unter einem Sexualnotstand leidende Väter oder Mütter den richtigen Ton für »Aufklärungsgespräche« finden? Wie sollen schamhafte, sexualverängstigte und -verklemmte Erziehungspersonen ihren Kindern einen Kompaß für die Fragen der Erotik und Sexualität mitgeben, der den neuzeitlichen Erkenntnissen entspricht? Die Sexualität des Kindes wird schon verstümmelt, bevor es sexuelle Empfindungen haben kann; hierzu wären als »Ursachen« etwa das Sexualleben der Eltern, ihr Zärtlichkeitsaustausch, ihr Verhältnis zur Reinlichkeit, zum Körper, zu den Exkretionsvorgängen, zur Nacktheit usw. zu erwähnen. Sofern man die Eltern bezüglich ihres Liebeslebens nicht zu heilen vermag, wird alles Gerede von Sexualerziehung (auch mit sogenannten Sex-»Atlanten«) zur Sterilität verurteilt sein.

Gruppentherapie als Elternschulung wird in der zukünftigen Kulturarbeit von unabsehbarer Bedeutung sein, wenn die Menschheit erkennt, daß von der Erziehung das Schicksal der Kultur abhängt.

## *Gruppenpsychotherapie als Psychotherapeutenausbildung*

Ein weiterer Anwendungsbereich der Gruppentherapie liegt darin, daß sie ein geradezu ideales Instrument für die Ausbildung des Therapeutennachwuchses ist. Der Kandidat für den Psychotherapeutenberuf, der seine medizinischen oder psychologischen Studien abgeschlossen hat, soll im Verlaufe mehrerer Jahre in die Technik der seelenärztlichen Behandlung eingeführt werden. Dies geschah bis dahin durch Charakter- und Lehranalyse sowie Kontrollanalysen. In der Charakteranalyse wird der angehende Psychotherapeut mit seinen eigenen Persönlichkeitsproblemen konfrontiert, wobei er über Hunderte von Sitzungen hinweg seine Charakterstruktur erforschen und deren Begrenzung und Einseitigkeiten erkennen, teilweise auch überwinden soll. Der zukünftige Analytiker soll von den hauptsächlichen neurotischen Dynamismen, die sich in seinem psychischen Instrumentarium vorfinden, nach Möglichkeit befreit werden, da jeder neurotische Wesenszug eine Art »blinden Fleck« für den Umgang mit den Mitmenschen darstellt. Alles unerledigte psychische Material im Therapeuten wird zu einem Handikap anläßlich der Psychotherapie ähnlich gelagerter, aber auch völlig andersartiger Fälle. Der »nicht ganz gesundete Arzt« (cum grano salis) wird zur psychischen Gefahr für seine Analysanden.

Auf die Charakteranalyse soll die Lehranalyse folgen, in der auch theoretischen Erörterungen weitgehend Raum gegeben wird. Man kann die Tiefenpsychologie nicht erlernen, wenn nicht die eigenen Persönlichkeitsstrukturen mit in die Betrachtung einbezogen werden. Dies soll die Lehranalyse leisten, die ein persönliches Erarbeiten der tiefenpsychologischen Theorien und Praktiken unter Anleitung eines Experten (Erfahrenen) bedeutet. Auch dies nimmt Hunderte von Sitzungen in Anspruch.

Bereits im Stadium der Lehranalyse wird dem Kandidaten gestattet, leichtere Psychotherapiefälle zu übernehmen und sie unter Kontrolle durch den Lehranalytiker zu behandeln. Dies spielt sich so ab, daß in periodischen Abständen der Verlauf der Behandlung mit dem Lehrer diskutiert wird und zukünftige Behandlungsschritte entworfen werden. Der junge Analytiker braucht dringend eine solche Führung, da er sonst im Gestrüpp der neurotischen Abwehrmechanismen seiner Patienten steckenbleibt. Eine gewisse Zahl von kontrollanalysierten Fällen wird von allen psychotherapeutischen Ausbildungsinstituten für notwendig gehalten, wenn man einen Analytiker »auf die Menschheit loslassen will«.

Die große Crux der bisherigen Schulungsmethode war, daß der Nachwuchskandidat keine Gelegenheit hatte, einen erfahrenen Psychotherapeuten bei seiner Arbeit beobachten zu können. Er erfuhr von behandelten Fällen lediglich aus der Literatur, wobei zu berücksichtigen ist, daß eine Psychotherapie in ihrem wirklichen Verlauf kaum je exakt »beschrieben« werden kann. In ihr ereignen sich so viele Imponderabilien, daß schon ein Zuschauer oder Mitakteur große Mühe haben wird, sie zu registrieren. In Gestalt eines schriftlichen Berichtes nehmen sich viele dramatisch verlaufende Behandlungsphasen recht »harmlos« und wenig eindrücklich aus. Das geschriebene Wort kann eben niemals das Erlebnis ersetzen.

Wie soll nun der angehende Therapeut mit dem analytischen Leben und Erleben vertraut gemacht werden, wenn er an der Behandlung durch einen »Meister« nicht teilnehmen kann? Die orthodoxen Psychoanalytiker haben es abgelehnt, ihre Ausbildungskandidaten bei Therapien zuhören zu lassen. Dies wurde als abträglich für die Intimität der analytischen Situation empfunden. Was sich in der Behandlung zutrug, blieb ein Geheimnis zwischen Analytiker und Analysand. Nicht einmal Tonbandaufnahmen wurden gemacht.

Wir halten diese »Geheimnistuerei« für unsinnig und unnütz. Die Probleme, die sich in einer Psychotherapie stellen, sind allgemeinmenschliche – man muß sie nicht mystifizieren. In diesem Sinne wäre es durchaus möglich, nach entsprechender Vorbereitung und Instruktion des Patienten einen Psychotherapie-Kandidaten am ganzen Verlauf einer analytischen Behandlung teilhaben zu lassen. Wir haben solche Therapien mit »stillschweigendem Beobachter« oder gelegentlich partizipierenden Ausbildungskandidaten ohne Schwierigkeit durchführen können.

Noch besser jedoch sind die Chancen der Schulung und Ausbildung für den angehenden Psychotherapeuten bei der Teilnahme an gruppenpsychotherapeutischen Behandlungen. Dies bringt den unschätzbaren

Gewinn ein, daß der Anfänger einen »Meister« bei der Arbeit kontinuierlich und bei vielen Fällen »operieren« sehen kann. Angesichts der ungeheuren Kompliziertheit des psychotherapeutischen Metiers ist ein solches *Zuschauen* (mit allen Sinnesorganen) geradezu unentbehrlich. Die Identifikation mit dem Lehrmeister muß auch in der Psychotherapie reichhaltig ausgebaut werden, wenn sich Kenntnisse, Fertigkeiten, Haltungen, »Format« etc. vom Lehrer auf den Schüler übertragen sollen. Man kann nicht Psychotherapeut werden wie man etwa Mechaniker, Ökonom, Mathematiker, Philologe usw. wird: die psychotherapeutische Kunst oder Technik wird durch eine Art »Existenzmitteilung« überliefert, wo man vom Lehrmeister nicht nur Handreichungen, Kniffe und Handwerksregeln übernimmt, sondern geradezu die innere Ausrichtung seiner Persönlichkeit und seine Wertorientierung, die oft nur *sous-entendu* und inexplizit seinen Handlungen zugrundeliegt. Nirgendwo kann dies so gut und übersichtlich erfaßt werden wie in der Gruppentherapie, wo der angehende Therapeut seinem Mentor »dauernd über die Schulter sehen kann« und auch das therapeutische Verhalten von Fall zu Fall mit ihm zu diskutieren vermag.

# Literaturhinweise


Adler, A.: *Über den nervösen Charakter*. Darmstadt 1969
– :*Menschenkenntnis*. Frankfurt 1966
– :Praxis und Theorie der Individualpsychologie. Darmstadt 1965
Bach, G. R.: *Intensive Group Therapy*. New York 1954
Battegay, R.: *Der Mensch in der Gruppe*. 3 Bde. Bern 1968
Beck, W.: *Grundzüge der Sozialpsychologie*. München 1960
Bierer, J. (Ed.): *Therapeutic Social Clubs*. London 1948
Bion, W. R.: *Experiences in Groups*. London 1961
Brocher, T.: *Gruppendynamik und Erwachsenenbildung*. Braunschweig o. J.
Burrow, T.: *The Social Basis of Consciousness*. London 1927
Cartwright, P. u. Zander, A. (Ed.): *Group Dynamics*. London 1954
Correll, W.: *Lernpsychologie*. Donauwörth 1961
Corsini, R. J.: *Methods of Group Psychotherapy*. New York 1957
Durkin, H. E.: *The Group in Depth*. New York 1964
Foulkes, S. H.: *Introduction to Group-Analytic-Psychotherapy*. London 1948
– :*Therapeutie Group Analysis*. London 1964
Frank, J. D.: *Persuasion and Healing*. London 1961
Freud, S.: *Gesammelte Werke*. IMAGO London
Fromm, E.: *Psychoanalyse und Ethik*, Zürich 1954
– :*Der moderne Mensch und seine Zukunft*. Frankfurt 1960
Galt, W.: *Phyloanalysis*. London 1933
Grinberg, Langer, Rodrigue: *Psychoanalytische Gruppentherapie*. Stuttgart 1960
*Gruppentherapie und Gruppendynamik*. Ergebnisse und Berichte, hrsg. v. Battegay, Enke, Heigl-Evers, Schindler, Strotzka u. a., 3 Bde.1968/69. Göttingen
Guggenbühl-Craig, A.: *Erfahrungen mit Gruppenpsychotherapie*. Basel 1956
Hartley, E. L.: *Grundlagen der Sozialpsychologie*. Berlin 1969
Hofstätter, P. R.: *Einführung in die Sozialpsychologie*. Stuttgart o. J.
Homans, G. C.: *The Human Group*. London 1951
Horney, K.: *The neurotic Personality of our Time*. New York 1937
Hulse, W. C. (Ed.): *Sources of Conflict in Contemporary Group Psychotherapy*. Aktuelle Fragen der Psychotherapie. Vol. II. Basel-New York 1960
Kadis, Winick (Ed.): *Group Psychotherapy today*. Aktuelle Fragen der Psychotherapie. Vol. V. Basel-New York 1965

Klapman, J. W.: *Group Psychotherapy*. London 1946
Lersch, Ph.: *Der Mensch als soziales Wesen*. München 1965
Lewin, K.: *Feldtheorie in den Sozialwissenschaften*. Bern 1950
– : *Die Lösung sozialer Konflikte*. Bad Nauheim 1953
Locke, N.: *Group Psychoanalysis*. New York 1961
Löwith, K.: *Das Individuum in der Rolle des Mitmenschen*. Darmstadt 1962
Mead, G. H.: *Sozialpsychologie*. Neuwied a. Rh. 1969
Moreno, J.: *Who Shall Survive?* Washington 1934
– : *Die Grundlagen der Soziometrie*. Köln 1954
– : *Gruppenpsychotherapie und Psychodrama*. Stuttgart 1959
– (Ed.): *The International Handbook of Group Psychotherapy*. New York 1966
Mullan, H. u. Rosenbaum, M.: *Group Psychotherapy*. New York 1962
Newcomb, Th. M.: *Sozialpsychologie*. Meisenheim/Glan 1959
Oldendorff, A.: *Grundzüge der Sozialpsychologie*. Köln 1965
Powdermaker, F. B. u. Frank, J. D.: *Group Psychotherapy*. Cambridge/USA 1953
Preuss, H. G.: *Analytische Gruppenpsychotherapie*. München 1966
Reiwald, P.: *Vom Geist der Massen*. Zürich 1948
Rosenbaum, M. u. Berger, M. (Ed.): *Group Psychotherapy and Group Function*. New York 1963
Ruesch, J. u. Bateson, G.: *Communication*. New York 1951
Scheidlinger, S.: *Psychoanalysis and Group Behavior*. New York 1952
Schilder, P.: *Psychoanalysis. Man and Society*. New York 1951
– : *Psychotherapy*. New York 1951
Schindler, Gasteiger, Lindner (Ed.) *IV. Internationaler Kongreß f. Gruppenpsychotherapie in Wien*, 2 Bde. Wien 1968
Slavson, S. R.: *A Textbook of Analytic Group-psychotherapy*. New York 1964
– : *An Introduction to Group Therapy*. New York 1947
– : *The Practice of Group Therapy*. New York 1948
Spotnitz, H.: *The Couch and the Circle*. New York 1961
Strotzka, H.: *Psychotherapie und soziale Sicherheit*. Bern 1970
Sullivan, H. S.: *The Interpersonal Theory of Psychiatry*. New York 1953
Taylor, F. K.: *The Analysis of Therapeutic Groups*. London 1961
Wassel, B. B.: *Group Psychoanalysis*. New York 1959
Whitaker, C. A. u. Malone, T. P.: *The Roots of Psychotherapy*. New York 1953
Whitaker, D. S. u. Lieberman, M. A.: *Psychotherapy through the Group Process*. New York 1964
Wolf, A. u. Schwartz, E. K.: *Psychoanalysis in Groups*. New York 1962

## Weitere Titel aus dem Königsfurt Verlag

*Paul Letter:* **Paracelsus. Leben und Werk.**
ISBN 3-933939-24-0. *Neue Quellen. Spannende Recherche.*

*Carl Gustav Jung:* **Paracelsus, Alchemie und die Psychologie des Unbewußten.**
ISBN 3-933939-84-4. *Die berühmten Aufsätze in einem Band.*

*H. Obleser:* **Parzival. Ein Initiationsweg und seine Bedeutung.**
ISBN 3-933939-26-7. *Die Gralslegende psychologisch gedeutet.*

*Ulrich Magin:* **Ausflüge in die Anderswelt.**
ISBN 3-933939-25-9. *Bedeutungen rätselhafter Phänomene.*

*Andrea Kaufmann:* **Ritt auf dem Hexenbesen.**
ISBN 3-933939-30-5. *Geschichte eines Transportmittels.*

*Pierre Niccart:* **Der Zauberladen. Du bist was du vergißt.**
ISBN 3-933939-23-2, farbig. *Das Erlebnisbuch.*

*Klausbernd Vollmar:* **Handbuch der Traum-Symbole.**
ISBN 3-927808-65-2. *Standardwerk, preiswerte Sonderausgabe.*

*Klausbernd Vollmar:* **Ratgeber Traum.**
ISBN 3-927808-76-8. *Traum-Symbole im Zusammenhang* .

*H. Dieckmann:* **Zauber aus 1001 Nacht. Märchen & Symbole.**
ISBN 3-933939-09-7. *Ein Klassiker der Märchenforschung.*

*Marion Guekos-Hollenstein:* **Quellen des Tarot.**
ISBN 3-933939-06-2. *Urbilder und heutige Anwendung.*

*Frederik Hetmann:* **Madru oder Der große Wald.**
*Roman & Spiel.* **Buch:** ISBN 3-933939-08-9.
**Set** (Buch & Karten): ISBN 3-933939-29-1.

Erhältlich im Buchhandel.

## Weitere Titel aus dem Königsfurt Verlag

*Heike Neumann:* Verkürzte Kindheit.
Vom Leben der Geschwister behinderter Menschen.
ISBN 3-933939-32-1. *Bewegende Erfahrungen.*

*H.H. Koch/Nicola Keßler:* Ein Buch muß die Axt sein ...
Schreiben und Lesen als Selbsttherapie.
ISBN 3-933939-19-4. *Hilfe zur Selbsthilfe.*

Abschied vom Ego-Kult. Die neue soziale Offenheit.
ISBN 3-933939-00-3. *Wertewandel und neue Wege.*

*Josef Rattner:* Grundlagen ganzheitlicher Heilung.
Einführung in die Psychosomatik.
ISBN 3-933939-17-8. *Ratgeber für jeden Haushalt.*

*Josef Rattner:* »Ich winselte einmal in der Nacht.«
Kafka und das Vaterproblem.
ISBN 3-933939-18-6. *Mit Kafkas »Brief an den Vater«.*

*Josef Rattner:* Gruppenpsychologie und Gruppentherapie.
Neue Wege seelischer Heilung.
ISBN 3-933939-83-6. *Das Standardwerk in Neuausgabe.*

*L. Hermes:* Aphrodites Traum. Traumdeutung
seit der Antike. ISBN 3-933939-28-3. *Mit Traum-ABC.*

*Klausbernd Vollmar:* Sich erfolgreich träumen.
ISBN 3-933939-07-0. *Die DreamCreativity®-Methode.*

*Kb. Vollmar & J. Fiebig:* Traum und Traumdeutung.
ISBN 3-933939-01-1. *Reihe: erleben und verstehen.*

*Frederik Hetmann:* Märchen und Märchendeutung.
ISBN 3-933939-02-X. *Reihe: erleben und verstehen.*

Erhältlich im Buchhandel.